感應의 哲學

한의학과 연단술에서 읽어낸 동양의 시선

感應의 哲學

초판 발행   2016년 5월 10일
2쇄 발행   2018년 5월 30일

지은이   정우진
펴낸이   유재현
편 집   유재현
마케팅   유현조
디자인   박정미
인쇄·제본   성진사

펴 낸 곳   소나무
등   록   1987년 12월 12일 제2013-000063호
주   소   10540 경기도 고양시 덕양구 대덕로 86번길 85(현천동 121-6)
전   화   02-375-5784
팩   스   02-375-5789
전자우편   sonamoopub@empas.com
전 자 집   http://blog.naver.com/sonamoopub1

ISBN 978-89-7139-346-8   93150

책값 30,000원

이 도서의 국립중앙도서관 출판예정도서목록(CIP)은 서지정보유통지원시스템 홈페이지
(http://seoji.nl.go.kr)와 국가자료공동목록시스템(http://www.nl.go.kr/kolisnet)에서 이용하실
수 있습니다.(CIP제어번호 : CIP2016010423)

感應의
哲學

한의학과 연단술에서 읽어낸 동양의 시선

정우진 지음

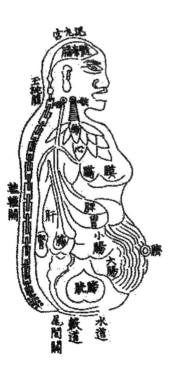

소나무

차례

머리말

    너무나 명확하다. 동서양의 차이는 세계관의 문제였다. 인류의 지성사는 그런 다름이 우열의 문제가 아니라는 점을 인정하기 위해 적잖은 시간을 낭비했지만, 이제 적어도 공식적으로는 동서양의 세계관을 우열의 관점에서 평가하는 이는 없다. 그러나 차이는 중요한 의미를 지닌다. 세계관의 차이는 개인과 문화의 저층에서 끝없이 충돌하면서, 현실적 문제를 만들어내기 때문이다. 특정한 문제가 세계관의 문제임을 그리고 철학이 시선 자체를 다루는 학문임을 상기해보라. 철학자에게 이질적 세계관은 현재의 문제를 풀고 새로운 세계관을 구성해내기 위한 최적의 자료다. 철학자가 미래의 세계관을 구성해내야 하는지 아닌지는 이견이 있을 수 있지만, 최소한 문제의 배후 즉 기존의 세계관이 어떻게 다른지에 대해서는 답변을 해야 한다.

    세계관의 차이를 설명하기 위해서는 공통의 지평을 만들고 그 위에서 양쪽의 세계관을 대응시켜야 한다. 이쪽에서 보자면 그것은 동양세계관의 재구성을 의미한다. 재구성으로 인한 왜곡을 피하기 위해서는 동양의 내밀한 소리를 들려줄 만한 소재를 찾아야 한다. 중심에 있는 것들은 종종 이념적으로 편향되어 있어서 세계관의 구체적 특성을 드러내지 못하거나 심지어 왜곡시키기도 한다.

    그런 의미에서 한의학을 포함하는 동양과학문화는 좋은 소재라고 할 수 있다. 신체관처럼 주류 사유에는 부재한 내용이 풍부할뿐더러, 사회윤리적 측면의 과장(誇張)이라는 주류 전통의 문제에서도 자유롭기 때문이다. 이런 이유로 한의학 등의 동양과학문화에서 동양의 세계관을 재구성해내려는 시도가 지속되어왔다. 이 책은 이런 흐름의 연속선상에 있다. 이 책에서는 서양의 존재와 인과에 대해 기(氣)와 감응(感應)을 대응시킨 후, 구체적 내용을 한의학을 포함하는 동양의 문화전통에 토대해서 재구성해냈다.

기와 감응으로 이 책의 기본 골격을 잡기 전에, 그동안 제안되었던 동양의 세계관에 관한 선행 이론을 비판적으로 검토했다. 음양오행론은 기와 감응론이라는 기초이론이 결합된 이론이다. 기와 감응을 검토한 후에 음양오행론의 논리적 특성을 논의했다. 끝으로 동양의 세계관은 객관적 세계가 아니라 수행자의 눈으로 보아낸 세계관이라는 중요하지만 그간 명시되지 않았던 특성을 제안했다. 2장 2절과 3장 3절에는 한의학 전공자가 아니라면 어려울 만한 내용이 들어 있다. 세계관이 구현된 양상의 소개라는 취지만 이해해도 좋을 것이다.

넓게 보자면 이 책은 서양과의 만남 속에서 끊임없이 자신의 정체성을 되물어온 동양 지성사의 주류에 포함되지만, 좁게 보자면 한의철학(漢醫哲學)이라는 주변부적 흐름 속에 있다. 이 땅의 한의철학은 길게 잡으면 중국의 유의(儒醫)에 대해 한의학의 도교 의학적 특성을 선명하게 주장했던『동의보감』부터 최초의 유학의학(儒學醫學)이라고 할 수 있는『동의수세보원』까지 그리고 음양오행론에 비판적이었던 일군의 실학자들까지 소급되지만, 짧게 잡으면 1930년대 벌어졌던 한의학 부흥논쟁에서 기원한다. 조헌영 등이 참여했던 이 논쟁은 한의학의 정체성에 관한 다툼으로 확대되었고, 그곳에서 한발만 더 떼면 한의학에서 동양의 세계관을 구성해내는 과정으로 옮겨갈 수 있었지만, 이 땅의 역사는 그와 같은 긍정적 발전을 허용하지 않았다.

이후 잠복한 채 밖으로 드러나지 못하고 있던 이런 지적 흐름은, 1980-90년대에 이르러 민족문화 부흥이라는 조류를 타고 재등장하기에 이른다. 이

때의 움직임은 제도권 밖과 제도권 내의 것으로 나눌 수 있다. 박석준·김교빈·최종덕·조남호·김시천 등은 여러 권의 책을 번역·집필하고 관련 모임을 주도함으로써 이 분야의 대중화에 기여했고, 김수중·신민규 등은 제도권에 한의철학 협동과정을 개설함으로써 이런 흐름을 뒷받침했다. 이 책은 이런 흐름의 연속선상에 있고, 나는 상기한 제도적 뒷받침 위에서 학자로 성장했다.

물론 쉽지 않은 일이었다. '민족'은 주류 담론에서 멀어졌고, 한의철학의 논의를 주도하던 이들은 지쳐 흩어졌으며, 한의철학자의 양성이라는 제도의 명분은 내실없는 수사(修辭)로 변질되었다. 그 와중에 작은 논의들이 있었지만 돌파구를 만들어내지는 못했다. 동양과학문화 연구분야에 진입하는 후속 세대들은 비교적 분명한 성과를 내는 역사학이나 사회학 혹은 인류학의 방법론을 취했고, 세계관의 층위에서 철학적 방법론으로 동양과학문화를 연구하려는 학자들은 찾아볼 수 없게 되었다. 그러나 단속(斷續)적으로 생명을 유지해온 인류의 지성이 그랬던 것처럼, 사람들이 흩어진 후에도 한의철학은 사멸하지 않았다.

선행 연구자들이 남긴 단서를 잇는 방식으로 이 책이 지어질 수 있었고, 나는 이 책의 말미에서 새로운 세계의 가능성을 전망할 수 있었다. 이 책과 관련된 모든 인연에 감사드리고, 이 책이 한의학 등의 동양과학문화에서 동양의 세계관을 읽어내려 하거나, 반대로 동양의 다양한 문화를 동양의 세계관으로 설명하려는 이들에게, 그리고 동양과 서양을 넘어 새로운 지평으로 자신과 세계를 고양시키려는 이들에게도 도움이 되길 바란다.

2016년 매화계(梅花季)의 우중(雨中)에,
타이완(臺灣) 타이중과학기술대학(臺中科學技術大學 中正大樓) 4층 연구실에서

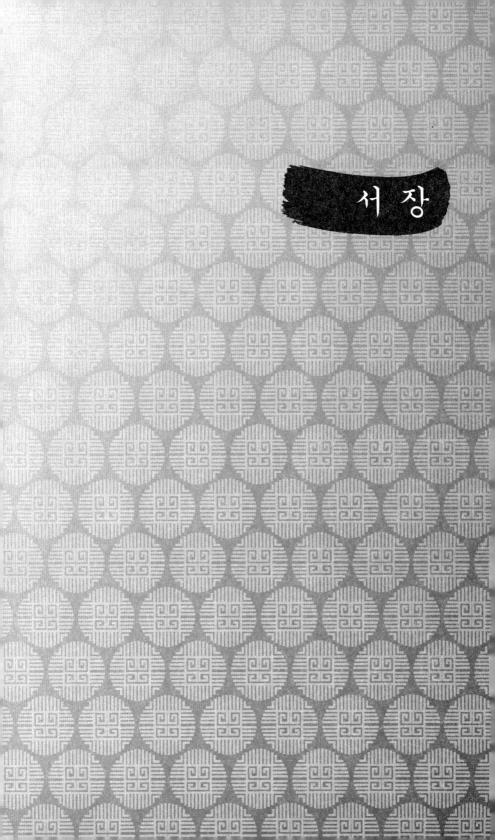

서 장

어느 한의대 교실

학생 : 선생님 한의학의 기초이론은 무엇인가요?

교수 : 변증론이나 장상이론도 기초이론이라고 할 수 있겠지만 무엇보다 음양오행을 들 수 있겠지.

학생 : 음양오행을 좀 쉽게 설명해 주실 수 있나요?

교수 : 이미 다 설명했잖은가? 오행의 질서와 상생·상극 등에 대해 다 말했는데, 심지어 음양오행의 성립과정과 그 바탕인 자연과 그 문화 특성에 대해서도 다 설명해 주었네. 자네 도대체 무엇을 하고 있었던 건가.

학생 : ……

1. 문제의식

도대체 어디서 문제가 생긴 것일까? 왜 한의대 학생들은 강의실에서 좌절하는 걸까? 이런 질문이 매번 반복되는 이유는 무엇일까? 그런데 정말로 음양오행은 한의학의 기초이론일까? 이 말을 곧이곧대로 따른다면, 오행을 다루지 않는『황제내경』의 초기 논문과 임상의학 정신에 투철한『상한론』도 문제지만, 한의학(韓醫學)의 대표문헌인『동의수세보원』도 한의학(漢醫學) 목록에서 빠져야 한다는 주장이 가능해진다.

『황제내경』과『상한론』은 침술 이론서와 탕 이론서로서 한의학의 토대를 이루는 문헌이다.『황제내경』의 초기 논문과『상한론』그리고『동의수세보원』에서는 음양오행이 언급조차 되지 않는다. 한의학을 대표하는 여러 문헌이 음양오행과 무관한데도 음양오행이 한의학의 기초이론이라고 말할 수 있을까?

묘한 신비감을 자아내곤 하는 역학(易學)이 한의학의 토대라는 말은 더 이상하다. 흔히 의역학(醫易學)이라고 불리는 이 주장의 확실한 뿌리는 장경악(張景岳, 1563-1640)이다. 장경악은 위진·수당대 한의학을 대표하는 인물 가운데 하나인 손사막(孫思邈, 581-682)이 의역학을 주장했다고 말했다. 그는 손사막이 다음과 같이 진술했다고 말했다. "역을 모르면 대의라고 하기 어렵다."[1] 그러나 과장이다. 랴오위췬(廖育群)에 따르면 손사막의 의서에서 이 말과 관련이 있는 것은 다음 구절뿐이다.[2] "무릇 대의가 되기 위해서는 반드시 소문, 갑을, 황제침경, 명당소주, 십이경맥…을 암송해야 한다. 또 반드시 음양록명, 제가상법을 이해해야 한다. 그리고 아울러 작귀오조(灼龜五兆)와 주역육임(周易六壬)에도 정통해야 한다."[3]

『주역』은 의학의 다양한 연원 가운데 하나였을 뿐이다. 랴오위췬의 해석이 정확하다. "손사막에게 역학은 부차적인 위치를 차지하고 있었을 뿐이다."[4] 역학을 한의학의 토대로 보는 의역학의 근거는 확대 해석된 것이고, 그런 근거에 토대한 주장은 과장이다. 유의(儒醫)였던 장경악은 한의학을 유가 문헌인 『주역』에 토대지우기 위해 무리한 해석을 가했다.[5] 의역학의 가정을 흔드는 또 다른 증거가 있다.

랴오위췬은 의학이 역학에 토대하고 있다는 주장이 과장임을 보여주는 몇 개의 증거를 들면서 숫자에 관한 인식적 특성 몇 가지를 지적했다.[6] 먼저 주지하듯이 역에서는 홀수를 양으로, 짝수를 음으로 보고 있다. "하늘은 일이고 땅은 이이며, 하늘은 삼이고 땅은 사이다."[7] 또한 그 중에서도 구

---

1) 張介賓,『類經附翼』(卷一 醫易) : 不知易, 不足以言大醫.

2) 廖育群,『岐黃醫道』(遼寧教育出版社, 1997), 186.

3) 『備急千金要方』: 凡欲爲大醫, 必須素問, 甲乙, 黃帝鍼經, 明堂疏注, 十二經脈 … 又須妙解陰陽錄命, 諸家相法, 及灼龜五兆, 周易六壬, 并須精熟.

4) 廖育群(1997), 186.

5) 물론 주역이 유가의 문헌이라는 해석에도 문제가 있다. 관련 논의는 陳鼓應, 최진석 외역,『주역 유가의 사상인가 도가의 사상인가』(예문서원, 1996) 참조

6) 이하의 내용은 廖育群(1997), 187을 참조

7) 『周易』「繫辭傳」: 天一地二, 天三地四.

(九)와 육(六)을 수의 대표로 보아 양효(陽爻)를 구(九)라 하고 음효(陰爻)를 육(六)이라고 한다.

그런데 한의학에서 수의 음양에 대한 이해는 거꾸로 되어 있다. 예를 들어, 『소문』 「육절장상론」 편에 나오는 "하늘은 육을 마디로 삼고 땅은 구를 기준으로 삼는다."[8]가 대표적이다. 『소문』의 첫 편인 「상고천진론」에서도 같은 점을 확인할 수 있다.

여자는 7세에 신기가 성하고 이가 자라며 머리카락이 길어진다. 14세에 천계가 이르러 임맥이 통하고 태충맥이 성대해져 월사가 때에 맞춰 나온다. 그러므로 아이를 가질 수 있다. … 남자는 8세에 신기가 실해지고 머리가 길어지며 이빨이 바뀐다. 16세에 신기가 성대해지고 천계가 이른다.[9]

천계는 생식력을 말한다. 신정을 중심으로 남녀의 성장과 노화를 설명하고 있다. 남자는 8, 여자는 7이 성장의 기본 단위로, 역학의 홀수가 남, 짝수가 여인 것과는 다르다. 두 종의 마왕퇴 발굴 문헌 『십일맥구경(十一脈灸經)』은 11맥으로 되어 있고, 이들 맥은 음양으로 나뉜다. 11개 맥 중 양맥은 여섯 개이고 음맥은 다섯 개다. 역학의 관행에 따르면 음맥이 여섯이고 양맥이 다섯이어야 한다. 『내경』을 비롯한 초기 한의학에서 취하고 있는 숫자의 인식은 역학적 관념과 어긋난다.

내가 만난 어떤 의역학자는 이렇게 말했다. '역학은 부재했을지라도 역학적 사유방식은 이미 있었다. 역학적 사유방식이 의학의 원류가 되었다면, 역학을 의학의 원류라고 할 수 있다.' 그러나 역학의 토대가 되는 역학적 사유는 음양이지 역학이 아니다. 역의 괘상은 음이나 양의 기호를 여섯

---

8) 『素問』 「六節藏象論」: 天以六六爲節, 地以九九制會.
9) 『素問』 「上古天眞論」: 女子七歲, 腎氣盛, 齒更髮長, 二七而天癸至, 任脈通, 太衝脈盛, 月事以時下, 故有子. … 丈夫八歲, 腎氣實, 髮長齒更, 二八, 腎氣盛, 天癸至.

겹으로 쌓아 올린 것이다. 역학은 음양의 특수 이론이지, 음양처럼 동양 사유의 근저에 있는 뿌리 이론이 아니다. 따라서 역학은, 마찬가지로 음양적 사유에 근거한 의학의 토대가 될 수 없다. 비유해서 말하자면, "의학과 음양 학설은 물과 우유처럼 잘 섞이지만, 의학과 역은 마치 물과 기름이 섞이지 않은 채로 병존하는 것과 같다."[10]

그럼에도 불구하고 역학이 동양의 지적 자산을 읽어내는 메타이론이었다는 말은 사실이다. 역학은 음양이론의 확장성과 포괄성을 계승했고 괘사와 효사의 통찰력은 역학을 지적으로 포장해 주었다. 게다가 오랫동안 메타이론으로 쓰였다는 사실, 그 자체가 역학을 의학의 메타이론으로 제안하는 지적 관행을 방어해준다. 역학에 토대해서 의학을 설명하는 것은 전근대 동양사회에서 선택할 수 있는 거의 유일한 방법이었을 것이다. 그러나 현대의 문제 상황은 새로운 메타이론을 요구한다.

앞의 문제 상황을 상기해 보라. 음양오행이나 역학이 한의학의 기초이론이라고 해도, 학생들에게 음양오행의 내용을 설명해주는 것은 변죽을 울리는 일일 뿐이다. 한의대에서는 음양오행의 성립사, 한의학에서 신체와 마음을 오행에 배당하는 내용, 오행의 상생·상극관계를 지루하게 설명해 왔지만, 답답함은 해소되지 않았다. 학생들은 다양한 냄새나 색깔 같은 것이 적혀 있는 오행이라는 이름의 도표를 암기하면서도, 그 도표가 그런 식으로 그려져 있는 까닭을 이해하지 못하는 것처럼 보였다. 대부분의 학생들은 좌절하고 비판하다가 끝내는 체념한 채 그저 암기하곤 했다.

혹은 종교적 태도를 보이기도 했다. 그건 이해할 수 없는 것을 믿고 배워야 하는 이들에게서 찾을 수 있는 자세였는데, 대학 교육이 그런 태도를 초래한 셈이었으므로, 서글픈 일이 아닐 수 없다. 학생들은 자신이 무엇을 모르는지 알지 못했고, 교수도 무엇을 가르쳐야 하는지 알지 못하는 것처럼

---

10) 廖育群(1997), 191.

보였다. 어떤 이는 자신이 무엇을 알고 있는지조차 모르는 듯 했다.

한 논문집에는 '몸은 기의 흐름을 따라 우주와 유기적으로 연결되어 있다'고 적혀 있었다. 나는 이 문장에 사용된 모든 단어의 의미를 정확히 알고 있었지만, 저자가 무엇을 말하려 하는지 이해할 수 없었다. 몸에서 나와 우주로 흘러가는 기라는 것은 무엇일까? 저자는 이 말의 뜻을 알고 있었을까?

소통의 가장 큰 문제는 무엇이 문제인지를 모르는 것이다. 문제를 정확히 이해하기 위해서는 문제가 촉발된 상황으로 돌아가야 한다. 학생들이 음양오행에 관해 묻는 까닭은 크게 세 가지로 나눌 수 있다.

첫째, 음양오행의 질서로 세계를 읽는 관례를 따라야 하는지 알지 못하기 때문이다.

둘째, 음양오행론이 토대한 세계관을 알지 못하기 때문이다.

셋째, 하나의 대상을 두고 두 가지 상호 모순되는 관점이 성립할 수 있다는 점을 납득하지 못하기 때문이다.

첫 번째 문제에 대해서는 이미 답한 셈이다. 음양오행의 질서로 한의학을 조직하는 관례를 따를 필요가 없다. 세 번째 문제는 인간의 성장과 관련되어 있다. 사람들은 상호 모순적으로 보이는 관점이 실은 상호 보완적임을 깨달음으로써 정신적으로 성장한다. 두 번째 문제는 길게 이야기해야 한다. 이 책의 대부분은 두 번째 문제에 관한 것이다.

메밀이나 수수 같은 곡식을 오행의 특정 항에 배당했다고 가정해 보자. 그것을 암기해야 하는 이유는 무엇인가? 검은 콩이 정말로 신장에 좋다면, 이 둘은 하나로 묶이게 된다. 유용한 지식이기 때문이다. 비록 콩이 신장에 좋은 까닭을 알지 못한다고 해도 유용한 지식이라는 사실에는 변함이 없다. 유용성은 해당 지식을 암기해야 하는 현실적 이유다.

그런데 검은 콩과 신장을 오행의 다섯 계열 가운데 '수'의 계열에 배당해야 하는 까닭은 무엇일까? 묶는 것에는 문제가 없지만, 오행론은 관련 있는 것들을 묶는 데 그치지 않는다. 오행론은 특별한 관계지움이다. 오행의 관계 속에 들어가면 대상은 다른 계열에 속하는 것들과 특별한 관계에 놓이게 된다. 그런 특별한 질서로 세상을 읽는 태도가 정당화될 수 있을까?

건물이나 정부 조직을 오행의 원리에 따라 건설하는 것에는 문제가 없다. 세상의 모든 것을 일정한 기준에 따라 분류 조직하는 것이 그렇지 않은 것보다 효율적이다. 정부 조직이 다섯으로 되어 있다면, 문서의 형식도 다섯으로 만들어 두는 것이 편리하다. 조선시대의 군대편제인 오위(五衛)나 행정단위인 이·호·예·병·형·공에도 오행의 질서가 들어 있다.

그러나 자연현상에 대한 이론으로 사용되는 경우는 사정이 다르다. 음양오행에 맞지 않는 영역이나 측면이 있기 때문이다. 그럼에도 불구하고 음양오행을 세계의 설계도로 사용한 경우가 있었다. 그것은 침대에 키가 맞지 않는다고 잡아 늘리거나 다리를 잘랐다고 하는 프로크루스테스를 연상시킨다.

오장육부는 너무나 익숙한 말이라서 우리 몸은 당연히 다섯 개의 장과 여섯 개의 부로 구성되어 있을 것 같은 생각이 든다. 그런데 정말 그럴까? 『내경』에는 다음과 같은 글이 실려 있다.

> 이른 바 오장이라는 것은 정기를 보관하기만 할 뿐 밖으로 내보내지 않는다. 그러므로 가득 차 있어서 무엇으로 채울 수 없다. 육부는 전하기만 할 뿐 보관하지 않는다. 그러므로 채울 수 있을 뿐 가득 차 있지는 않다. 수곡이 입으로 들어가면 위는 가득 차고 장은 비며, 먹은 음식이 아래로 내려가면 장은 차고 위는 비기 때문이다. 그러므로 채울 수 있되 가득하지 않으며 가득하되 채울 수 없다고 말하는 것이다.[11]

요지는 장부의 정의다. 언제나 차 있는 것은 장이고 비었다가 채워졌다 하는 것은 부다. 결국 부는 소화기계를 가리키는 말이다. 그런데 차있음과 비어있음이 장부를 나누는 적절한 기준일 수 있을까? 뇌와 자궁 그리고 방광은 어떨까? 그건 장인가 부인가?『내경』에서는 특이한 부(奇恒之府)라고 해서 뇌와 자궁 같은 기관을 함께 묶어두었는데, 참과 빔을 기준으로 하는 장부의 분류가 부정확함을 인식하고 있었다는 증거다. "방사들 중 혹자는 뇌수를 장이라 하고, 혹자는 장위를 장이라 하며 혹자는 부라고 했다. 그들에게 서로 모순되는 이유를 묻자 각각 자신들이 옳다고 했다."[12]

숫자는 어떨까? 몸 안의 장은 다섯 개 뿐이고 소화기계는 여섯뿐일까? 해부도를 보면 소장에서 대장 그리고 항문으로 이어지는 노선이 선명하게 나뉘지 않는다는 사실을 알 수 있다. 더군다나 해부구조적 존재가 분명한 어떤 기관은 오장육부에 포함되지도 않는다. 그것보다 더 이상한 문제도 있다. 육부 중 하나인 삼초(三焦)는 무엇인가? 한의학사전에는 삼초가 수액 대사를 담당하는 기관이라고 적혀 있지만, 삼초라는 말에 대응하는 물리적 구조가 확인된 적은 없다. 형태와 존재마저 분명하지 않은 기관을 육부에 포함시킨 이유는 무엇일까? 기능적 이해가 전제되어 있겠지만, 6이라는 의도적 숫자도 하나의 이유다.

오장의 5라는 숫자도 마찬가지다. 장이 그렇게 선명하게 파악되는가? 오장의 비장은 이자일까, 지라일까?『내경』에서 말하는 비장의 기능은 여러 기관의 기능이 종합되어 있는 듯하다. 도대체 이토록 잡다한 기능을 하나로 뭉뚱그려 놓고 그것을 분명한 실체가 있는 것처럼 묘사한 까닭은 무

---

11)『素問』「五藏別論」: 所謂五藏者, 藏精氣而不寫也, 故滿而不能實. 六府者, 傳化物而不藏, 故實而不能滿也. 所以然者, 水穀入口, 則胃實而腸虛, 食下, 則腸實而胃虛. 故曰, 實而不滿, 滿而不實也.

12)『素問』「五藏別論」: 余聞方士, 或以腦髓爲藏, 或以腸胃爲藏, 或以爲府, 敢問更相反, 皆自謂是.

엇일까? 기능적 신체관이 중요한 원인이지만, 5라는 숫자에 맞추기 위한 의도도 있었다.

고대 중국의 어떤 신화에서는 하늘에 태양이 10개 있다고 말했다. 흔히 들어봤을 10천간과 12지지는 실은 10개의 태양과 12개의 달에서 유비된 것이다. 5라는 숫자와 6이라는 숫자는 10개의 태양으로 상징되는 하늘의 5와 12개의 달로 상징되는 땅의 6을 본 딴 것이다. 십천간과 십이지지를 본 딴 것이라고 해도 맥락의 차이는 없다.

오장육부는 경험적 사실을 관념에 맞게 재구성한 것이다. 관념에 맞추는 와중에 사실은 왜곡되었다. 그러나 자연을 일정한 구도로 보는 것이 반드시 잘못된 것인가? 억지로 맞추기 위해 자르거나 늘려도 자연은 죽지 않는다. 게다가 자연을 있는 그대로 읽어낸다는 것은 무슨 뜻이며, 그것이 가능하기는 한 것일까?

우리는 무엇인가를 통해서, 최소한 언어를 통해서 세상에 접근한다. 언어는 특정한 세계관에 토대하고 있다. 특정한 언어를 사용하면 그 언어가 전제하는 세계관에서 자유로울 수 없다. 관념과 사실의 결합은 피치 못할 선택처럼 보이고, 세계관은 세계에 접근하기 위해 '필요한' 수단이라고 생각된다. 오장육부의 성립과정에서 사실을 완전히 무시한 것도 아니다. 삼초의 성립과정을 살펴보면 오히려 사실을 궁구한 흔적을 확인할 수 있다.

현대 한의학에서 말하는 삼초(三焦)는 몸통의 상중하에 모두 걸쳐 있다. 그러나 본래 삼초는 방광이 있는 하초에서 발전한 것이다.[13] 초(焦)의 옛 글자는 초(膲)다. 『회남자』에 주석을 달은 고유(高誘)는 「천문훈(天文訓)」에 나오는 초(膲)자를 '살이 꽉 차지 않은 것'이라고 설명했다. 복부를 절개하고 몸의 안쪽을 들여다보면, 신장에서 방광으로 이어지는 관은 잘 보이지 않는다. 신장에서 나온 관은 척추 쪽으로 들어갔다가 방광으로 이어진다.

---

13) 金關丈夫, 『日本民族の起源』(法政大學出版局, 1976) 350 : 359-360.

고대 중국인들의 해부 수준으로는, 이 관을 발견하지 못했을 것이다. 그러나 어쨌든 신장에서 방광으로 이어지는 관이 있어야 했다. 이론적 요청과 사실이 충돌했다.

요청 : 신장과 방광 사이에는 선과 같은 기관이 있어야 한다.
사실 : 신장과 방광 사이에서 관을 발견하지 못했다.

한의학의 정초자들은 신장과 방광 사이에 있는 연하고 성근 조직이 그 역할을 한다고 간주했다. 초자가 그 조직의 특성을 묘사하기에 적절했다. 이후에도 비슷한 상황이 벌어지곤 했다. 발견해야 할 곳에서 발견하지 못했다. 초의 개념이 몸 전체로 확장된 까닭이다. 먼저 위(胃)를 둘러싸고 있는 막의 성질은 성글었는데, 혈관이 위에서 직접 연결되어 있지 않은 것처럼 보였으므로, 초의 개념을 위(胃)에도 적용했다. 삼초는 물리적 실체가 없는 순수한 기능적 복합체다. 그러나 역설적이게도 삼초의 성립사는 한의학에 해부구조적 지식이 들어 있음을 증명한다.

삼초를 포함하는 오장육부의 성립과정은 5와 6이라는 관념과 경험적 사실 사이에 있었던 절충의 역사를 보여준다. 몸은 복잡하고 혼란스럽다. 증상과 치료도 마찬가지다. 똑같은 질병이라고 해도 다양한 증상이 나타난다. 같은 암이라도 어떤 경우에는 전조(前兆)가 있고, 다른 경우에는 그렇지 않다. 어떤 경우에는 완치되지만, 종종 목숨을 잃기도 한다. 그처럼 다양한 몸과 증상 그리고 치료법을 보는 동양 특유의 관점을 A라고 가정하자. 음양오행은 A의 산물일 뿐이다. 음양오행에는 동양 특유의 관점이 들어 있지만, 음양오행을 포기해도 동양의 세계관이 사라지지는 않는다.

의학은 실천성이 강한, 이론의 순결성보다는 치료가 우선시되는 경험학문이다. 치료에 도움이 된다면 이질적인 수단이라도 충분히 사용할 수 있다. 물리치료는 현대의학의 이론 안에 잘 포섭되는가? 통증클리닉은 어떤가? 아침부터 노인들을 병원으로 출근하게 만드는 물리치료나 통증을 치료의 목적으로 삼는 통증클리닉은 물리적 세계관을 충실히 따르는 경우에도 생각해낼 수 있는 치료법일까? 물리치료와 통증클리닉의 연원은 무엇일까? 이론적 정체성을 고집하는 태도는 의학과 어울리지 않는다. 그럼에도 불구하고 특히 의학이 이원화되어 있는 곳에서는 종종 이론적 정체성이 중요한 쟁점으로 대두한다.

그러므로 음양오행은 한의학의 정체성을 결정짓는 이론인가라는 질문이 무의미하지는 않다. 이미 밝혔듯이 나의 생각은 부정적이다. 한의학의 정체성은 음양오행으로 확보되지 않는다. 음양오행으로 몸과 치료에 관한 임상경험을 읽어낼 필요도 없고, 의학 지식을 음양오행으로 조직할 필요도 없다. 동양의 사유는 이론적 순결성보다는 체험과 유용성을 중시하기 때문에, 음양오행론을 고집한다는 것은 반(反)동양적이고 반한의학적이기까지 하다.

한의대나 의대에 갓 입학한 학생들, 심지어는 오랫동안 의료계에 종사한 의사마저 병을 바라보는 유일한 관점이 존재한다고 생각하는 경향이 있다. 의료계에 종사하는 이들만 그런 것이 아니다. 어떤 이들은 자신이 세상의 참모습을 보고 있으며 자신이 보는 것이야말로 진정 옳다고 생각한다. 그러나 세계는 오직 하나만 존재하는 것일까? 우리는 정말 사실로서 하나의 세계를 보고 있거나 볼 수 있는 것일까?

마음은 모호하지만 강력하고 거시적인 힘을 발휘하는 잠재의식과 분명하지만 미시적이고 알게 모르게 잠재의식의 지배를 받는 의식으로 구성되었을까? 아니면 마음 안에 들어 있는 또 다른 마음이 외부와의 자극을 통해 밖으로 드러나는 마치 꽃이 피어나는 듯한 모습일까? 전자는 서양의 마음이고 후자는 동양의 마음이다. 어떤 것이 마음의 본연의 모습에 가까울까? 당연한 말이지만 관점의 문제는 단순히 보는 방식의 문제만이 아니다. 현실의 문제풀이가 보는 방식에서 도출되기 때문이다.

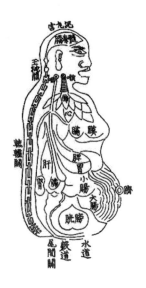

성당에서 신부에게 자신의 잘못을 고해하는 문화가 없었다면, 상담치료라는 개념을 상상이나 할 수 있었을지 생각해 보라. 상담치료에는 세계와 마음 등을 보는 특정한 세계관이 전제되어 있다. 현대의 상담치료는 한국인의 심성에 적합한 치료방법일 수 있을까? 우리는 특정한 관점 위에 서 있는 것들을 심지어는 우리의 문화적 원형과는 잘 어울리지 않는 관점으로 보아진 것을 유일한 사실로 간주하면서, 그런 관점에 토대한 해결책을 가장 효율적이고 당연한 방법이라고 착각하고 있는 것은 아닐까?

폐와 대장을 표리(表裏) 관계로 보는 것은 사실과 무관할까? 폐는 위에 대장은 아래에 있으므로? 기능의 측면에서 보자면,『동의보감』에 실려 있는 신형장부도(身形藏府圖)가 사실에 가깝지 않을까? 호흡에 집중하면 몸 전면의 중앙을 따라 내려갔다가 척추를 따라 올라가는 힘을 느낄 수 있다. 신형장부도의 몸은 허구가 아니다. 그것은 구조적으로 허구이지만 기능적으로 참이다.

신형장부도는 특히 양생가의 체험과 부합한다. 추상적인 층위에서 사실은 힘을 잃지만, 구체적인 수준에서도 종종 그런 현상이 벌어진다. 어떤 사전 교육도 없이 처음으로 해부를 하러 들어간 학생이 근육과 뼈 그리고 장부와 혈관을 볼 수 있을까? 지도교수의 안내가 없다면, 정체모를 덩어리를 보고 나오기 십상일 것이다.

갈레노스는 훈련과 오랫동안의 경험이 없다면, 아무것도 볼 수 없다고 주장했다. 단지 시체를 볼 뿐이다. 그런데 이것은 해부가 아니다. 다만 시체를 들여다보면서 뼈, 피, 지방, 살, 엉켜있는 힘줄(tendon)을 멍하니 응시하는 것에 불과하다.[14]

관점은 사실을 무력화시킨다. 어떤 이는 경맥을, 어떤 이는 혈관을 본다. 수소음심경(手少陰心經)의 의학적 유용성을 경험한 이가 심장과 폐로, 이어서 목구멍에서 눈으로 이어지는 부위가 막히지 않았음을 본 후 경맥의 존재를 확인했다고 하는 것은 오류이고, 관이 없으므로 그곳에는 아무것도 없다고 하는 것은 옳은 것일까? 설령 세계가 하나일지라도 세계관은 여럿일 수 있다. 관점에 따라 세상은 모래알갱이가 허공 속에서 움직이는 것처럼 보일 수도 있고, 아지랑이처럼 보일 수도 있다. 그러므로 오직 하나의 세계관이라는 말은 성립하지 않는다.

그럼에도 불구하고 사람들은 오직 하나의 세계가 있다고, 즉 자신이 세계를 보는 시선이 유일한 관점이라고 믿는 경향이 있다. 자신의 세계관에 대한 반성이 없으면, 이런 믿음은 흔들리지 않는다.

조선 후기는 서양의 세계관을 접한 동양의 지성계에서 자신에 대한 비판정신이 싹튼 시기였다. 후대의 사가들에 의해 실학자라고 불리게 된 인물 가운데 몇몇은 음양오행이 세계의 구조에 맞지 않는다고 노골적으로 말했다. 홍대용도 그랬지만 정약용은 특히 음양오행을 비롯한 동양의 자연관

---

14) Shigehisa Kuriyama, 정우진·권상옥 역, 『몸의 노래』(이음, 2013), 130.

전체를 강력하게 비판했다.

> 천도는 크고 만물의 이치는 미묘하니 쉽게 추측할 수 없다. 하물며 오행은
> 만물 중의 다섯 가지일 뿐으로 마찬가지의 사물에 불과하니 이로써 만물을
> 낳는다는 것이 또한 어렵지 않겠는가?[15]

다산은 오행을 오해했다. 오행은 원소가 아니다. 학자들은 다산이 희랍
의학의 사체액설에 토대했다고 하는데, 그것이 오해의 원인으로 보인다.
나는 정약용의 글에서 자신이 속한 세계에서 변두리로 밀려난 이들이 종종
보여주는 경향, 즉 전통적 세계관을 외부의 세계관으로 대치하려는 경향을
느낀다. 이런 아웃사이더의 태도에는 미래로 나아가기 위해 필요한 선결
조건, 현재에 대한 불안감이나 불만이 들어 있다. 새로운 세계관과의 교류
를 통해, 전통에 대해 불안을 느낄 때, 사람들이 취하는 양상은 다양하다.
보수적인 태도를 취하는 이와 전향(轉向)하는 이들 사이에 보다 넓은 지평
으로 자신을 고양시키는 이들도 있다. 보다 넓은 지평으로 나아가기 위한
첫 번째 질문은 세계관의 차이에 관한 것이어야 한다.
  확실히 우리는 타자를 통해 우리의 세계관을 더 잘 이해하게 된다. 과거
에도 한의학의 음양오행론이나 장상론 그리고 변증론이 한의학의 기초이
론이라고 받아들여지고 있었을까? 『황제내경』 전체에서 장상(藏象)이라
는 표현은 「육절장상론」에 한 번 보일 뿐이다. 그리고 한의학은 정말 변증
에 충실했을까? 한의학에도 본체론적 아이디어가 들어 있다. 현재 말해지
고 있는 한의학의 기초이론은 대개 서양의학과 조우 및 그 만남에서 촉발
된 정체성의 혼란 속에서 찾아진 나의 타자에 대한 타자성이다. 그렇다면
도대체 한의학이 토대한 동양의 세계관이란 어떤 것일까?

---

15) 『與猶堂全書』(第二集經集 第四卷) : 天道造大物理眇隱, 未易推測. 況五行不過萬物
　　中五物, 則同是物也, 而以五生萬, 不亦難乎.

1934년도에 벌어진 소위 한의학 부흥논쟁의 중심에 이 질문이 있었다. 1934년 2월부터 11월까지 「조선일보」 지면에서는 한의학의 정체성과 관련된 논쟁이 벌어졌다. 현대의학을 전공한 장기무는, 한의학이 표준화 등의 문제만 해결하면 독자적인 의학으로 발전할 수 있다고 주장함으로써, 이 논쟁의 토대를 닦았다. 경성제대 의학부 출신의 정근양은 장기무를 논박했다. 그는 서양의학만이 의학이라고 주장했다. 이후 이 논쟁의 전장(戰場)은 이을호와 조헌영 등에까지 넓어졌고, 결국 한의학의 세계관에 관한 논의로 발전했다.[16)]

한의학의 세계관에 대해 설명하기 위해서는 그동안 제기된 기초이론의 배후로 내려가야 한다. 그런데 얼마나 내려가야 할까? 특정 분과학의 이론이 형성되는 과정을 생각해 보자. 먼저 세상을 보는 특정한 관점인 세계관이라는 것이 만들어진다. 이것은 자연환경이나 문화적 특성에 따라 자신들도 모르게 형성된 일관된 관점이다. 예를 들어, 지중해 연안에 위치한 그리스의 사유와 농경사회를 영위한 중국의 세계관은 같지 않다. 또 사계절이 분명한 지역에서 산 사람들과 사막 기후에서 산 사람들의 시선이 어떻게 같을 수 있겠는가? 이런 관점은 특정한 시기에 이론화의 요청을 받게 된다. 동양의 경우 한대 초기에 특히 그런 요청이 강렬하게 대두했고, 『회남자』와 『춘추번로』에는 이론화의 요청에 응해서 제안된 동양과학의 기초이론이 실려 있다.

이처럼 세계관에서 도출된 기초이론은 일종의 뿌리 이론으로서 구체적 영역에 적용되기도 하고 자체 세련화 과정을 거치기도 한다. 자체적으로 보다 세련화된 음양오행론이 의학이나 연금술 같은 영역에 적용되는 것이 그 예가 될 것이다. 본래의 뿌리 이론을 '원이론 1'이라고 하면 이로부터 다시 구성된 음양오행 등은 '원이론 2'라고 할 수 있다. '원이론 1'이 색깔

---

16) 이 논쟁은 이 땅에 등장한 최초의 한의철학 쟁론이다. 나는 이 논의에 참여한 이들을 그들의 견해나 선호와 무관하게 한의철학을 포함하는 동양과학철학의 1세대로 평가한다.

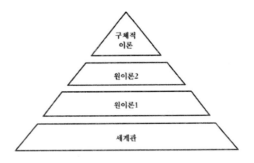

이 없는 뿌리 이론이라면 '원이론 2'는 고유의 특성을 지니고 있다. '원이론 1'은 대상이 없다는 점에서 강력한 메타이론의 성격을 지닌다. '원이론 2'도 대상이 없다는 점에서는 '원이론 1'과 부합하지만, 구체적인 구성양식을 내포하고 있다는 점에서 메타이론으로서의 적용범위가 한정된다.

희랍 철학자들은 지식의 객관성을 중시했다. 신을 배제하고 자연현상을 설명하고자 하는 노력은 객관적 지식을 향한 열망으로 드러났다. 이런 지적 경향에서 실체론적 세계관과 인과론이 탄생했다. 고대 중국인들은 생생한 체험 자체를 중시했다. 그들에게는 체험이야말로 진실이었다. 그런 경향성은 변화를 보는 시선을 초래했다. 변화와 현상의 배후에 무엇인가를 설정하지 않고 질서를 부여하는 방법은 무엇이었을까? 또 같은 말이지만 지식을 조직하는 방식은 무엇이었을까?

고대 중국인들은 관련된 것들을 묶는 방식으로 질서를 부여했다. 묶음 즉 유별(classification)을 통해 세상은 질서를 부여받았다. 지식의 조직은 어지러이 널려 있는 것들을 일정한 기준으로 정리하는 것과 같다. 같은 유에 속하는 것들은 감응의 관계가 있다고 말해졌고, 기가 감응을 매개한다고 믿어졌다. 동양의 경우에는 '기-감응-유별'이 '원이론 1'이었다. "같은 기를 가진 것들은 서로 감응한다"는 동기상감(同氣相感)이나 "같은 유에 속하는 것들은 서로 감동한다"는 동류상동(同類相動) 같은 말은 '원이론 1'을 당시의 언어로 간결하게 표현한 것이다.

'원이론 2'는 '원이론 1'이 구체화된 것이다. 음양오행이나 『주역』 등은 '원이론 2'에 해당한다. 세계관과 '원이론 1'은 선택할 수 있는 것이 아니라고 간주하자. 세계관은 그저 주어진 것이고, '원이론 1'은 세계관에서 필연적으로 도출된다. (아닌 경우도 상상할 수 있지만, 본서에서는 별 의미가 없다.) 이에 반해 '원이론 2'에는 필연성이 없다. 이런 이론의 형성은 임의적이다. 한의학의 성립기에 음양오행론이 가장 유행하는 이론 가운데 하나였음은 사실이다. 그러나 음양오행론이 다른 것들을 배제하지는 않았다. 종종 복수의 '원이론 2'들이 결합했다. 후한대에 유행한 오행간지는 '원이론 2' 사이의 결합을 상징적으로 보여준다. 오행간지는 사주의 기본 이론이다. 때로 『주역』이 중심이 되어 천간지지와 결합하는 경우도 있었다. '원이론 2'는 다양하지만, 어떤 이론이든 '기-감응-유별'이라는 '원이론 1'의 특성을 따른다.

음양오행을 예로 들어보자. 음양오행은 일종의 패턴으로서 동일한 계열에 속하는 것들을 하나의 유로 묶는다. 그리고 동일한 계열 예를 들면, 목의 계열에 속하는 것들은 목기에 감응하는 것들이라고 말해진다. 서로 대척적인 관계에 있는 것들도 하나로 묶인다. 즉 음과 양도 하나로 묶일 수 있다. 음과 양의 관계는 반감(antipathy)이라고 할 수도 있고 공감(sympathy)이라고 할 수도 있다. 오행의 상생과 상극은 공감과 반감을 계열 사이의 관계로 나타낸 것이다. 따라서 오행론은 음양론의 확장이라고 말할 수 있다. 때로 '원이론 1'은 '원이론 2'를 거치지 않고 직접 특정한 분과학에 적용되기도 했다. 음양오행이 적용되지 않은 동양과학문화의 존재가 이 점을 증명한다.

앞으로 돌아가 보자. 메타이론을 요구하는 상황이 바뀌었다. 서양에 대한 동양을 이해하기 위한 메타이론은 『주역』과 같은 동양학에 관한 동양학으로서의 메타이론이 아닌, 서양의 세계관에 대한 동양의 세계관이어야 한다. 그런 세계관은 『주역』이나 음양오행의 배후에서 찾을 수 있다. 현재의 상황은 『주역』이나 음양오행을 산출해낸 세계관과 사유방식에 대한 설명을 요구하고 있다.

문제가 명확해졌다. 학생은 '음양오행'을 묻는 것이 아니라 '음양오행에 관해' 묻고 있다. 동양의 세계관을 동양의 저 내밀한 곳에서 찾아내 동양의 언어로 구성해낸 후, 그로부터 동양과학이 구성되는 과정을 보여주는 것이 나의 목표다.

2. 이 책의 구성

이 책의 구성에는 '기-감응-유별'이라는 '원이론 1'의 구도가 반영되어 있다. 먼저 어떤 관점에서 기론이 도출되었는지, 기론에는 어떤 특성이 있는지, 기는 무엇인지에 대해 답하기 위해, 한의학의 기와 신체관 그리고 자연관을 고찰했다. 다음으로 기의 세계관에서 질서가 짜여지는 방식을 검토했다. 유별이 질서를 부여하는 방식이라면 감응은 그 기준이었다. 세 번째는 기의 다른 측면, 즉 상징으로서의 측면을 검토했다. 상징은 유별의 징표이기도 하다. 네 번째는 동양의 자연관이 수행론에서 나온 것임을 논증하고, 감응의 인지에 대해 고찰했다. 동양의 자연관은 수행을 경유한 이의 눈에 펼쳐진 것으로 누구에게나 보이는 객관적 세계가 아니고, 주체와 격절된 대상을 객관적으로 바라보는 인식이라는 것은 감응하는 수행자와 어울리지 않는다.

시스템론과 상관적 사유는 이 분야에 종사했던 선구자들의 자취이자 극복해야 할 대상이고, 서양의학의 세계관은 동양의 세계관으로 진입하기 위한 상대로서의 길잡이다. 모든 논의에 앞서 한의학에 관한 메타이론으로 제안되었던 시스템론과 상관적 사유 그리고 한의학에 대립한 의학으로서 서양의학의 세계관을 비판적으로 검토해야 했다.

한의학의 기를 탐색하기 위한 그간의 질문은 발생론적인 측면에 치중되

어 있었다. 그러나 기의 핵심적 특징은 발생론보다는 대상의 본질을 드러
낸다는 점에 있다. 본질을 드러내는 기의 특성은 특히 마음에 거주하는 기
에서 분명하게 드러난다고 말해야 한다. 마음에 거주하는 기는 말이 아닌
뉘앙스로, 색이 아닌 색조로 드러난다. 안색은 마음의 기운을 알려주는 징
후다. 말과 색의 둘레에 거주하는 기는 대상의 본질을 전달해준다. 이것이
공자가 효에 관해 묻는 제자에게 말의 기운인 사기(辭氣)를 조심하라고 답
한 까닭이다. 효심은 말이 아니라 말의 뉘앙스를 통해 정확하게 드러난다.

맥진은 몸의 기운을 읽어내는 진단법이다. 맥진을 통해서 읽어내는 것
은 맥박의 빠르기나 크기와 같은 객관적 성질이 아니다. 같은 빠르기에서
도 역동성의 차이를 느낄 수 있다. 그런 색조의 차이 속에서 환자의 진실을
듣는 것이 맥진법이었다. 환자의 본심을 전해주는 기는 마음과 격절된 것
이 아니었다. 기는 마음 그 자체였고, 대상과 주관의 사이를 연결시켜주는
가교였다. '난 괜찮아요…'라는 말 속에 짙게 배어 있는 슬픔에 공명하지
못하는 이에게 기는 포착되지 않는다.

기는 공명을 매개했고, 대상을 상징(象徵)했다. 기는 존재이되, 상징적 존
재였다. 그러므로 기가 형질을 만들어낸다는 발생론적 설명에는 문제가 있
다. 기에 의거한 우주발생론은 이론을 위한 이론으로서 기의 본질과는 거
리가 있다. 2장의 1절은 이 책의 실질적인 서두로서, 기의 특성을 고찰했다.

한의학의 정초자들은 마음 중심의 기론에 만족할 수 없었다. 기론은 의
학적으로 각색되는 와중에 물화(物化)되어야 했다. 2장 2절에서는 한의학
의 신체관을 성립과정에 초점을 맞춰서 살펴봤다. 전한기에 등장한 일군의
철학자들이 동양과학의 기초이론을 구성해내자, 한의학의 정초자들이 그
이론으로 이전까지 있었던 임상경험을 이론적으로 체계화했다. 그들은 수
양론에서 성장한 신체관을 의학적으로 재해석했다. 동양과학의 기초이론
이 중요한 수단이었다. 한의학의 신체관은 '기론(氣論)의 의과학적 전개'였
다고 평가할 수 있다.

수양론의 생기(生氣)는 마음에 거주하는 것으로 이해되고 있었고, 마음은 몸의 중심으로 간주되었다. 그것이 한의학 성립기 직전의 주류 신체관이었다. 한의학자들은 심리적 측면에 치중되어 있던 기론을 생리론으로 확장시켰고, 병리론을 보완했다. 경맥은 외부의 생명을 받아들여 몸 안에서 유주(流注), 전화, 저장하는 개방시스템이었다. 감응론의 영향을 받았던 한의학의 정초자들은 경맥순환이 우주의 리듬에 동승(同乘)한다고 말했다. 질병을 초래하는 부정적 감응을 방어하기 위한 논리는 수양론의 가르침에서 차용되었다. 경맥은 우주의 순환에 감응하는 토대이자 잘못된 감응에서 몸을 방어할 수 있는 기제를 갖추고 있는 시스템으로 설계되었다.

오장론은 수양론에서 구축했던 심론(心論)의 유비 모델이었다. 마음에 거주하던 정신은 오장에 거주하는 정기로 재해석되었다. 오행론의 도입에 따라 심장은 오장 가운데 하나로 축소되었지만 한의학의 정초자들은 마음 중심의 신체관을 포기하지 않았다. 경맥순환 체계에서 심장은 중심이 아니었지만 혈맥을 주관한다고 굳이 말해졌다. 혈맥은 경맥과 양립할 수 없기 때문에, 이런 설명은 이론적 체계성을 약화시켰다. 그러나 마음의 수양 상태가 낯빛으로 나타난다는 수양론의 가르침을 배제하지는 못했다. 『내경』에 남아 있는 심장 중심의 신체관은, 수양론을 의학적으로 재해석하는 와중에 있었던 긴장을 드러낸다.

2장 3절에서는 기론의 세계상과 관련된 특성을 고찰했다. 말보다는 말의 뉘앙스가 본질을 드러내는 것처럼 기는 대상의 본질을 드러낸다. 맥진을 통해 잡아내는 기는 대상의 본질을 드러냈다. 그러나 이런 규정으로는 다양한 의학적 요청에 제대로 된 답을 줄 수 없다. 의학은 다양한 질병을 설명할 수 있어야 했다. 특히 추위와 더위 같은 외인을 설명해야 했다. 이 지점에서 바람은 자연의 기라고 말할 수 있었다. 바람은 기보다 오래되었고, 기 개념이 바람을 흡수하는 경향이 있었지만, 전적으로 그렇게 될 필요는 없었다. 몸 밖에서는 바람이 기보다 직관적으로 이해될 수 있었다. 그러나

기는 바람의 영역을 상당히 잠식(蠶食)했다. 오직 질병을 초래하는 바람만 기로 전화되지 않았다. 한의학의 정초자들은 질병의 발생을 예측하기 위해 풍점(風占)을 받아들였다.

기론의 세계상은 격절된 개체를 허용하지 않았다. 기론은 꽉 짜여진 세계를 제안했다. 세계의 연속성은 찰나의 세계와 인접한 다음 세계 사이의 부분적 유사성에 의거해서 설명될 수밖에 없었다. 기론의 세계상은 틈이 없었으므로 개체와 집합의 구도보다는 부분과 전체의 구도가 적합했다. 건축물의 양식에도 이런 공간적 이해가 반영되어 있었다. 건축물은 부분으로서 전체를 구성했고, 개체로서 격절되지 않았다. 개체의 경계는 반투명해서 외부와의 소통을 제어하지 않았다. 외부와의 소통을 통해서 개체성이 확보된다고 말할 수도 있었다. 기는 무엇인가를 알려주는 상징적 존재였다. 부분과 전체의 구도를 기의 상징성이 매개했다. 상징과 결합한 부분과 전체의 구도는 부분이 전체를 상징한다는 관념으로 발전했다. 한의학의 진단은 이 관념을 적극적으로 이용했다.

손목이라는 신체의 부분은 몸 전체를 혹은 몸의 다른 부위를 상징했다. 손목의 수직적 혹은 수평적 이해에 그런 상징성이 개입해 있었다. 손목의 수평적 이해방식에 따라, 촌관척(寸關尺)은 몸의 상중하와 부합했고, 수직적 구조에 따라 오장의 위계와 대응했다. 삼부구후법(三部九候法)은 몸을 가슴 위쪽과 횡격막에서 배꼽까지의 부위 그리고 배꼽의 아래쪽으로 삼등분한 후, 각 부분을 손목의 촌관척에 대응시켰다. 음양법과 경중법에서는 손목을 꾹 누르거나 살짝 누르거나 중간쯤 누를 때 도달하는 수직적 구조가 오장의 수직적 구조와 대응한다는 논리에 토대했다. 한의학의 기는 상징적 존재였고, 틈을 허용하지 않는 세계상을 제안했다. 그로부터 부분이 전체를 상징하고 부분이 상호상징하는 자연관이 구축되었다. 한의학의 정초자들은 이러한 자연관을 의학적으로도 재해석해냈고 신체관에도 반영했다.

2장이 기론의 세계에 관한 것이라면 3장은 기론의 질서에 관한 내용이다. 기는 감응을 매개하고 감응하는 동기의 것들은 동류로 묶였다. 이것이 동양과학 기초이론의 기본 도식이었다. 3장 1절에서는 감응의 정의와 유형에 관해 살펴봤다. 고대 중국인들도 접촉하는 것 사이에 발생하는 인과관계를 인식하고 있었다. 그러나 너무나 상식적이었던 접촉에 의한 인과관계를 그들은 이론화하지 않았다. 감응은 떨어져 있는 것들 사이의 관계지움이었고, 기가 감응을 매개한다고 믿어졌다. 감응은 본래 수양론에서 연원한 개념이었다. 도가 수양론에서는 대상과의 감응을 권장했다. 수양론에서 유래한 감응은 통치술로 전개되었고, 전한기에는 동양과학의 기초이론으로 제안되었다.

감응의 유형은 크게 둘로 나눌 수 있다. 하나는 봄·여름·가을·겨울 같은 우주적 패턴에 공명하는 것이었고, 둘은 암수의 교감과 같은 공감과 반감의 감응이었다. 연단술은 후자의 유형을 정확하게 보여준다. 결단(結丹)의 재료인 납과 수은은 감응한다고 말해졌고, 하나의 유로 간주되었다. 또 다른 감응이 제안되기도 했다. 납의 계열에 속하는 것과 수은의 계열에 속하는 것도 감응한다고 말해졌다. 결국 음과 양의 감응 그리고 음이나 양의 계열에 속하는 것들 사이의 감응이라는 두 가지로 나눌 수 있다.

우주의 패턴에 공명하는 감응은 이질적이었는데, 같은 계열에 속하는 것들 사이의 감응과 겹치는 경우도 있었다. 오행의 목계열에 속하는 것들은 서로 감응한다고 말할 수 있었는데, 이것은 봄이라는 사시의 패턴 가운데 하나와 대응시킬 수 있었다. 오행의 상생과 상극은 음양의 공감과 반감을 풀어낸 것이다. 논리적 측면에서 오행을 음양의 확장이론이라고 말할 수 있는 근거다.

감응의 결과 유(類)가 만들어진다. 3장 2절에서는 한의학적 유별의 특성을 고찰했다. 중국의 유별은 상황 의존적이라는 점이 특징적이다. 상황 의존적이므로 유는 객관적 사실을 있는 그대로 드러내기 보다는, 사태를 의

미 있게 짜주는 역할을 한다. 유별의 핵심적 가치는 행위의 지침을 알려준
다는 점에 있었다. 소와 소가 즐겨 먹는 풀을 함께 묶어두는 것과 같은 유
별에서 이 점을 확인할 수 있다.

한의학의 본초에서도 이런 특성을 확인할 수 있다. 약재를 효능을 기준
으로 분류하는 유별은 가치 지향적인 행위였다. 그러나 중국의 모든 유별
이 상황 의존적이지는 않았다. 개체를 유형(type) 차원에서 확보하지 못한
다면 개체를 명명하는 것조차 불가능하므로, 모든 유별이 상황 의존적이
었다고 말하는 것은 상식과 위배된다.

찰나의 순간 존재하는 사건을 하나로 묶을 수 있게 해주는 근거는 무엇
인가? 묵가의 논리를 담고 있는 「대취(大取)」, 「소취(小取)」 등 『묵자』의 6
편 소위 묵변(墨辯)에서는 이미지와 구체적인 사례 등을 제안했는데, 이때
의 이미지는 구체적인 이미지다. 구체적인 이미지와 유사성이 어릴 때의
홍길동, 청년기의 홍길동, 어제 보았던 홍길동, 오늘 보았던 홍길동을 홍길
동이라고 부를 수 있는 근거다.

인접한 것들 사이에는 보다 많은 유사성이 있으므로, 분류의 기준이 되
는 유사성은 균질하지 않다. 다양한 찰나의 홍길동을 홍길동이라고 부를
수 있게 만드는 유사의 강도는 제각각이었다. 그와 같이 균질하지 않은 유
사에 토대해서도 개체의 유형적 차원이 보편적으로 가능했던 까닭은 유사
성을 인식하는 능력에 대한 보편적 믿음 때문이었다.

전국 말기에서 전한 초기의 학자들은 중국 사회를 하나로 묶을 수 있는
제국의 이론을 요청받았다. 이런 요구는 특히 전한기에 두드러졌다. 유안
(劉安)의 『회남자』와 동중서(董仲舒)의 『춘추번로』는 그런 요청에 응해서
만들어졌다. 이들 문헌에서는 사회와 자연을 구분하지 않았으므로, 이들
이 만들어낸 이론은 동아시아 과학의 기초이론이라고 할 수 있다. 기초과
학 이론의 등장은 다양한 분과학의 형성을 초래했다. 대표적인 것이 한의
학이다. 한의학이 체계적으로 성립하기 직전인 전한 초기에 중국에는 뜸법

파와 폄법파라는 두 종류의 의료 전문집단이 존재하고 있었다.

3장 3절에서는 뜸법파와 폄법파들이 당시의 사상가들이 제안한 기초과학 이론에 토대해서 경맥을 구성해나가는 과정을 고찰했다. '기-감응-유별'의 뿌리 이론이 한의학의 토대 이론으로 작용한 양상은 두 가지다. 우선 『황제내경』의 저자들은 음양오행을 토대 이론으로 차용했다. 둘째 '기-감응-유별'의 원이론이 직접 사용되기도 했다. 경맥의 형성과정은 두 번째 예에 해당한다.

경맥은 증상의 묶음이었다. '기-감응-유별'이라는 동양과학의 원이론을 적용해서 경맥을 증상의 묶음으로 사용한 최초의 인물들은 뜸법파였다. 임상경험을 통해 서로 관련된 증상을 알고 있었던 뜸법파들은 서로 관련 있는 증상들을 하나로 묶었다. 각각의 증상은 감응하는 것이어야 했는데, 『내경』에서는 기의 움직임으로 치환되어 설명되었다. 기의 움직임은 기의 감응을 의학적 상황에 맞게 수정한 것이었다.

그러나 뜸법에는 한계가 있었다. 뜸법은 종기에 효과를 발휘하지 못하고 오히려 악화시키는 경향이 있었다. 뜸법파는 종기의 예방법을 차용함으로써 이 문제를 해결하려 했다. 마왕퇴 발굴 문헌인 『음양십일맥구경(陰陽十一脈灸經)』에는 시동병(是動病)과 소산병(所産病)이라는 두 가지 유형의 증상이 존재한다. 소산병은 『족비십일맥구경』의 증상을 계승한 것으로 뜸으로 치료하는 증상의 묶음이었다. 소산병은 새롭게 추가된 증상으로 예방법인 폄법으로 치료 가능한 것이었다. 『족비십일맥구경』과 『음양십일맥구경』 등에 토대해서 해석한 초기 경맥 형성사는 '기-감응-유별'이라는 뿌리 이론이 의학에 적용되고 변화 발전한 양상을 보여준다.

이(理)에 대한 선행 연구는 윤리적인 측면에 치우쳐 있었다. 그러나 이(理)는 우주의 리듬, 즉 자연의 질서이기도 했다. 4장 1절에서는 자연의 질서로서의 이(理), 즉 자연의 패턴을 검토했다. 동양과학의 기초이론을 제안한 이들은 모든 만물이 패턴에 따라 감응하는 근거를 개체가 내구하고 있는 본성에서 찾았다. 본성에 대한 논의는 크게 유가적인 것과 도가적인 것으로 나뉘는데, 유가적 본성에 반해서 도가적 본성은 자연적 경향성이 두드러졌다. 동양과학의 기초이론을 제안한 이들은 자연의 질서로서 패턴을 제안하고, 도가의 성론(性論)을 자연의 패턴에 감응할 수 있는 근거로 차용했던 것이다.

한의학의 정초자들과 연단술사들은 당시의 사상가들이 제안한 패턴을 분과학(分科學)에 적용했다. 연단술사들은 한 달의 화후(火候)를 패턴에 따라 조절했다. 달은 태양의 빛을 받아서 반짝였는데, 월초와 월말에 태양빛을 받지 못한 달빛은 희미했다. 이때는 불의 강도를 강하게 해야 했다. 보름에는 반대로 불의 강도를 줄여야 했다. 연단술사들은 『주역』의 괘상을 이용한 패턴을 화후를 조절하기 위한 지침으로 삼았다. 한의학의 정초자들은 영기(營氣)와 위기(衛氣)의 운행을 패턴에 맞춰서 기술했다. 경맥의 순환이나 연단의 화후를 패턴에 맞추는 것은 시간의 패턴을 적용하는 것이기 때문에, 그다지 기괴해 보이지 않는다.

그러나 고대 중국인들은 패턴을 공간에도 적용했다. 시간과 공간의 혼착이 이런 적용을 가능하게 했는데, 다른 이유도 찾을 수 있다. 수에 대한 특별한 인식이 원인이었다. 고대 중국인들은 수를 기능수와 상징수의 두 가지 측면에서 다루고 있었다. 상징수는 수비학적 사유의 근거로서 개별적인 수가 무엇인가를 상징한다고 여겨졌다. 수학의 전문가들도 상징수와 기능수를 겸행했다. 수를 상징체계로 보았기 때문에 혹은 상징수와 기능수의 차이를 무시했으므로, 고대 중국인들은 다양한 패턴을 결합시키는 데 어려움을 느끼지 않았다. 그 결과 후한대에 이르면 『주역』을 중심으로 다양한 패턴을 결합시키는 지적 흐름이 유행했다.

패턴에 감응하는 것들을 하나로 묶는다고 가정해보자. 감응하는 동류의 것들은 동기(同氣)로서 유사하다고 말해졌는데, 그런 유사성을 포착하는 논리를 취상(取象)이라고 불렀다. 취상은 당연히 존재하는 유사성을 포착하는 발견의 기술처럼 묘사되곤 하지만 사실은 임의적이고 조작적인 사후적 꼬리표 달기에 다름 아니다. 동류는 유사해야 한다는 당연한 믿음이 동기에 감응하는 것들을 유사하다고 말하게 만들었고, 유사성을 사후적으로 확인하는 취상이라는 논리를 만들어냈다. 4장 2절에서는 취상과 상징의 문제를 검토했다.

개별과학에 종사했던 학자들은 취상과 상징의 특성을 적극적으로 운용해 나갔다. 연단술사들은 납과 수은을 밤과 낮 그리고 달과 태양 등으로 표현했다. 수은을 수은이라고 하는 것과 태양이라고 하는 것 사이에는 큰 차이가 있다. 태양이라고 불리는 수은은 태양의 힘을 갖고 있는 존재였다. 천지자연이 만물을 낳는 과정을 모방함으로써 생명의 씨앗을 만들려는 의도 때문에, 수은을 태양의 상징이라고 보았다. 기의 상징성도 분과학에서 상징의 논리를 운용한 이유 가운데 하나였다. 세상의 부분은 상호상징이 가능한 관계로 맺어져 있었다.

한의학의 정초자들은 다양한 패턴 중에서도 음양오행을 주류 패턴으로 받아들였다. 『주역』의 패턴이 아직 자연과학적 영역으로 확장되지는 못하고 있었다는 점이 중요 원인이었다. 오행은 크게 분류체계와 변화체계로 나눌 수 있다. 분류체계로서의 오행은 아주 이른 시기에 형성되어 있었다. 그러나 변화체계로서의 오행의 성립 시기는 비교적 늦은 편이고, 변화의 두 방향 즉 상생과 상극이 모두 통합된 시기에 관해서는 이설(異說)이 존재한다. 어떤 선행 연구에서는 추연(鄒衍)의 시기에 온전한 모습의 오행이 성립했다고 말하지만 근거 없는 주장이다. 동중서에 이르러야 온전한 오행의 모습을 볼 수 있다.

오행론에 관한 비판 가운데 대표적인 것이 반증불가능성에 관한 것이다. 한의학이 반증불가능하다는 것은 한의학의 비과학성에 대한 비판을 함축한다. 오행론이 적용되는 대상은 성격에 따라 구성적 특성이 두드러지는 영역과 발견의 특성이 두드러지는 영역으로 나눌 수 있다. 나라를 건설하거나 건축물을 지을 때는 구성적 특성이 두드러진다. 구성적 특성이 두드러지는 영역에 오행론을 적용할 때는 아무런 문제가 발생하지 않는다. 오행을 통해 대상을 봄으로써, 대상을 더 쉽게 파악하고 더 수월하게 운용할 수 있다. 그러나 발견의 특성이 두드러지는 영역에서는 대상을 오행론에 맞게 짜 맞추어야 한다는 문제가 발생한다.

이런 지점에서 오행의 반증불가능성에 대한 비판이 제기되곤 한다. 그러나 이런 비판은 오해에 기인한 것이다. 오행은 유형이자 동시에 범주이기도 하다. 이 점은 오행의 배당 방식을 살펴보면 알 수 있다. 인과적 관계 지음에서는 분류를 한 후, 변화의 관계 즉 범주적 인식이 이뤄진다. 이와는 달리 오행은 분류와 동시에 변화의 관계에 놓이게 된다. 어떤 것을 오행의 목에 배당하는 경우를 상기해 보라. 그러므로 오행은 단순한 분류의 논리가 아니라, 그 자체 범주론이기도 하다. 범주로서 오행은 인과와 마찬가지로 반증되지 않는다.

한의학의 세계관이 그저 보여지는 세계일까? 나는 이런 관점에 동의하지 못한다. 세상을 보는 두 가지 형이상학, 즉 정지의 형이상학과 변화의 형이상학이 존재한다고 가정해보자. 동양의 세계관은 변화하는 기가 오므리고 펴지고 뭉치고 흩어지는 연속적인 과정의 세계관이다. 이런 세계관은 장자에게서 연유하는데 장자의 일기(一氣)로서의 세계는 일정한 경지에 도달한 이가 보아낸 세상이다. 그것은 아무에게나 보여지는 객관적 세계가 아니다. 한의학이 장자에서 연원하는 일기의 세계관에 토대하고 있다면, 한의학의 세계관도 수양론과 밀접한 관련이 있을 것이라고 추정할 수 있다. 5장에서는 수양론과 세계관의 문제를 다뤘다.

5장의 1절에서는 동양의 세계관과 수양론의 관련성을 고찰했다. 한의학이 토대한 세계관의 연원을 쫓아 올라가면 장자에 닿는다. 장자의 세계관은 동양과학의 세계관으로서, 무속에서 연원했을 가능성이 높다. 무속에서 연원한 장자의 세계관은 명상 체험과 무관하지 않다. 명상을 통해 도달한 세계상은 인식의 대상과 주체가 격절되지 않은 세계인데, 이성은 이런 세계관 앞에서 난처함을 표한다.

우리의 이성은 현상의 배후에 정지된 실체를 가정하는 형이상학에 능하지만, 변화의 형이상학을 낯설어 한다. 현대과학은 이성이 파악한 형이상학 위에 구축되었다. 그것은 그리스적인 것이자, 유대적인 것이었다. 한의학을 포괄하는 동양과학은 수양론에서 제안한 전일적 세계관에 토대했다. 그 세상은 이성 앞에 보여진 세계가 아니라 수양의 과정을 거친 이의 눈으로 보아낸 것이다.

5장 2절에서는 수양론과 인식의 문제를 검토했다. 동양의 인식론은 보여진 사태의 진위에 관한 논의가 아니라, 어떻게 하면 외부의 세계와 올바르게 감응할 수 있는가에 관한 논의다. 맥진을 통해 객관적 정보를 정확하게 파악하는 방법이 강조되기 보다는 맥진이 들려주는 저 깊은 곳의 떨림을 바르게 포착하는 능력의 배양이 중시된다. 정(情)은 외부의 자극에 대한 반응 일반을 일컫는 말이다. 그런 반응은 마음 안의 마음에서 연원한다고 믿어졌다. 마음 안의 마음인 정신이 외부의 자극에 반응했다. 떨림을 통해 외부의 변화에 순응하는 것이 올바른 반응으로 권장되던 동양적 인식론이었다.

이 책에서 설명하는 내용은 주로 한의학의 세계관에 관한 것이지만, 한의학이 동양과학문화의 부분인 한, 이곳의 설명이 한의학에만 한정될 필요는 없다. 그런 의미에서 이 책에서 검토한 내용은 동양과학문화의 세계관 연구라고 할 수 있다. 본격적으로 동양과학문화를 구성해낸 세계관을 살펴보기 전에 선행 연구라고 할 수 있는 상관적 사유와 시스템론을 비판적으로 검토할 필요가 있었다.

상관적 사유와 시스템론은 군자의 사이비인 향원(鄕原)처럼 감응론의 사이비이기 때문이다. 그리고 현대의학의 세계관을 고찰할 필요도 있었다. 한의학의 정체성은 타자를 통해 파악된 타자성이라고 할 수 있으므로, 타자에 대한 충분한 검토를 통해서만 한의학에 본질에 접근할 수 있기 때문이다. 1장에서는 동양과학문화를 포괄하는 동양사상문화의 메타이론으로 제안된 시스템론과 상관적 사유를 비판적으로 검토하고, 서양의 전근대의학과 근대의학을 세계관의 층위에서 어떻게 보아야 할지도 생각해 보았다.

제1장

메타이론의 비판적 검토와 서양의학

메타성은 철학의 본질적 특성이다. 메타학문인 철학은 의학이나 경제학, 정치학, 법학, 문학, 역사학 등과 달리 구체적 대상이 없다. 철학 자신은 대상이 없는, 그러나 대상이 있는 이론에 관한 이차(二次) 이론이다. 그동안 제안된 한의학에 관한 이차 이론, 즉 메타이론은 크게 둘로 나눌 수 있다. 하나는 『주역』과 음양오행이고 둘은 시스템론과 상관적 사유다. 전자는 전통적으로 동양학의 메타이론으로 사용되었던 것이고, 후자는 현대의 연구자들이 제안한 것이다.

앞에서 『주역』과 같은 동양학을 메타이론으로 사용하는 방식으로는 주어진 문제 상황을 해결할 수 없다고 말했다. 현재의 문제 상황은 한의학의 메타이론이 근대와 전근대, 동양과 서양의 대비적 구조 속에서 구성되어야 함을 알려준다. 『주역』과 음양오행은 이런 구도를 반영하지 못한다. 시스템론과 상관적 사유는 한의학과는 무관한 영역에서 성장했지만, 한의철학자들에 의해 한의학의 메타이론으로 차용되었다. 선행 메타이론을 비판적으로 검토하고 수단적 대상으로서의 상대를 규정함으로써 논의의 토대를 닦는 것이 이 절에서 할 일이다.

1. 시스템론

시스템의 정의는 명확하다. 시스템은 상호관계를 가진 부분들의 통일체다. 시스템론은 어떤 대상을 설명하는 내용을 갖춘 이론이 아니라, 다양한 대상을 시스템으로 보는 시선에 관한 연구방법론이다. 즉 대상을 보기 위한 인식론적 틀이다. 오창회는 시스템론의 선행이론에 다양한 이론들이 있으며, 그것들은 모두 분석적 방법이 아닌 종합적 관점을 견지한다고 했다.

베르트하이머와 쾰러 등의 형태주의 심리학, 슐라이어마허, 딜타이 등의 해석학 … 화이트헤드 등의 형이상학 혹은 우주관 등은 시스템론의 선행이론이다. 이들은 한결같이 분석적 방법의 부적절성을 지적하고 연구대상을 포함하는 전체적 관점에서 연구해야 한다고 주장했다.[1]

그러나 오창희 자신도 시인했듯이, 시스템론의 직접적 뿌리는 생물학이다.[2] 시스템론을 유기체론의 확장 이론이라고 규정해도 무리가 없다. 오랫동안 다듬어져 온, 범위가 넓은 이론의 구성을 한 사람의 공으로 돌릴 수는 없다.[3] 그러나 시스템론을 창안한 이가 오스트리아의 생물학자 베르탈란피(Ludwig von Bertalanffy)라고 하는 것은 틀린 말이 아니다. 경계를 넘어설 때의 통쾌함을 맛보았을 베르탈란피는 일반 시스템론의 선구자다. 그의 착상은 유기체론에서 시작되었다. "나는 생물학에 있어서, 유기체를 하나의 전체 혹은 체계로 고려하는 것을 강조하는 유기체론적 개념을 옹호하고, 다양한 수준에서 조직의 원리를 발견하는 것이 생물학의 가장 중요한 목표임을 알게 되었다."[4] 그는 유기체가 개방 체계임을 깨닫고, 생물학에 개방 체계 이론을 적용시켰다. 이후 시스템론은 생명 개체를 넘어서 일반 영역으로 확장되었다.

유기체론의 탄생 배경에는 생명 현상에 관한 논쟁이 전제되어 있다. 근대 초기 물리학이 미친 인상은 강렬해서, 당시의 지식인들은 물리학이 거의 모든 것을 설명해줄 것이라고 생각했다. 그들은 물리학에 기반한 통합과학을 꿈꿨다. 따라서 생물학의 독립성조차 인정될 수 없는 분위기였다. 물리학은 모든 학문의 근저에 있던 철학의 위상을 대치해 나갔다.

이런 생각은 현대에도 여전히 유효하고 큰 비중을 차지하고 있다. 분자생물학과 같은 물리학의 영향이 분명한 분야뿐 아니라, 항우울제 치료제인

---

1) 오창희, 「시스템이론의 철학적 기초」, 『과학사상』 8(1994), 98.
2) 오창희(1994), 98.
3) 각기 다른 분야에서 발전해 온 논의들이 시스템론으로 귀일되는 과정에 관한 논의는 오창희(1994), 99-100을 참조.
4) Ludwig von Bertalanffy, 현승일 역, 『일반체계이론』(민음사, 1990), 38.

프로작(prozac)과 같은 치료법을 제안하는 정신과에도 그런 사유가 팽배하다. 데카르트가 이런 사유의 온전한 책임자는 아니지만, 종종 그는 이런 사유를 대표하는 이로 비판받아왔다. 그의 이름은 심신 이원론과 물리적 환원론을 상징한다.

물리적 환원론은 '단일 원인에서 단일 결론으로'라는 단순(one-way) 인과론에 토대하고 있다. 단순 인과론은 조직을 이루는 부분들 사이의 관계가 무시할 만한 상황을 효율적으로 설명한다. 전염성 질병은 단순 인과론이 유효하게 적용될 수 있는 사례처럼 보인다. 그러나 감염이 곧 질병으로 이어지는 것은 아니므로, 전염성 질병에 대한 단순 인과론의 설명 방식에도 한계가 있다. 더군다나 물리적 병인이 분명한 전염성 질환이 아닌 경우라면 단순 인과의 설명력은 제한되지 않을 수 없다. 헨릭 월프(Henrik R. Wulff)가 예거한 사례를 보자.

> 44세의 남자가 황달과 복수로 입원했는데, 간경화를 앓고 있는 것으로 밝혀졌다. 그는 수년 동안 과음을 해왔는데 외로움과 우울증 때문에 마셨다고 설명했다. 그의 하루 음주량은 200g에 이르는 것으로 추정되었다. 정신과 의사에게 진찰을 받고 과거력을 조사 받은 결과, 불행한 청소년기를 보냈음이 밝혀졌다. 그의 부모는 그가 5세 때 이혼했고 그의 어머니는 그와 그의 두 여동생을 부양하느라 고생했다. 그는 학교에 잘 다니지 않고 사소한 범죄에 연루되었다. 그 후 그는 목수가 되었고 일과중에 상당한 양의 술을 마시는 것이 허락되는 공사장에서 일했으나, 같은 회사에 수년 이상 고용된 적은 없었다. 그는 젊어서 결혼했으나 오랜 실직 기간 동안 과음을 하면서 이혼했다.5)

'알코올 섭취 → 중독 → 간질환' 발병 원인은 선명해 보인다. 이런 도식

---

5) Henrik R. Wulff, Stig Andur Pedersen, Raben Rosenberg, 이종찬 역, 『의철학의 개념과 이해』(아르케, 1999), 121.

적 설명은 대체로 원인에서 간질환으로 이어지는 물리적 기전 탐색을 선호하는 물리적 실재론자들을 만족시킬 것이다. 그러나 이런 설명이 과연 위 사례의 문제를 충분히 설명했거나 효과적인 해결책을 내놓았다고 할 수 있을까?

기계적 인과론은 단순한 물리적 연쇄관계를 선명하게 드러내지만, 명징성을 위해 다른 본질적 요인을 희석시킨다. 간질환에는 어릴 때의 환경, 이혼, 우울증, 술을 쉽게 접할 수 있는 작업장 등이 모두 포함되어 있는데다가, 이 요인들은 모두 필요조건으로서의 원인이다. 기계적 인과론자는 이런 요인들, 그것이 없었으면 위 사람이 간질환에 걸리지 않았을 그런 중요한 요인들을 무시한다. 그 결과는 분명하다. 혹 무사히 치료를 마쳤다고 하더라도 다시 재발하거나, 다른 질병을 앓게 되지 않을까?

생명 현상에 대한 설명에서도 다르지 않다. "기계적 접근법은 생명 현상에 있어서의 본질적 요소들을 무시하거나 혹은 사실상 부정한다."[6] 환자의 질병을 이해하기 위해 가족력을 포함하는 환경을 이해해야 하는 것처럼, 생명 현상을 단순한 인과관계로 설명할 수 없다는 것도 분명하다. 세포에 대한 이해는 해당 세포가 속해 있는 조직을 전제하고서야 제대로 성취될 수 있다. 물리적 환원론의 한계를 다듬어서 표현하자면 다음과 같이 말할 수 있다. '고립된 기계적 인과연쇄 관계로는 생명 현상을 제대로 설명해낼 수 없다.' 이 문제를 인식하기 위해 많은 시간이 필요하지는 않았다. 그러므로 물리학을 기반으로 하는 근대의 학적 체계가 건설되는 동시에, 생명 현상의 설명 불가능성에 대한 우려, 즉 반(反)물리주의가 터져 나왔다.

생명 현상을 충분히 설명할 수 없다는 점이 뚜렷해지자, 생명 현상에 특별한 요소가 있다는 주장이 제기되었다. 이런 주장을 생기론(vitalism)이라고 한다. 물리주의에 반하는 사조로 17세기에 성립한 생기론은 20세기까지

---

6) Ludwig von Bertalanffy(1990), 38.

존속했다. 생기론을 주장한 이들은 생명 현상을 물리적으로 환원시켜 설명하는 물리적 환원주의에 반대하면서 생명에는 무생물에는 존재하지 않는 무엇인가가 있고, 이것이 생물의 전체 생명과정을 지배하며, 그 과정에는 일정한 목적성이 있다고 믿었다. 생기론의 마지막 주창자라고 할 수 있는 드리슈(Hans Driesch)는 성게의 발생에 관한 실험을 했다. 그는 아래와 같은 몇 가지 다른 상태 모두에서 정상적인 성게 개체를 발생시킬 수 있었다.

① 하나의 완전한 성게의 배태
② 하나의 성게 배태의 반
③ 두 개의 완전한 성게 배태의 결합.

서로 다른 원인이 동일한 결과를 초래했다! 드리슈는 일종의 영혼과 유사한 생기적 요소를 가지고 이 실험결과를 해석했다.[7] '엔텔레키(entelechy)라는 비물질적인 힘이 존재하며, 그것이 반쪽 물질만으로도 온전한 성게 개체를 만들어내게 만들었다.'

그러나 생기론에는 치명적 문제가 있다. 생명체에만 존재하는 엔텔레키, 즉 활력은 생기론이 토대하고 있는 핵심적 토대였지만 근거 없이 가정된 존재였다. (얼핏 보기에 활력은 서양인들이 오랫동안 지녀왔던 관념, 몸 안의 어느 곳엔가 존재하는 영혼의 생물학적 번역어처럼 보인다.) 또 다른 문제는 현실적 의의에 관한 것이었다. 생기론은 생명 현상에 대해 어떤 새로운 사실도 밝혀주지 못했다. 그 결과는 자명했다.

지난 세기 그리고 금세기 초반 몇 십 년간 드리슈나 여타 생물학자들이 옹호한 실체적 내용의 생기론은 이제 생물학의 철학에서는 거의 완전히 죽은 문제가 되었다. 이러한 문제가 더 이상 논의의 초점이 되지 않게 된 까닭은

---

7) 金觀濤·劉靑峯 저, 김수중 외 역, 『중국문화의 시스템론적 해석』(천지, 1994), 246.

생기론이 직면한 방법론적이며 철학적인 비판의 결과 때문이라기보다는 생물학의 탐구에 있어 생기론이 지닌 불모성 때문이며, 생명 현상을 연구하는 데 있어 다른 접근 방식들이 더 월등한 … 가치를 지니고 있기 때문이다.[8]

생기론은 사라졌지만 생기론을 촉발시킨 문제는 남았다. 생명 현상이 물리적으로 환원될 수 없다는 사실은 자명했다. 유기체론(organic theory)은 생기론의 문제점을 비판적으로 극복하면서 등장했다. 유기체론은 다음과 같은 진술을 필함(必含)한다.

(1) 전체는 부분의 조직적 구성물이다.
(2) 부분에서 전체로 나아갈 때는, 부분들에는 보이지 않던 복잡성이 나타난다.
(3) 전체에서 확인되는 통합적 복잡성은 부분들로 환원되지 않는다.

예를 들어 핵, 세포, 기관, 개체, 생태계로 확장되는 유기조직을 상정해 보자. 오장육부와 같은 여러 기관이 조직적으로 구성된 것이 몸이다. 몸에는 기관에는 보이지 않는 복잡성, 즉 창조적 특성이 나타난다. 이런 창조적 특성은 부분으로 환원하는 방식으로는 설명되지 않는다. 복잡성의 환원불가능성 때문에, 유기체론은 전체로서의 생명은 단순한 부분들의 합을 넘어선다는 전일론(holism)과 잘 어울린다. 그러나 전일론적 특성은 무생물에서도 나타나므로, 유기체론은 전일론을 포함하지 않는다. 전일론은 무생물과 생물을 아우르는 이론이고, 유기체론은 생명체에만 한정된 이론이기 때문이다.

베르탈란피는 유기체론의 아이디어를 보다 넓은 영역으로 확장시켰다.

---

8) Ernest Nagel, 전영삼 역, 『과학의 구조 : 과학적 설명 논리의 문제들』(아카넷, 2001), 717-718.

그의 책(*General System Theory : Foundation, Development, Application*, 1940)은 그 결과물이다. 이 책은 1968년 개정판이 나왔고, 1990년 사회학자인 현승일에 의해 국내에 번역 소개되었다.

현승일의 소개에 따르면, "베르탈란피는 당시까지 이론 생물학의 주류를 이루던 기계론과 생기론을 철저히 분석하여, 이들 이론의 제약성을 극복하기 위해, 유기체의 통합성에 대한 유기체론적 생각을 발전시켰고, 이에 기초하여 생물학에서 체계에 관한 개념들을 개발했다. … 그는 자연 및 사회의 여러 현상들이 궁극적으로는 유질동상(類質同相, isomorphism)으로 동일한 원리에 의해 움직인다고 믿었고, 일반체계이론으로 다양한 분과학을 통합시키려 했다."[9]

일반체계론은 시스템이라는 유기체적 관점을 동형구조, 즉 유질동상이라는 개념을 매개로 다양한 분야로 확장시킨 이론으로서, 분과학과는 층위가 다른 일반성을 추구한다. 베르탈란피가 생물학의 영역에서 시스템론을 구축하고 있을 때, 그리고 이 시스템론이 분과학을 넘어서는 일반 영역에 적용될 수 있다고 말하고 있을 때, 분과학을 넘어서는 시스템적 관점을 적용한 다른 특수 이론들이 발전하고 있었다.

위너(Norbert Wiener, 1894-1964)의 사이버네틱스와 섀넌(Claude E. Shannon, 1916-2001)의 정보이론 등이 그런 것들이다. 위너와 섀넌의 이론은 독자적이고 분과(分科)적이지만, 결국 넓은 의미에서 시스템론의 하위 이론이라고 평가할 수 있다. "체계 이론은 때때로 사이버네틱스나 제어 이론과 동일한 것으로 취급되고 있다. … 그러나 이런 이론은 체계에 관한 일

---

9) Ludwig von Bertalanffy(1990), 역자의 머리말. 현승일의 번역어가 마음에 들지 않는다. 동형구조라고 바꾸는 것이 나아 보인다. iso는 같다는 뜻이고, morphism은 형태라는 뜻인데다가, 인간 사회와 자연계의 구조가 같다는 말은 받아들일 수 있지만, 질이 같다는 말은 부담스럽기 때문이다. 시스템론은 구조적 유사성에 기인한 이론이지 질적 유사성에 기인한 것이 아니다. 동질, 동형이라면 동일한 것이라고 봐야 하고 그렇다면 시스템론 자체가 무의미해질 것이다.

반 이론의 일부에 지나지 않는다."10)

사이버네틱스의 탄생에는 항상성이라는 주춧돌이 있었다. 항상성
(homeo-stasis)이란 용어는 다양한 환경의 변화에도 불구하고 일정한 상태
를 유지하는 것을 가리킨다. 이 관념을 발아(發芽)시킨 이는 프랑스 생리학
자인 베르나르(Claude Bernard, 1813-1878)다. 그는 혈류를 통해 공급되는
체액이 세포의 정상 활동을 위해 필요하다는 점을 지적했다. 미국의 생리
학자 캐넌(Walter B. Cannon, 1871-1945)은 베르나르의 세포환경 개념을 보
완해서, 항상성(homeostasis)이란 용어를 사용했다. 항상성은 환경의 변화
에도 불구하고 인체의 체온·혈액·당 등이 항상성을 유지한다는 관념으로
서, 균형상태가 신체의 모든 장기(소화기·순환기·호흡기 등)의 협조에 의해
얻어진다는 점에서 단순한 물리화학적 평형상태와는 다르다. 캐넌의 항상
성 개념은 사이버네틱스 이론의 발전에 영향을 끼쳤다.

사이버네틱스는 위너가 1947년 창안한 단어다. 키잡이 혹은 방향타라는
뜻의 이 단어는 고대 그리스어 퀴베르네테스(Κυβερνήτης, kybernetes)에서
기원한다. 위너는 제2차 세계대전 때 곡사포의 부정확성을 해결하기 노력
하던 중, 사이버네틱스의 기본 개념을 창안했다. 위너가 그의 책 서문에서
내린 사이버네틱스의 정의는 다음과 같다.

2개의 변량이 있다고 가정하자. 그 중 하나는 제어할 수 없는 것이고, 다른
하나는 제어할 수 있는 것이다. 이때 제어할 수 없는 변량의 과거로부터 현재
에 이르기까지의 값에 근거하여, 조절 가능한 변량의 값을 적당히 정해 우리
들에게 가장 알맞은 상황이 되게 한다는 희망을 가질 수 있다. 이것을 달성하
는 방법이 사이버네틱스이다.11)

---

10) Ludwig von Bertalanffy(1990), 44.

11) Norbert Wiener, *Cybernetics : or Control and Communication in the Animal and the Machine*
(Wiley, 1948).

이 설명은 약간 모호하게 느껴지지만, 핵심은 출력을 이용해 입력을 수정함으로써 시스템의 성능을 조절하는 피드백에 있다. 위너 등의 이론은 현대에 이르러 보다 확장되고 꼼꼼해졌지만, 핵심은 바뀌지 않았다. 사이버네틱스는 다음과 같은 가정을 필함(必含)하는 것으로 보인다.

(1) 생물이나 기계는 모두 특정한 목적을 달성하기 위한 시스템이다.
(2) 이 시스템은 목적 달성을 위해 행동한다.
(3) 행동 결과를 예상 또는 피드백하여 다음 행동을 준비하고 목적 달성에 적합한 행동을 취한다.

사이버네틱스는 본래 테크놀로지의 영역에서 출발한 것이다. 그러나 위너는 이 이론이 기계를 넘어 생명체와 사회에도 적용될 수 있다고 보았다. 그의 저서 『사이버네틱스』의 부제(副題) "동물과 기계에서의 제어와 통신"은 이 점을 잘 보여주는 동시에, 이 이론이 생물·기계·인간사회의 모든 분야에서 통신과 제어에 관한 일반 원리를 연구한다는 점을 알려준다. 섀넌의 정보이론은 독자적 이론이지만, 이 글의 논지에서 그리고 역사적 발전의 과정에서 보자면, 사이버네틱스와 구분해서 논의할 필요가 없다.
시스템론을 위시한 사이버네틱스, 정보이론 등 시스템론의 하위 이론(혹은 시스템론적 이론)은 유물론적 사유와 잘 어울렸으므로, 중국의 문화와 사유방식에 적합한 토대 이론을 찾고 있던 중국인들의 주목을 받았다.

개혁개방 이후 중국에서는 마르크스주의의 한계를 극복하고 새로운 국가이념을 창출하기 위한 모색의 하나로 새로운 사상을 탐구했다. … 지식인들은 다양한 방법론 혹은 새로운 사상을 탐색하였는데, 80년대에 가장 많은 지식인들의 호감을 산 이론이 이른바 삼론一시스템이론, 정보이론, 사이버네틱스一이었다. … 그리고 당연히 그 배후에는 삼론이 전통문화와 잘 어울린

다는 점이 있다.[12]

　류창린(劉長林)은 시스템론을 중국문화 전반에 적용했다. 그는 중국문화와 시스템론은 기본적인 부분에서 일치한다고 보았다. "시스템, 구조, 되먹임, 조절, 평형, 그리고 정보의 측면에 있어서 고대 중국인들의 프레임과 시스템론은 부합한다."[13] 그는 시스템론을 중국문화 전반을 설명하기 위한 해석 틀로 사용했다. 『중국의 시스템적 사유(中國系統思維)』(1996)는 그 결과물이다. 책 체목의 계통(系統)은 체계 혹은 시스템의 번역어다. 그렇다면 류창린이 자주 사용하는 정체(整體)는 무엇일까? 그가 말하는 정체의 특성은 다음과 같다.[14]

　1) 모든 사물에 대한 연구는 사물을 정체(整體)로 보는 관점에서 출발해야 한다. 여기에서 정체는 하위 요소들 사이의 일정한 연계 방식에 의해 구성된다. 각 구성 부분들 사이에는 비교적 안정된 본질적 연관 관계가 존재하는데, 이를 구조적 관계라고 부르며 그런 관계를 내포하는 정체를 시스템이라고 한다. 이런 시스템은 다른 시스템의 하위 시스템이 될 수 있다. 체계 내부의 구조적 관계 때문에 체계는 구성 성분이 개별적으로 존재할 때는 존재하지 않던 특성을 지니게 된다.

　2) 따라서 정체로서의 체계가 지니는 특성을 파악하기 위해서는 체계 속에 포함되어 있는 개개의 구성 부분이나 과정들을 개별적으로 연구해서는 안 된다. 구성 요소들을 정확히 이해하는 것과 함께 그것들 사이의 관계 방식과 구조적 관계를 고찰해야만 비로소 정체로서의 체계를 정확히 이해할

---

12) 金觀濤・劉青峯(1994), 5-6.

13) 劉長林, 『中國系統思維』(中國社會科學出版社, 1990), 14.

14) 劉長林, 조남호 외 역, 『강설 1 황제내경』(청홍, 2009), 177-180.

수 있다. 체계에 내재하는 연관 관계들은 하나의 운동 과정으로서 언제나 특정한 시공간 형식 속에서 전개되며 시간과 공간의 통일로 표현된다.

3) 정체로서의 체계의 존재는 특정한 주위 환경에서 분리될 수 없다. 정체로서의 체계와 그것이 존재하는 환경 사이에는 반드시 일정한 상호작용이 발생하게 되는데, 이와 같은 상호작용은 정체로서의 체계가 지니는 특성이 유지되기 위한 외부적 조건이 된다. 체계의 정체적 특성은 바로 외계 환경과의 모순 관계 속에서 표출되는 것이다.

4) 정체로서의 체계는 주위 환경과의 사이에 동태적(動態的)인 평형을 유지하고 있다. 체계 내부의 구조적 관계는 단선적이고 일방적인 인과적 사슬로 이루어지지 않는다. 그것의 인과관계는 언제나 상호적이다. 복잡한 체계가 그 체계 기능의 정상적인 수행을 유지할 수 있는 것은 체계 속에 '조절회로' 혹은 '피드백(feedback) 구조(메커니즘)'가 존재하기 때문이다. 이상의 특성들로부터 체계의 합목적성 및 기타 여러 가지 개념들이 도출된다.

종종 '전체'로 번역되는 정체(整體)는 통합적으로 인식된 대상을 말한다. 통합적으로 인식된 대상은 구성 요소들에는 존재하지 않는 특성을 보인다. "통째로서의 시스템은 새로운 성질을 갖게 되며, 그 새로운 성질은 시스템을 구성하는 요소들의 개체 성질의 연장선상에서는 결코 나올 수 없다."[15] 위에서 말하는 평형은 환경과의 교류 속에서 안정을 유지하는 시스템론의 평형을 말한다. "생물 유기체가 외계 환경과 더불어 부단한 물질 및 에너지의 교환을 통하여 개방 시스템의 역동적 평형을 유지하며, 이러한 과정에

---

15) 金觀濤·劉靑峯(1994), 240.

서 등종국성(等終局性)의 현상이 나올 수 있다고 베르탈란피는 지적한다."[16] 류창린이 말하는 정체의 본질도 계통, 즉 시스템과 다르지 않다. 굳이 부연하자면 계통이 시스템의 단순 번역어라면, 정체는 중국인들이 중국문화에서 발견해낸 시스템 혹은 시스템적 특성의 총체라고 할 수 있을 것이다.

다른 이론을 빌려서 특정 대상을 해석하기 위해서는 두 단계를 밟아야 한다. 먼저 이쪽의 대상이 해석 틀로 쓰일 저쪽의 이론과 부합함을 증명해야 한다. 두 번째로 해석 틀로 사용된 이론을 직접 적용해서, 이쪽의 대상을 성공적으로 설명해내야 한다. (물론 이 둘은 종종 겹쳐서 쓰이기도 하므로, 명확하게 구분하는 것이 불가능한 경우도 있다.) 류창린이 『여씨춘추』에 나오는 다음 구절이 유기체론과 부합한다고 말한 것은 첫 번째 단계에 해당한다.

유(類)는 진정 (부분에서) 미루어 알 수 있는 것은 아니다. … 노나라 사람인 공손작(公孫綽)은 사람들에게 이렇게 말하였다. "나는 죽은 사람을 살릴수 있다." 다른 사람이 어떻게 그럴 수 있느냐고 물으니, 그가 대답하기를 "나는 반신불수를 치료할 수 있다. 이제 반신불수 약을 2배로 처방하였으니 죽은 사람을 살릴 수 있다."[17]

사물은 작게 만들 수 있지만 크게 만들지는 못한다. 반으로 나눌 수는 있지만 (반으로 나뉜 것을 다시) 온전하게 만들 수는 없다.[18]

편고(偏枯)는 반신불수의 병이다. 반신불수의 처방약을 두 배로 하면 사람을 고칠 수 있다는 주장에 대한 부정 속에는 유기체론의 핵심이 전제되

16) 金觀濤·劉青峯(1994), 246.
17) 『呂氏春秋』「別類」 : 類固不必可推知也.… 魯人有公孫綽者, 告人曰, '我能起死人.' 人問其故. 對曰, '我固能治偏枯, 今吾倍所以爲偏枯之藥, 則可以起死人矣.'
18) 『呂氏春秋』「別類」 : 物固有可以爲小, 不可以爲大, 可以爲半, 不可以爲全者也.

어 있다.

이는 『여씨춘추』의 저자가 어떤 사물의 전체가 가지고 있는 특성과 그 사물을 구성하는 부분들 사이에 존재하는 근본적인 차별성을 이미 발견하고 있음을 보여준다. 이와 같은 정체의 특성이란 결코 그것의 각 부분들이 지니고 있는 성질들이 단순히 더해지거나 확대된 것과는 같지 않으며, 질적인 변화를 거쳐 나타나게 되는 것이다.[19]

중국문화 전반을 시스템론의 토대 위에서 해석하기 전에, 류창린은 이 이론을 한의학에 적용했다. 그는 이 점을 자신의 주저 첫머리에서 밝혔다.[20]

시스템론을 한의학 및 중국문화 일반을 설명하기 위한 해석 틀로 사용한 또 다른 인물로 진관타오(金觀濤)와 그의 아내인 류칭펑(劉青峯) 그리고 화궈판(華國凡) 등을 들 수 있다. 김수중이 이미 지적했듯이, 그들의 문제의식은 진관타오와 류칭펑이 함께 편집한 『문제와 방법 논문집(問題與方法集)』의 두 줄짜리 서문에 잘 드러나 있다.

문제는 옛 것이로되(問題是舊的)
방법은 새 것이로다(方法是新的)[21]

진관타오는 근대 중국지식인들이 지녔던 다양한 논제, 예컨대 중국의 전통과학이 근대과학으로 발전하지 못한 까닭, 중국 봉건사회의 장기적 안정에 관한 원인, 중국 전통사상의 특성 등을 주로 시스템론과 사이버네틱

---

19) 劉長林(2009), 181.
20) 劉長林(1990), 14.
21) 金觀濤·劉青峯(1994), 8.

스를 이용하여 설명하고 있다. 어떤 문제를 분석하든 그는 종합적 관점을 취했고, 종종 시스템론의 관점을 노골화시키기도 했다. 예를 들어, 그는 중국 봉건사회가 장기적으로 유지되고 근대사회로 발전하지 못한 까닭을 분석하면서 사이버네틱스의 개념을 차용했다.

위너의 사이버네틱스 이론에 따르면, 사회 조직의 크기와 안정성은 조직 내의 통신 연계상황과 매우 밀접한 관계가 있다고 한다. 따라서 중국식의 거대한 제국의 존립 여부는 그 내부에서 통일된 문자와 사상을 장악하고 있던 유생 계층의 존재와 매우 밀접한 상관관계를 지니고 있다. 방대한 유가 경전 학습에 따른 어려움과 경제적 부담은 자연히 유생 계층의 주요 공급원을 지주층으로 한정했다.[22]

위 인용문은 시스템론으로 유생들의 의식형태를 설명한 사례를 보여줄 뿐이지만, 그에게 시스템론은 중국 전통사회 전체를 분석하는 기본틀이기도 했다. 예를 들어, 그는 중국 봉건사회를 의식형태, 경제구조, 정치구조가 상호 소통하는 시스템으로 해석하면서, 이들 시스템의 상호연계 덕분에 중국의 봉건사회가 고도의 초안정(超安定) 시스템으로 유지될 수 있었다고 말했다.

사이버네틱스와 시스템 이론은 우리에게 많은 것을 시사해 주고 있다. 이 이론에 의하면 비교적 안정된 사회는 반드시 그에 상응하는 안정 기제를 지니고 있고, 그 안정 기제는 통상 사회 내 각 하위 시스템의 상호작용 방식에 따라 형성된다.[23]

---

22) 金觀濤・劉靑峯(1994), 107.
23) 金觀濤・劉靑峯(1994), 104.

같은 논문집에 실린 글에서 화궈판은 사이버네틱스에 토대해서 한의학을 설명했다. 보다 정확하게 말하자면 한의학에 사이버네틱스의 관점, 특히 흑상(黑箱, black box)이론을 적용시켰다. 흑상은 사이버네틱스 이론에서 연구대상을 보는 기본개념이다. "사이버네틱스에서는 우리가 연구하고 제어할 대상을 흔히 하나의 흑상 − 아직은 그 내부구조와 성능을 알 수 없는 것 − 으로 본다."[24] 흑상을 열어보는 방식은 분석적이고 환원적 설명방식이며, 시스템론적 사유와는 거리가 있다. 당연히 사이버네틱스에서는 흑상을 열지 않은 채, 연구하는 것을 중시한다. 시스템론자들은 열어보는 방식으로는 흑상의 기능을 이해할 수 없다고 가정한다.

열지 않으면서 연구한다는 것은 결국 대상과 환경의 소통에 주목한다는 뜻이다. "이른바 흑상을 연구한다는 것은 입력과 출력에 대한 연구를 통해, 흑상 그 자체를 알아내는 목적을 달성코자 하는 것이다."[25] 화궈판은 한의학의 신체관은 흑상의 개념으로 잘 설명되며, 특히 한의학의 장상(藏象)론 등의 설명에 적합하다고 보았다. 주지하듯이 상은 밖으로 드러난 것이고 장은 내부에 감춰져 있는 것이다. 장상론에 관한 사이버네틱스적 설명은 다음과 같다.

> 안색이 좋지 않고, 땀이 적으며, 잠을 제대로 자지 못하고 꿈이 많으며, 건망증이 있고, 맥이 약하다 등 몇 가지의 변수는 왕왕 비교적 강한 연관성을 가지고 있다. 그래서 발병했을 경우 그것들은 왕왕 질병의 상태 변화에 따라서 동시에 증상을 나타내며 또 치료를 거치면서 동시에 정상화되곤 한다. … 이런 상관성에 근거하여 사람들은 곧 인체 내부에 보다 더 본질적인 하나의 변수가 있다고 생각했으며, 그것을 심혈허라고 불렀다.[26]

---

24) 金觀濤·劉靑峯(1994), 208-209.

25) 金觀濤·劉靑峯(1994), 209.

26) 金觀濤·劉靑峯(1994), 224-225.

류창린의 『내경의 철학과 방법(內經的哲學與方法)』(1982)은 굳이 구분하자면 삼론 중에서도 시스템론을 한의학에 적용한 연구물이다. 이 책에서 그는 시스템론에 토대해서 『황제내경』의 주요 이론을 설명했다. 그는 특히 오행이론을 동태평형의 관점에서 기술했다. 그가 제안하는 동태평형이라는 개념의 근저에는 순환이 있다. 그는 세상이 순환하며 그런 순환은 동태평형과 긴밀하게 관련되어 있다고 말했다.

오행설은 음양이론과 마찬가지로 처음부터 사물의 모순적 작용과 사물의 운동·변화에 주목하고 있다. 오행(五行)의 '행(行)'자나 오운(五運)의 '운(運)'자는 모두 끊임없이 운행(運行)한다는 의미를 담고 있는 것이다. 자연계의 운동은 직접적으로 관찰 가능한 형식적 범위 내에서는 주기적인 순환의 형태로 나타나는 경우가 대단히 많다.[27]
우리들은 순환운동이라는 것이 정체로서의 구체적 사물들이 지니고 있는 동태적 평형의 주요한 표현 형식 가운데 하나임을 잘 알고 있다.[28]

그에 따르면 음양론은 순환운동을 일부 설명할 수 있지만, 전모를 드러내지는 못한다.

음양이론은 사물 내부에서 대립하고 있는 음양 쌍방의 상호 영향과 상호 작용을 설명하며 순환운동에 대한 해석을 포함하고 있다. 그러나 그것이 직접 설명하는 것은 운동의 동인과 원천뿐으로 음양은 세계에 가장 일반적으로 존재하는 관계에 그치고 정체의 동태적 평형 가운데 특수한 법칙의 하나에 해당하는 순환운동을 구체적으로 설명해 내지는 못하고 있다.[29]

---

27) 劉長林(2009), 189.
28) 劉長林(2009), 191.
29) 劉長林(2009), 191.

순환운동의 전모를 드러내는 것은 오행이다.

오행의 구조 속에서 각각의 행은 나머지 네 행과 특정한 관계를 가진다. 상생의 측면에서 보면, '생아(生我)'와 '아생(我生)'이라는 두 가지 관계가 있다. 상승의 측면에서 보더라도 역시 '아승(我勝)'과 '승아(勝我)'의 관계가 있다. 이것은 오행의 체계(시스템) 속에서 각 부분이 서로 밀접한 관련을 맺고 있다는 것을 보여준다. 각각의 부분의 변화는 필연적으로 나머지 부분의 상태에 영향을 미치며, 그와 동시에 정체로서의 오행에서 영향과 제약을 받는다. 따라서 각각의 부분들의 상태는 모두 나머지 부분 전체, 그리고 정체로서의 체계 전체의 상황을 반영한다. 또 임의의 두 부분 사이에는 언제나 상승, 혹은 상생의 관계가 존재하기 때문에 평형 상태에 놓이지 못하고 언제나 운동 상태에 있게 된다. 그러나 오행을 정체로서 고찰한다면, 생과 승의 관계는 전체적으로 조화를 이룬 가운데 상대적인 평형 상태를 나타내게 된다. 각각의 행은 언제나 다른 행을 낳고 또 다른 것에 의해 낳아지며, 다른 것을 넘어섬과 동시에 다른 것에 의해 넘어섬을 당하기 때문에 총체적으로는 역시 동태적인 평형 상태를 나타낸다.[30]

류창린은 오행을 한의학의 기초이론으로 설정하고, 오행이 시스템론의 동태평형에 의해 적합하게 설명될 수 있다고 말했다.

『내경』은 오행 구조의 체계가 동태적 평형을 유지하는 능력을 갖고 있다고 보았다. 아울러 피드백 기제와 유사한 오행의 상생상극, 상승상모 관계로 오행 체계가 상대적 안정성을 유지하게 되는 원인을 설명했다.[31]

---

30) 劉長林(2009), 192.
31) 劉長林(2009), 210.

화귀판은 흑상이론을, 류창린은 동태평형의 관념을 강조했고 그런 관념이 한의학의 본질적 특성 가운데 하나라고 말했다. 흑상이론과 동태평형은 넓은 의미의 시스템론, 즉 삼론 중의 하나로서가 아니라 사이버네틱스와 정보이론 등을 포괄하는 시스템론에 토대하고 있다는 점에서 동일하다.

시스템론으로 한의학을 읽어내는 태도는 현재에도 변함없이 이어지고 있다. 2004년에 출간된 탕윈(唐雲)의 『중의에 가까이 다가감(走近中醫)』에는 다음과 같은 말이 실려 있다. "동서 의학의 결합과정 중에는 시종 한의학의 전체평형 관념을 견지해야 한다. 이것을 버리면 다시는 한의가 아니다."[32] 탕윈이 한의학의 본질적 특성으로 말하는 '전체평형'은 류창린이 말한 동태평형이고, 시스템론의 핵심개념 중 하나다. 따라서 한의학에 한해서 말하자면 중국에서 시스템론은 현재 한의학의 이론에 대한 이론, 즉 한의철학(meta theory)의 위치를 차지하고 있다고 말할 수 있다.

시스템론은 한의학적 사유방식의 중요한 측면을 드러냈다. 흑상이론과 동태평형은 한의학의 기본적 관점과 부합하고, 한의학의 사유방식은 유기체적 세계관과 잘 어울린다. 그러나 스템론을 해석 틀로 사용하는 것에는 중요한 문제가 있다.

먼저 동어반복에 불과하다는 비판이 가능하다. 예를 들어, 왜 시스템론이 한의학을 잘 설명해내는 물어보자. 한의학의 정초자들이 '신체를 생명유기체로 보았기 때문이다' 라는 대답은 동어반복에 불과하다. 그것은 유기체론에 관한 내용 외에는 어떤 새로운 사실도 알려주지 않는다. 이것은 필연적 귀결이다. 유기체론을 적용해서 설명해내는 한의학의 특성은 유기체적일 수밖에 없다. 해석 틀을 빌려온 경우에는 늘 같은 문제가 발생한다. 니체의 사유로 불교를 해석한다면, 그건 어떨까? 니체는 불교의 어떤 측면을 잘 드러내 줄 수도 있을 것이다. 그러나 그건 이미 니체의 불교요, 니체

---

32) 唐雲, 『走近中醫』(廣西師範大學出版社, 2004), 15.

의 불교 안에서 니체를 발견한다고 해서 새로울 것이 없다.

둘째는 왜곡의 문제다. 니덤은 중국의 과학문화를 재발견해냄으로써, 과학의 서양 중심주의적 해석을 논박했다. 그러나 니덤에게도 그늘이 있다. 그의 저명한 저서인『중국의 과학과 문명』에서는 풍수지리를 중시하지 않는 대신에, 물리학을 상당한 비중으로 다뤘다. 그러나 주지하듯이 전통 동양에는 물리학과 화학이 부재했다. 물리학을 탄생시킨 세계관은 동양의 주류 세계관이 아니었다. 당연히 풍수지리를 비중 있게 다뤘어야 했고, 물리학이 존재하지 않은 이유에 관해 물어야 했다. 이런 왜곡은 해석 자체가 아닌 해석에 전제되어 있는 가정으로 인한 왜곡이었다. 특정한 개념의 적용에도 유사한 왜곡이 발생한다.

한의학의 정초자들에게 시스템과 유사한 관념이 있었을까? 그들이 본 것은 특정한 패턴을 그려내면서 무한히 순환하는 기의 뭉치고 흩어지거나, 퍼지고 오므리는 움직임이었을 뿐이다. 그들이 우주를 하나의 생명체로 간주했다는 것은 엉뚱한 해석이다. 공격적으로 말하자면 유기체라는 전체는 서양인들이 지니고 있는 초월자의 변형태일 수도 있다. 세상을 하나의 기라고 말한 배후에는 전체로서의 생명이 아니라 개체성의 극복을 통한 정신적 해방이 있다. 유기체적 관념과 잘 어울린다고 해서, 동양의 세계관이 유기체적 세계관이었던 것은 아니다.

시스템이라고 해도 마찬가지다. 시스템론자들은 시스템을 위계적 다층 구조로 이해한다. 원자, 분자, 조직, 개체, 생태계와 같은 생물학의 이해방식은 그런 예 가운데 하나다. 그러나 한의학이 토대한 기론에서는 다층 구조에 대한 착상을 읽어낼 수 없다. 만물은 하나의 기일 뿐이고, 생명은 그런 기의 모이고 흩어짐으로 설명되며, 기의 리듬을 공유한다고 말하고 있을 뿐이다.

흑상이론은 한의학의 특성과 부합하는 측면이 있다. 그러나『황제내경』의 저자들은 대상을 들여다 볼 생각을 하지 않았을까?『황제내경』에는 해부기록이 정확하게 실려 있다.『황제내경』의 저자들은 소화기관을 해부해서 그 길이와 용량을 기록했고, 뼈마디를 정확히 측정해서 경맥의 순환하는 리듬을 파악하려 했다. 화타는 마취제를 사용해서 외과수술을 진행했다. 외과수술은 기록된 의학의 주류에 있지 않았지만, 일상에서 강력한 힘을 발휘하고 있었다. 한의학의 정초자들은 분석적 방법을 사용하는 데 주저하지 않았고, 자신들의 이론이 정확한지 확인하기 위해, 과감하게 몸이라는 시스템을 열어 보았다.

근대와 전근대는 다르고, 동양과 서양은 다르다. 그러나 모두 인류가 만들어낸 것이고, 그곳에는 기본적인 공통점이 있다. 분석과 종합은 근대와 전근대를 나누는 특성으로 흔히 말해지지만, 동양의학에서 분석의 측면을 찾는 것은 어렵지 않다.

세 번째 문제는 충실한 이해를 막는다는 점이다. 음양오행이 일종의 동태평형적 체계라는 규정은 더 이상의 탐색을 막는다. 음양오행은 모종의 분류인데, 이때의 분류가 현대인들이 생각하는 분류와 어떻게 다른가라고 묻는 것은 의미가 있다. 또한 음양오행은 일종의 패턴, 즉 이(理)이기도 한데, 동양과학에서 말하는 패턴은 서양의 법칙과 어떻게 다른가라는 질문도 가치가 있다. 그런 질문을 통해 우리는 음양오행에 관한 이해를 깊이 할 수 있다.

시스템론은 세계관과 세계의 질서를 부여하는 방식에 대한 기본적 질문의 제기를 막는다. 이것은 시스템론의 깊이가 철학적 사유의 수준에 이르지 못했음을 방증하는 것이기도 하다. 이런 점에서 보자면 다음 절에서 살펴 볼 상관적 사유는 좀 더 깊이가 있다. 존재와 관계 같은 기본적인 주제를 겨냥한다는 점에서 그렇다.

2. 상관적 사유

오래전부터 동서양은 서로의 존재를 알고 있었지만, 근대 이전의 만남은 서로의 정체성을 인식하는 계기가 되지 못했다. 근대 이후에야 동서양은 자신의 밖을 알게 되었고, 서로를 대립적으로 인식하기 시작했다. 만남의 최전방에 있던 예수회 선교사들은 서양 지성을 대표할 만한 능력을 갖추고 있었다. 예수회 선교사들의 도래에서 비롯된 동양과의 조우(遭遇)는 서양의 지성계에 다름에 대한 설명을 요구했다.

그것이 단순한 묘사와 현상 수준의 설명에 그치지 않고 본질적 차이에 대한 설명으로 나아가고자 했을 때, '중국인은 어떻게 다르게 생각하는가?'라는 질문이 대두되는 것을 피할 수 없었다. 상관적 사유(correlative thinking)는 서양 지성이 중국적 사유를 포함하는 전근대 사회의 사유방식을 설명하기 위해 제안한 메타이론이었다. 그것은 인과와는 다른 관계맺음의 방식에 관한 이론이었다.

상관적 사유는 다양한 사상적 배경을 지니고 있는 이들에 의해 논의되어 왔으므로 형성과정이 불분명하고 내포와 외연을 확정하기도 쉽지 않다. 또한 서양의 지성계는 종종 중국의 사유를 있는 그대로 읽어내지 않고 자신들의 세계관에 토대해서 재해석했기 때문에, 그런 해석의 산물인 상관적 사유에는 왜곡의 가능성이 있다. 의미의 불확정성과 왜곡의 가능성에도 불구하고, 상관적 사유는 동양문화와 사상의 특징을 설명하는 과정에 널리 사용되어 왔다.

한의학을 포함하는 동양과학문화의 메타이론을 구성하고 그로부터 개별과학으로 발전한 양상을 확인하려는 이 책의 시선이 상관적 사유로 향하지 않을 수 없는 까닭이다. 상관적 사유는 어떤 과정을 통해 형성되었으며, 어떤 유형과 특성을 지니고 있을까?

상관적 사유에 대한 선행 연구는 턱없이 부족하다. 최진덕과 이창일이 상관적 사유의 형성과정을 간략히 언급하면서 자신의 의견을 더했을 뿐이다.[33] 국외에서는 앵거스 그레이엄(Angus Graham, 1919-1991)과 벤저민 슈워츠(Benjamin Schwartz) 등이 상관적 사유의 형성과정을 개략적으로 고찰한 바 있다. 홀(David L. Hall)과 에임스(Roger T. Ames)는 주로 그레이엄의 견해를 중심으로 상관적 사유를 검토했고 그것을 과정적 존재론과 연결시켰다. 그들의 책(*Anticipating China*,1995)에서 행한 논의는 다른 설명에 비해 비교적 넓은 시선과 깊은 이해를 제공했다.

그러나 홀 등의 논의도 지나치게 개략적이다. 그들은 야콥슨(Roman Osipovich Jakobson, 1896-1982)과 레비스트로스(Claude Lévi-Strauss, 1908-2009) 그리고 그레이엄으로 이어지는 흐름에서 프레이저(James George Frazer, 1854-1941)와 데이비드 흄(David Hume, 1711-1776)의 역할을 언급하지 않았다. 또한 상관적 사유의 또 다른 줄기라고 볼 수 있는 니덤(Joseph Needham, 1900-1995)과 칼 융(Carl Gustav Jung, 1875-1961)에 관해서도 말하지 않았다. 상관적 사유의 연원과 형성과정 및 정의에 관한 연구부족은 의미의 혼란을 초래하고, 상관적 사유의 문제점을 노출시키지 못함으로써 발전적 논의의 탄생을 유도하지 못했다.

---

33) 최진덕은 「몸의 자연학과 윤리학」(『프랑스학 연구』 3권, 1998)에서 상관적 사유를 소개했다. 부제는 '상관적 사유를 통해 본 유학적 입장'이라고 달았다. 특기할 점은 그가 상관적 사유의 한계로 '구조언어학이 만물이 갖는 통시적이고 동태적인 특면을 설명하기가 곤란하고 천지만물이 모두 근본적으로 一氣 혹은 太極으로 환원가능하다고 보는 중국 철학의 근본적인 믿음을 설명하지 못한다'와 '상관적 사유를 과도하게 형식화하면 방법론적으로는 엄격해도 결국 중국적 맥락에는 어울리지 않는다는 것'을 언급하고 있다는 점이다. 후자는 데이비드 홀(David Hall)의 견해를 인용한 것이다. 비판적 태도를 포함해서 그의 개관은 데이비드 홀과 로저 에임스의 논의에 토대하고 있다. 이창일은 그의 학위논문인 『소강절의 선천역학과 상관적 사유』(한국학대학원 박사학위논문, 2005)에서 상관적 사유의 역사를 개관했는데, 최진덕의 연구보다 상세하기는 하지만 *Anticipating China*(1995)를 능가했다고 볼 수는 없다.

1) 구조주의 상관적 사유

중국문화를 상관적 사유라고 규정한 최초의 학자는 그라네(Marcel Granet)다. 그라네의 제자인 자블론스키(Jablonsky)는 상관적 사유를 인과와 대비되는 사유방식으로 규정했다.[34] "이 대응의 개념은 커다란 의의를 가졌으며, 인과율의 이념을 대신한다. 사물은 원인의 작용을 받는 것이 아니라 맺어지기 때문이다."[35] 상관적 사유는 전근대 사유일반을 대변한다고 이해되었다. "그라네의 시기에는 사실의 문제에 있어서는 증명이 기하학에서와 마찬가지로 상관성과는 무관한 명확하게 정의된 단어들로부터 시작한다고 생각되고 있었다. 그러므로 음양의 사고는 … 희랍의 논리가 뒤로 제쳐버린 단계에 속한다고 생각되었다."[36]

그러나 그라네는 상관적 사유의 개념을 명확하게 밝히지 않았다. 레비스트로스는 자신의 책(*The View from Afar*, 1985)에서 마르셀 그라네의 책(*La Pensée chinoise*)을 읽자마자, 상관적 사유라는 단어로 표현되는 중국적 마음의 특성에 빠져들었다고 말했다. 그러나 그는 그라네가 논하는 상관적 사유의 모호함과 부정확성에 좌절했다."[37] 그라네는 중국적 사유의 양상을 구체적으로 설명했지만, 추상적 층위에서는 중국적 사유가 인과와 다르다는 것 이상을 말하지 않았다. 상관적 사유를 이론화된 개념의 수준으로 끌어올린 사람은 그라네의 모호한 설명에 실망한 레비스트로스였다. 레비스

---

34) 사상 혹은 사물을 연결시키는 사유방식이라는 관점에서 바라볼 때, 상관적 사유와 인과적 사유는 다음과 같은 특성을 지닌다. 인과적 사유는 개별적인 類(예를 들어, 사람이나 풀 등)를 확정한 후에, 개체 사이의 관계를 만들어나가는 방식이다. 이에 반해 감응에 상응하는 개념인 상관적 사유는 類의 설정 자체가 관계 의존적이다. 보다 자세한 내용은 다음을 참조. 정우진, 「감응과 한의학」, 『의철학 연구』 9(2010).

35) Joseph Needham, 이석호 외 역, 『중국의 과학과 문명 II』(을유문화사, 1985), 399.

36) A. C. Graham, *Yin-yang and the Nature of Correlative Thinking*(Singapore : Institute of East Asian Philosophies, 1986), 3.

37) David L. Hall, *Anticipating China*(University of New York Press, 1995), 295.

트로스의 접근 방법은 야콥슨(Roman Jakobson)의 구조주의 언어학에서 빌려온 것이다.[38]

소쉬르(Ferdinand de Saussure, 1857-1913)의 언어학을 계승한 야콥슨의 구조주의 언어학은 실어증 연구에 토대했다. 실어증 환자는 두 가지 장애를 보인다. 그들은 문장을 결합(구문, syntagm)하지 못하거나 보기로 제시된 많은 단어들(i, my, me 등의 어형 변화표, 즉 paradigm) 중에서 문장에 들어갈 어휘를 선택하지 못한다. 이 점은 말을 구성할 때는 선택(paradigm)과 결합(syntagm)이 정상적으로 작동한다는 것을 의미한다. 더불어 선택과 결합은 말과 사고의 기본 형식임을 함축한다. 그것은 소쉬르가 결합(syntagm)과 계열(paradigm)의 개념으로 말하고자 했던 것과 부합한다. 그리고 랑그(langue)와 파롤(parole)의 구도와도 부합한다.[39]

야콥슨은 이것을 은유와 환유로 바꿔서 설명했다. 그에 따르면 문장을 결합하는 것은 인접, 즉 환유에 해당하고 단어를 선택하는 것은 은유에 해당한다. 그러므로 실어증은 '선택하지 못하는 은유적 실어증'과 '결합하지 못하는 환유적 실어증'으로 나눌 수 있다. 주지하듯이 본래 유사의 은유와 인접의 환유는 수사학에서 쓰이던 용어였다. 야콥슨은 수사학적인 은유와 환유가 일상의 언어에 잠복해 있다고 말함으로써, 논리학에 비해 열등한 위치에 있던 수사학의 복권 혹은 논리학에 대한 공격을 시도했다. 그에게 은유와 환유의 이론은 주류 전통을 겨눈 창이었다.

레비스트로스(Claude Lévi-Strauss, 1908-2009)는 근대 서구의 철학적 이념인 주체와 의식 중심의 철학에 반대했기 때문에, 의식의 심층에 자리잡

---

38) 1935년 브라질 상파울루의 한 대학에 자리를 잡은 레비스트로스는 1940년 2차 대전의 전화를 피해 미국으로 자리를 옮기고 그곳에서 자신의 스승이자 동지인 야콥슨을 만나게 된다. 고명섭, 『담론의 발견』(한길사, 2006), 184.

39) A. C. Graham, *Yin-yang and the Nature of Correlative Thinking*(Institute of East Asian Philosophies, 1986), 16.

은 무의식적 사유를 중시했다. 레비스트로스는 야콥슨과의 만남을 통해 무의식적 사유의 구조가 언어학적 어법(語法)으로 설명될 수 있다는 확신을 얻었다. 레비스트로스에게 상관적 사유는,

구체적 사물들의 과학이라고 부르는 것에 매우 가깝다. 그는 이것이 대부분의 원시적 사회들에 편만한 주도적 사고 형태라고 생각하며 … 원시인의 사상이라고 부르는 데 주저하지 않았다. … 이것은 자연 속에서 발견되는 실체, 과정, 현상들이 인간 세계의 다양한 실체, 과정, 현상들의 종류들과 일치하거나 또는 조화한다고 생각하는 일종의 우주, 인간 합일론이다. 그는 인간의 집단과 자연의 종을 상호 의존적 관계 속에서 서로 연결시키는 토템 숭배를 이러한 구조주의적 원리의 예로 취급했다.[40]

레비스트로스는 야콥슨의 은유와 환유를 '야생의 사고'를 읽어내는 데 사용했다. "나바호족은 약초의 효능과 용법에 다양한 설명을 제시한다. 이 식물은 보다 큰 약효를 지닌 약초 부근에서 자란다거나, 그 풀의 어느 부분이 인체의 어떤 부위와 닮았다거나 … 요소들 사이에 성립되는 관계는 인접성이나 유사성에 기초를 둔 것이 많다."[41]

그런데 레비스트로스가 은유와 환유라는 구도를 야콥슨에게서 얻은 후 어떤 징검다리도 없이, 전근대의 사유형식 일반으로 도약했던 것은 아니다. 인류학자인 레비스트로스에게는 인류학적 기반이 있었다. 그가 야콥슨에게서 확인했던 은유와 환유의 구도는 프레이저(James George Frazer, 1854-1941)가 제안한 주술관념의 분류에도 반영되어 있었다.

프레이저는 주술의 관념을 유사의 원리인 은유와 접촉의 원리인 환유로 분류했다. 무속적인 세계관을 지니고 있는 A라는 인물을 가정해보자. 평소

---

40) Benjamin Schwartz, 나성 역, 『중국고대 사상의 세계』(살림, 2009), 480.
41) Claude Lévi-Strauss, 안정남 역, 『야생의 사고』(한길사, 2003), 127.

에 B에게 원한이 있는 A가 B에게 해를 끼치고자 할 때, A에게는 크게 두 가지의 방법이 있다. 우선 A는 B의 물건을 가져다가 신발 밑의 깔창으로 쓸 수 있다. 이것은 접촉률, 즉 환유에 따른 것이다. 또 A는 B와 닮은 인형을 만들어서 바늘로 콕콕 찌를 수도 있다. 이것은 유사의 원리로 설명할 수 있다. 양자는 복합적으로 쓰이기도 했을 것이다. 예를 들어 마왕퇴에서 발굴된 『잡금방(雜禁方)』이라는 문헌에는 다음과 같은 구절이 보인다. "다른 사람과 송사가 있으면 그 이름을 써서 신속에 넣는다."[42] 그런데 프레이저의 이런 분류도 독창적인 것이 아니다.

그것은 18세기의 경험론자인 데이비드 흄의 지식 이론에서 따온 것이기 때문이다. 흄은 관념연합의 원리를 유사와 근접 그리고 인과성의 원리로 분류했는데, 프레이저는 이 중에서 인과성의 원리는 과학의 원리라고 보아 제외하고 나머지 두 원리에 새 옷을 입혀 유사의 원리와 접촉의 원리를 내세웠다.[43]

추정컨대 야콥슨도 프레이저의 혜택을 받았던 것으로 보인다. "더 최근에 언어학자 로만 야콥슨(그는 『황금 가지』의 독일어판을 읽었다)은 프레이저에 대한 명시적 감사와 더불어, 그러나 그 배경에 놓인 인식론적 전통은 거의 알지 못한 채 우리의 언어 사용을 똑같이 환유(근접성의 연관관계를 환기시키는 것) 기능과 비유(유사성의 연관관계를 표현하는 것) 기능으로 대별했다."[44] 그렇다면 레비스트로스로 이어지는 상관적 사유의 '기본구도'는 철

---

42) 『雜禁方』 : 與人訟, 書其名直履中.

43) Robert Frazer, *The Making of the Golden Bough*(New York : Palgrave, 2002) 21 ; James George Frazer, 박규태 역, 『황금 가지』(을유문화사, 2005), 139에서 재인용. 흄으로 거슬러 올라가는 철학적 전통이 있는 스코틀랜드에서 프레이저가 성장했다는 것을 간과해서는 안 된다.

44) James George Frazer, 이용대 역, 『황금 가지』(한겨레출판, 2001), 33.

학(데이비드 흄)에서 신화·문화인류학(프레이저)의 영역을 거쳐 언어학(야콥슨)으로 건너갔다가 문화인류학(레비스트로스)으로 돌아온 것임을 알 수 있다. 그러므로 레비스트로스가 자신의 구도를 야콥슨에게서 창발적으로 빌려왔다고 말해서는 안 된다. 그가 비록 그런 체한다고 해도 말이다.

레비스트로스는 이런 내력을 지닌 유사성과 인접성, 즉 은유와 환유의 구도를 이용해서 마르셀 그라네가 사용한 상관적 사유를 체계화시켰다. 레비스트로스의 학문적 역정을 상기하면, 그에게 상관적 사유가 중국에 한정된 사유방식일 수만은 없다는 점을 알 수 있다. 레비스트로스는 상관적 사유를 중국을 포괄하는 전근대적 사유일반을 설명하는 이론으로 간주했다. 심지어 레비스트로스는 상관적 사유의 범위를 전근대에 한정하지도 않았던 것으로 보인다. 그러나 이 점은 분명하지 않다. "예술이라는 박물관에 있다."45)고 할 때는 상관적 사유는 현대에는 겨우 목숨을 부지하고 있어서 이제 곧 사라져 버릴 골동품처럼 보이지만, 때로 다른 결론에 이르게 만드는 발언도 있다. "근대의 분류학에서도 인접성과 유사성이 기본적인 역할을 한다."46) 상관적 사유의 외연에 관한 문제는 그레이엄에 이르러서야 분명하게 표현된다.

그레이엄은 상관적 사유가 모든 사유의 배후에서 언제나 작동한다고 보았다.47) 상관적 사유는 전근대와 근대를 가리지 않고 일어나는 사유의 분명한 지층 가운데 하나였다. 그레이엄은 자신의 견해를 증명하기 위해 사람들이 언어를 익히는 과정을 예시했다. 예를 들어, 복수형을 만드는 규칙은 상관적 패턴화의 양상을 보여준다.

우리는 상관적 사유의 예를 언어의 획득에서 찾는다. 언어의 획득은 상관

---

45) Claude Lévi-Strauss(2003), 318.
46) Claude Lévi-Strauss(2003), 127.
47) A. C. Graham(1986), 1.

적 사유가 온전하게 적용되는 하나의 예이다. cat/cats, shoe/shoes, …의 대립 항에 익숙한 사람은 곧 house/(   )의 괄호를 채울 수 있다.[48]

그러므로 음양의 사고는 … 그리스의 논리가 극복한 과거의 역사에 속한다고 생각되었다. 그러나 분석적 사고의 뿌리를 파고 들어가면 상관적 사고의 지층과 만나게 된다.[49]

그레이엄에게 언어와 사고는 뿌리가 같은 것이었으므로, 언어학의 구도를 중국의 사고를 읽어내는 데 사용하는 것이 자연스러웠다. 그는 실어증 연구의 함축을 다음과 같이 설명했다.

우리는 다음의 사실에서 출발한다. 사유는 한 사람이 가지고 있는 어휘에서 나온 단어들로 구성된 문장에서 수행되고, 그 단어들은 말의 문장으로 들어가기 이전에 언어 안에서 이미 분류된다. 문장은 한편으로는 단어들을 고르고, 다른 쪽으로는 단어들을 결합해서 구성된다. 곧 단어들은 '계열체적'으로 짝이나 더 큰 집합의 구성원이 된다. 그리고 문장의 요소로서 '결합체적'으로 관계를 맺는다.[50]

그레이엄은 계열체와 결합체라는 구도를 음양이론을 설명하는 데 이용했다. 이 점에서 그는 레비스트로스와 완연한 차이를 보인다. 레비스트로스의 시선이 전근대 문화 일반을 향하고 있었음에 반해, 그레이엄은 중국적 사유에 초점을 맞췄고 보다 구체적이었다. 그가 말하는 논의의 핵심은 아래의 표를 통해 쉽게 이해된다.[51]

---

48) A. C. Graham(1986), 2.
49) A. C. Graham(1986), 3.
50) A. C. Graham(1986), 16.
51) A. C. Graham, 나성 역, 『도의 논쟁자들』(새물결, 2003), 563.

	A	B	계열체(paradigm)
1	he	they	
2	posted	collected	
3	a	the	
4	letter	mail	
결합체(syntagm)			

	A	B	계열체(paradigm)
1	낮	밤	
2	해	달	
3	빛	어둠	
4	선	악	
결합체(syntagm)			

짐작할 수 있겠지만 위 도표의 A와 B를 양과 음으로 바꾸기만 하면 그레이엄의 작업을 직관적으로 이해할 수 있다. 그레이엄은 위 도표를 가로 세로로 늘리는 방식으로 오행까지 확장했다. 그런데 야콥슨과 레비스트로스의 구도를 따르는 그레이엄에게도 음양오행은 상관적 사유의 특정한 예에 불과했다. 그러므로 그는 상관적인 도식화는 중국적인 것만은 아니라고 말한다. "그라네가 중국적 사유와 서구적 사유의 차이라고 본 것은 오늘날엔 원과학과 근대과학 간의 초문화적 차이로 여겨질 수 있을 것이다. 상관적 우주 건립은 언어 작용의 기저에 있는 누구나 사용하는 상관적 사유의 독특한 예로 보는 것이 가장 편할 것이다."[52] 그레이엄은 상관적 사유와 분석적 사유의 관계를 다음과 같이 설명했다.

이렇게 말하는 것이 가능하다. 분석적으로 설명하는 동안, 주의는 배후에 있는 개념의 상관성에서 벗어난다. 그러나 분석이 앞으로 나설 필요가 없을

---

52) David L. Hall, *Anticipating China*(University of New York Press, 1995), 128.

때는, 상관적 사유가 반드시 전면에 나선다. 상관적 사유는 어떻게 분석적 사유와 관련지어지는가. 매일의 상식적 사유는 비교나 관련을 의심할 때마다, 분석에 의해서 교정되는 관계의 흐름으로 생각되어질 수 있다.[53]

그레이엄의 말은 추상적이어서, 의미가 잘 전달되지 않는다. 버나드 라운(Bernard Lown)이 소개한 예를 들어보자.

한 겨울에 65세 된 남자가 심계항진 때문에 나를 찾아왔다. 나는 그와 악수를 하며 약간 긴장했는데, 그의 손이 따뜻하고 땀이 약간 솟아나 있었기 때문이다. 바깥 날씨가 매섭게 추웠으므로 … 즉시 갑상선 기능항진을 의심하였고, 나중에 적절한 검사를 시행한 결과 진단이 확인되었다.[54]

날이 추웠으므로, 손이 차가웠다면 라운의 분석적 사유는 의식의 표층으로 등장하지 않았을 것이다. 문득 이상함을 느끼기 전까지 그의 표층의식에는 추운 날에는 손이 차다는 상관적 사유가 작동하고 있었다. 이상함을 느낀 후에야 현대인이 이성이라고 부르는 분석적 사유가 등장한다. 그레이엄에 따르면 상관적 사유는 근대에 접어들면서 주류에서 물러났을지는 모르겠으나 여전히 우리의 주위에 있는 사유다. 언어의 사용 속에 항시 있을 뿐더러 그런 유사성과 인접성은 한 사회의 문화를 인습적으로 받아들이는 가운데 수반되기 때문이다.

앞의 상관적 사유는 구조주의를 기반으로 하고 있다는 점에서 '구조주의 상관적 사유'라고 부를 수 있을 것이다. 이상의 논의에 토대하자면 '구조주의 상관적 사유'의 형성과정은 다음과 같이 도식화할 수 있다.

그런데 중국적 사유를 설명하기 위해서 사용되는 한, 그레이엄으로 대

---

53) David L. Hall(1995), 128.
54) Bernard Lown, 서정돈 · 이희원 역, 『치유의 예술을 찾아서』(몸과마음, 2003), 53.

구조주의 상관적 사유

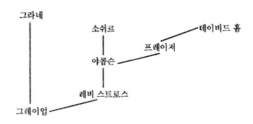

표되는 '구조주의 상관적 사유'에는 간과할 수 없는 문제가 있는 것으로 보인다. 먼저 은유와 환유라는 구도의 적용으로 인해 발생하는 왜곡을 들 수 있다. 음과 양 사이에는 은유적 관계가 있고, 해와 낮은 환유적 관계라는 말이 직관적으로 이해가 되는가? 오히려 푸코가 원시적 분류의 유형 가운데 하나로 소개한,[55] 반감과 공감이라는 표현이 더 쉽게 이해되지 않는가? 해와 달은 반감하거나 공감한다고 말하는 편이 더 쉽게 와 닿지 않는가? 혹은 보리를 심은 두 개의 이랑을 그린 그림을 생각해보면 어떤가?

바람이 불어오면 두 개의 이랑에 심어진 보리는 같이 춤을 춘다. 같이 발 맞추어 추는 춤은 고대 중국인들이 생각했던 음양의 패턴에 따른 자연의 변화를 직관적으로 이해시켜준다. 나는 그레이엄의 분석이 잘못되었다고 생각하지 않는다. 그러나 그레이엄의 해석은 해석 자체의 완결성과 무관하게, 음양이론의 참모습을 왜곡한다.

둘째, 실용성에 근거한 비판이 가능하다. 즉 그레이엄의 상관적 사유는 중국적 사유에 관해 새로운 통찰을 주지 못한다. 예를 들어, 그레이엄이 은유와 환유의 구도 혹은 같은 말이지만 결합체(syntagm)와 계열체(paradigm)의 구도로 음양과 오행을 분석하는 것은 우리에게 음양과 오행에 대해 무엇을 말해주는가? 그것은 물론 음양과 오행의 배후에서 작동하는 사유형식은 인류 보편의 것임을 알려준다. 그러나 음양오행의 유별(類別, classifi-

---

55) Michel Foucault, 이광래 역, 『말과 사물』(민음사, 1980), 48.

cation)의 특성, 유(類) 사이의 관계의 특성 등에 관해, 구조주의 상관적 사유는 어떤 새로운 통찰도 주지 않는다.

셋째, 상관적 사유 자체의 논리적인 문제에 대한 비판이 있을 수 있다. 그것은 구조주의 일반에 대한 비판 가운데 하나인 결정론에 관한 것이다. 논리적으로는 순환논법이라고 할 수 있다. 레비스트로스는 『야생의 사고』에서 오세지족의 주문을 언급한다.

> 오세지족 의례의 주문에서 블레이징 스타(Blazing Star, Lacinaria pycnos-tachya)라고 불리는 꽃과 식용식물인 옥수수와 포유동물인 들소가 서로 연관되는 것은 수수께끼와 같다. 다른 출처에서 이것과는 관계없는 다른 사실이 밝혀지지 않았던들 왜 이들이 서로 연관되는지 이해하는 것은 불가능했으리라. 오세지족과 대단히 가까운 오마하족은 여름에 초원에서 블레이징 스타가 피면 들소 사냥을 하다가도 옥수수가 익었다는 것을 알고 추수하기 위해 마을로 돌아간다.[56]

레비스트로스는 이곳의 옥수수와 들소 그리고 블레이징 스타를 하나로 묶고 블레이징 스타와 옥수수는 일종의 환유(換喩)적 관계라고 말할 것이다. 그런데 그 근거는 무엇일까? 레비스트로스가 선택할 수 있는 답은 하나뿐이다. 하나의 그룹에 속하기 때문이다. 그렇다면 환유적으로 관계 맺어졌기 때문에 환유적이라고 말하는 것에 불과한 것이 아닌가.

넷째, 구조주의 일반에 대한 다른 비판도 그레이엄에게 적용된다. 특히 중국적 사유를 소재로 택한 그의 경우에는 책임이 더욱 무겁다. 구조주의는 필연적으로 환원론을 전제한다. 그런데 환원론은 이 경우에 두 가지 문제를 야기한다. 먼저 주지하듯이 "어떤 종류의 환원론도 중국의 사유와 잘 맞지 않는다."[57] 둘째, 환원은 논리적으로 현상의 배후에 무엇인가를 가정

---

56) Claude Lévi-Strauss(2003), 126-127.

한다. 즉 구조주의는 "사고와 문학 그리고 철학의 근저에 있다고 믿어지는 불변하는 이원적인 사고를 중국적 사고의 본질로 가정한다."[58] 이런 가정은 그가, "이런 신들은 다른 어떤 존재보다도 과정의 배후에 있는 요소들"[59] 운운하는 대목에서 뚜렷이 드러난다. 셀먼은 본질론이 중국 사유와 어울리지 않는다고 말했다.

> 구조주의에 지나치게 의존하기 때문에 그는 모종의 본질론(essentialism)을 강요당한다. 그런데 그런 본질론은 중국의 사유, 철학 그리고 우주론에 절대적으로 결핍된 것이다."[60]

물론 중국 사유에 본질론이 부재하다고 말해서는 안 된다. 뒤에 보게 되겠지만 사람의 본성에 관한 유가의 규정은 동양적 본질론의 존재를 증명한다. 그러나 고대 중국의 자연관이 본질론적 사유와 거리가 있다는 점은 사실이다.

이런 문제가 생긴 이유는 서구 지성의 산물로 중국의 사유를 재단했기 때문이다. 이런 것을 외재적(外在的) 관점이라고 해보자. 동양 사유를 연구한 두 명의 중요한 인물도 외재적 관점을 사용했다.

2) 니덤과 융의 상관적 사유

니덤(Joseph Needham)과 칼 융(Carl Jung)이 그들이다. 니덤은 구조주의 상관적 사유와 같은 곳에서 흘러나왔지만 자신이 끌고나온 지류(支流)를

---

57) James Sellman, "Review of Yin-yang and the Nature of Correlative Thinking," *Philosophy East and West* 38 : 2(1988), 206.

58) James Sellman(1988), 206.

59) A. C. Graham(1986), 79.

60) James Sellman(1988), 206.

유기체 철학이라는 강으로 연결했고, 칼 융은 약간의 교접은 있었지만 연원과 방향을 달리하는 동시성이라는 신비로운 흐름을 만들었다. 두 사람은 고전역학의 한계라는 시대적 인식과 라이프니츠를 주된 사상적 동반자로 생각했다는 점, 그리고 양쪽의 사상을 담고 있는 서적이 모두 50년대에 출간되었다는 사실을 공유한다. 그러나 특이하게도 서로를 언급하지 않았다. 나는 니덤과 칼 융이 서로의 관계를 말하지 않았지만, 그들 사이에는 영향 관계가 있고 하나의 흐름으로 볼 수 있다고 생각한다.

니덤이 그라네의 영향을 받은 것은 틀림없다. "현대의 많은 학자들─빌헬름, 에버하르트, 자블론스키, 그리고 특히 그라네─은 이 같은 사고를 동격화 사고(coordinative thinking) 혹은 연상 사고(associative thinking)라고 이름 지었다."[61] 자블론스키가 그라네의 제자라는 사실을 상기하라. 니덤은 레비브륄(Lucien Lévy-Bruhl)이 동양의 사유를 원시적 사유로 치부하는 태도를 비판하면서, 자신이 이해하는 동격화 사고(즉 상관적 사유)를 다음과 같이 규정했다.

우리들이 레비브륄의 분석에서 분리하지 않으면 안 될 점은 그가 동격화 사고 내지는 연상 사고를 원시적 사고(primitive thinking)의 일종으로 말한 기발한 대목이다. 연대적 뜻에서는 원시적일지 모르지만, 그러나 그것은 참여적 사고(participative thought)의 일부분이 아니다. … 원시적인 참여적 사고에서 진보하기 위해서는 두 개의 방법이 있었다. 그 하나는 데모크리토스적인 자연현상의 설명으로 인도하도록 인과율의 개념을 세련되게 하는 일이다. 다른 하나는 우주의 사물과 사상을 어떤 패턴의 구조(pattern of structure)로 체계화하고, 각 부분의 상호 영향이 모두 패턴에 의해 설명되도록 하는 일이다. … 뒤의 것의 세계관에 따르면 동일한 응답을 하는 다른 입자와 함께 힘의 장에 있어서 그것이 그 위치를 차지한 것으로 된다. … 앞 견해의 말단

---

61) Joseph Needham, 이석호 외 역, 『중국의 과학과 문명 Ⅱ』(을유문화사, 1985), 389.

에서는 뉴튼적 우주와 마주치게 되며, 뒤의 말단에서는 화이트헤드적 우주를 보게 될 것이다.[62]

레비브륄의 견해를 따르면 동양과 서양은 열등한 전근대와 우수한 근대에 해당한다. 그러나 니덤은 이런 도식을 거부했다. 그에게 동격화 사고, 즉 상관적 사유는 과정적 세계관과 같은 것이었다. 그가 생각하는 과정적 세계관에서 만물은 패턴의 구조로 조직화되어 있다. '패턴의 구조'가 위 인용문의 핵심이다.

나는 니덤이 패턴(pattern)이라는 말을 누구에게서 배웠는지 알지 못한다. 다만 "그라네는 'pattern'이라는 말을 쓰지 않았다. 프랑스 말에서 정확하게 그것에 맞는 것이 없기 때문이다. 그러나 그것은 그의 사상의 결론을 가장 잘 표현하고 있다. 그가 그의 전체 저작을 통하여 질서(order)의 개념이 중국의 세계상의 기초에 있다고 강조했을 때, 그의 통찰력은 정확한 것이라고 생각된다."[63] 라고 말하는 대목에서 그의 패턴이 그라네의 질서(order)와 유사한 것임을 알 수 있을 뿐이다.[64]

어떻게 불리던 니덤은 패턴을 '이(理)'의 번역어로 생각했다. 그것은 '이(理)'를 번역하지 않고 사용하겠다고 밝히기는 했지만, 조직(organization) 혹은 조직의 원리(principle of organization)라는 표현이 가장 적합하다고 말하면서[65] 『관자』의 한 대목을 인용할 때, '이(理)'를 '패턴'으로 번역하는 곳[66]에서 눈치챌 수 있다.

---

62) Joseph Needham(1985), 394-395.

63) Joseph Needham(1985), 401.

64) 박상환은 유기체 철학을 말하는 대목에서 "니덤은 이에 관하여 패턴이라는 표현을 사용하는데, 이는 한 부분이 다른 부분과 맺는 관계가 일종의 기계적 인과성이 아니라 감응에 의거한다는 관점이다"고 말하고 있다. '패턴'의 입안자가 니덤일 가능성을 높이는 발언이지만 확신할 수는 없다. 박상환, 『라이프니츠와 동양사상』(미크로, 2005), 60.

65) Joseph Needham, 이석호 외 역, 『중국의 과학과 문명 Ⅲ』(을유문화사, 1994), 173.

니덤은 음양가, 도가 그리고 동중서에게서 연원한 유기체 철학이 주희의 이기론(理氣論)에 이르러 체계화되었다고 생각했다. 그의 유기체적 세계관은 인과적으로 관계 맺어지지 않고 감응하는, 주어진 그물과 같은 모양의 패턴 속에서 함께 떠는, 음악적으로 표현하자면 지휘자가 없이 화음을 연주하는 오케스트라와 같은 것이다. 핵심어는 '패턴'과 '감응'이다. 그렇다면, 상관적 사유와 유기체 철학은 적어도 니덤의 머릿속에서는 본질적으로 같은 것이라고 할 수 있다. 이것은 그가 유기체 철학으로 상관적 사유를 이해했기 때문에 도달한 필연적 귀결이다.[67]

박상환에 따르면, "유기체적 철학의 구조에서 자연은 생명 자체, 활동 그리고 발전으로 이해되며, 이 자연 속에는 다른 것들로부터 완전하게 고립된 물질은 없으며 죽은 유기체도 없다. 그 이유는 만물이 일정한 상호작용 속에 있기 때문이다. 즉 일종의 신진대사 과정에 있다."[68]

세계를 유기체로 보는 유기체 철학의 관점은 "인류와 세계 사이의 연속성이 자연과 인류의 문화 사이에 어떤 궁극적인 차이도 만들지 않는다고 가정한다."[69] 이런 관점은 상당한 설득력이 있고 감응론의 핵심을 건드린다. 그러나 유기체적 철학과 중국인의 사유방식 사이에는 극복할 수 없는

---

66) Joseph Needham(1994), 176.
67) 니덤은 유기체 철학의 대표자를 화이트헤드로 설정한다. 그 사유는 종적으로는 헤겔, 로체, 셸링, 헤르더를 지나 라이프니츠에 이르는 것으로 본다. 그리고 횡적으로는 장(場) 물리학의 두드러진 발달과 연관이 있다. 다른 한편에서는 초기 전체성 학파의 반계몽주의와 쾰러의 게슈탈트 심리학을 피하면서 기계론과 생기론 사이의 불모의 투쟁을 종결지은 생물학적 정식화와도 연관이 있다. 철학적인 레벨에서는 로이드 모건, 알렉산더의 창발적 진화론과 스커츠의 전체론, 셀라스의 실재론에도 영향을 미쳤다. 마지막으로 그 가치가 결코 다른 것에 뒤지지 않는 엥겔스, 마르크스 및 그들의 후계자들의 변증법적 유물론에도 영향을 미치는 것으로 본다. 이상의 유기체 철학에 관한 내용은 Joseph Needham, 『중국의 과학과 문명 II』(1985), 403을 요약한 것이다.
68) 박상환(2005), 54.
69) David L. Hall(1995), 268.

간극이 있다. 목적인이라는 문제가 유기체 철학과 중국인의 사유방식을 갈라놓는다. 먼저 니덤의 의견을 따라가 보자.

동물로서의 유기체는 우주 속에 투영될 수 있다. 그러나 신에 대한 믿음은 유기체가 언제나 지도 원칙(guiding principle)을 지녀야 한다는 것을 의미한다. 그러나 이것은 중국인들이 따르지 않은 길이다. 그들에게 … 구성 부분들의 조화는 자연스러운 것이다. 심지어 그것은 무의지적이기도 하다. 그리고 그로써 충분한 것이다.[70]

'지도 원칙'을 신에서 부여받은 목적인으로 보는 것이 가능하다면, 그리고 서양의 유기체에서 목적인을 제거하는 것이 쉽지 않다면, 분명 니덤 자신이 지적하고 있듯이, 그가 말하는 중국의 유기체적 사유와 서양의 지적 전통에서 형성된 유기체 철학에는 큰 차이가 존재한다는 점을 인정하지 않을 수 없다. 목적인은 니덤이 유기체 철학의 전형으로 꼽는 라이프니츠와 화이트헤드의 이론에도 존재한다.[71]

이런 이유로 홀과 에임스는 중국의 상관적 사유는 서양에서 발전한 유기체적 사유와는 아주 다르므로, 유기체 철학을 가지고는 거의 어떤 것도 얻을 수 없으며, 중국의 상관적 사유는 오히려 관료제적 유비로부터 연유했을 가능성이 있다고 말했다.[72] 상관적 사유가 관료제에서 유래했다는 견해에는 동의하기 어렵지만, 서양에서 형성된 유기체에 들어 있는 목적인의 개념이 동양에 부재하다는 지적은 타당하다. "목적인이 없는 유기체론적 사유란 결국 상관적 사유의 일종일 것이다."[73]

---

70) David L. Hall(1995), 269에서 재인용.
71) David L. Hall(1995), 270을 참조.
72) David L. Hall(1995), 270.
73) 최진덕(1998), 104.

니덤의 유기체론이 중국적 사유를 이해하는 지평을 제시한 것은 사실이다. 그럼에도 불구하고 니덤의 유기체적 세계관은 논점을 피한다는 비판을 받을 수 있다. 앞서 인용했던 흄의 분류에서 알 수 있듯이 인과가 관념의 연합이고, 그것과는 다른 방식으로 사물과 사태를 연결하는 방식이 있다고 주장하려 한다면, 그런 관념연합이 만드는 세계상을 묘사하기 보다는, 그 관념연합 자체에 대해서 그리고 그것이 전제하는 세계상에 관해 탐구해야 하기 때문이다. 즉 '패턴은 무엇인가?' 라는 질문을 던졌다면 보다 본질에 접근한 결과를 얻을 수 있었을 것이다.

융은 다뤄야 할 것을 피하지 않았다. 융은 세상의 관념연합에는 인과 외에도 다른 질서가 있다고 노골적으로 말했다. 그런 자신감은 융의 사람됨에서 나온 것이겠지만, 미시물리학이 전하는 세계상도 하나의 원천이었다.

> 현대 물리학의 발견들은 주지하듯이 우리의 과학적 세계상에 중요한 변화를 초래했다. … 자연 법칙이라는 관념이 기반한 철학적 원리는 인과율이다. 그러나 만일 원인과 결과 사이의 연관이 단지 통계적으로만 타당하며 상대적으로만 진리라면 … 이것은 사건의 연관이 어떤 환경에서는 인과적이지 않을 수도 있고, 또 다른 설명 원리가 필요하다고 말하는 것과 다름없다.[74]

이러한 인과적 고리가 없는 일치(coincidence)를 그는 쇼펜하우어의 논의를 따라 "우연이라고 부르는 인과적으로 연결되지 않은 동시성(simultaneity)"[75]이라고 표현한다.

그런데 동시싱과 동시발생은 구분되어야 한다.

내가 특별한 경고를 보냈음에도 불구하고 동시성이라는 개념이 이미 동

---

74) 칼 융, 이창일 역, 『자연의 해석과 정신』(청계, 2002), 47.
75) 칼 융(2002), 57.

시발생과 혼동되는 것을 보게 된다. 나는 동시성을 바로 그 시기의 의미 있는 일치의 발생이라는 의미로 사용했다.76)

내가 언급한 모든 현상(즉 동시성의 현상)을 세 개의 범주로 묶을 수 있다. ① 심리적 상태 혹은 내용과 상응하는 동시적이고 객관적인 외부 사건과 관찰자의 심리적 상태의 일치. ② 관찰자의 지각 영역 바깥 곧 거리가 멀리 떨어져서 일어나고, 사후에야 입증이 가능한, 상응하는 외부 사건과 심리적 상태의 일치. ③ 아직 현존하지는 않으나, 시간상 거리가 있는 미래 사건으로, 사후에만 입증할 수 있을 뿐인, 그런 상응하는 사건과 심리적 상태의 일치.77)

융은 동시적 사건의 연합을 가능하게 하는 것은 의식의 저층에 존재하는 집단무의식이라고 말했다. 집단무의식은 "원형으로 구성되어 있다. 원형들은 행동의 패턴 혹은 본능의 패턴이다. 즉 모든 개체에 동일한 하나의 정신을 표상하는 집단무의식의 구조를 구성하는 것들이다. 원형들은 행동의 패턴 혹은 본능적 패턴, 다시 말해 무의식적인 정신과정을 조직하는 형식적 요인이다."78)

동시성을 가능하게 하는 것이 모든 이들에게 내구되어 있는 어떤 구조라는 생각은 공명을 가능하게 하는 리듬을 본유하고 있다는 생각과 유사해 보인다. 그는 동시성의 선구로 『장자』 「인간세」 편의 한 구절을 인용하면서 그라네를 언급했다. 아래의 인용문에서는 상응, 공감 등의 표현이 등장한다.

이것은 분명히 무의식의 절대지와 대우주적 사건이 소우주 안에서 일어난다는 암시이다. 이러한 도가적 관점은 전형적인 중국인의 사유이다. 그것은

---

76) 칼 융(2002), 195-196.
77) 칼 융(2002), 206-207.
78) 이창일(2004), 294.

중국 심리학의 탁월한 권위자인 마르셀 그라네가 세상에 발표한 것인데, 곧 전체에서 보는 어떤 사유다. … 이런 전체성 속에는 그 의미 있음이 전적으로 자의적으로 나타나는 어떤 일치에 의해 우연에 의해서만 서로 연결되어 있는 것처럼 보이는 사물들이 포함되어 있다. 이것이 상응의 이론(theory of correspondentia)이 들어서는 자리인데, 이 이론은 중세 시대의 자연철학자들이 깊이 탐구한 것이며 특히 만물의 공감(sympathy of all things)에 대한 고전적 관념이다.79)

이곳에서 말하는 '전체에서 본다는 것'은 전체론(holistic)적 사유를 뜻한다. 융이 묘사하고 있는 세계는 하나의 작은 움직임이 관련된 그물 전체를 움직이게 만드는 '인드라 망의 이미지'와 같다. 그러나 칼 융은 이런 동양적 사유가 그의 사상적 배경이라고 말하지 않았다. 그는 히포크라테스로부터 연금술과 점성술적 사유 등을 관통하면서 이어진 흐름이 라이프니츠에까지 이르렀다고 생각한다.

이와 같은 것들이 라이프니츠가 예정조화설, 즉 심리적 사건과 물리적 사건의 절대적 동시론을 표현했을 당시의 지적 배경이었다.80)

그런데 주지하듯이 니덤은 라이프니츠의 예정조화설과 모나드는 중국적 사유에서 연유했다고 주장했다. 이 생각을 견지하기 위해 그는 라이프니츠 이전의 서구 지성사에 있었을 법한 유기체 철학을 무시하고, 라이프니츠의 연원으로 성리학을 제안했다.

이제 앞으로 연구를 위한 가설로서, 유기체 철학은 라이프니츠에서 힘입

---

79) 이창일(2004), 144-145.
80) 칼 융(2002), 160.

은 바 크며, 그 라이프니츠는 중국의 상관주의 신유학파의 번역에 의하여 자극되었다고 제안한다면 몇 가지 흥미 있는 논점이 나온다.[81]

칼 융과 니덤에게 라이프니츠는 각각 동시성과 유기체 철학의 대표적 인물이기는 하지만, 그 앞의 계보는 다르게 해석되고 있었다. 이 지점에서 이런 질문을 던지지 않을 수 없다. 니덤과 융의 연구는 서로에게 영향을 끼친 것이 아닐까?

우연치고는 둘 사이의 유사성이 너무나 강렬하다. 니덤과 칼 융은 모두 라이프니츠를 중시했고, 패턴과 공감 혹은 감응을 '동시성'과 '유기체 철학'의 핵심어로 받아들였다. 예를 들어, 칼 융은 다음과 같이 말했다.

하지만 무인과적 사건들이 존재하거나 언제나 발생할 수 있었다면, 우리는 그 사건들을 창조적 행위 곧 영원으로부터 존재하고, 그 자체 우연적으로 반복되며, 기존의 선행하는 것들로부터도 도출될 수 없는 어떤 패턴(pattern)의 끊임없는 창조로 생각해야 한다.[82]

그렇다면 누가 영향을 받은 것일까?

『중국의 과학과 문명』 시리즈 중 해당 책(volume 2)은 1954년도에 케임브리지에서 출간되었다. 그런데 융의 책(Naturerklärung und Psyche)은 취리히에서 1952년에 출간되었다. 더군다나 융의 동시성의 원리는 훨씬 오래전에 공표되었다. "나는 이 용어를 1930년 5월 10일 뮌헨에서 행한 리하르트 빌헬름을 위한 회고 연설에서 처음 사용했다. 그 연설은 후일 『태을금화종지(太乙金華宗旨)』(The Secret of the Golden Flower, 1931)의 부록에 실렸다. 그 책에서 나는 주역의 과학은 인과율에 기반하지 않고 내가 잠정적으로 동시성적

---

81) Joseph Needham(1994), 404.
82) 칼 융(2002), 192-193.

(synchronistic) 원리라고 부르는 원리에 기반한다고 말했다."[83]

그렇다면, 아무래도 니덤의 이론은 그 핵심 아이디어를 본인이 절대로 인용하고 있지 아니한 칼 융에게서 빌려왔을 가능성이 있다. 그렇지만 이곳이 니덤의 양심을 논하는 법정이 아닌 한, 그에게 고백을 강제할 필요는 없다. 칼 융조차 본인이 말하고 있는 것보다 훨씬 더 많은 것을 중국 사유에 빚진 것으로 보인다. 예를 들어, 그는 자신의 책(*Naturerklärung und Psyche*)이 출간되기 20년 전인 1931년에 다음과 같이 말했다.

> 나에게는 실제적인 임상경험을 통하여 얻어진 여러 관찰 가운데서 동양의 지혜에 관하여 매우 새롭고도 예상하지 못했던 이해의 길이 열렸던 것이다.[84]

칼 융은 자신이 제안한 세계관이 서양의 지적 전통에서 출발했다고 주장했지만, 동양에서 많은 영향을 받은 것이 사실이다. 그는 대범하게 관념의 연합방식 그 자체에 관해 많은 설명을 하면서 합리적인 설명의 밖에 있는 현상까지도 동시성의 원리로 설명하려고 했다는 점에서 높은 평가를 받을 만하다.

그러나 그의 이론에도 문제가 있다. 그가 주장한 동시성의 원리가 합리적인 논의의 장으로 들어올 수 있는가 하는 것이 하나이다. 감응을 주로 점성술적인 예측력과 같은 부분에서 찾으려 했던 그의 태도는 동양 사유를 합리적 영역의 밖으로 밀어내는 결과를 초래할 가능성이 있다. 둘째, 칼 융은 동시성을 심성과 물질 사이의 관계로 한정하고 있는데, 그것은 물질 사이의 동시성을 설명하기 위해서는 반드시 심성을 거쳐야 한다는 것을 뜻한다. 그러나 주로 자연과 사회 혹은 자연과 몸 사이의 관계를 말하는 고대

---

83) 칼 융(2002), 13.
84) 여동빈 저, 이윤희 외 역, 『태을금화종지』(여강출판사, 1992), 231.

중국의 감응에서 심성은 명시적으로 드러나지 않는다.

이상의 논의에 따르면, 상관적 사유는 본래 ① 그라네에 의해 중국적 사유를 지칭하기 위해 정확하게 정의되지 않은 상태로 즉 단순히 이름으로만 사용되다가, ② 야콥슨의 구조주의 언어학을 차용한 레비스트로스에 의해서 전근대적인 야생의 사고를 지칭하기 위해 사용되었고, ③ 그레이엄에 의해서는 근대에 들어와서 주류에서 쫓겨난 우리의 인습적 사유 속에 항상 남아 있는 사유를 지칭하는 데 사용되기도 했다.

그것은 누적적으로 발전했으므로 하나의 흐름으로 보는 것이 가능하고, 연구방법의 특성에 근거하자면 '구조주의 상관적 사유'라고 부르는 것이 가능할 것이다. 다른 하나의 줄기는 특이하게도 서로를 언급하지 않지만, 역사와 내용이 대단히 유사한, 니덤과 칼 융이 만들어낸 흐름이다. ④ 니덤에게 상관적 사유는 유기체 철학의 적절한 예이자 그 연원으로 이해되었고, ⑤ 칼 융에게는 동시성의 중국적 구현으로 받아들여졌다.

다양하게 이해되고 있었지만, 상관적 사유의 핵심 개념은 공명, 감응, 패턴이었다. 주지하듯이 공명(resonance)은 감응의 상징적 예이고 패턴은 감응의 질서로 모두 감응론에 포괄된다. 물론 '구조주의 상관적 사유'를 대표하는 그레이엄에게서 이 점이 분명하게 드러나지 않는다는 것은 사실이다. 그러나 "상응적 우주 건립을 단지 모든 사람들이 사용하는 상관적 사고의 색다른 경우"[85]로 보는 그에게도 감응이 핵심이라는 점은 부정되기 어렵다. 결국 중국의 사유에 관한 한, 상관적 사유의 원형은 감응이라고 할 수 있다. 존 헨더슨은 이 점을 명시적으로 말하고 있다.

> 상관적 사유는 인체, 국가체제, 천체 등과 같은 우주의 여러 영역들 사이의, 또는 그 속의 다양한 '것들' 사이의 우주적 감응을 전제로 한다. 다시 말해서 상관적 사유는 서로 감응하는 '것들'이 거시적 수준에서 서로 동류라는

---

85) A. C. Graham(2003), 562.

것, 그렇기 때문에 특정한 측면에서 서로 간에 감응의 관계가 존재한다는 것을 전제로 하는데, 심지어 서로 간에 종속·포함관계에 있는 것들 사이에서도 적용되었다.[86]

존 헨더슨 외에도 몇몇 학자들이 상관적 사유를 동양문화를 설명하는 이론적 도구로 사용했다. 예를 들어, 벤 헨더슨은 상관적 사유를 중국의 우주론을 읽어내는 이론으로 사용했다.[87] 상관적 사유를 한의학에 적용한 이로 운슐트(Paul U. Unshuld)와 포커트(Manfred Porkert)를 들 수 있다.

3) 한의학과 상관적 사유

흥미롭게도 (상관적 사유를 한의학에 적용한 내가 아는 한 유일한) 두 사람이 영향을 받은 상관적 사유는 다르다. 운슐트는 구조주의 상관적 사유에서, 포커트는 니덤과 융의 논의에서 영향을 받았다. 운슐트의 철학적 논의는 주로 그의 책(*Medicine in China*, 1985)에서 제시되었다. "의학에 관한 두개의 질적으로 다른 개념적 차원인 지속적인 패러다임의 핵심과 변화하는 외양을 구분하는 것이 유용하다."[88] 지속적인 패러다임의 핵심은 한의철학의

---

86) John B. Henderson, 문중양 역, 『중국의 우주론과 청대의 과학혁명』(소명출판, 2004) 17. 인용문의 다양한 '것들' 이라고 할 때의 것과 감응하는 '것들' 에서의 것이라는 표현은 본래 실체라고 번역되어 있었다. 상관적 사유는 비인과적 설명방식이고, 실체라는 관념은 인과적 설명방식의 토대가 되는 세계관의 어휘다. 따라서 실체라는 관념은 상관적 사유를 배태해낸 세계관과는 어울리지 않는다. 약간의 혼란을 야기할 수 있는 이 표현이 원저자의 의도인지, 혹은 번역자의 의도적 번역인지는 확인하지 않았다. 환경과 구분되는 개체 정도의 의미를 지니는 것들의 적절한 표현어로 어떤 어휘가 적절할까? 이곳에서는 독자의 오해를 방지하기 위해 단순히 '것' 이라고 옮겨두었다.

87) 벤 헨더슨의 훌륭한 논의에도 중요한 문제가 있다. 그는 상관적 사유일반을 몇 가지로 구분하면서, 단순한 상응과 체계적 상응을 구분하지 않았다. 이들을 구분하지 않는다면, 원형으로서의 감응을 논구할 수 없게 된다.

대상인 한의학적 사유방식, 즉 한의학의 메타이론을 일컫는다. 그는 이런 한의학적 패러다임의 핵심을 다시 둘로 나눈다.

① 상응하는 현상들 사이의 인과관계 패러다임(the paradigm of cause-and-effect relations between corresponding phenomena)

② 상응하지 않는 현상들 사이의 인과관계 패러다임(the paradigm of cause-and-effect relations between non-corresponding phenomena)[89]

그에 따르면 ①은 상응하는 것들 사이의 인과관계다. 그런데 그는 ①을 다시 마술적 상응관계(causation through magic correspondence)와 체계적 상응관계(causation through systematic correspondence)로 나눴다. 그리고 마술적 상응을 다시 접촉률(接觸律)과 상사율(相似律)로, 체계적 상응을 음양과 오행으로 구분했다. 그에 따르면 마술적 상응은 여러 현상이 하나의 상관성으로 연결된다. 여러 현상마다 하나씩의 상관성이 있으므로, 마술적 상응이 설명하는 수많은 현상의 배후에는 무한한 상응의 연결이 있다. 그러나 체계적 상응은 단지 하나의 상응이론, 즉 현상의 배후에 있는 음양과 오행이 모든 현상을 설명한다.[90] 운슐트는 마술적 상응과 음양오행의 상응을 연속적인 관점에서 본다.

음양원리와 상사율에 의한 마술 간의 관련성이 밀접함을 보여주는 징표 중 하나가 바로 양자 사이에 공통된 상응의 계열에 의해 포섭되는 현상들 사이의 상응이다. 무당에서 흘러나온 땀은 하늘로부터 비가 내리도록 강제하

---

88) Paul U. Unschuld, *Medicine in China : A History of Ideas*(University of California Press, 1985), 5.

89) Paul U. Unschuld(1985), 5-7.

90) Paul U. Unschuld(1985), 5-8.

는 것처럼, 상응하는 음(혹은 양) 계열에 속하는 한 요소의 상태변화는 같은 계열의 다른 구성 요소들에 영향을 끼쳐야 한다.91)

오덕이 또한 추연의 활동과 관련해서 사용되었다. 이것은 오행과 상사율에 따르는 마술 간의 관련성을 암시한다. 왜냐하면 덕은 마술적인 힘을 의미하기 때문이다.92)

예문에는 한의학의 상응이론, 즉 음양오행이라는 체계적 상응은 유사성에 근거한 마술적 힘이 체계화된 것이라는 생각이 뚜렷이 드러나 있다. 그러나 그는 같은 계열에 속하는 것들 사이에도 상응의 관계가 있다고 말했다. 환유가 은유에 포함되는 것으로 보았을 가능성이 높은데, 나는 그가 은유와 환유의 차이를 명확하게 인식하지 못했다는 인상을 받았다. 우호적으로 해석하면, 그는 그레이엄처럼 은유와 환유적 관계에서 음양오행이 발전한 것으로 보았다고 평가할 수 있다.

②는 상응하지 않는 것들 간의 인과관계다. 상응하지 않으므로 ②로 관계 맺어지는 것들은,

> 만질 수 있든 없든 독립적으로 존재한다. 그리고 특정한 조건 아래서만 서로에게 해롭거나 유익한 영향을 끼친다. 그러므로 사람과 영(靈)은 하나의 환경을 공유한다. 그들은 어떤 내적인 연관도 없이 홀로 존재한다. 특정 조건이 충족되면 영은 인간에게 해를 끼친다. 인간도 마찬가지다. … 요점은 이런 관계는 그 총합이 우주를 이루는 개별적인 현상 사이에 있는 일시적이고 반복적이며 영속적인 만남이라는 것이다.93)

---

91) Paul U. Unschuld(1985), 56.
92) Paul U. Unschuld(1985), 60.
93) Paul U. Unschuld(1985), 6.

그런데 이런 관계, ②는 분명 중국적이기 보다는 서구적이고 종합적이기보다는 분석적이다. 그럼에도 불구하고 운슐트는 이 구분을 견지하려는 뜻을 보인다.

비록 중국의 세계관이 체계적 상응이론인 음양오행 이론에 의해 특징지워진다고 해도, 중국의 문헌들 속에서 상응하지 않는 현상들 사이의 인과관계 패러다임도 마찬가지로 나타난다는 점이 간과되어서는 안 된다.[94]

그는 ②를 다시 초자연적 현상의 관여에 의한 것과 자연적 현상의 영향에 의한 인과관계로 나눈다. 그리고 각각을 다시 세분한다. 이상의 내용을 도표로 나타내면 다음과 같다.

운슐트의 상응론

불변하는 한의학적 패러다임의 핵심				
상응하는 현상들 사이의 인과관계		상응하지 않는 현상들 사이의 인과관계		
마술적 상응		체계적 상응		초자연적 현상으로 인한 인과관계	자연현상의 영향을 통한 인과관계
접촉률	상사율	음양	오행	조상, 정령, 신, 초현상적인 법칙	음식, 공기와 바람, 눈과 습기, 한열, 정미한 물질의 영향, 기생충이나 박테리아 등

운슐트의 논의는 확실히 상관적 사유, 그 중에서도 그라네로부터 레비스트로스 그리고 그레이엄으로 이어지는 구조주의 상관적 사유에서 영향을 받은 것으로 보인다. 그가 음양을 언급하면서 상관적 사유를 기초한 마르셀 그라네를 인용하고 있다는 점과 구조주의 상관적 사유의 흐름에서 포

---

94) Paul U. Unschuld(1985), 7.

착되는 프레이저의 구분, 즉 접촉률과 상사율의 구분을 받아들이고 있다는 점이 이런 추정을 지지한다.

그런데 운슐트는 한의학의 관념연합에 상응하지 않는 현상들 사이의 인과관계가 있다고 말함으로써, 한의학 내에서 상관적 사유가 적용되는 폭을 제한했다. 이상의 검토를 통해 확인할 수 있는 운슐트의 논의는 아래와 같이 요약할 수 있다. 먼저 운슐트는 한의학 패러다임으로 감응뿐 아니라 인과도 인정하고 있다. 둘째 그는 음양적 상응, 오행의 상응은 모두 상사율에 기반한 마술적 상응이 확장된 것으로 본다. 그러나 운슐트의 이런 해석에는 문제가 있다.

가장 중요한 문제는 '감응과 인과'의 '구분과 결합'에서 생기는 문제다. 감응하는 것들 사이의 인과적 관계라는 것이 무슨 뜻일까? 감응과 인과가 그냥 뒤섞일 수 있는 것일까? 감응의 인과라고 할 때, 감응은 특별한 관념연합인 인과와 대립되는 메타이론이고, 인과는 단순히 통속적인 비학문적 인과다. 본래 둘은 층위가 다르므로 함께 결합될 수 없다. 관계맺음은 세계관에 토대해서 일어난다. 인과관계는 실체론적 세계관에, 감응의 관계는 기론에 토대해서 발생한 특별한 관계지움의 방식이다. 통속적 인과를 감응과 함께 말한 것은 세계관에 대한 고민의 부재를 증명한다. 운슐트는 동양의 세계관을 이해하지 못했고 관계맺음이 세계관에 토대한다는 점을 숙고하지 않았다고 말하지 않을 수 없다.

그는 공기와 바람, 눈과 습기, 한열, 정미한 물질의 영향, 기생충이나 박테리아와 질병의 관계를 비상응적 관점으로 본다. 박테리아를 예거한 것은 이상하지만, 이런 관점이 불가능하지는 않다. 사기(邪氣)가 몸 안으로 들어오는 과정을 묘사한 대목은 존재론적 질병관으로 해석될 수도 있다. 바람과 습기 등이 질병을 초래한다는 경험적 사실을 배제할 필요는 없다. 그러나 이런 경험적 사실을 받아들였다고 해서, 한의학 이론의 일부가 인과적 사유라고 말할 수 있을까? 병인으로서의 습기를 생각해보자. 습기가 몸 안으로 들어와 설사와 같은 특정한 증상을 낳는다는 생각은 인과적으로 보인다. 그러나 그런 증상이 끈끈하고 잘 떨어지지 않는다고 하면서 습기와 유사하게 말하는 설명을 어떻게 이해해야 할까? 이 설명방식에서 습기는 상징으로 존재할 뿐이다. 통속적 인과와 이론으로서의 인과는 다른 문제다. 존재론적 설명처럼 보이는 것들도 싸운다는 유사성에 기해서 병법의 개념이 유비되었을 가능성도 높다. 즉 단순한 비유라고 해석하는 것이 보다 합리적이다.

한의학의 상응을 은유적 관계로 보면서 그 배후에 모종의 이론을 가정하는 것에도 문제가 있다. 운슐트는 상응을 설명하기 위해 상응하는 것들이 모종의 원칙을 공유한다고 말했다.

> 특정한 현상이 종속되는 어떤 변화도 같은 원칙을 공유하는 상응하는 현
> 상에 영향을 끼칠 것이다.[95]

공감의 토대로서 동일성, 즉 인용문의 '같은 원칙'을 상정하지 않을 수 없었던 것으로 보인다. 그러나 정말로 한의학이 혹은 더 나아가서 동양의 세계관에서 말하는 감응이 하나의 원리를 공유하는 현상들 사이의 관계일까? 앞서 보았듯이 니덤은 이런 원리의 존재를 부정했다. 이런 해석에는 중심을 향하는 근대적이고 서구적인 사고가 전제되어 있다. 운슐트 본인은 그의 해석에 서구적 관점이 전제되어 있는 것을 인식하지 못했을 수도 있다. 어쩌면 서구의 지성은 "부분이 전체와 동일화하지 않고 차이성을 가지면서 동시에 전체를 반영하는"[96] 즉 중심 없이도 공감하는 동양적 세계관을 이해할 수 없었던 것일지도 모른다.

이상 운슐트의 철학적 진술을 비판적으로 검토했는데, 상관적 사유를

---

95) Paul U. Unschuld(1985), 5.
96) 이성희, 『빈 중심의 아름다움 : 장자의 심미적 실재관』(한국학술정보, 2008), 83.

한의학의 기본적 사유방식으로 채용한 최초의 인물은 운슐트가 아니라 포커트였다. 시빈(Nathan Sivin)은 포커트의 책(*The Theoretical Foundations of Chinese Medicine*, 1974)을 서양의 한의학에 관한 연구물 중, 최초의 체계적인 학문적 성과라고 평가했다.[97] 포커트는 '상응의 체계'(Systems of Correspondence)라는 부제를 단 이 책의 서론에서 다음과 같이 말했다.

> 한의학은 다른 중국의 과학과 같이 감응적(Inductive)이고 종합적(Holistic)인 인지방식 위에서 정보를 정의한다. 감응(Inductivity)은 동시에 다른 곳에 존재하는 것들 간의 논리적 연결에 대응한다. (역으로 인과성은 한 공간에서 다른 시간대에 존재했던 서로 영향관계에 있던 것들 사이의 논리적 관계다.) 즉 공간상에 흩어져 있지만 같은 시간대에 있던 것과 상호 감응하고 … 그러므로 감응효과(Inductive Effects)라고 불린다.[98]

즉 그에게 감응은 동시적인 것이고 이런 동시적 관계가 문화적 요인에 의해 체계화된 것이 바로 음양오행이다. 그의 이런 관점은 그 자신이 말하고 있듯이 칼 융과 니덤에서 영향을 받은 것이다.

---

97) Manfred Porkert, *The Theoretical Foundation of Chinese Medicine : Systems of Correspondence* (MIT Press, 1974), viii.

98) Manfred Porkert(1974), 1. 감응의 일반적 번역어는 resonance다. 그레이엄은 spontaneous라는 표현을 사용하기도 했는데, 이 표현도 감응의 번역어로 추천할 만하다. resonance는 일종의 공명현상을 나타내고, spontaneous는 절대적 법칙에 종속되지 않는 능동적 발현을 드러내기 때문에, 감응의 특정한 측면을 드러내는 데 부족함이 없다. 포커트가 inductive라는 표현을 사용하게 된 이유는 알 수 없다. 주지하듯이 이 단어는 전력의 유도를 나타낼 때도 사용되는데, 내 생각에는 어떤 힘의 전달이라는 의미를 전달하려고 했던 것으로 보인다. 그다지 문제가 있는 번역어는 아니라고 생각된다. 번역어 특히 이질적 문화권의 핵심적 어휘의 온전한 번역어를 찾는 것은 불가능할 것이다. 그럼에도 나는 감응의 번역어로 resonance를 추천한다. 감응의 대표적 현상이 공명이기 때문이다.

전기역학과 양자역학 이전의 서구 과학에서 감응의 관계는 점성술과 같은 원시과학에 국한되어 있었다. … 칼 융과 조셉 니덤은 중국의 사유방식에 있는 본질적 측면을 정의하는 데 중요한 공헌을 했다. 융은 중국적 사유의 기반을 구성하는 논리적 원칙을 지칭하기 위해 동시성이라는 개념을 만들어냈다. 니덤은 그가 상관적 사유(Correlative Thinking)라고 부르는 것이 모든 중국과학의 배후에 있다고 말했으며 그 기본적인 개념을 공명(Resonance)이라고 했다.[99]

나는 감응론이 음양오행의 기반이 되었다는 포커트의 주장에 동의한다. 그러나 그것을 동시성으로 규정하는 것에 대해서는 의견을 달리한다. 감응을 동시성으로 해석하는 배후에는 선후로 연결된 관념의 연합이라는 인과에 대한 지나친 집착이 있지 않을까? 감응은 동시적인 연관만을 말하지 않는다. 예를 들어, 동중서는 "말이 울면 말이 응답하고 소가 울면 소가 응답한다"[100]와 같은 시간의 흐름을 전제하는 현상을 감응의 예로 든다. 그런데 이런 감응은 A라는 소가 울자 B라는 소가 따라 운다라고 함으로써 시간의 선후를 전제한다. 그러므로 상관적 사유가 감응의 번역어라면 (앞의 논의를 통해서 보자면 그래야 할 것으로 생각되는데) 동시성은 감응의 적절한 번역어가 아니다.

상관적 사유는 중국을 포함하는 전근대 문화권에서는 인과와 다른 관념연합이 쓰였다는 사실을 명확하게 드러냈고, 중국문화를 이해하기 위해서는 다른 메타이론이 필요하다는 점을 상기시켰다. 그러나 한의학을 포함하는 동양문화를 정교하게 해석해내지는 못했다. 앞으로는 더 정교한 이론으로 발전할 수 있을까?

나는 그것이 불가능하지는 않지만 상관적 사유를 한의학을 포함하는 중

---

99) Manfred Porkert(1974), 1-2.
100) 『春秋繁露』「同類相動」: 如馬鳴則馬應之, 牛鳴則牛應之.

국문화를 읽어내는 메타이론으로 사용하는 것이 효과적이지 않다고 생각한다. 상관적 사유는 지나치게 범위가 넓은데다 서구적 시선으로 중국문화를 재단하는 문제점이 있기 때문이다. 내재적 개념을 추출해서 메타이론을 재구성해내는 방식이 보다 유효하고 적실할 것이다.

어떤 식으로든 다른 관점을 인식하지 못하면 나를 메타적으로 사유하지 못한다는 자명한 사실을 상기해보라. 메타이론을 구성하기 위해서는 밖으로 나와야 하고, 밖에서 세계를 바라보기 위해서는 타자의 시선이 전제되어야 한다. 나를 바라보는 메타적 시선에서 타자의 시선을 떼어내는 것은 불가능하므로, 나를 메타적으로 고찰하기 위해서는, 서양의 세계관에 대한 이해가 필요하다. 다음 절에서 다룰 서양의학의 세계관은 동양을 이해하기 위해서 거쳐야 하는 일종의 과정적 논의다.

3. 서양의학의 세계관 : 전근대의학과 근대의학의 구분은 가능한가?

한의학을 비롯한 동양과학의 세계관을 철학적으로 고찰하기 위해, 서양의 세계관을 검토할 때는 미리 해결해 두어야 할 문제가 있다. 전근대의학과 근대의학의 구분에 관한 문제가 그것이다. 한의학의 외양이 바뀌었을지라도, 근대 한의학이라는 말은 성립하지 않는다. 한의학의 세계관을 탐색하기 위해 서양의학을 고찰한다는 것은 비교를 의미한다. 전근대 서양의학과 근대 서양의학이 하나의 의학이라면, 비교 대상을 고민할 필요가 없다. 전근대의학의 세계관과 근대의학의 세계관이 단절적이라면, 근대 서양의학과 비교해야 할 것이다. 이 경우에는 전근대 시기 동서양의학의 세계관은 크게 다르지 않다고 가정되어야 한다.

① 전근대의학과 근대의학의 세계관은 동일하다.─전근대 및 근대의학 모두와 비교가능.

② 전근대의학과 근대의학의 세계관은 다르다.─근대의학의 세계관과 비교.

전근대 서양의학과 근대 서양의학의 구분이 불가능하지는 않다.

> 해부학은 인체의 구조를 연구하는 학문이다. 해부학은 오늘날 의학의 핵심 분야로 인정받고 있지만, 전에는 질병에 관한 구조적인 설명보다는 기능적인 설명이 훨씬 중요하게 여겨졌다.[101]

인용문에서는 전근대의학과 근대의학을 기능과 구조라는 구도에 따라 구분할 수 있다고 말하고 있다. 근대의학은 전근대의학의 토대를 이뤘던 4체액설을 폐기했다. 4체액설의 소거(消去)는 질병을 바라보는 관점의 변화를 함축한다. 의학의 전개라는 맥락에서 보자면, 전근대의학과 근대의학의 경계선은 분명해 보인다. 그러나 철학적 층위에서도 그렇다고 할 수 있을까? 이 절에서는 한의학의 세계관을 탐색하기 위한 예비 단계로서 서양의학의 연속성을 세계관의 토대 위에서 검토할 것이다.

철학 이전에 신화가 있었다는 말에는 철학과 신화의 구분이 전제되어 있다. 그러나 역사의 현장에서 신화와 철학을 정확히 나누는 것은 두 가지 이유로 불가능하다. 먼저 신화와 철학은 한동안 엉켜 있었다. 둘째, 어떤 측면에서 철학은 신화를 계승했다. 그럼에도 불구하고 신화와 철학을 어설프게나마 나누는 것이 일반적이다. 이론은 현실에서는 불가능한 것을 가능하게 만든다. 기원전 6세기에 현재는 밀레토스학파라고 불리는 사람들이 이전과는 약간 다른 자세를 취하면서 특별한 질문을 던졌다. 그들은 자연의 변화를 신의 기쁨이나 노여움과 같은 기분에서 떼어냈다. 신의 뜻과 감정에 따라 변하는 것이라는 설명을 거부하고, 비판적 논증의 방식을 구성해

---

101) Jacalyn Duffin, 신좌섭 역, 『의학의 역사』(사이언스북스, 2006), 25.

냈다.

1) 서구의 지적 경향성과 세계관의 탄생

아리스토텔레스는 이들에 대해 다음과 같이 말했다.

존재하는 모든 사물의 원초적 근원―즉 어떤 사물이 최초에 그것으로부
터 생성되었다가 최후에 그것으로 파괴되는, 따라서 그 성질은 계속 변화하
지만 변화하는 가운데서도 지속되는 실체―을 가리켜, (최초의 철학자들은)
존재하는 만물의 원소이자 제1원리라고 부른다. 이렇듯 어떤 본성은 언제나
보존되고 있다는 근거를 들어, 그들은 절대적 생성과 절대적 사멸은 있을 수
없다고 생각했다.[102]

아리스토텔레스와 다른 견해도 가능하다. 최초의 철학자들은 다양한 문
제에 관심을 보였다. 아리스토텔레스의 평가에 아리스토텔레스 자신의 고
민과 생각이 들어 있다는 것은 부정할 수 없는 사실이다. 불변하는 것이 무
엇인가라는 질문이 중심에 있었다는 말은 의심해 볼 만하다. 린드버그
(David Charles Lindberg)는 이 점을 의심하지 않는 듯이 보이지만, 로이드
(G.E.R. Lloyd)의 생각은 달라 보인다.[103] 내 생각에는 이들이 모든 것의 근
원에 관해 고민했다고 말하는 것이 더 적합해 보인다. 무엇이 시원(始原)인
가에 대한 대답은 모두 달랐는데, 로이드는 이 질문에 대한 대답이 변해가
는 모습에서 사상사적 발전을 찾아냈다.[104]

---

102) David Charles Lindberg, 이종흡 역, 『서양과학의 기원들』(나남, 2009), 63.
103) David Charles Lindberg(2009), 63 ; G. E. R. Lloyd, 이광래 역, 『그리스 과학사상사』(지
    성의 샘, 1996), 34-43.
104) G. E. R. Lloyd(1996), 42.

탈레스는 물이 모든 변화의 배후에 있는 근원자라고 답했지만, 물이 어떻게 이 책상 위의 물건들로 바뀔 수 있는지에 대해서는 말하지 않았다. 지금 보면 답답한 일일 수 있다. 그러나 제기되지 않았던 질문을 던지기 위해서는 위태로운 지적 모험을 감행할 수 있어야 한다. 현재의 상식을 깨는 질문을 제기해보라. 누가 갈레노스의 해부가 잘못되었을 가능성을 제기할 수 있었을까? 전통의 근저를 허무는 질문을 제기하는 이는 새로운 시대를 열어젖히는 개척자다. 아낙시만드로스는 최초의 것은 정해지지 않은 것이라고 말했다. 그는 물이나 불과 같이 구체적 속성을 지닌 것이 불이나 물과 같이 다른 속성을 지닌 것으로 바뀐다고 주장할 때의 문제점을 알고 있었던 것으로 보인다.[105]

아낙시메네스는 공기의 농축과 희박에 의해서 사물이 만들어진다고 주장했다. "비가 내리는 것은 어떻게 해서 공기가 농축되어 물이 되고, 이어서 물이 농축되어 고체와 얼음이 되는지를 나타내는 예다. 반대로 공기는 물이 증발하거나 끓을 때 희박화에 의해 물에서 만들어진다."[106] 아낙시메네스는 탈레스가 제기하지 않았던 어떻게 최초의 것에서 사물이 나오는가라는 질문에 구체적으로 답했다. 불확정적인 것에서 나왔다는 아낙시만드로스의 대답이 일종의 회피였다면, 아낙시메네스의 설명은 더 발전한 것이라고 볼 수 있다.

기원전 5세기가 되자 변화가 중요한 철학적 문제로 대두했다. 헤라클레이토스와 파르메니데스는 이 문제에 관해 상반된 의견을 개진했다. 통속적으로는 헤라클레이토스가 세상의 무한한 변화를 주장했다고 하는데, 나는 그 주장의 강도를 정확히 알지 못한다. 어쨌든 헤라클레이토스가 주장했다고 말해지는 세상의 끝없는 변화는 경험에 부합한다. 파르메니데스는 비상식적인 주장을 했다. 그는 세상의 정지를 주장했다. 파르메니데스는 생성

---

105) G. E. R. Lloyd(1996), 39-40.
106) G. E. R. Lloyd(1996), 42.

소멸이나 모든 종류의 변화가 예외 없이 불가능하다고 주장했다. 그것은 이성의 경험에 대한, 그리고 존재의 변화에 대한 일방적이고 폭력적인 선언이었다.

파르메니데스의 신봉자들—소위 엘레아학파인 엘레아의 제논이나 사모스섬의 멜리소스—은 그의 입장을 진심으로 받아들여 논증을 다(多)와 변화에 대한 생각을 반박하는 것에까지 한층 더 발전시켰다.[107]

기원전5세기 말의 서양 철학사는 파르메니데스를 지지하는 이들과 그의 결론에 반대하는 사람들 사이에 벌어진 논쟁으로 특징지워진다. 파르메니데스가 논쟁의 중심에 있었다. 심지어 파르메니데스를 반대하는 이들조차 파르메니데스로부터 시작했다. "예를 들어 아크라가스의 엠페도크레스나 크라조메나이의 아낙사고라스는 모두 아무것도 없는 것에서는 무엇도 생성될 수 없다는 파르메니데스의 말을 시인했다."[108] 변화의 존재를 인정하고 설명하기 위해 제안된 주장조차도 시작으로서의 불변을 가정했던 셈이다.

제논은 파르메니데스의 주장을 관철시키기 위해 네 가지의 유명한 역설을 만들었다. 가장 단순한 역설은 이등분의 파라독스다. 이 논증에 따르면 운동은 불가능하다. 왜냐하면 운동은 반드시 한 점에서 다른 점으로 이동해야 하는데, 그렇게 하려면 두 점 사이의 가운데를 지나야 하고, 또 그렇게 하려면 가운데의 가운데를 지나야 하기 때문이다. 운동을 통해서는 도달하고자 하는 어떤 곳에도 이를 수가 없다! 이 논증은 공간이 무한히 분할 가능하다는 가정 위에 서 있다.

두 번째는 아킬레스의 파라독스다. 이 논증의 요지는 거북이와 경주할

---

107) G.E.R. Lloyd(1996), 63.
108) G.E.R. Lloyd(1996), 63.

때 뒤쳐져 있는 아킬레스는 영영 거북이를 따라잡지 못한다는 것이다. 아킬레스가 거북이가 출발한 지점에 도달하면, 거북이는 얼마라도 더 앞서 있을 것이고, 아킬레스가 거북이가 있었던 곳에 도달했을 때, 거리는 더 좁혀졌겠지만 여전히 거북이는 약간의 약간이나마 앞에 있을 것이기 때문이다. 이 논증은 시간이 무한히 분할될 수 있다는 가정 위에 서 있다.

세 번째는 화살의 파라독스이고, 네 번째는 경기장의 역설이다. 홀(David Hall)은 제논의 역설 중 화살의 역설을 기록하고 있는 초기 희랍 기록 중 하나를 소개했다.

> 제논은 다음과 같이 논증한다. 움직이는 물체는 그것이 있는 장소에서 움직이거나 아니면 그것이 있지 않은 장소에서 움직인다. 그리고 그 물체는 그것이 있는 장소에서도 움직이지 않고 (각각의 현재의 순간에 그것은 자신과 동일한 장소에서 정지해 있기 때문이다.) 그것이 있지 않은 장소에서도 움직이지 않는다. 그러므로 어떤 것도 운동하지 않는다.[109]

이 논증은 제논의 역설을 풀어 쓴 것으로 그 요지는 다음과 같다. 시간은 과거와 현재 그리고 미래로 나눌 수 있다. 과거와 현재에 화살은 없다. 그러므로 그곳에서 화살은 움직이고 있지 않고, 현재 화살이 있는 곳에서도 화살은 정지되어 있다. 그러므로 화살은 움직이지 않는다. 그러나 상식적으로 생각해보라. 화살은 움직인다! 어째서 이런 비상식적 결론에 이른 것일까. 이 역설의 배후에서 다음과 같은 가정을 찾아낼 수 있다.

이 역설은 '화살'과 '날아감'의 분리를 전제하고 있다. 즉 '날아가는 화살'에서 '날아감'이라는 현상(appearance)을 떼어내고 '화살'이라는 실체(sub-stance)를 남겨 둔 것이다. 이런 분리는 존재에 대한 서양인들의 관습적 사고다. 엘레아학파에 속하는 제논은 위 역설을 통해 "다수성과 운동은

---

109) David L. Hall & Roger T. Ames, *Anticipating China*(New York University Press, 1995), 27.

없고, 오직 정지해 있는 한 가지 존재만 있다고 하는, 파르메니데스의 학설을 기초지으려고 했다."[110] 우리는 이 가정에서 각 시점에 정지되어 있는 화살을 확인할 수 있다. 이 화살은 현상의 배후에 있는 불변의 실체에 다름 아니다.

이 역설을 마주한 사람들은 특정 시점에 정지되어 있는 화살의 이미지를 떠올린다. 그리고 다음 시점에 정지되어 있는 화살을 떠올린다. 그들은 정지되어 있는 화살이 경험되는 일상의 화살인 것처럼 생각한다. 그러나 화살의 역설에서 전제한 '화살'은 경험되는 화살이 아니다. 우리는 날아감이나 색깔 등의 현상을 경험함으로써 화살을 파지한다. 그런데 앞서 말한 것처럼 위 역설 속의 화살은 경험되는 현상에서 분리되어 있다. 현상에서 완전히 벗어난 화살은 경험되는 실제의 화살이 아니다. 파르메니데스는 세상의 불변을 주장하기 위해서 실제로는 존재하지도 않는 존재를 가정한 셈이다.

종종 이론 자체의 완결성을 위해, 이론의 빈자리를 순수 개념적 존재로 채워 넣을 필요가 있다. 어쨌거나 선택지는 둘밖에 없었다. 세상은 변화하거나 정지되어 있다. 서양의 지성사는 정지되어 있는 세계상을 선호했다. 정물화처럼 고정된 것이 세계의 첫 번째 모습이었고, 변화는 정지에 토대해서 설명되어야 했다. 그건 주어를 중시하는 언어 문화권에서 주로 선택하는 설명방식이다. 서양의 실체론적 세계관은 정지에 토대해서 변화를 설명하는 세계관이다. 루크레티우스의 시에는 실체론적 세계관이 상징적으로 묘사되어 있다.

독립적으로 존재하는 모든 자연은
두 가지에서 온다. 물체와 허공에서
물체는 허공 속에서 그 속에서 운동하고 움직인다.[111]

---

110) Johannes Hirschberger, 강성위 역, 『서양철학사(上)』(이문출판사, 1992), 75.

이 시에서 전제하는 "우주 모델은 다음과 같은 인식을 낳는다. (1) 실체와 허공은 분리되어 있으며, 그 둘 사이에는 내재적 연관이 없다. 허공은 다만 공간적 장소일 뿐이며, 실체만이 유일하게 중요하다. 그것은 공간을 점거하며, 그 공간 속에서 생존하고 활동하며 확장하고 추구한다. (2) 실체가 중요하다. 즉 서구인은 실체와 허공이 하나로 융합된 우주 속에서 실체만을 중시한다."112) 허공 속에서 실체가 춤추는 세계상, 이것이 서구의 세계관을 대표한다.

그것이 반드시 실체라고 불리지는 않았다. 그러나 로고스, 본질, 형상, 설계도의 어떤 것이라 해도, 생각의 방향은 동일했다. 플라톤의 이데아론은 이런 생각의 철학적 구현이었다. 그리스 문화에 뿌리박은 서구의 사상사는 로고스 중심주의의 역사였다.

> 로고스란 영원불변의 초월적 실재를 의미한다. 유동해서 멈추지 않는 경험 세계, 현상계에 있는 사물의 배후에서, 이것을 초월해서 존재하는 불변 부동의 형이상학적 실재자를 상정하는 것이다. … 이 전통은 중세, 근세를 통해 유럽 사상사를 지배하며, 현대의 후설에까지 이른다.113)

어떤 측면에서 서양사상사는 변화를 만들어내지만 그 자신은 불변한 채 지속되는 '존재'를 향한 탐색이기도 했다. 그것은 불안한 현상에 만족하지 못한 채, 명증성을 추구하는 서구 지성의 경향이 반영된 것이었다.

---

111) 張法, 유중하 외 역, 『동양과 서양 그리고 미학』(푸른숲, 1999), 42.
112) 張法(1999), 42.
113) 井筒俊彦, 이종철 역, 『의미의 깊이』(민음사, 2004), 92.

2) 철학에서 의학으로

철학 이전에 신화가 있었던 것처럼 의학의 등장 이전에는 신전 의학이
라는 것이 있었다.

일찍이 호메로스는 아스클레피오스를 위대한 내과의사라고 언급했다. 이
후로 그는 신의 반열에 올랐으며 4세기와 3세기에는 민간 치료 의식의 초점
으로 자리잡았다. 그리하여 아스클레피오스 신전들이 속속 들어섰는데, 오
늘날 확인된 터만 해도 수백여 곳에 달한다. 환자들은 그곳으로 무리지어 몰
려들었을 것이다. 치료 과정에서 가장 중요한 것은 환상이나 꿈이었다. 환자
가 특별한 기도소에서 빌다가 잠든 사이에 꿈이나 환상을 통해 치료되는 것
으로 가정되었다. 꿈꾸는 동안 치료될 수도 있었지만 꿈에서 얻은 요법을 따
름으로써 치료될 수도 있었다.[114]

최초의 의학자들은 철학자들의 문제의식과 자세를 받아들였다. 자연철
학자들의 사유방식에서 의학에 이르는 과정에 관해 생각해보라.

자연철학자들은 주로 이 우주는 무엇으로 이루어졌는가에 관심을 가졌다.
그들은 우주를 이루는 근원적인 요소를 탐구하고 이 요소들에 근거해서 자
연의 온갖 현상을 설명하고자 했다. 그런데 우주의 구성 요소는 곧 인체의 구
성 요소이기도 하다. 그러니까 우주의 구성 요소를 알면 인체의 구성 요소도
아는 셈이고, 인체의 구성 요소를 알면 이 요소들로 질병이나 건강뿐 아니라
인체와 관련된 온갖 현상을 설명할 수 있다는 것이 자연철학자들의 견해였
다.[115]

---

114) David Charles Lindberg(2009), 195-196.
115) 이기백, 「고대 헬라스에서의 철학과 의학의 관계」, 『의사학』 14(2005), 37-38.

실체론적 세계관을 구성해냈던 사유경향은 의학의 토양이기도 했다. 히 포크라테스의 논문집은 서양에 등장한 최초의 합리적 의학을 대표한다. 히 포크라테스 논문집은 잡박(雜駁)한, 때로는 서로 모순되어 보이는 논문이 함께 실려 있다는 점에서 『황제내경』과 유사하다. 각 논문은 쓰여진 연대 나 문체마저 다르다. 동서양의학의 초석을 이루는 두 문헌은 단일한 저작 이 아니었지만, 그 속에는 주류가 있었다.

히포크라테스 전집에는 「인간의 본질에 관하여」라는 논문이 실려 있는 데, 그곳의 글은 자연철학자들의 생각과 완전히 부합한다. "인체는 안에 피 와 점액과 황담즙 및 흑담즙을 지니고 있으며 이것들이 인체의 본질 (physis)이고 이것들을 통해 인간은 고통을 겪고 건강을 누린다."[116] 이처 럼 현상보다는 그 배후의 본질에 관심을 기울이는 의학의 세계관은 정지를 우선시하는 태도와 부합한다.

이런 사유는 서양의학사를 관통하며 흘러갔다. 그건 서양 세계관의 핵 심이자 서양의학의 본질적 경향이었다. 그런 사유의 경향이 누적된 해부경 험 그리고 발전된 기술과 결합하는 지점에서 모르가니(Giovanni Battista Morgagni, 1682-1771)의 병리해부학이 탄생했다. 모르가니는 『해부학 연구 에 바탕을 둔 질병의 원인과 발병 장소에 관하여(The Seats and Causes of Diseases Investigated by Anatomy, 1769)』에서 "임상가들이 쉽게 활용할 수 있게 질병별 색인과 병소별 색인을 따로 붙여, 질병을 알면 병소를 찾고 병소를 알면 질병을 찾을 수 있게 했다."[117] 모르가니의 병리해부학을 근대의학의 기점으로 보는 관점의 배후에는 전근대의학과 근대의학의 구분이 있다.

모르가니는 환자가 살아 있을 때의 임상 소견과 사후 해부를 통해 알아 낸 부검 소견을 대응시켰다. 약 700개의 임상 예에서 병을 앓다가 죽은 이 를 부검함으로써 병의 원인을 찾으려 했다. 이 사실이 의미하는 것은 분명

---

116) 이기백(2005), 39에서 재인용.

117) Jacalyn Duffin(2006), 117.

하다. 증상의 원인을 몸의 안쪽에 있는 물리적 구조물에서 찾은 것이다. 그건 분명히 획기적인 일이었고, 새로운 시대의 서막을 알리는 신호라고 해석될 수 있다. 그러나 철학적 층위에서 보자면 모르가니가 한 일은 오랫동안 흘러왔던 지적 경향성과 그런 경향성이 만들어낸 세계관을 의학적으로 구현한 것에 불과하다. 전근대의학과 근대의학을 나누는 결정적 요인으로 말해지는 해부의 역사를 개관하면 이 점을 확인할 수 있다.

현대인에게는 해부의 목적이 선명해 보일 것이다. 해부는 치료를 위한 것이다. 공식적인 중국 사서에 나오는 유일한 해부 기록에서도 이 점을 선언하고 있다.

적의의 무리인 왕손경이 체포되었다. 왕망은 태의와 상방 및 백정으로 하여금 그를 해부하도록 했다. 그들은 공손경을 해부해서 오장의 무게와 길이를 측량하고 대꼬챙이를 혈맥 안에 넣어, 혈맥의 시작점과 종점을 알아냈다. 그리고는 이런 방식으로 병을 치료할 수 있다고 말했다.[118]

그러나 마취제가 없던 시절이라면, 이런 생각은 부분적으로만 유효하다. 복부 수술이 행해지고 있지 않던 시절에 내장을 관찰하는 것은 불필요하다. 단순한 골절 치료 등을 위한 지식은 일상의 경험, 예를 들면 부상이나 동물의 해체를 통해서도 알 수 있었을 것이다. 그러므로 고대의 해부를 설명하기 위해서는 무언가 특별한 이유가 필요하다.

서양에서는 동물 해부이기는 하지만, 이미 아리스토텔레스에게서 해부에 관한 최초의 광범위하고 체계적인 증거가 보인다. "『동물의 역사(History of Animals)』에는 오백 종이 넘는 동물들이 언급되었으며, 그 중 많은 동물의 구조와 행태가 상세하게 기술되었다. 정교한 해부에 기초한 기술도 자

---

118) 『漢書』「王莽傳」: 翟義党王孫慶捕得, 莽使太醫尚方與巧屠共剖剝之, 量度五藏, 以竹筳導其脈, 知所終始, 雲可以治病.

주 등장한다."119) 의사가 아닌 철학자가 해부를 한 목적은 무엇이었을까? 로이드는 아리스토텔레스가 해부를 행한 목적은 형상인과 목적인을 찾기 위한 것이었다고 주장했다.120) 아리스토텔레스에게 해부의 목적은 치료가 아니었다. 그렇다면 해부의 목적은 무엇이었을까?

알렉산드리아기에 사체 해부와 생체 해부가 모두 행해졌음을 증명하는 다수의 증거가 있다. 그러나 이곳에서 행해진 해부에 관한 일차 진술은 전해지지 않는데다가, 해부를 행한 이들도 의사라기보다는 철학자였다. 기원전 2세기에는 오직 알렉산드리아에서만 해부가 행해졌던 것으로 보인다. 갈레노스의 해부에 대한 열망은 너무나 선명하다. 그는 해부가 허락되지 않던 시기에도, 집요하게 몸의 안쪽을 들여다보려 했다. "나는 파헤쳐진 묘에서 아주 여러 번 뼈를 본 경험이 있다. 강물이 범람해서 몇 달 전에 성의 없이 조성해둔 묘소를 쓸어가 시체를 하류로 옮겨놓았을 때 … 그러나 이런 방법으로도 뼈를 볼 수 없으면 원숭이를 해부해서 그 뼈를 상세히 조사하라."121) 갈레노스는 심지어 알렉산드리아로의 여행을 권하기도 했다.

> 단지 책에서만 모든 뼈의 정확한 형태를 배워야 할 뿐 아니라, 너 자신의 눈으로 열정적으로 사람들의 뼈를 보는 것은 과제이자 노력이 되어야 한다. 그건 알렉산드리아에선 쉬운 일이다. 알렉산드리아 의사들은 검시의 도움을 받아 학생들을 가리키기 때문이다. 그러므로 다른 이유가 없다면, 알렉산드리아에 가야 한다.122)

119) David Charles Lindberg(2009), 116.
120) G.E.R. Lloyd, *Methods and Problems in Greek Science*(Cambridge University Press, 1991), 164.
121) Ludwig Edelstein, C. Lilian Temkin trans., *Ancient Medicine*(Johns Hopkins University Press, 1987), 257-8.
122) Ludwig Edelstein(1987), 250.

그런데 어떻게 보면, 이런 해부에 대한 열망은 참으로 이상하다. 그리스 그리고 갈레노스의 시대에는 마취약이나 소독약이 없었다. 마취약이 없었다면, 소수의 외과 치료를 위한 목적 외에 해부를 필요로 하는 경우는 없었을 것이다. 그런 작은 외과 치료를 위한 지식이 굳이 해부를 통해서 얻어져야 할 필요는 없었다. 그것도 생체해부를 통해서 얻어져야 할 필요는 없다. 더군다나 히포크라테스와 갈레노스의 병리학이 4체액설의 불균형에 토대했다는 점도 해부의 필요성을 줄여준다. 병든 장기를 치료하는 방식이 아니라 체액의 불균형을 바로잡는 치료법에서는 해부가 불필요하다. 다음의 사실을 상기해 보라. 역설적이게도 해부와는 거리가 멀었던 중국에서, 화타(華陀, 145-208)라는 전설적인 의사는 마비산(麻沸散)이라는 마취약을 사용했다. 이 점을 고려할 때, 서양에서 해부가 광범위하게 지속적으로 행해졌다는 사실은 더욱 특이하게 여겨진다.[123]

만약 질병이 몸 안의 침구나 약으로 미칠 수 없는 곳에 생기면 먼저 술과 함께 마비산을 먹게 하였다. 취하여 감각이 없을 때에 배와 등을 째고 몸에 쌓인 덩어리를 잘라냈다. 장위에 있으면 깨끗이 씻어서 더러운 것을 제거했다. 봉합한 후에는 신고를 발랐다. 사오일 지나면 상처가 나았고 1개월 정도 지나면 회복할 수 있었다.[124]

마비산뿐 아니라 수술로 인한 상처를 치료하기 위한 연고도 사용했다고 기록되어 있다. 서술방식의 구체성은 위 내용이 사실일 가능성을 높여준다. 당시의 서양의학과는 비교가 불가능할 정도로 수준 높은 수술이 행해

---

123) 麻에는 실제 마취 효능이 있다. 이 사실은 마비산과 화타 의술의 신뢰성을 높여준다.

124) 『後漢書』「方術列傳」: 若疾發結于內, 針藥所不能及者, 內令先以酒服麻沸散, 旣醉無所覺, 因剖破腹背, 抽割積聚, 若在腸胃, 則斷截湔洗, 除去疾穢, 旣而縫合, 敷以神膏, 四五日瘡愈, 一月之間乃平復矣.

지고 있었음에도 중국에서는 해부학이 발달하지 않았다. 그러므로 치료는 전근대 시기 특히 고대 서양에서 행해진 해부의 적절한 동기가 될 수 없다. 진단에 필요한 지식을 얻기 위해 해부했을 가능성이 있을까?

진단은 치료를 위한 수단으로서의 목적이다. 전한 초기에 활동했던 순우의(淳于意)라는 저명한 의사는 25개의 의안을 남겼다. 그런데 25개의 의안 가운데 15개의 예에서만 치료를 행하고 있다. 10개는 단순한 진단만의 기록이다. 치료에 착수해야 하는가 말아야 하는가를 결정하는 것이 심각한 의미를 지녔던 고대 의학에서 진단은 지금보다 더 중요한 의미를 지닌 의료 행위였다. 마왕퇴에서 발굴된 『음양맥사후(陰陽脈死候)』라는 문헌의 존재를 상기하라. 이 글에서는 죽음의 징후를 맥에서 찾고 있다. 제일 앞 구절만 인용해 보자.

무릇 삼양은 천기로, 그 병은 오직 뼈가 부러지고 피부가 터지는 것만이 사망의 징후다. 무릇 삼음은 지기로, 사맥이다. 음병으로 맥이 어지러우면 열흘을 넘기지 못하고 죽는다. 삼음의 문제로 장(藏)과 장(腸)이 상하면 죽는다.[125]

독립된 서적이 있을 정도로 사증의 진단이 중시되었다. 표피의 누런색이 황담즙이 과다한 상황을 나타낸다고 믿었다면, 그리고 황담즙은 몸의 특정한 기관에서 나온다고 생각했다면, 그런 생각에 토대한 진단을 위해 해부가 요구되었을 가능성이 있다. 그러나 실질적인 치료를 배제하고 진단에서만, 그것도 진단의 일부에서만 의미를 지녔다면, 그런데도 해부가 저토록 견고하게 시행되었다면, 그리고 그리스와 로마에서 해부를 의학의 필수조건으로 여겼다면, 여기에는 무언가 불균형이 있다. 해부의 진정한 계

---

125) 『陰陽脈死候』: 凡三陽天氣也, 其病唯折骨裂膚一死. 凡三陰地氣也, 死脈也, 陰病而亂, 則不過十日而死. 三陰腐藏爛腸而主殺.

기는 무엇이었을까?

구리야마는 몸에 들어 있을 신의 설계도인 형상(form)을 확인하려는 노력이 해부를 촉발시켰다고 말했다.[126] 그의 설명은 그럴 듯해 보인다. 진리로서의 존재와 진리를 보는 눈은 엉켜 있다. 고대 서양인들은 꽃의 향과 생기(生氣)보다는 형태에서 존재를 찾았는데, 그곳에 진리가 있다고 생각했기 때문이다. 형태가 존재의 진실을 담보하고 있다면, 시선이 향할 곳은 살아 있는 몸이 아니라, 사체의 골격이 될 수밖에 없다.

의사학자들은 사람의 신체를 구체적으로 묘사하고 있는 호머의 시를 보면서 당시에 해부학이 존재했는가를 두고 다투지만, 나는 호머가 독자들의 관심을 끌만한 것을 묘사했다는 사실에 주목해야 한다고 생각한다. 고대 서양인들은 죽음이 드러내는 은밀한 골격에 관심이 있었다. 은밀하고 퇴폐적인 시선 때문이라는 해석은 저속하다. 골격은 신의 권위를 통해 보장되는 진리성을 담보했으므로 해부를 통해 보고자 하는 대상일 수 있었다. 그것은 신성한 신의 구조물이었다.

서양의 신체관이 영혼의 존재라는 문제와 밀접하게 관련되어 있다는 점도 놓쳐서는 안 된다. "서구의 역사를 관통하면서 영혼의 본질과 위치를 알아내려는 노력이 신체해부에 관한 생리적 탐색과 이론적 이해를 자극했다. 영혼을 찾고자 하는 노력이 사람의 생리적인, 특히 심혈관계와 신경에 관한 깊이 있는 앎을 재촉했다."[127] 최초의 동자(first mover)인 영혼을 찾고자 하는 노력이 영혼의 의지를 실현하는 뼈와 근육에 대한 관심을 불러일으켰을 가능성이 있다. 신의 설계도를 확인하고자 하는 열망과 영혼의 구현을 확인하고자 하는 노력 중 어떤 것이 해부의 주된 동기였는지를 판단하

---

126) Shigehisa Kuriyama, 정우진·권상옥 역, 『몸의 노래』(이음, 2013), 127.

127) Giuseppe Santoro et al., "The Anatomic Location of the Soul from the Heart, Through the Brain, to the Whole Body, and Beyond : A Juouney through Western History, Science and Philosophy," *Neurosurgery* 65 : 4(2009), 633.

기는 어렵다. 둘 사이에는 긴밀한 관련이 있어서 나누는 것이 불가능할 수도 있다. 그러나 이곳에서 이 문제를 깊이 다룰 필요는 없어 보인다. 나의 질문은 해부의 동기 그 자체에 관한 질문 즉 어느 부위를 보겠다는 것이 아니고, 몸을 열겠다는 그 생각이 왜 집요하게 지속되었는가 하는 점이다.

앞의 논의를 통해서 알 수 있듯이 치료는 '왜 열었는가?' 와 '왜 그것을 보았는가?' 라는 두 가지 질문 중 어떤 것에도 답을 주지 못한다. 고대 서양에서 해부를 주도한 이들은 철학자들이었다. 이 사실은 서양의 해부가 치료와는 본질적 관련이 없는 목적 아래 추진되었을 가능성을 강력하게 제기한다. 형상을 보고자 했다거나 영혼의 자리를 찾고자 했다는 대답은 '왜 그것을 보았는가?' 라는 질문의 답이 될 수 있을 뿐이다. 대상이 달랐음에도 불구하고 지속적으로 해부를 했다면, 보고자 한 대상이 해부의 진정한 원인일 수는 없다. 다시 물어보자. 본질적 관련이 없는데도 필수적이라고 말하게 하고, 해부라는 인류보편의 터부를 어기고 살아 있는 사람을 죽이면서까지 신체의 안을 들여다보게 만든 추동력은 무엇이었을까?

앞서 말했듯이 세계를 바라보는 눈은 변화와 정지를 보는 눈으로 대별될 수 있다. 정지를 보는 눈은 객관적인 지식을 추구하고, 변화를 보는 눈은 체험적이고 살아 있는 지식을 추구하는 경향이 있다. 나는 객관적인 지식을 추구하는 서양 지성의 경향이 정지를 중시하게 만들었고, 그런 경향성은 실체론적 세계관이라는 열매를 맺었으며, 의학에서는 몸을 들여다보려는 충동을 낳았으리라고 추정한다. 그렇다면 모르가니의 해부병리학이 고대 그리스 정신의 연장선상에 있다고 보지 않을 이유가 없고, 세계관의 층위에서 전근대의학과 근대의학의 구분은 의미가 없다는 생각을 받아들일 수 있을 것이다.

현대의학이 토대한 세계관의 핵심은 전근대 서양의학에도 있었다. 기술적 한계 때문에 제지당하고 있었을 뿐, 전근대 서양의학에도 구조를 향한 열망이 있었다. 명징성과 객관성을 추구하는 경향은 전근대 서양의학과 근대 서양의학을 관통한다. 그러므로 한의학의 세계관을 드러내기 위해 수단적으로 서양의학의 세계관을 논구할 때, 전근대와 근대라는 구분 앞에서 머뭇거릴 필요는 없다. 전근대 서양의학과 근대 서양의학은 모두 동일한 지적 경향성에 의해 구성된 서구적 세계관에 토대하고 있다. 정지를 보고 명징한 지식을 추구하는 서양 지성에 반해 동양인들은 변화를 보면서 살아 있는 지식을 추구했다. 그런 지적 경향성이 기론(氣論)이라는 세계관이 탄생한 배경이었다.

제2장

기(氣):감응의 세계관

동양의 자연관을 연구하는 학자들, 특히 동양과학을 연구하는 이들은 자연관에 대한 논의를 특정한 방향으로 몰고 가는 경향이 있다.

예를 들어, 시빈은 기(氣)를 그 속에서 온갖 것들이 발생하게 하는 것(what makes things happen in stuff), 온갖 것들이 일어나게 만드는 것(stuff that makes things happen), 그 안에서 온갖 일들이 발생하는 것(stuff in which things happen)이라고 정의했다. 그리고 기의 번역어로 (서양과학의 맥락과는 무관한) 일반적 의미에서의 활력(vitality)과 에너지를 제안했다.[1] 그가 내린 정의를 살펴보면 시빈이 제기했던 질문은 '변화가 어떻게 발생하는가?' 였음을 알 수 있다.

그러나 변화가 어떻게 일어나는가라는 질문은 정지를 우선시하는 세계에서 제기될 법한 질문이다. 정지에 우선권이 주어지지 않았던 동양에서는 위와 같은 질문이 제기되기 어렵다. 동양에서 변화는 당연했고 그로부터 질문이 제기되어야 한다는 의미에서 일차적이었다.

고대 중국인들이 주로 제기했던 질문은 '변화가 (발생적으로) 어떻게 일어나는가?' 가 아니라, '변화가 일어나는 양상은 어떠한가?'이었다. 발생론에 초점을 맞추는 것 자체가 서구적 시선의 반영일 수 있다. 기론은 오히려 '대상의 본질은 무엇인가?' 라는 질문에 대한 답으로 볼 수 있는 측면이 두드러진다.

그러나 동양의 세계관을 짊어진 채, 수천 년을 버텨온 기론의 외연은 광대하므로, 그 안에서 발생론을 찾아내는 것이 불가능하지 않다.

기론은 크게 기적 질서, 즉 변화의 패턴에 관한 논의와 우주발생론 그리고 대상의 본질에 접근하기 위한 이론의 셋으로 나눌 수 있다.

---

1) Nathan Sivin, *Traditional Medicine in Contemporary China*(University of Michigan, 1987), 47.

1) 변화에 관한 질문 :

① 개체는 어떻게 발생하는가?

　대답 : 기에 의한 우주발생론

② 변화의 양상은 어떠한가?

　대답 : 기의 패턴

2) 본질에 관한 질문 :

③ 대상의 본질에 어떻게 접근할 수 있는가?

　대답 : 기

①은 현대 서양학자들이 종종 제기하는 질문이지만, 동양에서는 많이 언급되지 않았던 것이다. 송대 성리학에서 강조된 측면이 있지만, 동양과 학의 기초이론이 성립된 전국말부터 한대까지는, 주로 이론을 위한 이론 즉 주장을 위한 근거로 사용되었을 뿐이다. 좀 더 과감하게 말하자면 이론 적 수사(修辭)와 유사한 역할을 했을 뿐이다. 발생론을 묻는 질문의 답변으 로는 장자의 기의 취산(聚散)에 관한 설명이 종종 원용되곤 하는데, 현대연 구자의 설명을 듣노라면 장자가 사물의 발생에 관해 말했을 것처럼 생각된 다. 그러나 장자는 자연관이 아니라, 수양을 통해 도달한 모종의 경지를 말 하고 있다.

②는 동양자연관의 핵심을 드러내는 질문 중 하나였지만, 기 자체가 아 니라 기의 질서에 관한 질문이다.

③은 그다지 주목되지 않았던 것인데, 이미 말했듯이 이것이 오히려 기 론의 핵심을 드러내는 질문이다.

함의는 분명하다. 기론에 대한 연구를 서양철학적 의미에서의 존재론에 맞춰서는 안 된다. 좀 더 정확히 그리고 과감히 말하자면 '살아있는' 존재 의 본질에 접근하는 통로는 무엇인가라는 질문이야 말로 기의 '위치와 특성'을 제대로 드러내는 질문이다.

이 장에서 제기할 질문은 다음의 세 가지다.

1) 기란 무엇인가?
2) 한의학의 몸은 어떻게 구성되었는가?
3) 기적 세계관의 주요 특징은 무엇인가?

1. 기란 무엇인가?

고대 중국의 주류 사유전통에서는 모든 현상을 기에 의거해서 설명했다. 심지어 맹자는 도덕적 자부심마저 기에 토대해서 설명했다. 호연지기는 "의를 모아서 생기는 것이다."[2] 맹자의 호연지기는 오랫동안 도덕적 행위를 함으로써 지니게 되는 자부심이다. 현대에 이르러 기는 많이 위축되었다. 그러나 "여전히 봄 기운이 완연하군!" "기가 막혀!" "기운이 깨끗한 사람이군!"과 같은 말에서 그 흔적을 발견할 수 있다. 고대 중국에서 기가 모든 현상을 설명하는 이론적 토대였다면, 기의 존재론적 위상은 어떠했을까? 기는 현상의 배후에서 현상을 만들어내는 모종의 덩어리였을까? 동양의 자연관을 연구해 온 야마다(山田慶兒)나 시빈(Nathan Sivin)은 동양에는 현상의 배후에 무엇인가를 가정하는 사유가 부재했거나 중심이 아니었다고 말한다.

과학적 사유는, 중국에서도 다른 곳에서와 마찬가지로, 어떻게 개개의 사물이 끝없이 변해가는 중에도 ⋯ 자연은 그 자체 정합적인 상태를 유지한 채

---

2) 『孟子』「公孫丑上」: 集義所生者.

남아 있을 수 있는지에 관한 것이었다. 서양에서는 불변하는 실체를 그로부터 모든 것이 만들어져 나오는 기본적 덩어리로 간주했다. 중국에서 … 가장 영향력 있는 과학적 설명은 시간을 기준으로 하는 것이었다.[3]

무엇을 실체라고 부르든 현상의 배후에 있는 견고한 부동의 존재, 즉 실체를 추구하는 것이 그리스(유럽)의 존재론이다 … 그에 대응하여 기와 그 유동의 패턴을 추구하는 것이, 중국 존재론의 과제였다.[4]

철학자들의 인식도 다르지 않다. 현상의 배후에 실체를 가정하는 것이 존재론이라면, 동양에는 존재론이 부재하다고 말해야 한다.[5] 분명 실체로서의 기라는 말은 성립불가능하다. 이런 점이 기에 관한 연구를 존재론적 층위가 아닌, 사상사적 탐색으로 몰아간 중요 원인이다.[6] 사상사적 시점에도 뚜렷한 편향이 있었다. 기의 사상사적 연구는 주로 자연관의 층위에서 논의되어 왔다. 그러나 앞에서 암시했듯이 이런 경향은 모종의 서구적 편향이다.

본질을 추구하는 철학적 사유는 세상을 이해하는 초석이고, 존재론이 추구하는 세계의 참모습은 그런 출발점이다. 존재론은 세상의 본질에 대한 대답이라고 규정할 수 있는데, 서양의 실체론적 세계관을 의미하는 존재론과 기론(氣論) 사이에는 상충되는 측면이 있기 때문에, 어떤 의미에서 기의 존재론적 탐색이라는 말은 성립불가능하다. 철학의 영역에서 기론의 자리를 확보하기 위해서는 존재에 도달하기 전에 던졌던 질문, 즉 본질에 관한 질문으로 물러나야 한다. 기론이 본질에 대한 답이었다는 앞의 가정을 받

---

3) Nathan Sivin, "Chinese Alchemy and the Manipulation of Time," *History of Science Society* 67(1976), 512-526.

4) 山田慶兒, 박성환 역, 『중국과학의 사상적 풍토』(전파과학사, 1994).

5) 김경수, 『서양철학 도가에게 길을 묻다』(문사철, 2011).

6) 대표적인 연구물로 小野澤精一 外, 전경진 역, 『기의 사상』(원광대학교출판국, 1993). 張立文 主編, 김교빈 외 역, 『기의 철학』(예문서원, 2004)을 들 수 있다.

아들여보자. 본질에 접근하는 통로로 개설된 기론의 핵심은 마음에 있었다. 기론을 제대로 탐색하기 위해서는 마음이라는 표지를 명확히 한 후에, 몇 가지 난점을 피해가기 위한 준비에 착수해야 한다.

기를 다룰 때 생기는 첫 번째 문제는 기의 개념이 지나치게 넓다는 것이다. 동양 사유전통의 주요 어휘들처럼 기도 다양한 의미로 사용되었다. 성리학의 기와 장자의 기, 동중서의 기와 『회남자』의 기, 도교의 기는 각각 다른 내포와 외연을 지닌다. 기의 존재론을 재구성하려 할 때, 발생하는 또 다른 문제는 기의 경험적 이해가 쉽지 않다는 점이다. 실체론을 들을 때 사람들은 원자나 분자 혹은 원자핵과 같은 이미지를 떠올린다. 그런 이미지는 실체론의 진리성을 담보해준다. 그러나 그동안 수행된 기에 관한 탐색은 경험적 이해에 신경을 쓰지 않거나, 경험적으로 이해된 기가 어떻게 고대 철학자들의 담론 속에서 이론화되었는지 설명하지 않았다. 두 가지 문제는 얽혀 있다. 기의 다의성은 경험적 이해를 막는다.

나는 기에 대한 경험적 이해가 가능한 지점을 논의의 출발점으로 삼았다. 경험적으로 포착되는 지점에서 논의를 시작함으로써, 개념의 어지러움을 벗어날 수 있다고 보았다. 경험적으로 이해되는 기를 포착하고 그것을 중심으로 논의를 전개해 나감으로써, 기로부터 형질이 만들어진다는 주장에 함축되어 있는 기가 곧 형질이라는 (지나치게 이론적 체계성을 추구한 결과 발생한) 생각이 일종의 왜곡임을 드러낼 수도 있을 것이다. 내 앞의 책상이나 모니터 같이 형질을 갖춘 것도 기로부터 만들어진다는 생각의 뿌리는 우주생성론이다. 고대 중국에는 우주생성론에 관한 하나의 보편적 이론이 있었다.

세계가 형성되기 이전에 원초적인 물질 기가 혼돈의 상태에 존재한다. 그것은 맑고 가벼운 기와 탁하고 무거운 기로 갈라져 앞의 기는 떠올라 하늘이 되고 나중의 기는 가라앉아 땅이 된다. 천지는 기를 품으며, 천지이기의 작용

에 의해 만물이 생성된다. 이 이론은 표현에 있어서나 과정의 세부에 관해서
분분한 이설을 낳았지만 그 골격은 조금도 흔들림이 없었다. 특히 '淸輕者上
爲天, 濁重者下爲地'의 두 구절에 있어서 더욱 그러한데, 어떤 의미에서 중
국 생성론의 역사는 이 구절의 해석의 역사, 혹은 그것에 살을 붙여온 역사라
고 해도 좋을 것이다.[7]

그렇다면 기는 모든 존재를 구성하는 모종의 기저적 존재라는 설명이
가능해진다. 이런 인식은 기에 관한 이해에 혼란을 야기한다. 우주구조론
이 형이하학으로서의 과학이라면, 만물의 발생과정에 답하는 생성론은 형
이상학이다. 형이상학으로서의 생성론은 아마도 세상의 모든 것을 설명해
야 한다는 이론적 요청에 의해 탄생했을 것인데, 야마다가 말했듯이 본래
는 신화에서 유래했고, 후에는 기의 발생론으로 재해석되었다. 그러나 기
의 발생론이라고 할 수 있는 우주생성론은 기의 본질을 왜곡했다. 기의 핵
심은 본질에 접근하는 통로라는 점에 있다고 말했다. 기의 본모(本貌)를 검
토함으로써, 기 개념의 왜곡으로 인해 발생한 논의의 문제점을 드러내고,
그에 기해서 다시 기의 경계(즉 정체)를 분명히 하는 것이 이곳에서 따르려
하는 구체적 목적이자 방법이다.

기는 동양의 사유전통에서 제안한 모종의 관점, 즉 세상의 본질에 접근
하는 통로다. 특정한 관점을 취한다는 것은 한쪽을 보겠다는 것이고, 그 결
과 다른 쪽을 보지 못한다는 뜻이다. 물리주의가 심신관계의 설명에 한계
를 드러내는 것처럼, 기를 통해 세상을 보는 시선에도 한계가 있다. 기를 통
해 세상을 보는 눈에는, 형질이 포착되지 못하거나 부각되지 않는다. 시선
의 특성과 한계를 인식한 뒤에야, 시선의 극복을 위한 논의가 의미 있게 전
개될 수 있다.

7) 山田慶兒, 김영식 역, 「중국 우주론의 형성과 전개」, 『중국전통문화와 과학』(창작과 비평
사, 1986), 138.

마르케, 새롭고 쉬운 음표맥법(1769) ; 시발(施發), 찰병지남.[8]

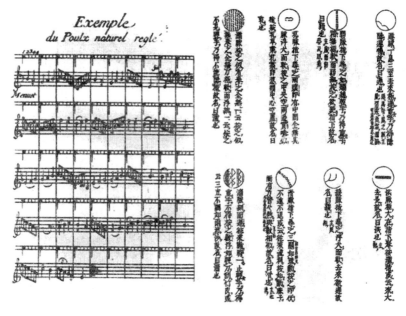

의사학자인 슈(Elisabeth Shu)는 『사기』「편작창공전」에 실려 있는 순우의의 진적 기록부(case history)를 고찰한 후, 기가 보아지는 존재가 아니라 느껴지는 것이라고 말했다. "순우의는 맥진을 할 때, 그가 간, 심, 오장, 수, 풍, 방광, 폐, 신장맥 …을 느낀다고 말한다. 다른 말로 순우의는 맥을 잡고, 기를 느꼈던 것이다. 그러므로 기는 볼 수 있는 실체(entity)가 아니라 느껴질 수 있는 것이다."[9] 슈가 말한 것처럼 기는 객관적 정보가 아니다. 이 점은 동서양의 맥진을 비교한 그림에서, 직관적으로 이해할 수 있다.

왼쪽 그림은 박동의 속도와 크기를 객관적으로 묘사하고자 하는 노력을 보여준다. 오른쪽 그림은 혼잡스러운데, 객관적 정보를 표현한 것이 아니기 때문이다. 시게히사(Shigehisa Kuriyama)는 서양의 맥진이 빠르기와 같

---

8) Shigehisa Kuriyama, 정우진·권상옥 역, 『몸의 노래』(이음, 2013), 87-88.

9) Elisabeth Shu, "Tactility and Body in Early Chinese Medicine," *Science in Context* 18(2005), 21.

은 객관적 정보를 지향했다면, 동양의 맥진은 주관적 느낌을 포착하기 위해 노력했다고 말하면서, 존재론과 연관되는 생각을 제안했다.

리듬이라는 개념은 정신의 어떤 습성을 드러낸다. … 조형물과 음악과 의학의 리듬 사이의 일치에서, 우리는 변하지 않는 요소 속에서 변화의 의미를 찾으려는 고집 혹은 해석하고자 하는 반복적 시도를 눈치 챈다. 이데아나 숫자가 그렇고, 형상도 그렇다.[10]

크기와 빠르기라는 객관적 정보로 직조된 리듬은 불변의 존재에 토대해서 변화를 설명하는 존재론과 닮았다. 한의학의 맥진이 보여주는 존재론, 즉 기에 대한 이해는 어떠했을까? 맥진은 박동을 진단하는 것이고, 박동은 기의 움직임이므로, 맥진은 기를 포착하는 행위다. 위 그림은 기를 묘사하고 있다. 홍맥은 큰 맥이라는 뜻이다. 그런데 어떤 맥이 큰 것일까? 크다는 것은 객관적 규정처럼 보이지만, 정말로 그럴까? 빨리 뛰는 맥을 크다고 해야 할까? 천천히 뛰는 맥을 크다고 해야 하지 않을까? 그리고 저 그림은 무엇을 그린 것일까? 시게히사(Shigehisa Kuriyama)는 이 그림에 관해 설명하면서, 공자의 사기(辭氣)를 예거했다.

주지하듯이 공자의 사기는 말의 기운 즉 비루하거나 불순하지 않은 말의 태도를 가리킨다. 사기라는 말은 공자가 군자가 귀하게 여겨야 할 것을 말하는 곳에 나온다. "말의 기운에 있어서는 비루함과 도리에 어긋남을 멀리해야 한다."[11] 사기의 기는 말의 기운으로서, 언어가 아니고, 말을 담고 있는 그릇과 같다. 그것은 말의 색깔이라고도 할 수 있는데, 자세나 태도라

---

10) Shigehisa(2013), 95. 정신의 어떤 습성이라는 말은 그다지 분명하지 않지만, 공통의 언어 문화권마다 고유한 정신적 습성을 가지고 있음은 부정할 수 없다. 요지는 서양의 음악에도 그런 정신적 습성이 존재한다는 것이고, 그 때문에 존재론의 영역에서도 같은 경향성을 발견할 수 있다는 의미다.

11) 『論語』「泰伯」: 出辭氣, 斯遠鄙倍矣.

고 표현할 만한 것이기도 하다.

2000년대 중반 어떤 선수가 대표팀에서 운동을 하던 중 대표팀 코치로부터 구타를 당한 일이 있었다. 그 사건은 사회적으로 적지 않은 파장을 불러일으켰다. 그때 사건의 당사자였던 대표팀 코치는 감독이 선수들을 나무랄 때 그 선수의 태도가 좋지 않았다고 말했다. 그러나 해당 선수는 이 점을 부인했다. 우리도 이런 상황을 종종 경험하곤 한다. 어느 곳에서나 있을 법한 친구끼리의 대화를 연상해 보자.

"너 저 여자를 좋아하니?"
"아니야. 내가 무슨…"

자세는 객관화시키기 어려운 특성으로서, 자세나 태도가 붙어 있는 무엇인가로 환원되지 않는다. 눈에서 반짝이는 시선을, 입에서 꼬리가 위로 올라가는 모양을, 말에서 떨리는 어조를 제거하면 기는 사라진다. 기는 자세를 통해서만 드러난다. 만족스럽지 않지만 자세나 태도라는 번역은 기의 핵심을 드러낸다. 그러나 주의를 요한다. 기는 자세를 만들어내는 실체가 아니고, 형상(形象)으로서의 포즈도 아니다. 기는 포즈의 색깔이다.

맥진으로 읽어내는 기는 빠르기 자체가 아니라, 빠르기의 기세다. 두 명의 육상선수가 똑같은 속도로 달리는 경우를 상정해보라. 어떤 선수가 보다 역동적인 느낌이 든다고 할 때, 그 역동성은 어떻게 포착되는 것일까? 맥진은 박동의 속도가 아닌 속도의 기세를 읽어내는 진단법이었다. 『장자』 「천하」 편에는 당시의 변자들이 논한 논변 21가지가 실려 있다. 그곳에 세상의 불변을 주장하려는 목적으로 구성된 제논의 역설과 닮은 것이 실려 있다.

나는 새의 그림자는 결코 움직인 적이 없다.[12]

1자(30cm)의 회초리를 날마다 양분하면 영원히 계속된다.[13]

뒤의 논변은 이등분의 역설과 그리고 앞의 것은 화살의 역설과 완전히 부합한다. 이 두 역설은 공손룡의 것으로 추정되는데, 역설의 취지는 제논과 같을 것이다. 제논과 마찬가지로 공손룡도 세상의 불변을 주장하려 했을 것이다. 동양과 서양에서 거의 비슷한 시기에 세상의 불변을 주장한 이들이 같은 역설을 떠올린 것은 흥미로운 일이다. 펑유란(馮友蘭)은 이 구절의 함의를 다음과 같이 설명했다.

『석문』은 사마표를 인용하여 "형태의 본령은 정지요, 기세의 본령은 운동이다. 형태의 본령이 뚜렷할수록 운동은 더디고 기세의 본령이 뚜렷할수록 운동은 빠르다"고 했다. 날아가는 새의 그림자는 움직이고, 쏜살은 멈추지 않는다는 말은 기세의 본령에 입각한 말이다. 새의 그림자는 움직이지 않고 쏜살은 가지 않는다는 말은 형태의 본령에 입각한 말이다.[14]

기는 불변의 형태가 아닌, 변화의 기세를 보는 눈에 포착된다. 똑같은 움직임에서 어떤 이는 불변을 다른 이는 변화를 본다. 불변을 보는 시선은 객관적인 속도와 강도를 잡아내고, 변화를 보는 눈은 역동성이라는 주관적 특성을 잡아낸다. 자세나 태도로서의 기는 느낌과 유사해 보이지만, 순수한 주관적 존재가 아니다. 건방짐과 애정, 분노가 나에게만 드러나는가? 그럼에도 불구하고 자신은 건방진 짓을 한 적이 없다고 딱 잡아뗀 배구선수처럼, 기의 존재는 객관적으로 확인하기 어렵다. 그러나 코치에게 건방짐은 너무나 생생하게 다가왔을 것이다. 자세로서의 기는 생생하게 체험된

---

12) 『莊子』「天下」: 飛鳥之影, 未嘗動也.
13) 『莊子』「天下」: 一尺之捶, 日取其半, 萬世不竭.
14) 馮友蘭, 박성규 역, 『중국철학사(상권)』(까치, 1999), 339.

다. 다음 인용문은 도가 수양론의 원형을 담고 있는 『관자』 「심술하」 편에
실려 있다.

속의 금심(金心)은 숨길 수 없다. 자태와 용모로 드러나고 안색에서 알 수
있기 때문이다. 선한 기운은 사람을 맞이함에, 그 가깝기가 형제와 같다. 악
한 기운은 사람을 맞이함에, 그 해롭기가 창칼보다 심하다. 말하지 않는 말이
번개나 북보다도 시끄럽다.15)

금심(金心)은 좀 이상한데,16) 『관자』 「내업」에서 해석의 단서를 찾을 수
있다. "심기의 드러남은 일월보다 밝고 부모보다 세밀하다."17) 심기(心氣)
즉 마음의 기운은 밖으로 분명하게 드러난다는 금심의 속성과 부합한다.
금심은 심기에 다름 아니다. 애정의 기운은 번개나 북보다 시끄럽게 드러
난다. 심기는 말하지 않아도 더욱 생생하게 드러난다. 선명하고 생생한 건
방짐을 코치는 느꼈을 것이다. 건방짐을 입증하는 것은 불가능에 가깝다.
그러나 객관성을 잃는 대신에 기는 생생함을 얻는다. 기는 객관적 시선이
놓치는 진실을 드러낸다.

객관적 형태보다 기세가 본질을 드러낸다고 보았던 동양에서는 기의 파
악을 중시했다. 그것은 지극히 당연한 일이다. 깊은 산속에서 누군가를 만
났다고 가정해보자. "안녕하세요"라는 말보다 그 말의 뉘앙스가 중요하
다. 눈보다 시선이 더 많은 의미를 전달한다. 공자는 효에 관해 묻는 제자에

---

15) 『管子』 「心術下」 : 金心在中不可匿. 外見于形容, 可知于顔色. 善氣迎人, 親如弟兄 ;
   惡氣迎人, 害于戈兵. 不言之言, 聞于雷鼓.
16) 『管子纂詁』에서는 冢田虎의 견해를 인용해서, 全心의 訛字로 보고 있다. 『漢文大系
   本』(『管子』 卷十三), 12. 「內業」에서도 全心이라고 하고 있는 것을 보면 그럴 가능성이
   있다. 그러나 맥락상 밖으로 시끄럽게 혹은 밝게 드러난다는 뜻이라고 하면, 금심이라
   고 해서 안 될 것이 없다. 어쨌든 의미는 밖으로 드러나는 마음이다.
17) 『管子』 「內業」 : 心氣之形, 明于日月, 察于父母.

게 낯빛을 수정하라고 말했다. "자하가 효에 관해 물었다. 공자가 답했다. '낯빛이 어렵다. 일이 있으면 제자들이 그 일을 하고, 먹을 것이 있으면 부모에게 먼저 드리는 것만으로 효가 될 수 있겠는가?'"[18] 온갖 잡일을 하고, 연로한 부모님께 필요한 것을 준비해드리는 것만으로는 효가 되지 않는다. 효에는 반드시 알맞은 얼굴 표정과 무엇보다도 올바른 시선이 수반되어야 한다. 기운은 그 사람의 본질을 알려주는 자세다. 앞의 인용문에서는 심기라고 말했는데, 건방진 마음과 건방진 태도 사이에는 어떤 관계가 성립할까?

코치가 포착한 건방짐은 기운이 알려준 것이었다. 기운은 선수의 마음을 전달해준 충실한 전달자이자 표지였다. 그것은 마치 바람을 상징하는 팔랑개비와 같아 보인다. 그러나 기는 단순한 표지가 아니다. 기는 바람을 상징하는 팔랑개비와 다르고, 소낙비를 상징하는 먹구름과도 다르다. 봄을 상징하는 개나리에는 봄의 기운이 존재하고, 사랑하는 이를 바라보는 이의 눈빛에는 애정의 기운이 존재한다. 무엇인가를 상징한다는 점에서 상징의 논리와 닮았지만, 기는 단순한 상징이 아니다. 돌아가신 아버님의 유품을 보면서 아버님을 떠올리는 것과, 건방진 자세를 보면서 건방짐을 파지하는 것은 닮아 보이지만 다르다. 상징적 관계에서 상징하는 A와 상징하는 B가 독립적으로 존재해야 한다고 가정해보자.

3월 어느 날 11시쯤 양지바른 학교 벤치에서 느낀 봄기운은 무엇을 상징할까? 봄의 기운 그 자체가 포착된 것이다.[19] 자세로서의 기는 상징하는

---

18) 『論語』「爲政」: 子夏問孝. 子曰, 色難. 有事弟子服其勞, 有酒食先生饌, 曾是以爲孝乎?

19) 마찬가지로 떨리는 어투에서 분노의 기운을 느낀 후, 추론과 같은 모종의 인지 작용을 거친 후에, 분노의 감정에 도달하는 것은 아니다. 밖으로 드러난 분노의 기운을 보는 순간 바로 분노의 감정에 도달한다. 이런 생각은 비트겐슈타인의 견해와 부합한다. 비트겐슈타인은 감정적·외적 행동을 모종의 기호가 아닌 특정한 감정 상태의 직접적 현시(seeing-as)로 본다. 김이균, 「비트겐슈타인의 표현주의적 감정이해」, 『범한철학』 76

것이자, 상징되는 것 즉 자신이다. 부분과 전체 사이에 환유적 관계가 성립하고 부분이 전체를 상징한다면, 기는 그런 의미에서 상징이라고 말할 수 있겠지만, 어느 경우에도 부분은 전체와 떨어져 있지 않아야 한다. 건방진 기운과 마음의 건방짐은 격절된 것 사이의 관계가 아니다. 지향하는 의식이 일어나는 순간부터 기는 함께 한다. 기가 존재하지 않는다면 무엇인가를 지향하는 의식은 부재하다고 말해야 한다.

> 마음속에 또 마음이 있다. 의는 말보다 앞선다. 울림이 있은 연후에 드러난다. 드러난 연후에 사려한다. 사려한 연후에 알게 된다.[20]
> 이런 까닭으로 말하기를 사물로 감관을 어지럽히지 말고, 감관으로 마음을 어지럽히지 말라고 한다. 이것을 일러서 내덕이라고 한다. 이런 까닭으로 의기가 안정된 연후에 도리어 바르게 된다.[21]

「내업」, 「심술상」, 「심술하」, 「백심」의 『관자』 사편은 고대 중국의 마음에 관한 논의를 담고 있는 초기 문헌들이다. 두 인용문을 합쳐서 읽으면 마음의 작용에 관한 대략적인 구도를 알 수 있다.

1) 감관을 통해서 자극이 들어온다.
2) 그로 인해 마음에서 최초의 무언가가 일어난다.
3) 그것은 고요한 호수에 파란이 일어나는 것과 같다.
4) 그런 연후에 대상을 포착하고 인식하게 된다.

(2015), 130.

20) 『管子』 「內業」 : 心之中又有心. 意以先言, 意然後形, 形然後思, 思然後知.

21) 『管子』 「心術下」 : 是故曰, 無以物亂官, 毋以官亂心, 此之謂內德. 是故意氣定, 然後反正.

앞 인용문의 의(意)를 뒤의 인용문에서는 의기(意氣)라고 말했다. 같은 맥락에서 다른 표현을 사용했을 뿐이다. 의(意)와 의기(意氣)는 다르지 않다. 떨림에 따라 일어나는 의기는 말 이전에 존재하는 것으로서, 의기의 안정이 수양의 대상이라는 것이 위 인용문의 요지이지만, 나는 다른 것을 읽어냈다. 최초의 움직임이 기의 움직임으로 묘사되고 있다는 점에 주의해야 한다. 무엇인가를 지향하는 의식, 즉 떨림이 일어나는 동시에 기가 움직이기 시작한다. 마음과 기가 따로 존재하는 것이 아니다. 기가 없다면 마음도 존재하지 않는다. (물론 마음이 없다면 기도 존재하지 않는다.) 코치가 읽어낸 건방진 기운이 곧 건방진 마음이다. 마음의 건방짐과 태도에서 읽어낸 건방짐의 관계를 설명하기 위해서 동양 사유전통에서 취한 논법은 식물의 유비다.

심은 생명의 근본이다. 신(神)의 변화는 얼굴 꽃으로 피어난다. … 폐는 기의 근본이요, 백이 머무는 곳이다. 폐의 꽃은 터럭에 핀다. … 신장은 동칩(冬蟄)과 봉장(封藏)의 뿌리요, 정의 처소다. 그 꽃은 머리카락에 피어난다. … 간은 피로를 덜어내는 근본으로 혼의 처소이다. 그 꽃은 손톱에 피어난다. … 비 … 는 창름의 뿌리로, 영기의 거처다. 그 꽃은 입술에서 핀다.22)
이런 까닭으로 혈기는 사람의 꽃이고 오장은 사람의 정이다. 무릇 혈기가 오장 안에 전일하게 머물러서 밖으로 넘쳐나지 않을 수 있으면 가슴과 배는 그득해지고 기욕은 줄어든다.23)

앞의 인용처는 『황제내경』이고, 뒤의 인용처는 『회남자』다. 두 문헌은

---

22) 『素問』「六節藏象論」: 心者, 生之本, 神之變也, 其華在面 … 肺者, 氣之本, 魄之處也, 其華在毛 … 腎者, 主蟄封藏之本, 精之處也, 其華在髮 … 肝者, 罷極之本, 魂之居也, 其華在爪 … 脾胃大腸小腸三焦膀胱者, 倉廩之本, 營之居也 … 其華在脣四白.
23) 『淮南子』「精神訓」: 是故血氣者人之華也 而五藏者人之精也 夫血氣能專於五藏 而不外越 則胸腹充 而嗜慾省矣 胸腹充 而嗜慾省.

전한대 동양 자연관이 성숙해졌을 때 지어졌거나 지어지는 중이었다. 안의 마음과 밖으로 드러난 마음은 뿌리와 잎 혹은 뿌리와 꽃의 관계와 같다. 신(神)은 마음의 움직임 자체를 표현한 말로서, 기의 특정한 양상에 불과하다. 『관자』사편에서는 기와 신의 위상 차이가 없다.24) 마음의 기운은 오장이 라는 뿌리에서 경맥이라는 가지를 지나 체표로 드러난다. 본(本)과 화(華)라 는 글자에는 그런 이미지가 암시되어 있다. 사랑스러운 기운은 꽃이고 사 랑하는 마음은 뿌리다. 둘은 맥락에 따라 다르게 불릴 뿐이다.

친구에게서 읽어낸 애정의 기운이 사랑하는 마음과 격절되지 않았으므 로, 마음과 기운 사이에 인과관계가 성립한다고 말해서도 안 된다. 인과관 계는 원인과 결론이 격절되어 있을 것을 요구한다. 뿌리와 꽃의 비유적 설 명은 이런 생각을 배제한다. 『소문』「거통론」편에는 구기(九氣)라는 아홉 가지의 병인이 등장하는데, 이 구절도 같은 방식으로 해석해야 한다.

황제가 말했다. 좋습니다. 나는 모든 병은 기에서 생긴다는 것을 알고 있 습니다. 노하면 기는 오르고 기뻐하면 기는 이완되며 슬퍼하면 소모되고 두 려워하면 내려갑니다. 추우면 수렴되고 뜨거우면 새나갑니다. 놀라면 어지 러워지고 수고로우면 없어집니다. 사려가 지나치면 기가 맺힙니다. 구기는 각각 다르니 각각 어떤 병을 만들어냅니까? 기백이 답했다. 노하면 기가 역 상하고 심하면 피를 토하고 설사합니다. 그러므로 기가 올라간다고 하는 것 입니다.25)

노하면 기가 움직인다는 말을 마음이라는 독립된 원인이 기라는 독립된

---

24) 정우진, 「양생의 기원에 관한 연구」, 『범한철학』 62(2011).
25) 『素問』 「擧痛論」 : 帝曰, 善. 余知百病生於氣也, 怒則氣上, 喜則氣緩, 悲則氣消, 恐則 氣下, 寒則氣收, 炅則氣泄, 驚則氣亂, 勞則氣耗, 思則氣結. 九氣不同, 何病之生. 岐伯 曰, 怒則氣逆, 甚則嘔血及飱泄, 故氣上矣.

존재를 야기한다고 해석해서는 안 된다. 기쁨의 환희는 기가 없으면 존재하지 않는다. 『관자』의 인용문으로 돌아가 보자. 마음의 움직임 그 자체가 기이고, 사려는 뒤에 일어난다. 무엇인가로 인해 촉발된 지향하는 의식이 기라는 움직임이다. 기가 없으면 마음은 존재하지 않지만, 기가 마음을 초래한 것도 아니다. 기는 마음의 움직임 그 자체다. 자세로서 포착되는 기가 곧 마음이라는 것, 마음과 드러난 기운은 본말(本末)의 관계라는 것이 기가 마음과 관계를 맺는 양상에 관한 동양 지성의 대답이다.

지금까지의 논의는 기가 형질이라고 표현할 수 있는 물리적 존재가 아니라는 것을 함축한다. 그럼에도 불구하고 종종 심신의 구도로 기를 설명하는 곳에서 기는 물리적 몸으로 귀착된다. 기를 마음과 구분되는 물리적 몸에 대응시키면, 마음의 움직임과 기를 동일시한 앞의 논지에 문제가 생긴다. 심신 도식을 기에 적용시킬 때의 문제점을 노출시킴으로써, 지금까지 밝혀낸 기의 정체성을 강화할 수 있다.

죽음 직전과 직후의 모습을 담고 있는 두 장의 사진을 상상해보자. 두 사진 사이의 차이점은 무엇일까? 두 사진 사이에서 무언가를 촉각하고 시각하는 것이 가능하기는 한 걸까? 죽음 직전과 직후의 몸에서 해부구조적 변화를 발견할 수 있을까? "죽음의 과정에서 반드시 혈액이 소실되지는 않는다. 죽음의 순간에 살아 있는 몸에서 빠져나가는 물질은 없다. 오늘날에도 우리는 정확히 어느 지점에서 생명과 죽음이 나뉘는지 알지 못할뿐더러, 생명의 어느 요소가 사라짐으로써 죽음이 초래되는지에 관해서도 무지하다."[26]

생명이 떠난 직후의 몸과 직전의 몸에 어떤 차이도 없다는 가정을 받아들여보자. 물리적 차이가 없다면 심리적 차이도 없다는 논제는 성립하지 않는다. 그럼에도 생명이 사라졌다는 것은 확실하다. 죽음은 생명이 소실

---

26) Paul U. Unschuld, 홍세영 역, 『의학이란 무엇인가』(궁리, 2010), 22.

되어 가는 사건이라고 정의할 수 있다. 그러나 위 인용문에서도 희미하게 드러나듯이 생명은 쉽게 정의되지 않는다. 생명에 대한 정의는 문화권마다 그리고 시대마다 다를 수 있다. 심지어 유사한 시기의 같은 문화권에서조차 하나의 정의에 이르지 못하는 경우가 있다. 미미한 차이를 애써 간과하면, 영혼이라는 단어가 떠오를 것이다.

서양의 신체관에서는 몸의 중심으로서의 영혼의 자리가 중요한 주제였다. 영혼에 관한 서양의 이해는 크게 둘로 나눌 수 있다. 하나는 정신적이면서 영원한 것이고 다른 하나는 물질적이면서 사멸하는 것이다. 어떤 경우에도 영혼은 특정한 기관에 위치하고 있었으며, 생리학적 고찰과 신체해부에 관한 이론적 이해를 촉진시켰다. 특히 심장혈관계와 신경학 같은 과학적 지식에 대한 이해에 깊은 영향을 미쳤다.[27] 영혼은 움직임의 근원이었다. 그것은 신성한 것이자, 최초의 동자이기도 했다. 시게히사는 영혼의 자리라는 관념이 추동력과 연결되어 있다고 말했다.

해부학의 대두 이전에도 몸에 관한 그리스의 사고는 '몸의 주된 원칙(archē)과 주동자(hegemonikon)는 어디에 있는가?'라는 질문을 강조했다. 플라톤과 디오게네스는 뇌의 우월성을 최고로 쳤고, 아리스토텔레스 같은 이는 심장을 강조했다. 모두 이 문제를 당연시했다. 그들은 움직임은 궁극적 원천에서 시작되어야 한다고 생각했다. 거기에는 통치자가 있어야 했다.[28]

심장에 대한 관심은 결국 몸의 주동자가 무엇인가라는 질문에서 촉발된 것이었다. 베살리우스(Andreas Vesalius)의 해부도가 뼈와 근육 중심인 것

---

27) Giuseppe Santoro et. al., 2009. "The Anatomic Location of the Soul From the Heart, Through the Brain, to the Whole Body, and Beyond : A Journey Through Western History, Science, and Philosophy." *Neurosurgery* 65(2009).

28) Shigehisa(2013), 162.

『동의보감』 신형장부도와 베살리우스의 해부도

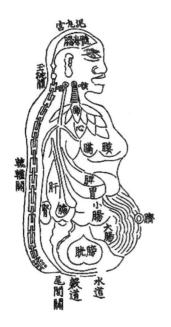

Figure 2: Vesllus, Fabrica, 1543, Wellcome Institute, London.

을 상기해 보라. 영혼은 몸의 주동자로서 개체적 움직임을 통해서 확인되었고, 죽음은 몸의 주동자(主動者)가 떠남으로써 더 이상 움직일 수 없는 상태였다.

　동양의 사유전통에서 죽음은 '기운이 소실되는 사건'이라고 말해야 할 것이다. 기의 흩어짐과 모임이 생사라고 장자는 설명했다. "사람의 생명은 기가 뭉친 것이다. 기가 모이면 살고, 흩어지면 죽는다."[29] 앞서 말한 사진을 다시 떠올려보자. 한쪽의 사진은 반짝이는 생기가 겨우 거주하고 있지만, 다른 쪽 사진은 공허하다. 단순히 '기운이 없어'라고 말할 때의 기운이 아니라 삶과 죽음을 경계지우는 그런 자세로서의 기운이 없다. 입은 표정을 잃었고, 눈은 시선을 잃었다. 건방짐과 애정, 절망과 행복을 담고 있는

---

29) 『莊子』「知北遊」: 人之生, 氣之聚也., 聚則爲生, 散則爲死.

태도는 존재하지 않는다. 자세와 태도로 모습을 드러내던 기운이 사라진 것이 죽음이다.

베살리우스의 해부도가 서양의 신체관을 나타내는 것처럼, 동양의 인체도(人體圖)는 동양의 신체관을 보여준다. 『동의보감』의 신형장부도를, 또는 한의학에서 자주 사용하는 동인상을 베살리우스의 해부도와 비교해보라. 동양에서는 형질에 대해 아무런 관심을 기울이지 않았다. 자세로서 드러나는 기가 생명이고, 의학은 정상 생명과 이상(異常) 생명을 다루는 것이라면, 이런 시각이 당연하다. 동양의 신체관에는 형질로서의 몸이 부재하다. 마음을 비롯한 모든 생명은 기에 의거해서 설명되었고, 근육과 뼈 같은 형질은 기가 운행하는 과정에서만 언급되는 정도에 그쳤다. 때로는 그저 그릇처럼 말해졌다. 『회남자』에서는 "형은 생명을 담고 있는 집이고, 기는 생명을 채우는 것이다."[30]라고 말했다. 자세로서의 기를 포착하는 눈은 형질을 보지 않았다는 말은 과장이 아니다.

그럼에도 불구하고 형질을 기로 이해하려는 생각이 존재했다. 성리학자들의 이기론은 심신 이원론의 구도와 거칠게 부합하는 것으로 보인다. 이승환은 주희(朱熹)의 개체발생론에 관한 논의를 인용한 후, 아래와 같이 말했다.

위 문장으로 볼 때, 주희에 있어서 정신과 지각은 신체가 갖추어진 후에 발현하는 새로운 속성/기능인 셈이다. 정신적 속성/기능이 신체가 생겨난 이후에 발현한다는 (성리학의) 존재론적 관점은 정신적 속성/기능이 신체에 수반한다는 심리 철학적 견해를 필함한다. … 그러면 기질을 변화시킨다고 할 때 … 인간의 의식적인 노력에 의해 신체의 상태를 변화시킨다는 말일까?[31]

---

30) 『淮南子』「原道訓」: 形者生之舍也, 氣者生之充也.
31) 이승환, 「성리학의 수양론에 나타난 심-신 관계 연구」, 『중국학보』 52(2005), 465. 이승환

인용문의 목적은 기가 형질임을 주장하려는 것이 아니다. 그리고 저자는 수양론이 말하는 기질지성은 경향성이라고 결론지었다.[32] 그러나 인용문에는 기=신/이=심이라는 구도가 전제되어 있다. 나는 기와 형질을 섞어 버리는 이런 관점이 우주생성론의 영향 때문이라고 생각하지만, 이런 생각이 어디서부터 비롯되어 누구에 의해 확정되었는지 정확히 알지 못한다. 그것이 우주발생론을 개체발생론으로 구체화하고 본체론으로 재해석한 한대(漢代)에 발생했는지, 우주발생론을 심성철학의 토대로 삼은 송대 성리학자들에 의해 벌어진 일인지에 관한 문제는 현재의 논점을 벗어난다. 혹은 그것이 서양의 심신 구도에 의해 왜곡된 독해인가 하는 점도 이곳에서 시급히 따져야할 논제가 아니다.

그러나 인용문에서 말하는, 심신의 구도에 따라 신체에 귀착된, 기가 지금까지 살펴 본 태도와 자세로 포착되는 기의 본모(本貌)가 아니라는 점은 분명하다. 동양의 수양론이 장자가 말했듯이 기를 양육하거나, 공자가 말했듯이 수정하거나, 주회가 말했듯이 선도(善導) 혹은 제어하는 것이라고 가정해보자. 당연히 수양론의 목적은 자세나 태도로 번역될 수 있는 기의 수정을 요구하는 것이고, 물리적 신체의 수정을 권고하는 것이 아니다. 이 당연한 점에 대한 질문은 기를 형질로 보는 관점이 (최소한 기와 마음의 관계를 다루는 수양론에서 말하는) 기의 본모가 아님을 역설적으로 증명한다.

형질로서의 신체에 생명의 기운이 넘실거리는 것이 동양의 몸이다. 생명의 기운은 심리적인 동시에 물리적이다. 몸 안에서 일어나는 모든 변화는 기에 의거해서 설명되었다. 기는 모종의 자세나 태도로 드러난다. 형태

이 인용한 개체발생론에 관한 주회의 말은 다음과 같다. "인간이 태어날 즈음에는 먼저 기가 있다. 신체가 이루어지면 백이 먼저 있다. (주렴계는 이렇게 말했다.) 신체가 이미 생겨나면 정신이 발하여 지각이 있게 된다. 이미 신체가 있고난 후에 바야흐로 정신과 지각이 있게 되는 것이다." 이 말을 곧이곧대로 해석하면 물리적 신체는 기로 만들어졌으며, 기는 곧 형질이기도 하다라는 소결에 이른다.

32) 이승환(2005), 473.

가 아닌 기세를 읽어내는 관점에서야 기가 포착된다.

기는 말의 어투를 통해서, 눈의 시선을 통해서, 낯빛의 색조를 통해서 드러난다. 그것은 객관성이라는 측면에서 부족한 점이 있지만, 언어의 한계를 넘어서는 생생함을 선사한다. 이것이 기의 본모이자 기를 통해 전달되는 대상의 본질이었다. 기는 대상의 꾸며진 외양 너머에 있는 진실을 알려준다. 한의학의 정초자들은 기에 관한 이런 규정을 받아들였다. 그러나 의학은 물리적 질병을 치료해야 하는 숙명을 안고 있었으므로, 이런 규정에 머물 수는 없었다.

2. 한의학의 몸

생기(生氣)에는 묘한 특성이 있다. 엷은 여백처럼 주위에 존재하면서 그 안의 것을 반투명하게 경계 지우는 기는 또렷하게 체험할 수 있지만 객관화하기 어렵다. 생기는 사진이나 글로는 표현하기 어려운 질감으로 포착된다. 고대 중국인들은 생기가 마음에 머문다고 생각했다. 봄철 생명의 기운이 돋아나듯이, 마음의 생기는 몸 밖으로 드러났다. 『관자』에서는 그것을 의기(意氣)라고 표현했다.[33] 고요한 마음에서 일어나는 미세한 움직임이 의(意)요, 의기(意氣)였다.

기는 사랑하는 이의 손을 잡을 때의 떨림을 통해, 홍조 띤 낯빛을 통해, 떠듬거리는 말투를 통해 드러난다. 떨림이 없으면 생기가 없고, 생기의 부재는 죽음을 의미한다. 고대 중국 사조를 대표하는 이들은 마음속의 기가 감응을 매개한다고 믿었고, 죽음은 외부와 감응하지 못하는 것이라고 생각했다.[34] 이런 내용을 담아낸 신체관에서는 마음이 몸의 중심이어야 했다.

---

33) 『管子』「心術下」 : 無以物亂官, 毋以官亂心, 此之謂內德. 是故意氣定, 然後反正.

34) 정우진, 「양생의 기원에 관한 연구」, 『범한철학』 62(2011).

동양의 신체는 사체가 아니었다. 『관자』뿐 아니라 『순자』와 『회남자』에서도 마음이 몸의 중심이었다.

마음은 몸에서 군의 위치와 같다. 여러 감각기관이 직임이 있는 것은 관직이 나뉜 것과 같다.[35]

마음은 몸의 임금이요, 신명의 주인이다. 명령을 내릴 뿐 받지는 않는다.[36]

무릇 심은 오장의 주인으로서, 사지도 (그로부터) 부림을 받는다. 혈기를 유행시키고 시비의 경계를 치달리며 온갖 일을 담당한다.[37]

마음 중심의 신체관은 주로 도가 수양론의 영역에서 조밀하게 구축되었다. 도가 수양론의 핵심 어휘라고 할 수 있는 허정(虛靜)은 감정과 계산적 사려가 소거된 마음의 상태를 밀한다. 『관자』「내업」편의 저자는 이 점을 암시했다.

저 마음은 저절로 충만해지고 저절로 그득해진다. 그런 마음의 기능은 근심, 즐거움, 노여움과 이익을 탐하는 마음 때문에 소실된다. 이런 것들을 제거할 수 있으면 마음은 본래의 상태로 돌아갈 수 있다. 저 마음은 편안하고 고요한 것을 이롭게 여기니 번거롭게 만들지 않으면 평화가 저절로 이뤄진다.[38]

---

35) 『管子』「心術上」: 心之在體, 君之位也 ; 九竅之有職, 官之分也.
36) 『荀子』「解蔽」: 心者, 形之君也而神明之主也, 出令而無所受令.
37) 『淮南子』「原道訓」: 夫心者, 五藏之主也, 所以制使四支, 流行血氣, 馳騁于是非之境, 而出入于百事之門戶者也.
38) 『管子』「內業」: 凡心之刑, 自充自盈, 自生自成. 其所以失之, 必以憂樂喜怒欲利. 能去憂樂喜怒欲利, 心乃反濟. 彼心之情, 利安以寧, 勿煩勿亂, 和乃自成.

허(虛)나 정(靜) 같은 단어는 보이지 않지만, 예문이 허정을 염두에 두고 있다는 것은 분명하다. 도가 수양론은 순자에게 영향을 미쳤고, 『회남자』는 『순자』의 논의를 배제하지 않았다.[39] 허정의 수양론이라는 점에만 초점을 맞추면 『관자』와 『순자』 그리고 『회남자』에는 차이가 없다. 이들 문헌에서는 감정 일반을 부정적으로 평가하는 듯하지만, 모든 감정을 부정했다고 해석해서는 안 될 것이다. 자극에 대한 일차적 반응을 배제하고, 마음에 귀를 기울이면 떠오르는 소리가 있다. 그것은 권장해야 할 만한 감정이었다.

마음은 마음을 품고 있는 것에 있으니, 마음속에 또 마음이 있는 셈이다. 저 마음속의 마음은 소리를 울려서 먼저 말한다. 소리가 울린 연후에 형태를 드러내고, 형태를 드러낸 후에 말로 옮겨진다. 말로 옮겨진 후에 행동으로 드러나고 행동으로 드러난 후에 다스려진다. (이런 방식으로) 다스려지지 않으면 반드시 혼란스럽게 되고, 혼란스러워지면 이내 죽게 된다.[40]

『관자』 「내업」 편에서 제거할 것을 요구한 근심, 즐거움, 노함 등의 감정은 일차적 반응으로서, 온전히 허정한 가운데 나타나는 반응이 아니다. 허정의 감응은 물아일체의 경지에서 발생한다. 『장자』 「양생주」 편에 나오는 포정해우 고사는 이 점을 증거한다.[41] 감정 일반을 부정했다면 『관자』의

---

39) 『순자』와 『관자』의 관계에 관해서는 Aron Stalnaker, "Aspect of Xunzi's Engagement of Early Daoism," *Philosophy East and West*, 53 : 1(2003)을 참조할 수 있다. 이 논문에서는 『순자』가 도가의 허정 개념을 유학적 맥락으로 재해석한 내용을 다루고 있다. 『회남자』와 『순자』의 영향 관계는 유학적 개념의 도가적 차용이라고 해석할 수 있는 여지가 있다. 『회남자』에서는 『순자』의 성개념을 도가적 맥락에서 차용했다.
40) 『管子』 「內業」: 心在藏心, 心之中又有心焉. 彼心之心, 音以先言. 音然后形, 形然后言. 言然后使, 使然后治. 不治必亂, 亂乃死.
41) 정우진, 「양생의 기원에 관한 연구」, 『범한철학』 62(2011).

영향을 받은 것으로 보이는 맹자가 감정을 유가 윤리의 물러날 수 없는 보루(堡壘)로 삼지 않았을 것이다. 단순히 들뜬 기쁨과 상실에 대한 무조건적 슬픔, 초라한 자신의 모습에서 느껴지는 서글픔과 잔뜩 흥이 오른 술자리에서 느껴지는 쾌락 같은 것을 경계했을 뿐이다. 그런 표층에서 일어나는 감정은 말단적 자극에 의한 것으로서, 마음속의 마음이 드러날 기회를 박탈하므로, 소거되어야 한다고 주장되었다. 『관자』에서 말한 마음속의 마음은 의식의 저층(低層)에 들어 있는 저 마음(深層意識)이라고 해석되어야 한다. 도가 신체관의 핵심적 특성은 다음과 같이 정리할 수 있다.

1) 마음이 몸을 주재(主宰)한다.
2) 마음에는 정신 즉 생기가 거주한다.
3) 생기는 모종의 감응력 즉 교감할 수 있는 능력으로서 심층의식을 구성한다.
4) 생기는 몸을 유주(流注)한다.

이런 특성을 지닌 도가 수양론의 신체관이 한의학의 토양이었다. 그러나 질병을 치료하고 생리를 기술해야 하는 의학자들에게는 보다 복잡하고 물리적인 신체가 필요했다. 수양론에서 형성된 마음의 기론 즉 심리론을 생리론으로 바꿔야 했고, 병리론을 채워 넣어야 했다. 수양론이라는 자산만으로는 충분하지 않았을 것이다. 동양과학의 기초이론은 또 다른 자산이었다. 동양과학의 기초이론을 제안한 이들의 주된 업적은 음양오행과 같은 '자연의 질서(pattern)'라는 관념을 제안한 것이다.[42] 그들은 수양론의 기를 통한 감응을 우주의 패턴에 발맞추는 것으로 해석했다. 한의학의 정초

---

42) 한대 초기에 제안된 기초과학 이론과 기초과학 이론에서 개별과학이 구성되는 과정에 관해서는 정우진, 「동양과학의 발화 : 기초 이론과 분과과학으로의 전개양상」, 『동서양 문명과 과학적 사유』, 최화 외 (문사철, 2015)를 참조.

자였던 『황제내경』의 저자들은 수양론의 자산과 철학자들이 제안한 기초
과학 이론의 토대 위에서 의학을 그리고 몸을 구성해냈다.

화가의 관점에 따라 대상의 그림이 달라질 수 있는 것처럼, 하나의 신체
를 그린 신체관도 여럿일 수 있다. 당연한 말이지만 설명은 이해를 목적한
다. 신체관의 단순한 묘사는 다름을 설명할 수 없고, 참된 이해를 도모할 수
없다. 특정한 신체관에 대한 이해는 결국 다름에 대한 이해이기 때문이다.
구성과정을 설명함으로써 다름을 납득시키고 이해를 심화시킬 수 있다. 신
체관은 순수한 창작물이 아니다. 신체관은 특정한 토양 위에서 구성된 것
으로 당시의 시대정신을 담고 있다. 그러므로 신체관의 구성과정에 대한
설명은 토양과 신체관의 사이를 메우는 작업이다. 이곳에서는 초기 한의학
의 신체관을 구성과정, 즉 토양→신체관에 초점을 맞춰서 검토했다.43) 이
런 검토 방식은 신체관에 대한 이해를 심화시킬 뿐만 아니라, 한의학의 신
체관을 고찰할 때 발생하는 문제점을 극복하도록 도와준다.

한의학 신체관을 검토할 때 생기는 문제점으로 한의학의 불완전한 체계
성을 꼽을 수 있다. 이론의 체계성이 떨어진다는 점은 동양문화의 특성이
기도 한데, 한의학의 복잡한 성립사는 이 난점을 가중시킨다. 구성과정에
초점을 맞추면 애써 일관되게 묘사할 필요가 없다. 이질적이거나 모순적인
점들이 오히려 구성과정의 배후에 숨겨져 있던 이야기를 들려주기 때문이

---

43) 동양 신체관에 관한 국내의 선행 연구는 대부분 유학적 신체관에 관한 것이다. 유학에서
는 신체관이 비중 있게 논의되지 않았다는 점을 고려할 때, 이런 현상은 한국학계의 유
학적 편향성을 보여주는 것일 뿐, 별다른 의미가 없다. 한의학의 신체관에 관한 것으로
는 『동의보감』에 관한 것이 있고, 해부학과의 관련성 속에서 통사적으로 검토한 것도 찾
을 수 있었다. 서양의학의 영향으로 인한 신체관의 변화에 관한 연구물 등이 있는데, 굳
이 인용할 필요는 없어 보인다. 다만 김대기, 「명 후기 의학자의 신체관 : 이천의 의학 입
문을 중심으로」, 『강원사학』 20(2006)에서는 명대의 신체관을 역사적 흐름 속에서 설명
했다. 나는 김대기가 심을 중심으로 보는 관점이 양명학의 영향이라는 견해에는 보완이
필요하다고 생각한다. 이곳의 논의를 통해 알 수 있듯이 심장 중심의 관점은 초기 한의
학에서부터 있었기 때문이다.

다. 구성과정에 초점을 맞춘다는 것은 연원을 좀 더 강조한다는 뜻이기 때문에, 분석적 고찰의 어려움에서도 자유롭다.

이 절에서는 한의학 신체관을 경맥과 오장으로 나눠서 검토했는데, 경맥과 오장은 연원이 달랐기 때문이다. 12경맥은 임상경험에서 성장한 이론으로서 생리적 토대였고, 오장은 도가 수양론에서 연원한 것으로서 심리적 기반이었다. 물론 주류적 특성이 그렇다는 뜻이다.

1) 경맥의 신체관

포정해우 고사에 나오는 기는 마음의 감응력이었다. 도가 수양론에서는 생기의 발현양식이 중요한 논제였다. 생기의 온전한 발현을 위해 불균형을 초래하는 감정과 이익을 탐하는 마음이 제어되어야 한다고 주장되었다. 생기가 주어지는 방식과 몸의 생명력을 유지하는 과정은 중시되지 않았다. 그러나 생명과 죽음은 물리적이고 현실적인 문제였으므로, 의학자들은 이런 질문을 간과할 수 없었다. 음식을 먹지 않으면 생기를 잃고 끝내는 죽음에 이른다는 사실이 명확했으므로, 음식과 생명력을 관련시켜야 했다. 음식은 생명의 근원이었고, 소화기관인 육부가 중시되지 않을 수 없었다. 『황제내경』의 유일한 해부기록이 육부에 관한 것인 까닭이다.

황제가 백고에게 말했다. 나는 곡식을 전달하는 장 그리고 위의 크기, 길이 및 그 안에 들어가는 곡식의 양에 관해 알고 싶다. … 입술에서 치아까지의 거리는 9분이고 입의 너비는 2.5촌이다. 치아에서 회염에 이르기까지의 깊이는 3.5촌이다. 크게 입을 벌렸을 때는 5홉이 들어간다. 혀의 무게는 10냥이고 길이는 7촌이며 너비는 2.5촌이다. 목은 무게가 10냥이고 너비는 1.5촌이며 위까지의 길이는 1.6척이다. 위는 구부려져 있다. 위의 길이는 2.6척이고 크기는 1.5척이다. 너비는 5촌이고, 최대한 2.5말의 음식이 들어갈 수 있다. 소장은 척추에 붙은 채, 좌측으로 돌면서 쌓인다. 소장은 배꼽 근처에서 회장으로 들어간다. 소장은 16번 구부러진다. 둘레가 2.5촌이고 직경은 8과 1/3분이며 길이는 3.3장이다. 회장은 배꼽을 기준으로 왼쪽으로 돈다. 나뭇잎처럼 쌓이면서 내려온다. 16번 도는데, 둘레는 4촌이고 직경은 1과 1/3촌이며 길이는 2.1장이다. 광장은 등에 붙어 있다. 대장의 내용물을 받아 왼쪽으로 돈다. 켜켜이 쌓이면서 오르락내리락한다. 둘레가 8촌이고 직경은 2와 2/3촌이며 길이는 2.8척이다.44)

이 글은 소장, 대장, 직장까지 이어진다. 소화기계의 무게, 용량, 길이, 폭이 계측의 목적이다. 이 글에서 기록하고 있는 내용은 실제에 부합한다. 신체기관의 비율은 이 기록이 실제의 해부를 통해 얻어진 기록임을 알려준다. 예를 들어, 식도와 창자의 길이는 1.6척 : 55.8척으로 1 : 34.8의 비율이다. 이것은 현대 해부학에서 밝힌 25cm : 825cm (1 : 33)의 비율에 가깝다. 「장위」 편의 계측자료는 해부를 통하지 않고서는 알 수 없는 내용이다. 「장위」 편에서 해부계측을 한 까닭은 무엇일까? 「평인절곡」 편에서 그 동기를 알 수 있다.

황제가 말했다. 사람들이 7일간 음식을 먹지 않으면 죽는 까닭은 무엇인가? 백고가 말했다. 그 까닭을 말하겠다. 위에는 곡식 2말과 물 1.5말이 들어

---

44) 『靈樞』「腸胃」: 黃帝問於伯高曰, 余願聞六府傳穀者, 腸胃之大小長短, 受穀之多少奈何. 伯高曰, 請盡言之, 穀所從出入淺深遠近長短之度. 脣至齒長九分, 口廣二寸半. 齒以後至會厭, 深三寸半, 大容五合. 舌重十兩, 長七寸, 廣二寸半. 咽門重十兩, 廣一寸半, 至胃長一尺六寸. 胃紆曲屈, 伸之, 長二尺六寸, 大一尺五寸, 徑五寸, 大容二斗五升. 小腸後附脊, 左環廻周疊積, 其注於廻腸者, 外附於臍上. 廻運環十六曲, 大二寸半, 徑八分分之少半, 長三丈二尺. 廻腸當臍左環, 廻周葉積而下, 廻運環反十六曲, 大四寸, 徑一寸寸之少半, 長二丈一尺. 廣腸傳脊, 以受廻腸, 左環葉脊上下辟, 大八寸, 徑二寸寸之大半, 長二尺八寸. 인용문의 광장과 회장은 현대의 대장에 포함된다.

간다. 상초에서는 기를 발설한다. 정미로운 기를 내보내는데, 이 기는 날래면
서 빠르다. 하초는 아래로 여러 장을 적셔준다. … 장위의 길이는 모두 5.84장
으로 수곡 9.21말과 2/3홉을 받아들인다. 이것이 장위가 받아들이는 수곡의
총량이다. 그러나 평인은 그렇지 않다. 위가 차면 장이 비고, 장이 차면 위가
빈다. 그러므로 기가 위아래로 움직일 수 있어 오장이 안정되고, 혈맥이 조화
롭게 순행하며 정신이 거주한다. 신은 결국 수곡의 정기다. 장과 위속에는 곡
식 2말과 물 1.5말이 들어 있다. 그러므로 평인이 하루에 두 번 화장실에 가고
한 번에 2.5되의 변을 보면 하루에 5되를 변으로 배출한다. 7일이면 3.5말을
배출해서 몸속에 있던 수곡이 모두 몸 밖으로 배출된다. 그러므로 평인이 7
일간 음식을 먹지 않아서 죽는 것은 수곡의 정기와 진액이 다하기 때문이
다.45)

이곳에서 묘사하고 있는 내용은 「장위」편과 동일하다. 「장위」편은 「평
인절곡」편의 밑 자료였다. 「장위」편의 계측(計測)은 생명과 음식의 관련성
을 설명하기 위한 것이었다. 객관적 계측자료에 토대해서 생리학 이론을
구축하겠다는 실증 정신이 해부의 동기였고, 음식에서 생명의 기운을 얻는
다는 점을 명확히 드러내야 한다는 것이 이론적 요청이었다. 생명의 기운
은 위(胃)에서 몸 안으로 흡수되었고, 경맥을 타고 흘렀다. 경맥체계에 초점

---

45) 『靈樞』「平人絶穀」: 黃帝曰, 願聞人之不食, 七日而死, 何也. 伯高曰, 臣請言其故. 胃
大一尺五寸, 徑五寸, 長二尺六寸, 橫屈受水穀三斗五升, 其中之穀, 常留二斗, 水一斗
五升而滿, 上焦泄氣, 出其精微, 慓悍滑疾, 下焦下漑諸腸. 小腸大二寸半, 徑八分分之
少半, 長三丈二尺, 受穀二斗四升, 水六升三合合之大半. 廻腸大四寸, 徑一寸寸之少
半, 長二丈一尺, 受穀一斗, 水七升半. 廣腸大八寸, 徑二寸寸之大半, 長二尺八寸, 受
穀九升三合八分合之一. 腸胃之長, 凡五丈八尺四寸, 受水穀九斗二升一合合之大半,
此腸胃所受水穀之數也. 平人則不然, 胃滿則腸虛, 腸滿則胃虛, 更虛更滿, 故氣得上
下, 五藏安定, 血脈和利, 精神乃居, 故神者, 水穀之精氣也. 故腸胃之中, 當留穀二斗,
水一斗五升, 故平人日再後, 後二升半, 一日中五升, 七日五七三斗五升, 而留水穀盡
矣. 故平人不食飮七日而死者, 水穀精氣津液皆盡故也.

을 맞추면 한의학의 몸은 생명의 기운을 받아들여 전화(轉化), 유주(流注), 저장, 배설하는 개방 시스템이라고 정의할 수 있다. 『황제내경』의 저자들은 음식에서 얻은 생명력이 경맥을 타고 흐르다가 오장에 모이는 시스템을 구상했다.

> 사람은 곡식에서 기를 받는다. 음식은 위로 들어간 후, 폐로 전해진다. 오장육부는 모두 이 과정을 통해 기를 받는다. 그 중에서 맑은 것은 영기가 되고 탁한 것은 위기가 된다. 영기는 맥 속에 있고 위기는 맥 밖에 있다.[46]

생명은 곡식에서 얻어진다. 생명의 기운은 둘로 나뉘는데, 하나는 위기이고 둘은 영기였다. (위기는 맥을 호위하고 영기는 영양한다고 말하지만, 실은 위기와 영기의 구분은 중요하지 않다. 그것은 사후(死後)에 동맥에는 피가 없고, 정맥에는 있다는 것을 확인한 이후에 발생한 억지스러운 구분일 가능성이 높다.) 곡식에서 얻어진 기운은 우선 폐로 전해지는데, 이것이 수태음폐경이 경맥시스템의 제일 앞에 있는 까닭이다. 아래 글은 이 과정을 세밀하게 묘사하고 있다.

> 오곡이 위로 들어오면 그 중의 조박한 것과 진액 그리고 종기의 셋으로 나뉜다. 종기는 가슴에 쌓여 있다가 목구멍으로 나와서 심폐를 뚫고 호흡을 행한다.[47]
> 곡식이 처음에 위로 들어오면 그 중 정미한 기운은 먼저 위의 상초와 하초에서 나와 오장을 적셔준다. … 뭉쳐서 움직이지 않는 대기는 가슴에 쌓여

---

46) 『靈樞』「營衛生會」: 人受氣於穀, 穀入於胃, 以傳與肺, 五藏六府, 皆以受氣, 其淸者爲營, 濁者爲衛, 營在脈中, 衛在脈外.
47) 『靈樞』「邪客」: 五穀入於胃也, 其糟粕津液宗氣, 分爲三隧, 故宗氣積於胸中, 出於喉嚨, 以貫心脈(肺), 而行呼吸焉.

있다. 이것을 기해라고 한다. 기해에 쌓여 있던 기는 폐로 나와 목구멍을 따라 움직인다. 그러므로 숨을 내쉬면 나가고 들이쉬면 들어온다. 천지의 정기는 늘 셋이 나가고 하나가 들어온다. 그러므로 반나절 동안 음식을 먹지 않으면 기운이 쇠하고, 하루 동안 먹지 않으면 기운이 극히 적어진다.[48]

침을 사용하는 경우는 (치료의 목적이) 기를 조절하는 데 있다. 기는 위(胃)에 쌓여 영기와 위기를 통하게 하고, 각기 그 길을 가도록 한다. 종기는 기해에 머무는데 아래로 향하는 것은 기가로 이어지고 위로 가는 것은 식도로 이어진다. 그러므로 궐역이 발에 있으면 종기가 내려가지 못하고 맥 속의 혈이 응결하여 흐르지 않는다.[49]

종기는 식사를 통해 몸 안으로 들어온다. 몸을 수직으로 오르내리는 종기는 가슴에 쌓인다. 종기는 곡식의 기운일 수도, 호흡을 통한 기운일 수도 있지만, 순수하게 곡식에서 나온 기운은 아닐 것이다. 그러나 종기가 호흡을 통해 얻은 기운이라고 보기도 어렵다. 『황제내경』에서는 호흡을 통해 얻은 기를 진기라고 부르기 때문이다. "진기는 하늘로부터 받은 것으로 곡기와 더불어 몸을 채운다."[50] 연원이 무엇이든 종기는 호흡의 동력이었고, 호흡은 경맥순환의 동력 가운데 하나였다. 다른 기운은 위기(胃氣) 즉 곡식의 기운이었다.[51] 기는 자생자화(自生自化)하므로 추동력을 담당하는 기관이 필요하지 않다. 모든 기에는 추동력이 있지만, 몸을 일순하고 돌아온 기운은 약했다. 종기가 추동하는 호흡과 위기는 거센 물줄기가 그렇듯이, 몸

---

48) 『靈樞』「五味」: 穀始入於胃, 其精微者, 先出於胃之兩焦, 以漑五藏 … 其大氣之搏而不行者, 積於胸中, 命曰氣海, 出於肺, 循喉咽, 故呼則出, 吸則入. 天地之精氣, 其大數常出三入一, 故穀不入半日則氣衰, 一日則氣少矣.

49) 『靈樞』「刺節眞邪」: 用鍼之類, 在於調氣, 氣積於胃, 以通營衛, 各行其道, 宗氣留於海, 其下者, 注於氣街, 其上者, 走於息道. 故厥在於足, 宗氣不下, 脈中之血, 凝而留止.

50) 『靈樞』「刺節眞邪」: 眞氣者, 所受於天, 與穀氣幷而充身也.

51) 정우진, 「양생과 한의학」, 『도교문화연구』 32(2010), 175.

을 일순하고 돌아와 겨우겨우 흐르는 기운을 추동했다. 『황제내경』의 순환
과 관련된 내용에는 약간의 상이점이 있지만, 큰 틀에서는 다르지 않았다.
몸 곳곳으로 생명의 기운을 나르는 것이 경맥의 주된 임무였다. 경맥은 생
명이 다니는 통로였다.

외부와의 감응력인 생기가 경맥을 유주했으므로, 자연스럽게 경맥순환
을 통해 감응을 설명하게 되었다. 『황제내경』의 저자들은 경맥순환이 우주
의 리듬에 동승(同乘)한다고 말했다. 수양론의 허정한 가운데 발생하는 자
연스러운 기의 소통 즉 감응을 한대 초기의 과학 철학자들은 봄에 진달래
가 꽃망울을 터뜨리듯이 우주의 리듬에 따르는 것이라고 해석했고, 의과학
자(醫科學者)들은 이 관념을 받아들였다. 『영추』 「오십영」 편에는 경맥순환
이 우주의 리듬에 발맞추는 모습이 상세히 기술되어 있다.

> 물시계로 하루는 100각이다. 사람이 한 번 숨을 내쉴 때, 맥은 두 번 뛰고
> 기는 3촌을 움직인다. 한 번 숨을 들이쉴 때, 맥은 두 번 뛰고 기는 3촌을 움직
> 인다. 한 번 호흡하는 동안 기는 6촌 운행한다. 열 번 숨 쉴 때, 기는 6척을 운
> 행하고 태양은 2분을 움직인다. 270번 숨 쉬는 동안, 기는 16.2장을 운행한다.
> 기는 경맥 속을 관통해서 몸을 한 바퀴 돈다. 물시계로 2각의 시간이 걸린다.
> … 13,500번 숨 쉬는 동안, 기는 몸을 50번 순환한다. 물시계로 100각이 되고,
> 태양은 28수를 모두 운행한다.[52)]

「위기행」 편에서는 다음과 같이 말한다.

---

52) 『靈樞』 「五十營」 : 漏水下百刻, 以分晝夜, 人一呼, 脈再動, 氣行三寸, 一吸, 脈亦再動,
氣行三寸, 呼吸定息, 氣行六寸, 十息氣行六尺, 日行二分. 二百七十息, 氣行十六丈二
尺, 氣行交通於中, 一周於身, 下水二刻 … 一萬三千五百息, 氣行五十營於身, 水下百
刻, 日行二十八宿.

感應의 哲學

일 년에는 12개월이 있고, 하루는 12진으로 나뉜다. … 하늘은 28수를 돈다. 각 방위마다 7개의 별자리가 있다. … 따라서 위기의 운행은 하루 동안 몸을 50바퀴 돈다. 낮에는 몸의 바깥쪽을 25바퀴 돌고, 밤에는 몸의 안쪽을 25바퀴 돈다. 이때 오장을 주류한다.[53)]

「위기행(衛氣行)」과 「오십영(五十營)」편에서는 경맥의 수는 28개이고, 기는 하루 동안에 몸을 50번 돈다고 말하고 있다. 주지하듯이, 『황제내경』의 경맥 수는 일정치 않다.[54)] 그런데도 28개로 확정했다는 점은 두 문헌 사이의 관련성을 높여준다. 「오십영」편의 뼈 길이의 측정은 「위기행」편에 보이는 경맥의 순환을 설명하기 위한 것이었음을 알 수 있다. 「오십영」편의 계산은 정확해 보이고, 이 계산에 토대했을 「위기행」편의 논의도 사실적으로 보인다.

그러나 실은 의사(疑似) 계산이다. 하루에 50번 순환한다고 할 때의 50이라는 수는 인위적이다. 「오십영」과 「위기행」편의 내용을 확인해봐야 한다. 정말 2각에 270번 호흡할까? 그리고 한 번 호흡하는 동안, 기가 6치를 움직인다는 것은 어떻게 알아냈을까? 1각은 28.8분이다. 호흡수는 안정된 상태에서 약 1분에 10-13회에 이른다. 호흡수를 1분당 10으로 간주하면, 대략 1각에 290번 호흡하는 셈이다. 약간의 차이는 있지만 시간당 호흡수는 대략 부합한다. 그러나 기의 움직임을 측정한다는 것은 상상하기 힘들다.

니덤은 이 점에 대해 별다른 견해를 남기지 않았다. 다만 동맥의 상처에서 솟아나는 피를 보고 반복적인 움직임을 알고 있었으리라고 말했다.[55)]

---

53) 『靈樞』「衛氣行」: 歲有十二月, 日有十二辰. … 天周二十八宿, 而一面七星 … 衛氣之行, 一日一夜五十周於身, 晝日行於陽二十五周, 夜行於陰二十五周, 周於五藏

54) 『황제내경』에 보이는 다양한 경맥 수에 관해서는 Keegan의 학위논문을 참조. David Joseph Keegan, *The Huang-ti nei-ching : The structure of the compilation, the significance of the structure,* dissertation thesis(University of California, 1988), introduction vii.

55) 山田慶兒, 『中國醫學の起源』(岩波書店, 1999), 363.

야마다는 콧구멍으로 호흡할 때의 느낌을 통해 알아낸 것이라고 말했다.56) 코를 통해서 나간 숨이 3치 정도 움직이는가? 그것을 어떻게 알 수 있다는 것일까? 다른 해석이 없을까? 호흡 당 6촌의 이동 거리는, 맥진을 통해서 알아낸 것일 수 있다.

앞의 인용문에서는 한번 호흡할 때마다, 4번씩 박동이 뛴다고 말했다. 손목에 세 개의 손가락을 나란히 얹고 박동을 느껴보라. 박동이 뛸 때마다, 기는 대략 1.5촌 즉 3.5cm정도씩 움직이는 것 같지 않은가? 그렇다면 1.5촌 의 4배인 6촌씩 움직이는 셈이다. 그러나 정말로 박동할 때마다 3.5cm씩 움 직이는 것일까? 이건 사실을 가장한 상상이다. 촉감이 아무리 정교하더라 도, 기운의 이동 거리를 알 수는 없다. 알 수 있다 하더라도 객관적 지표로 나타낼 수는 없다. 기의 이동 거리만이 아니다. 다른 항목도 50이라는 숫자 에 짜 맞춰진 것이다. 이런 사이비 계산을 한 까닭은 무엇일까?

『내경』의 저자들은 몸의 경맥순환이 우주의 리듬과 일치한다는 것을 '의도적으로' 증명하려 했다. 50이라는 숫자는 소우주에 있는 우주의 리듬 (cosmic rhythm)이다. 경맥순환이 우주의 리듬과 일치한다는 점을 주장하 기 위해, 『내경』의 저자들은 50이라는 숫자를 의도적으로 개입시켰다. 50 은 12나 28, 360처럼 우주의 리듬를 대표하지는 못한다. 그러나 물시계로 체크한 하루 100각의 절반인 50도 우주의 리듬을 상징하는 인위적 숫자임 에는 틀림없다. 몸은 독자적 자율 체계였지만, 외부의 리듬에 순응하는 체 계로 묘사되었다. 우주의 리듬에 따르는 경맥순환 체계는 한대 초기에 완 성된 기초과학 이론의 의학적 구현물이었다.

외부의 리듬에 순응한다고 말하는 것은 자연관에서는 별 문제 없이 통 용될 수 있는 진술이다. 그러나 외부의 변화에도 불구하고 몸은 항상성을 유지해야 한다. 푸코는 이 문제점을 다음과 같이 지적했다.

---

56) Lu Gweidjen & Joseph Needham, *Celestial Lancets*(Routledge Curzon, 2002), 33.

공감은 사물들을 동화하는, 사물들을 서로 같게 만드는, 사물들을 혼합하는, 사물들의 개체성을 소멸시키는—그럼으로써 사물들을 이전의 모습에 낯설게 만드는—위험한 힘을 갖는다.[57)]

그리고 이런 문제점이 (전근대 사회에서) 반감의 논리가 제기된 까닭이라고 말했다.

공감이 그것의 쌍둥이인 반감에 의해 보충되는 이유가 바로 여기에 있다. 반감은 사물들의 고립된 상태를 고수하며 그것들의 동화를 막는다.[58)]

한의학의 정초자들은 기운을 소통해야 한다는, 즉 감응해야 한다는 관념과 질병을 일으키는 기운에 감응해서는 안 된다는 지침이 충돌하는 지점에서 유사한 문제에 봉착했다. 그들은 이 문제를 어떻게 해결했을까? 송(宋)대에 진무택(陳無擇)은 한의학의 질병관을 내인과 외인 그리고 불내외인으로 설명했다. 이 관점은 후대에 개진된 것이지만, 『내경』에 적용해도 별다른 문제가 없다. 말단적 자극으로 인해 발생하는 감정이 질병의 내인이라면, 외인으로 인한 질병은 외부의 물리적 자극으로 인해 발생한다고 믿어졌다. 밖에서 들어와 몸 안의 조화를 깨트리는 기운은 사기(邪氣)라고 특칭되었다.

기백이 말했다. 피부는 맥의 부이다. 사기가 피부에 침입하면 주리가 열린다. (주리가) 열리면 사기는 낙맥으로 침입한다. 낙맥을 채우면 사기는 다시 경맥으로 흘러 들어간다. 경맥이 그득해지면 사기는 다시 장부로 들어간다. 그러므로 피부에는 나뉘어서 말하는 부가 있는 법이다. 피부의 특정 부위가 다

57) Michel Foucault, 이광래 역, 『말과 사물』(민음사, 1980), 49.
58) Michel Foucault(1980), 49.

른 곳과 같지 않으면 큰 병이 난다.59)

기는 감응을 매개한다. 질병을 초래하는 사기는 피부에서 주리로 주리에서 다시 낙맥으로 그리고 경맥으로 들어왔다가 장부로 침입한다. 질병의 침입도 일종의 감응이었지만, 당연히 피해야 하는 것이었다. 인용문의 부와 객은 모두 병법에서 사용되는 용어다. 신성곤의 설명에 따르면, 한대에 객은 부곡민(部曲民)과 같은 성격의 집단을 일컫는 말로 사용되었다.

객은 원래 전국시대 말부터 식객, 빈객이라는 형태로 등장했는데, 한대에 들어 객을 부양하는 풍조가 성행했다. … 객은 부곡의 사회적 실체와 거의 같은 모습을 보인다. 따라서 객과 부곡을 같은 계층으로 보아도 무리는 아닐 것이다.60)

신성곤은 부도 군대편제 단위라고 말했다. 그는 1978년 청해성, 대통현, 상손가채에서 발견된 병법과 관련된 목간을 근거로 현행본『손자병법』에서는 보이지 않았던 부(部)가 일종의 군대편제 단위로 쓰이고 있었음을 밝혔다.

부와 곡이 한대(漢代) 군대의 편제단위로 사용되었다는 사실을 더 자세히 보여주는 자료가 1978년 청해성, 대통현, 상손가채에서 발견됐다. 1973년부터 이 지역에서 출토된 목간은 총 400편인데, 그 내용은 주로 군대의 편제, 조련에 관한 법규, 군대의 표식, 군공에 관한 포상제, 처벌규정 등이다. 특히 여기서 발견된 손자병법의 일부는 이전에 알려지지 않았던 새로운 내용으로

---

59)『素問』「皮部論」: 歧伯曰 皮者, 脈之部也. 邪客於皮, 則腠理開, 開則邪入客於絡脈, 絡脈滿則注於經脈, 經脈滿則入舍於府藏也. 故皮者, 有分部, 不與而生大病也.
60) 신성곤,『중국의 부곡, 잊혀진 역사 사라진 인간』(책세상, 2005), 77.

평가받는다. 그 중 전한 말기의 것으로 추정되는 115호 한묘에서 다수의 목
간이 발견되었고, 그 내용에 부와 곡의 용례가 포함되어 있다.[61]

『내경』의 저자들은 병법의 논리를 빌려서 외인의 질병관을 체계화했다.
사기의 공격을 방어하는 정기(正氣)라는 개념이 창안되었다. 「자법론」에서
는 정기가 내부에 있으면 사기가 침범하지 못한다고 말했다.[62] 「상고천진론」
의 다음 구절은 사기에 대한 정기의 개념이 도가 수양론에서 연원했음을
알려준다.

> 무릇 상고 시기의 성인이 사람들을 가르침에 허사적풍을 피함에 때가 있
> 다고 하였다. 염담허무하면 진기가 그것을 따라 들어와 정신이 안에서 지키
> 니, 병이 어떻게 생기겠는가?[63]

허정이 도가 수양론의 핵심 개념이라는 점을 상기하라. 사기에 대적하
는 정기는 진기와 정신의 이명(異名)이다. 이 인용문이 마음을 허정하게 하
면 마음의 분란이 일어나지 않는다는 도가 수양론의 의학적 각색이라는 것
은 두 말할 필요가 없다.

『내경』의 저자들은 기론(氣論)을 재해석함으로써, 외부의 자극에 의한
떨림이 질병의 원인이 된다는 이론을 구축했다. 피부를 통해 들어온 기운
은 주리를 열고 낙맥으로 그리고 경맥으로 이어서 장부로 들어간다는 말은
외부로부터 안으로 향하는 기의 전개과정을 보여주는 동시에, 외부로부터
내부로 들어오는 구조적 신체관을 미약하게 드러낸다. 그들은 이 과정을

---

61) 신성곤(2005), 34-35.
62) 『素問』「刺法論」: 正氣存內, 邪不可干.
63) 『素問』「上古天眞論」: 夫上古聖人之敎下也, 皆謂之虛邪賊風, 避之有時, 恬惔虛无,
    眞氣從之, 精神內守, 病安從來.

경맥 시스템으로 보완했다. 이런 신체관 즉 외부에서 내부로 향하는 신체관을 경맥으로 온전히 대치한 것은 『상한론』의 저자였는데, 『내경』의 「열론」 편에 『상한론』의 원형이 들어 있다.

한사에 상해 하루가 되면 거양이 한사를 받는다. 그러므로 머리와 목의 통증이 있으며 허리와 등이 뻣뻣해진다. 이틀이 되면 양명이 한사를 받는다. 양명은 육을 주관하고 그 맥은 코를 끼고 눈에 이어지므로 몸에 열이 나고 목에 통증이 있으며 코가 마르고 눕지 못한다. 삼일이 되면 소양맥이 받는다. 소양은 담을 주관하고 그 맥은 옆구리를 끼고 귀에 닿는다. 그러므로 가슴과 옆구리 통증이 있고 귀가 들리지 않는다. 삼양의 경락이 모두 그 병을 받았지만 아직 장에는 들어가지 않았으므로 발한하는 방식으로 치료할 수 있다. 사일이 되면 태음맥이 받는다. 태음맥은 위중을 두르고 목구멍에 이어지므로 배가 그득해지고 목이 마른다. 오일이 되면 소음맥이 받는다. 소음맥은 신장을 뚫고 폐에 닿으며 혀뿌리로 이어진다. 그러므로 입과 혀가 마른다. 육일이 되면 궐음맥이 받는다. 궐음맥은 음기를 따라 간으로 이어진다. 그러므로 번만증이 있으면서 고환이 쪼그라든다. 삼음삼양과 오장육부가 모두 병을 받아 영기와 위기가 운행하지 못하면 오장이 통하지 않으므로 죽는다.[64]

외부로부터 내부로 향하는 신체의 구조적 이해는 경맥체계로 대치되었다. 이글에서 몇 가지 생각을 읽어낼 수 있다.

---

64) 『素問』「熱論」: (帝曰, 願聞其狀. 岐伯曰) 傷寒一日, 巨陽受之, 故頭項痛, 腰脊強. 二日, 陽明受之, 陽明主肉, 其脈俠鼻絡於目, 故身熱目疼而鼻乾, 不得臥也. 三日, 少陽受之, 少陽主膽, 其脈循脇絡於耳, 故胸脇痛而耳聾. 三陽經絡皆受其病, 而未入於藏者, 故可汗而已. 四日, 太陰受之, 太陰脈布胃中絡於嗌, 故腹滿而嗌乾. 五日, 少陰受之, 少陰脈貫腎絡於肺, 繫舌本, 故口燥舌乾而渴. 六日, 厥陰受之, 厥陰脈循陰器而絡於肝, 故煩滿而囊縮. 三陰三陽, 五藏六府, 皆受病, 榮衛不行, 五藏不通, 則死矣.

1) 기는 생명이다.

2) 기는 끝없이 운행하며 멈추지 않는다.

3) 기의 정지는 곧 죽음을 의미한다.

4) 기는 경맥을 통해 몸 안을 유주한다.

5) 질병 곧 반생명은 기의 정지를 초래한다.

6) 기의 정지가 곧 바로 죽음을 초래하지는 않는다. 오장이 곧 생명의 뿌리다.

　마음의 동요가 정신을 쫓아내서 총기(聰氣)를 없애고 질병을 초래한다는 수양론의 관념은 의학적으로 재해석되었다. 한편으로는 병법의 이론이 차용되었다. 사기의 공격을 방어하는 정기(正氣)가 가정되었고, 부라는 군대편제 단위는 질병이 침입하는 영역인 특정 피부부위를 가리키는 것으로 해석되었다. 외부로부터 침입한 사기는 경맥을 타고 몸 안으로 들어온다고 말해졌다. 오장은 생명의 뿌리였다. 사기가 경맥을 타고 오장에 이르러 생기를 제어하면 죽음에 이르렀다.

　경맥은 감응의 기반이었다. 감응론은 본래 수양론의 핵심이론으로서, 기가 매개한다고 말해졌다. 한대 초기의 자연철학자들은 감응을 자연의 패턴에 따르는 것으로 해석했다. 잘못된 감응이라고 할 수 있는 감정의 병인론과 관련된 수양론의 논의도 외인의 침입과 방어라는 구도로 재구성되었다. 한의학의 정초자들은 경맥순환이 패턴과 일치한다고 말함으로써, 과학적으로 재해석된 감응을 경맥에 토대해서 설명했다. 경맥체계의 구성은 과학적 감응의 의학적 전개였다고 평가할 수 있다. 부적절한 감응의 양상인 감정과 관련된 수양론의 구도도 외인으로 인한 발병기전을 해석하기 위해 차용되었다. 수양론적 감응의 의과학적 전개라고 말할 수 있다. 생명의 뿌리였던 오장의 구성도 그런 흐름 속에서 설명할 수 있는데, 이념의 구현과 체계의 완성도라는 측면에서 보자면 경맥보다 철저하지 못했다.

2) 오장의 신체관

한의학 이전에도 오장이라는 단어가 있었지만, 그 위상은 미미했다. 심지어 오장이 육부를 의미하는 경우도 있었다. 마왕퇴 발굴 문헌인 『음양맥사후』에서는 육부를 오장이라고 말했다.

흐르는 물은 썩지 않고, 문짝은 좀먹지 않으니, 움직이기 때문이다. 움직이면 사지를 채우고 오장을 비운다. 오장이 비면 옥체가 편안하다. 무릇 수레를 타고 육식을 하는 이들은 봄가을로 반드시……면, 맥이 썩어 문드러지고 살이 죽는다. 맥이 차면 비우고, 비면 실하게 하여야 한다. (진맥을 할 때는) 고요히 기다려서 맥상을 살펴야 한다.65)

몸을 움직여서 비울 수 있는 것은 소화기관이지 오장이 아니다. 그럼에도 불구하고 『음양맥사후』에서는 소화기관을 오장이라고 말했다. 마왕퇴 발굴 문헌은 기원전 168년에 매장되었다. 전한기까지도 소화기관을 오장이라고 하는 데 별 문제가 없었음을 알 수 있다. 「오장별론」편에서 오장과 관련된 논쟁의 일단을 확인해 볼 수 있다.

황제가 물었다. 내가 듣기로 방사들 중 혹자는 뇌수를 장이라 하고 어떤 이는 장위를 장이라고 하며 어떤 이들은 부라고 하는데 서로 상반되는데도 모두들 자신들이 옳다고 하니 어쩌된 일입니까? 기백이 대답했다. 뇌수, 골, 맥, 담, 여자포의 여섯은 지기가 만든 것으로 모두 음에 잠장되고 땅을 본떴습니다. 그러므로 품고 있을 뿐 밖으로 놓아 보내지 않습니다. 이것을 기항지

---

65) 『陰陽脈死候』: 夫流水不腐戶樞不蠹, 以其動. 動則實四肢而虛五藏, 五藏虛則玉體利矣. 夫乘車食肉者, 春秋必□. □則脈爛□而肉死. 脈盈而虛之, 虛而實之. 靜則待之. 마왕퇴 발굴 문헌의 원문은 정우진, 『한의학의 봄』(청홍, 2015)을 참조했음.

부라고 합니다. 무릇 위, 대장, 삼초, 방광의 다섯은 천기가 만들어 내는 것으로 그 기는 하늘을 본떴습니다. 그러므로 밖으로 내놓으면서도 보관하지는 않습니다. 이것은 오장의 탁기를 받아들이기 때문에 전화지부라고 합니다. 이것은 오랫동안 머물게 하지 못하고 전달하여 배설합니다. 백문도 오장인데, 수곡이 오랫동안 머물게 하지 못합니다.[66]

수백 년에 걸쳐서 성립된 『내경』이 완성된 후에야 이 논쟁은 정리되었다. 오장에는 각각 고유한 역할이 부여되었고, 폐, 간, 비, 신은 심장과 비등한 지위를 확보할 수 있었다. 한대 초기에 강화되었던 오방신의 관념이 영향을 끼쳤을 것이고, 『황제내경』의 이론적 토대인 오행도 중요한 요인이었을 것이다. 심뿐이었던 신체에 오장이 등장했지만, 오장은 심장과 무관하지 않았다. 어떤 의미에서 오장은 심장의 유비 모델이었다. 특수한 유비 모델로서 오장에는 도가 수양론의 기본 구도가 들어 있었다. 다만 물리적으로 해석되는 경향이 있었고, 생리적 기능을 일부씩 분담했을 뿐이다.

생리적 측면에서 오장의 일차적인 그리고 공통된 기능은 정기의 저장이었다.

이른바 오장이라는 것은 정기를 품고 있으면서 내보내지 않는다. 그러므로 (언제나) 그득하므로 (비운 다음에) 채울 수 있는 것이 아니다. (이에 반해) 육부는 음식물을 전화시키면서 저장하지 않는다. 그러므로 채울 수 있고, (늘) 그득할 수는 없다.[67]

---

66) 『素問』「熱論」: 黃帝問曰, 余聞方士, 或以腦髓爲藏, 或以腸胃爲藏, 或以爲府, 敢問更相反, 皆自謂是, 不知其道, 願聞其說. 岐伯對曰, 腦髓骨脈膽女子胞, 此六者, 地氣之所生也, 皆藏於陰而象於地, 故藏而不寫, 名曰奇恒之府. 夫胃大腸小腸三焦膀胱, 此五者, 天氣之所生也, 其氣象天, 故寫而不藏, 此受五藏濁氣, 名曰傳化之府, 此不能久留輸寫者也. 魄門亦爲五藏, 使水穀不得久藏.

67) 『素問』「熱論」: 所謂五藏者, 藏精氣而不寫也, 故滿而不能實. 六府者, 傳化物而不

육부와 오장은 구조가 달랐다. 육부는 속이 비어 있고, 오장은 그렇지 않다. 그러나 폐는 속이 차 있는가? 만(滿)과 실(實)이라는 기준은 분명하게 적용되지 않았다. 그러므로 오장과 육부에 대한 질문이 종종 제기되었을 것이다. 생명의 근거인 정은 오장각각에 분장된다고 말해졌지만, 본래 수양론에서 생명이 뭉쳐 있는 정은 마음에만 머물던 것이었고, 생리적이기보다는 심리적이었다. 『춘추번로』의 다음 구절은 이 점을 말하고 있다.

> 맑은 기를 정이라고 한다. 기운이 깨끗한 사람을 현자라고 한다. 몸을 다스리는 데 있어서는 정을 쌓는 것이 중요하다. … 몸에서는 마음이 근본이 되고, 나라에서는 임금이 주인이 된다. 정이 그 근본에 쌓이면 혈기가 서로 이어받고, 지혜로움이 주군에게 쌓이면 상하의 계층이 서로 부리고 부림을 받는다. 혈기가 서로 이어받으면 몸에는 고달픈 바가 없다.[68]

『춘추번로』의 인용문에서 말하는 깨끗한 정은 번잡하지 않은 마음에서 발휘되는 생기를 가리킨다. 경맥체계에서는 정을 품고 있는 오장이 심장의 분화(分化) 모델로서, 심장과 대등한 위상을 지니고 있었다.

> 맥은 신경이나 혈관과는 달리 중심이 없는 하나의 원이다. 맥박은 심장의 말만 전하지도, 주로 심장의 말을 알려주지도 않는다. 맥박은 모든 장에 관해 똑같이 알려준다. 맥은 한 곳에서 시작해서 다시 그곳으로 돌아가는데, 촌구(寸口)가 바로 그 곳이다. 경맥에는 맥을 움직이는 동력이나 주된 동자(動者)가 없다.[69]

藏, 故實而不能滿也.

68) 『春秋繁露』「通國身」: 氣之淸者爲精, 人之淸者爲賢, 治身者以積精爲寶, 治國者以積賢爲道. 身以心爲本, 國以君爲主, 精積於其本, 則血氣相承受, 賢積於其主, 則上下相制使, 血氣相承受, 則形體無所苦.

69) Shigehisa Kuriyama, 정우진·권상옥 역, 『몸의 노래』(이음, 2013), 162.

그러나 『내경』에는 마음을 중심으로 하는 신체관의 흔적이 남아 있다. "심은 군주의 관으로, 신명이 그곳에서 나옵니다. … 담은 중정의 관으로 결단이 그곳에서 나옵니다. … 방광은 주도의 관으로 진액이 그곳에 들어 있습니다."70) 물론 이 구절은 후대에 첨입된 것임에 틀림없다. "중정과 주도는 위의 조조 이후에 설치된 관명이다."71) 『황제내경』은 한대에 성립되었으므로, 위진 시기의 관명이 들어 갈 수 없다. 이 내용은 『소문』 「자법론」에서 그대로 반복되고 있다.72) 주지하듯이 이 편도 후대에 첨입된 위(僞)논문이다.73) 그러나 『내경』은 본래 다양한 논문을 묶어놓은 책이다. 나중에 첨입되었다고 해서 『내경』의 사유가 아니라고 평가절하할 수 없다. 심장을 중심으로 보는 관점은 『내경』 곳곳에서 산견된다.

전중은 심주의 궁역이다.74)

심에 정을 보관한다. 그러므로 (심장에 문제가 있으면) 오장 전체에 병이 있다.75)

심은 오장육부의 주인이다.76)

오장육부는 심을 주인으로 삼는다.77)

심장 중심의 신체관은 예거한 논문뿐 아니라 다른 곳 예를 들면, 『황제

---

70) 『素問』 「靈蘭秘典論」 : 心者, 君主之官也, 神明出焉 … 膽者, 中正之官, 決斷出焉 … 膀胱者, 州都之官, 津液藏焉.

71) 龍伯堅, 백정의 · 최일범 역, 『황제내경개론』(논장, 1988), 38.

72) 『素問』 「刺法論」 : 心者, 君主之官, 神明出焉.

73) 「刺法論」 第七十二와 「本病論」 第七十三은 후인이 첨입한 글이다. 이런 이유로 후대의 주석자들은 이 글에 대해 주석을 달지 않았다.

74) 『靈樞』 「脹論」 : 膻中者, 心主之宮域也.

75) 『素問』 「熱論」 : 藏精於心, 故病在五藏.

76) 『素問』 「熱論」 : 心者, 五臟六腑之主也.

77) 『素問』 「熱論」 : 五藏六府, 心爲之主.

내경』이전의 한의학에서도 확인된다. 1973년과 1983년 마왕퇴와 장가산에서 발굴된 문헌들은『황제내경』이전의 의학에 관해 말하고 있다.[78] 이 가운데『족비십일맥구경』과『음양십일맥구경』그리고『맥법』등은 맥에 관한 논의를 다루고 있다. 그런데 마왕퇴 발굴 문헌인『족비십일맥구경』의 족궐음맥 뒤에는 체계상 좀 특이한 글이 삽입되어 있다.[79]

> 이와 같은 다섯 가지 병을 앓는데다가 또 번심하면 죽는다. 삼음의 병이 모두 일어나면 열흘을 넘기지 못하고 죽는다. 맥을 잡음에, 마치 세 사람이 방아를 찧는 것 같으면 삼일을 넘기지 못하고 죽는다. 맥이 식경 정도 끊어지면 삼일을 넘기지 못하고 죽는다. 번심하고 배가 부으면 죽는다. 눕지 못하고 번심하면 죽는다. 환자가 반복해서 설사를 하면 죽는다. 삼음병에 양병이 겹치면 치료할 수 있다. 양병을 앓으면서 등으로 뜨거운 땀을 흘리면 죽는다. 양병을 앓고 뼈가 부러지거나 근이 끊어진다고 해도 음병이 없으면 죽지 않는다.[80]

인용문의 주제는 태음, 궐음, 소음의 삼음병이 위중하다는 것이다. 그러나 우리의 맥락에서는 번심이 나타나면 죽는다는 구절이 더 중요하다. 번심은 최종적인 이별을 알리는 증상이었고, 심장은 어떤 것보다도 중요한 지위를 지니고 있었다. 그런데 심장이 두근거리는 증상인 번심이 정말로

---

78) 이들 문헌의 매장 시기는 마왕퇴가 기원전 168년, 장가산이 기원전 186년 경으로 추정된다.『내경』은 전한부터 후한에 걸치는 기간 동안 성립되었다.

79)『족비십일맥구경』은 각 맥의 루트와 증상을 체계적으로 설명하고 있다. 족궐음맥은 족비십일맥구경의 11맥 중 6번째에 나온다. 그러므로 이처럼 이질적인 내용이 중간에 나온다는 것은 좀 이상한 일이다.

80)『足臂十一脈灸經』: 皆有此五病者, 又煩心, 死. 三陰之病亂, 不過十日死, 循脈如三人參舂, 不過三日死, 脈絶如食頃, 不過三日死, 煩心, 又腹脹, 死, 不得臥, 又煩心, 死, 溏泄恒出死, 三陰病雜以陽病, 可治, 陽病背如流湯死, 陽病折骨絶筋而無陰病, 不死.

죽음을 대표하는 징후일까? 심장의 두근거림 외에도 죽음을 상징하는 다양한 징후가 있다. 게다가 심장의 두근거림은 두려움과 긴장을 상징하는 대표적 징후다. 고양이에게 쫓기는 쥐의 심장을 생각해보라. 심장이 두근거리는 현상을 굳이 죽음의 징후로 해석한 이유를 밝히기 위해서는 또 다른 설명이 필요하다. 다양한 죽음의 징후 중에서도 번심을 특히 죽음의 대표적 징후로 받아들이게 된 계기는 무엇이었을까?

도가 수양론의 흔적이었다. 『관자』에서는 마음의 혼란을 앞의 인용문에 보이는 번심의 번자로 표현했다. "(마음을) 번거롭게 하지 말고 어지럽게도 하지 않으면 마음의 조화로움이 저절로 이뤄진다."[81] 번거로운 마음이 제거된 상태를 이상적으로 여기던 수양론의 관념이, 한의학에서 질병관으로 나타난 셈이다. 도가 수양론의 토양 위에서 한의학을 구성해낸 한의학의 초기 이론가들은 심장 중심의 관점을 완전히 털어내지 않았다. 수양론의 잔여 관념은 다른 곳에서도 확인된다. 『내경』에 나오는 심장이 혈맥을 주관한다는 기술이 그것이다.

심장이 맥을 주관한다.[82]
심장은 몸의 혈맥을 주관한다.[83]
심장은 혈맥의 기를 저장한다.[84]

이미 보았듯이 경맥체계에서 심장은 오장 각각과 위상 차이가 없다. 더군다나 『내경』에는 간이 혈을 품고 있다는 말도 보인다. "심은 신을, 폐는 기를, 간은 혈을, 비는 육을, 신은 지를 품고 있다."[85] 이런 사실들과 심장이

---

81) 『管子』「內業」: (能去憂樂喜怒欲利, 心乃反濟. 彼心之情, 利安以寧) 勿煩勿亂, 和乃自成.
82) 『靈樞』「九鍼論」: 心主脈.
83) 『素問』「痿論」: 心主身之血脈.
84) 『素問』「平人氣象論」: 心藏血脈之氣也.

혈맥을 주관한다는 말은 조화롭지 않다. 그럼에도 『내경』의 저자들과 후대의 편집자들이 심장이 혈맥을 주관한다는 말을 남겨둔 것을 어떻게 해석해야 할까? 폐가 호흡을 담당하는 것처럼, 심장이 혈맥을 주관한다는 것은 경험적 사실에 부합했고, 경맥 시스템의 도입에도 불구하고 이런 사실이 그냥 남은 것이라고 해석할 수도 있다. 그러나 이런 대답은 다음 질문을 제어하지 못한다. 특정한 곳에서만 사실에 충실한 까닭은 무엇일까?

앞의 인용문을 상기해보라. 『회남자』에서도 심장이 온갖 것을 주관한다고 말했다.[86] 심장은 수양론의 중심일 뿐 아니라, 시비판단과 같은 이성적 기능의 기반인 동시에, 생리의 중심이기도 했다. 그런데 『회남자』에서 심장이 혈기를 유통시킨다고 말한 까닭은 무엇일까? 『회남자』의 저자들도 이런 사실을 알고 있었을 것이다. 그러나 심장이 혈액순환의 중심이라는 경험적 사실은 적절한 답이 아니다. 『회남자』의 목적은 의학 지식의 전달이 아니기 때문이다. 나의 해석은 혈색이 수양의 징표로 받아들여지는 문화 때문이라는 것이다.

『논어』에 나오는 다음 글에서 이 점을 이해할 수 있을 것이다.

> 자하가 효에 관해 물었다. 공자가 답했다. "낯빛이 어렵다. 일이 있으면 제자들이 그 일을 하고, 먹을 것이 있으면 부모에게 먼저 드리는 것만으로 효가 될 수 있겠는가?"[87]

온갖 잡일을 하고, 연로한 부모님께 필요한 것을 준비해드리는 것만으로는 효가 되지 않는다. 효에는 반드시 알맞은 얼굴 표정이 수반되어야 한

---

85) 『素問』「調經論」: 心藏神, 肺藏氣, 肝藏血, 脾藏肉, 腎藏志, 而此成形.

86) 『淮南子』「原道訓」: 夫心者, 五藏之主也. 所以制使四支 流行血氣 馳騁于是非之境 而出入于百事之門戶者也.

87) 『論語』「爲政」: 子夏問孝. 子曰, 色難. 有事弟子服其勞, 有酒食先生饌, 曾是以爲孝乎?

다. 요지는 다음과 같다. '마음은 수양론의 중심이다. 혈색은 수양의 징표다. 따라서 마음이 깃들어 있는 심장이 혈맥을 주관한다.' 이런 생각은 『내경』에서도 볼 수 있다.

> 심장은 오장육부의 큰 주인이요, 정신의 집이다. 그 장은 견고해서 사기가
> 침입하지 못한다. 사기가 침입하면 심이 해를 입고, 심이 해를 입으면 신은
> 떠난다. 신이 떠나면 죽는다.[88]
> 심장은 생명의 근본으로, 신의 변화는 그 꽃이 얼굴에 나타난다.[89]

대상의 본질을 알려주는 혈색은 실은 기 그 자체였고, 생리적 건강뿐 아니라 마음의 수양 상태도 알 수 있는 단서였다. 『내경』의 저자들 가운데 일부는 혈색이 마음의 상태를 알 수 있는 단서라는 수양론의 가르침을 받아들였다. 마음 즉 심장이 혈맥을 주재해야 했다. 그들은 새로운 의학체계를 구성해냈음에도 불구하고, 서로 어울리지 않는 이론이 병거(竝居)하는 것을 허용했다. 마음이 몸의 중심이라는 관점은 깊고 강렬했다. 그러나 인상의 강렬함만으로 모든 것을 설명할 수는 없다. 오장 가운데 하나에 불과한 심장을 몸의 중심이라고 말한 까닭은 무엇일까?

나의 해석은 다음과 같다. 이미 말했듯이 한대 초기에 의학자들은 수양론과 기초과학 이론에 토대해서 의학을 구성해냈다. 수양론의 심리론은 의학적으로 전재(轉載)할 수 있을 정도로 성숙해 있었다. 그러나 생리론은 기본적 착상만 있었을 뿐, 온전히 새롭게 구성해야 했다. 『황제내경』의 저자들은 임상경험에서 성장한 경맥체계에 토대해서 생리론을 그려냈다. 그리고 수양론의 심리론은 크게 손보지 않은 상태로 전용했다. 그들은 감정을

---

88) 『靈樞』「邪客」: 心者, 五藏六府之大主也, 精神之所舍也, 其藏堅固, 邪弗能容也. 容
   之則心傷, 心傷則神去, 神去則死矣.
89) 『素問』「六節藏象論」: 心者, 生之本, 神之變也, 其華在面.

마음의 병적 현상으로 파악하는 도가 수양론의 관점을 답습했고, 마음이 몸의 중심이라는 기본관념을 수인(受引)했으며, 마음 수양의 상태가 혈색으로 나타난다는 생각을 약간만 바꿔서 차용했다. 그 결과 경맥체계와는 비교할 수 없을 정도로 도가 수양론의 흔적이 많이 남아 있는 오장론이 구축되었다.

그러나 자연 질서를 상징하는 오행도식의 유행은 이론의 불안을 초래했다. 심리의 영역에서 심장은 오장의 중심이기도 했지만, 때로는 오장과 대등하게 말해지기도 했다. 예를 들어, 『내경』의 저자들은 심장에만 속해 있던 감정을 오장에 분속(分屬)시켰다. "노여움은 간을 상하게 하고 … 기쁨은 심을 … 지나친 사려는 비를 … 근심은 폐를 … 두려움은 신을 해친다."[90] 심장에만 속해 있던 마음의 작용도 오장에 분속되었다. 마음의 특수한 상태였던 의, 지, 신이 나뉘어졌고, 부족한 것을 보충하기 위해 혼백을 들여왔다. 의, 지, 신이 마음의 특수한 양상이었다면, 혼백은 탄생과 죽음이라는 문맥에서 언급되던 것이다.[91]

「본신」 편에서는 의와 지의 차이를 다음과 같이 말하고 있다. "의(意)가 존재(存在)하는 바를 지(志)라 이른다."[92] 의가 마음의 일어남 그 자체라면, 지는 일정한 지향을 지닌 마음이다. 신은 의와 지를 일으키는 마음 자체를 일컫거나, 혹은 숙고와 같은 마음의 정신능력 일반을 지칭했다. 혼백은 사후 하늘로 올라가는 것과 땅에 머무르는 것을 일컫는 말이었는데, 본래는 몸과 영혼의 구도에 거칠게 부합하는 개념이었다. 의학자들은 혼백을 재해석했다. "생명이 유래하는 것을 정이라고 한다. 음정과 양정이 서로 엉키는 것을 신이라고 한다. 신을 따라 왕래하는 것을 혼이라 하고, 정을 따라 출입

---

90) 『素問』「陰陽應象大論」 : 怒傷肝 … 喜傷心 … 思傷脾 … 憂傷肺 … 恐傷腎.

91) Yu, Yingshih, "O Soul, Come Back! A Study in The Changing Conceptions of The Soul and Afterlife in Pre-Buddhist China," *Harvard Journal of Asiatic Studies* 47 : 2(1987).

92) 『靈樞』「本神」 : 意之所存謂之志.

하는 것을 백이라고 한다."93) 혼백의 개념은 정확하지 않다. 후대의 한의학
자들은 백을 가려움과 같은 감각이라고 규정함으로써 이 모호함을 극복하
려 했지만, 분속(分屬)의 필요에 의해 초래된 개념의 모호함을 그런 방식으
로 극복하기는 힘들었다. 물론 한의학에서 심리와 생리를 떼어내는 것은
불가능하다.

간은 혈을 품고 있고, 혈은 혼을 머물게 한다. 간기가 허해지면 사람들은
두려워하고 실하면 노여워한다. 비장은 영기를 품고 있고 영기는 의의 집이
다. 비기가 허해지면 사지를 쓰지 못하고 오장이 불안해진다. 실하면 배가 부
풀어 오르고 월경과 대소변이 순하지 못하다. 심장은 맥을 품고 맥은 신이 머
무는 곳이다. 심기가 허하면 슬퍼하고 실하면 웃음이 멎지 않는다. 폐는 기를
품고 있고 기는 백의 집이다. 폐기가 허하면 코가 막혀서 통하지 못하고 기운
이 적게 된다. 실하면 숨이 헐떡거리고 허허 소리를 내며 가슴이 그득하여 뒤
로 젖히고 숨을 쉰다. 신은 정을 품고 있고 정은 지의 집이다. 신기가 허하면
사지가 궐냉해지고 실하면 배가 부풀어 오르며 오장이 불안해진다.94)

그러나 한의학의 정초자들이 심리와 생리를 구분하지 못했다는 가정은
근거가 없다. 분리와 결합은 다른 문제다. '심리생리'적 측면에서도 마음의
위치는 이중적이었다. 윗글에서 심은 오장과 대등해 보이지만, 다른 곳에
서는 심의 주재성이 강조되었다.

---

93) 『靈樞』「本神」: 生之來謂之精, 兩精相搏謂之神. 隨神往來者, 謂之魂. 並精而出入
者, 謂之魄.

94) 『靈樞』「本神」: 肝藏血, 血舍魂, 肝氣虛則恐, 實則怒, 脾藏營, 營舍意, 脾氣虛則四肢
不用, 五藏不安, 實則腹脹經溲不利. 心藏脈, 脈舍神, 心氣虛則悲, 實則笑不休. 肺藏
氣, 氣舍魄, 肺氣虛則鼻塞不利少氣, 實則喘喝胸盈仰息. 腎藏精, 精舍志, 腎氣虛則
厥, 實則脹, 五藏不安.

사람이 슬퍼하면 눈물과 콧물이 흐르는 것은 어떤 기가 그렇게 만드는 것인가? 기백이 답했다. 심은 오장육부의 주인이다. … 그러므로 슬프고 근심하면 심장이 요동치고, 심장이 요동치면 오장육부가 모두 요동친다.[95]

심장은 몸의 중심이기도 했고, 단순히 오장 중의 하나이기도 했다. 이 둘을 조화롭게 해석하기는 어렵다.

도가 수양론의 심리적 가르침을 받아들였다 할지라도 한쪽을 선택하는 것이 이론적 완결성을 위해 좋은 선택이었을 것이다. 감정이나 사려 같은 정신 기능은 마음에 있어야 한다는 보수적 관념과 오장 각각에 분속시켜야 한다는 의학적 아이디어는 이론적 긴장 관계에 있었을 것이다. 어쨌거나 심장이 몸의 중심이라는 것이 심리적 맥락에서 두드러지는 관념이라는 점은 사실이다. 이미 말했듯이 심장을 중심으로 하는 오장은 감정을 부적절한 감응으로 간주하는 도가 수양론의 가르침 위에서 구성되었다. 경맥체계의 구성이 생리적 측면에서 파악한 기론의 의과학적 전개라면, 오장론의 형성은 심리적 측면에서 일어난 기론의 의과학적 전개라고 볼 수 있다.

의학의 몸을 설명하기 위해 차용되었지만, 기는 대상의 본질에 접근하는 통로라는 본연의 속성을 잃지 않았다. 손목 위에서 환자의 고통과 은밀한 비밀까지도 읽어낼 수 있다고 믿지 않을 이유가 없었다. 그러나 물리적 자극을 통해 변화시킬 수 있는 존재로 변하지 않을 수 없었다. 기는 몸 안의 특정한 영역을 흘러야 했고, 종종 흐름이 정체될 수도 있었으며, 날카로운 침 자극을 통해 뭉쳤던 것이 흩어지거나, 오히려 한쪽으로 몰릴 수도 있는 존재로 바뀌어야 했다.

자연관의 영역에서는 또 다른 요청에 응해야 했다.

---

95) 『靈樞』「口問」: (黃帝曰) 人之哀而泣涕出者, 何氣使然. 岐伯曰, 心者, 五藏六府之主也 … 故悲哀愁憂則心動, 心動則五藏六府皆搖.

3. 한의학의 자연

이미 말했듯이 기는 현상의 배후에 있는 모종의 덩어리가 아니었다. 기
는 원소와 비슷한 개념으로 환원되지 않는 대상의 본질에 접근할 수 있는
통로였다. 이런 점은 본초에서도 확인할 수 있다. 주지하듯이 본초의 대표
적인 분류기준은 사기(四氣)와 오미(五味)다. 사기는 차갑고 뜨겁고 따뜻하
고 서늘한 한열온량(寒熱溫涼)이고 오미는 시고 쓰고 달고 맵고 짠 맛 즉 산
고감신함(酸苦甘辛鹹)이다. 한열온량은 느낌을 통해서만 알 수 있고, 오미
도 먹어봐야 알 수 있다. 그것은 약재의 특성이라기보다는, 체험의 속성에
가까운 것이었다.

토끼나 염소 혹은 양에게도 고들빼기의 맛이 쓸지 생각해 보라. 맛은 객
관적 사실과 대략 부합할 수는 있지만, 객관적 특성은 아니다. 이런 기준이
구체적으로 적용된 예를 살펴보자. 후대에 복원되었지만, 신뢰할 만하다고
평가받는 『신농본초경』의 모두에는 흥미롭게도 수은의 원재료인 단사에
관한 설명이 실려 있다. 단사는 연단술의 중요한 재료였다. 고대 중국인들
은 단사를 가공해서 수은을 만드는 법을 알고 있었다.

> 단사는 단맛에 살짝 찬 맛이 있고, … 신을 기르고 혼백을 안정시키며 기
> 를 늘려주고 악귀를 없애준다. 오랫동안 복용하면 신명이 통하고 늙지 않는
> 다. 가공하면 수은으로 된다. 산곡에서 난다.[96]

늙지 않는다거나 악귀를 쫓아낸다는 말은 흥미롭지만, 현재의 맥락에서
중요한 것은 단맛과 찬 성질이다. 다시 말하거니와 오미와 사기는 약재 자
체의 객관적 속성이 아니라, 체험된 현상적 특성이다. 그러나 쉽게 믿어지

---

96) 『神農本草經』: 丹砂. 味甘, 微寒. … 養精神, 安魂魄, 益氣, 明目, 殺精魅邪惡鬼. 久服,
通神明, 不老. 能化爲汞, 生山穀.

지 않는다. 정말로 체험의 특성을 약재의 분류기준으로 사용했을까? 어떻게 객관적 특성이 아닌 사람에 따라 다른 주관적 특성을 지식 배열의 기준으로 사용할 수 있을까? 그러나 『오보본초』에 나오는 다음 글은 의구심을 확신으로 바꿔준다.

> 신농은 단사를 달다고 했고, 황제는 쓰며 독이 있다고 했다. 편작은 쓰다고 했고, 이씨는 매우 차다고 했다.[97]

『신농본초경』에서는 달다고 했지만, 현존하지 않는 『황제본초』에서는 쓰다고 말했다. 작은 차이도 보인다. 이씨는 매우 차다고 했다. 『신농본초경』의 미한(微寒)하다는 말에 대한 부정이다. 속성에 대한 판단의 차이는 본초의 분류기준 즉 기미(氣味)가 체험적 특성임을 확인시켜 준다. 흥미롭게도 주희는 성에 대해 설명하는 중, 약성을 비유삼아 말했는데, 그의 글에서도 약성이 체험되는 것임을 분명히하고 있다.

> (사람에게) 인의예지는 성이다. 그러나 이 네 가지에 어떤 형상이 있겠는가? 다만 이와 같은 도리가 있을 따름이다. 이런 도리가 있기 때문에, 수많은 일을 해낼 수 있고, 측은·수오·사양·시비를 할 수 있다. 이것은 비유하자면 약성과 같다. 약성의 한열과 같은 것은 약 자체에서는 따질 곳이 없다. 다만 복용한 후에야 차가워지고 뜨거울 수 있으니, 이것이 곧 성이고 곧 인의예지일 뿐이다.[98]

---

97) 『吳普本草』: 丹沙, 神農, 甘. 黃帝, 苦, 有毒. 扁鵲, 苦. 李氏, 大寒.
98) 『朱子語類』 卷4: 仁義禮智, 性也. 然四, 有何形狀? 亦只是有如此道理. 有如此道理, 便做得許多事出來, 所以能惻隱·羞惡·辭遜·是非也. 譬如論藥性, 性寒·性熱之類, 藥上亦無討這形狀處. 只是服了後, 卻做得冷做得熱底, 便是性, 便只是仁義禮智.

주희의 말처럼 한열온량의 네 가지 특성은 복용한 후에야 알 수 있는 것이고, 체험과 떨어져서 존재하는 것은 아니다. 약에는 특정한 성질로 발현될 수 있는 도리가 있을 뿐이다. 이런 주관적 특성은 단순히 약재의 분류기준으로만 쓰이지 않았다. 『신농본초경』에서는 한열온량에 토대한 현상적 평형을 이념으로 삼고 있다. 예를 들면, "한은 뜨거운 약으로 치료하고, 열은 차가운 약으로 치료한다"99)고 말했다. 그것은 실체론의 세계관을 지니고 있는 이들에게는 놀라운 착상이 아닐 수 없다. 약재의 분류기준과 약재를 사용하는 치료법은 모두 체험된 주관적 특성을 기준으로 삼고 있었다. 주관적으로 체험되는 특성으로서의 기의 면모는 심리적 병인을 언급하는 대목에서도 선명하게 드러난다. 한의학의 감정과 신체의 변화에 대해서는 이미 인용한 바 있는 『소문』「거통론」편에 자세히 나와 있다.

기백이 말했다. 노하면 기는 역상하고 심하면 피를 토하고 설사합니다. 그러므로 기가 올라간다고 하는 것입니다. 기꺼워하면 기가 조화롭고 뜻이 펴집니다. 영기와 위기가 잘 통하므로 기가 이완됩니다. 슬퍼하면 심계가 급해지고, 폐포엽이 들리며 상초가 통하지 않습니다. 그리고 영위기는 흩어지지 않고 열기가 속에 있으므로 기가 소모됩니다. 두려워하면 정기가 … 그러므로 기가 행하지 않습니다. … 놀라면 마음이 의지할 곳이 없고 신은 돌아갈 곳이 없으며 사려는 안정되지 않습니다. 그러므로 기는 어지럽습니다. 수고로우면, … 기가 소모됩니다.100)

황제의 감정과 기의 변화에 대한 질문에, 기백이 답하는 대목이다. 노하

---

99) 『神農本草經』: 療寒以熱藥, 療熱以寒藥.
100) 『素問』「擧痛論」: 岐伯曰, 怒則氣逆, 甚則嘔血及飱泄, 故氣上矣. 喜則氣和志達, 榮衛通利, 故氣緩矣. 悲則心系急, 肺布葉擧, 而上焦不通, 榮衛不散, 熱氣在中, 故氣消矣. 恐則精却, … 故氣不行矣, … 驚則心無所倚, 神無所歸, 慮無所定, 故氣亂矣. 勞則, … 故氣耗矣.

면 기가 역상한다거나, 놀라면 기가 어지럽게 된다는 것은 모두 직접 체험할 수 있는 현상이다. 즐거워서 웃으면 의욕이 생기고 두려워하면 몸이 움직여지지 않는 것 등도 마찬가지다. 맥진을 할 때 손끝에 느껴지는 움직임이나, 감정의 변화에 따라 몸에서 일어나는 변화도 모두 체험되는 현상이다. 그러나 기는 뜨거움이나 차가움 같이 수치화할 수 있는 것이 아니다. 그것은 뜨거운 정도와 차가운 정도라고 할 때의 정도에 관한 것이다. 열과 열기의 차이가 여기에 있다. 똑같은 온도에서도 따가운 열기가 있고, 후덥지근한 것이 있다. 기는 이처럼 체험의 색채라고 불릴 만한 것이다. 말의 뉘앙스가 그런 것처럼 기는 대상의 숨겨진 본질을 드러낸다.

의학은 이런 개념을 적극적으로 차용했다. 맥진을 통해 잡아내는 기는 대상의 본질을 드러냈다. 그러나 이런 규정으로는 다양한 의학적 요청에 제대로 된 답을 줄 수 없다. 의학은 다양한 질병을 설명할 수 있어야 했다. 특히 추위와 더위 같은 외인을 설명해야 했다. 이 지점에서 바람은 자연의 기였다. 바람은 기보다 오래되었고, 기 개념이 바람을 흡수하는 경향이 있었지만, 전적으로 그렇게 될 필요는 없었다. 몸 밖에서는 바람이 기보다 직관적으로 이해될 수 있었다. 그러나 기는 정상적인 바람을 잠식(蠶食)했다. 오직 질병을 초래하는 바람만 기로 전화되지 않았다.

> 비록 사계절을 조절하는 때에 맞고 적합한 바람의 개념은 점차 기 개념으로 흡수되어 갔지만, 바람의 개념은 고전 의학 특히 비정상을 의미하는 허풍의 개념 속에서 살아남았고 번성했다.[101]

질병은 패턴에 따라 일어나는 경향이 있었지만, 언제나 그렇지는 않았

---

101) Kuriyama Shigehisa, "The imagination of winds and the development of the Chinese conception of the body," *Body, Subject, and Power in China*, A. Zito & T. E. Barlow eds.(Chicago University Press, 1994), 35.

다. 외기에 의한 질병은 결국 감응의 일종이었고, 기가 감응을 매개했다. 변화를 알려주는 바람이 곧 기였고, 부정적 감응이라고 할 수 있는 질병의 원인이었다. 바람을 읽어내는 것은 질병을 예상할 수 있다는 뜻이었다. 바람은 패턴에 따른 정상적인 변화와, 패턴에 따르지 않는 비정상적인 변화를 모두 알려줬다.

바람이 불어오는 방위를 보아 점친다. 태일이 있는 장소에서 불어오는 바람을 실풍(實風)이라 한다. 그것은 생장을 담당하고 만물을 기른다. 바람이 그 충(衝, 반대측)의 방위에서 불어오는 것을 허풍이라고 한다. 그것은 사람을 상하게 하고 죽임과 해침을 담당한다. 삼가 허풍을 미리 점쳐서 그것을 피한다. 그래서 성인은 매일 나쁜 기운을 피하기를 마치 화살과 돌을 피하는 것처럼 하니, 사기가 그를 해치지 못한다고 하는 것이 이를 두고 말한 것이다.[102]

질병은 정상적인 패턴에 감응하지 못하거나, 패턴을 벗어나는 비정상적 변화에 감응하는 것이었다. 질서를 어길 수 없다는 말은 성립하지 않았다. 초월적 존재가 가정되지 않았으므로 필연적 질서가 상정되지 않았기 때문이다. 대신 질서를 어긴 것은 질병에 걸린다고 말해졌다. 패턴에 따른 정상적 기운에 대한 비정상의 기운이어야 했으므로, 질병을 초래하는 바람을 읽어내는 일은 역법(曆法)에 토대했다.『황제내경』의「구궁팔풍」편은 바람을 읽어내는 기술(技術)을 기록하고 있다.

황제가 물었다. 어떤 해에 모두 같은 병이 드는 까닭은 무엇입니까? 소사

---

102)『靈樞』「九宮八風」: 因視風所來而占之, 風從其所居之鄕來爲實風, 主生, 長養萬物. 從其衝後來爲虛風, 傷人者也, 主殺, 主害者, 謹候虛風而避之, 故聖人曰避虛邪之道, 如避矢石然, 邪弗能害, 此之謂也.

가 말했다. 팔정(사분과 사립)의 조짐 때문입니다. 황제가 말했다. 그것을 어떻게 알 수 있습니까? 소사가 답했다. 이를 점치려면 늘 동짓날에 태일이 즙칩궁에 있을 때 해야 합니다. 태일이 그 궁에 들어가면 하늘은 비바람으로 응합니다. 비바람이 남쪽에서 불어오는 것을 허풍이라 합니다. 허풍은 사람을 상하게 합니다. 밤이 되면 백성들은 모두 잠자리에 들어야 하고, (허풍을) 맞으면 안 됩니다. 이 바람을 피하면 백성들이 병드는 일이 많지 않습니다.[103]

이 기법은 의학에서 연원하지 않았다. 야마다는 풍을 외인으로 보는 관점이 오랫동안 있었을지라도 점풍가(占風家)의 논의가 이 관념이 이론화한 배경이었다고 말했다.

풍은 중국의 병리학에서 후대까지도 가장 중요한 외인에 속하는 것으로 여겨졌다. 의가가 특히 구궁점풍가의 설을 받아들인 것은 풍을 외인으로서 이론적으로 확립시킬 수 있는 단서를 거기에서 보았기 때문일 뿐이다.[104]

본래부터 바람은 자연 변화의 기미였으며, 바람을 읽어낸다는 것은 자연의 변화와 삶의 조건을 읽어낸다는 뜻이었다. 「세로론」에는 그 흔적이 고스란히 남아 있다.

정월 삭일에 날이 고르고 따뜻하여 바람이 불지 않으면 쌀값이 싸고 백성들은 병에 들지 않는다. 날이 춥고 바람이 불면 쌀값이 비싸고 백성들은 병에 많이 걸린다. 이것은 어떤 해의 허풍이 사람을 상하게 하는지를 (점치는 것이

---

103) 『靈樞』「九宮八風」: 黃帝曰, 願聞歲之所以皆同病者, 何因而然. 少師曰, 此八正之候也. 黃帝曰, 候之奈何. 少師曰, 候此者, 常以冬至之日, 太一立於叶蟄之宮, 其至也, 天必應之以風雨矣. 風雨從南方來者, 爲虛風, 賊傷人者也. 其以夜半至也, 萬民皆臥而弗犯也, 故其歲民少病.

104) 山田慶兒, 『中國醫學の起源』(岩波書店, 1999), 296.

다.)[105]

자연의 기미라고 할 수 있는 바람은 한의학의 정초자들에 의해 의학적으로 재해석되었다. 기가 그 사람의 본질을 드러내듯이, 바람은 자연의 본질을 드러냈고, 의학자들은 질병들의 외인을 설명하기 위해서 바람을 사용했다.

어느 경우에도 변화는 기에 의해 설명되어야 했는데, 기가 변화를 일으킨다는 말이 온전히 성립하기는 어려웠다. (앞에서 말했듯이 기가 무엇인가를 만들어낸다는 발언은 기의 본모를 왜곡시키는 경향이 있다.) 기는 변화의 징조였다는 말이 진실에 가깝다. 기에 근거한 자연상은 수많은 알갱이가 부딪히며 변화를 만들어 내는 모양으로 그려질 수가 없었다. 알갱이가 없었으므로 세상은 꽉 짜여진 그림과 같았다. 세상은 엇물려 있었고 독자적 개체성은 허용되지 않았다. 그럼에도 불구하고 공자가 흐르는 강물을 보면서 한탄했듯이 세계는 끝없이 변했다. 찰나의 순간마다 특정한 세계상이 새롭게 펼쳐졌다. 고대 중국인들이 매순간 찰나의 세계상이 연이어 이어지는 세계를 떠올렸다고 단언할 수는 없다. 그러나 그런 세계상은 기론의 자연관과 부합한다.

t1의 세계→t2의 세계→t3의 세계→t4의 세계⋯

찰나마다 펼쳐지는 세계는 모두 다른 세계였지만 직전의 세계와 직후의 세계는 유사했다. 즉 직전의 t1과 직후에 펼쳐지는 t2의 세계는 유사했고, t2와 t3도 유사했다. 거리가 멀어질수록 유사성은 줄어들었지만 인접한 세계와의 유사성은 수많은 찰나의 세계를 하나의 세계에 귀속시킬 수 있게

---

105) 『靈樞』「歲露論」: 正月朔日, 天和溫不風, 糴賤民不病, 天寒而風, 糴貴民多病. 此所謂候歲之風, 殘傷人者也

해주었다. 찰나의 세계는 인접한 것 사이의 유사성을 근거로 다른 찰나의 세계와 함께 하나의 세계로 받아들여질 수 있었다. 유사성을 인식하는 능력에 대한 보편적 믿음이 순간마다 다른 세계 속에 살면서도 불안하지 않을 수 있는 기반이었다. 맹자가 유사성을 근거로 발의 보편성을 인정한 것과 같았다. 고대 중국인들은 유사성을 인식하는 능력에 대한 보편적 믿음이 있었다. 그러나 매순간 펼쳐지는 세계는 새롭게 펼쳐지는 완전히 새로운 세계였다.

이런 세계는 빠져나갈 구멍이 없는 그물처럼 촘촘히 짜여 있고, 그물코를 점거하고 있는 개체는 세상과 공명했다. 작은 점 하나의 누락이나 첨가도 다른 세상을 의미한다. 그것은 똑같은 사진에 점의 유무라는 작은 차이가 있다고 해도 다른 그림이 되는 것과 같다. 그림으로서의 세계는 공명했는데, 세상과 공명하는 것은 독립된 개체가 아니었다. 개체와 집합의 구도가 성립하기 위해서는 아무것도 없는 공간이 전제되어야 한다. 공간이 없다면 독립도 없다. 기적 세계관에서는 공간이 존재할 여지가 없었다.

건축학자인 김성우는 동양에는 서양의 공간에 해당하는 개념이 없었다고 주장한다. "우리는 동양이 공간을 생각할 때, 서양의 공간에 해당하는 가까운 단어가 없었다는 사실을…"[106] 동양에 무의 개념이 없었던 것은 아니다. 그러나 무는 허공이 아니다. 장파(張法)는 이 점을 분명히 말하고 있는 것이다.

중국의 유무(有無) 상생론에서 무는 서구인이 이해하듯 실체가 차지하는 위치와 운동장소로서의 허공을 뜻하지 않는다. 그것은 생성하고 변화하고 창조하는 작용으로 충만한 기를 의미한다.[107]

---

106) 김성우, 「공간과 천지」, 『건축역사연구』 14 : 4(2005), 14.
107) 張法, 『동양과 서양 그리고 미학』(푸른숲, 1999), 47.

허공이 아니라면 무(無)는 무엇일까? 장재(張載 : 1020-1077)에 따르면 "허공은 곧 기이다."[108] 유무상생론의 무는 기에 다름 아니다. 김성우는 서양과 동양의 건축물을 공간과 자리라는 구도로 비교한 바 있다. 그의 논의에는 동양과 서양의 개체성에 관해서 생각할 수 있는 단서가 들어 있다.

아테네 여신상이 있었던 파르테논 신전의 내부공간은 밀폐된 곳으로서 채광의 여부와 방법이 알려져 있지 않다. 그곳은 외부 또는 허공과 교감하는 공간이 아니다. … 서양 중세교회의 내부공간도 대부분 내외가 차단되어 있다. 스테인드 그라스는 내부의 경험을 위한 것이지 외부로부터의 조망을 위한 것이 아니다.[109]

담장은 옆으로 이동하는 바람을 막고 그 안쪽에 적당한 정도의 바람(天)기운의 안정성을 유지시키는 장치이다. 일단 담장에 의해 안정적 "하늘기운(天氣)"이 만들어지고 나면 그 속에 들어앉은 건물은 외부에 대하여 충분히 개방적일 수 있다. 그 개방성은 큰 하늘(天)과 작은 하늘(房)이 통하면서, … 툇마루를 거쳐 열려 있는 대청마루는 마당에 모인 기운이 실내공간으로 이어지게 하는 과정적 부분이다. … 방은 대청과의 사이에 있는 다양한 개구부를 통해 대청에 끌어들여진 기운이 방으로 흘러 들어올 수 있게 하되, 밤에 잠을 자는 곳이므로 개구부를 닫으면 기운의 양상이 가장 안정적일 수 있게 되어야 한다. … 마당과 대청과 방으로 이어지는 자리의 연계상황은 기운이 교류 교감되게 하되 두터운 벽에 의하여 안과 밖으로 단절되는 방식을 피하고, … 단계적이고 점진적인 변화를 도모하자는 공간적 장치 같은 것이다.[110]

먼저 앞의 인용문에서 말하는 서양의 건축물은 외부와의 경계가 분명한

---

108) 『正蒙』「太和」 : 虛空卽氣.
109) 김성우(2005), 14.
110) 김성우(2005), 24-25.

개체로서의 실체 관념에 충실하다. 그러나 동양의 마당과 대청 그리고 방은 외부와의 교류에 개방적이다. 물론 담은 밖과 마당을 나누고 대청과 마당의 사이에도 경계가 있다. 그리고 방은 창호지 문을 경계로 대청과 또 마당과 나뉜다. 그러므로 분리 혹은 경계가 없는 것은 아니다. 그러나 이때의 구분은 구멍이 뚫린 구분일 뿐이고, 폐쇄적인 단절이 아니다. 창호지는 통로이기도 하다. 이런 특성은 건물을 올리는 방식에서도 드러난다. 실체 관념에 충실한 서양 사람들은 처음부터 외부와 차단된 독립된 건물을 만들려고 했으므로, 벽을 쌓아서 독립된 공간을 만든 후에, 지붕을 덮어서 완성했다. 이에 반해,

중국인들은 외부에 개방적인 공간을 좋아했다. 중국 사람들은 기둥을 만든 다음에 먼저 대들보를 올리고 지붕을 만든다. 중국 건물에서는 지붕이 벽보다 훨씬 중요하고 미학적으로도 훨씬 중시된다. 벽은 지붕이 다 완공되고 난 뒤에 나중에 채워 넣는데 매우 단단하고 고착되어 있는 서양의 벽에 비해 훨씬 유동적이고 외부와 쉽게 소통할 수 있게 만들어진다. 그리고 때로는 아예 벽을 채우지 않기도 한다. 정자나 누각 같은 것이 바로 그것이다.111)

건물간의 관계에서도 차이를 읽어낼 수 있다.

서양의 건축물들은 대부분 거대한 하나의 덩어리로 이뤄진 건축물이기 때문에 하나의 건축물이 완전한 독립성을 지닌다. 그러나 군체(群體) 건축을 추구하는 중국의 건축물들은 비록 그 속에 중심 건물이 있기는 하지만 기본적으로 주변의 여러 건축물들과 어울려서 집체를 이루는 것을 중시한다.112)

---

111) 박석, 『대교약졸』(들녘, 1987), 205.
112) 박석(2005), 202.

김성우의 통찰을 세계관에 반영하면, 기적 세계관을 개체와 집합의 관계로 설명하기 어렵다는 점을 알 수 있다. 오히려 세상은 그 자체 일기(一氣)일 뿐이므로, 세상의 어느 곳도 전체의 일부분이라는 말이 진실에 가깝다. 야마다도 이 점에 동의하는 것으로 보인다.

기에 의해 형성되는 세계는 '부분'의 단순한 집합이 아니고, 전체와 여러 부분이 복잡하게 영향을 끼치는 무한 연쇄반응계이며, 그것을 통해 항상 안정된 질서를 지향하는 … 하나의 유기체였던 것이다.[113]

인용문의 '부분'은 개체를 지칭하는 표현으로 받아들여야 할 것이다. 동양에는 서양적 의미의 개체가 없다. "사물들은 서로 연속되어 있다. 그러므로 상호의존적이다."[114] 이런 연속적인 사물들의 묶음에서 개개의 사물은 개체라기보다는 부분이라고 해야 한다. 전체라는 존재를 상정하지 않는다면, 유기체적 세계관이라는 규정도 받아들일 수 있다. (그러나 앞에서 보았듯이 유기체적 세계관은 전체로서의 존재를 포함하므로, 실제로는 이런 규정이 성립되지 않는다.) 세계를 하나로 보면 다른 것과 격절된 개체는 없다. 이런 세계관은 부분과 전체의 세계관을 필함(必含)한다. 집합이 아닌 무한한 연쇄반응을 일으키는 세계는 린 마굴리스(Lynn Margulis)의 책에 실려 있는 그림을 통해 직관적으로 이해된다.[115]

이 그림은 손을 연상시킨다. 다섯 손가락은 주요 생물집단들을 가리킨다. 각 손가락이 거대한 다섯 영역을 가리킨다고 생각해 보자. 모든 세균들, 원생

---

113) 山田慶兒 저, 박성환 역, 『중국과학의 사상적 풍토』(전파과학사, 1994), 172.

114) David L. Hall & Roger T. Ames, *Anticipating China*(New York University Press, 1995), 214.

115) Lynn Margulis, 이한음 역, 『공생자 행성』(사이언스 북스, 2007), 100.

제2장 기(氣) : 감응의 세계관 169

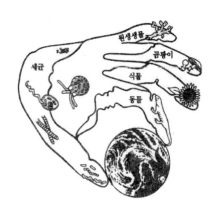

생물, 동물, 곰팡이, 식물, 세균 외에 생명의 손에 달린 손가락들은 모두 공생
을 하기 시작한 미생물 조상에서 나왔다.[116]

린 마굴리스의 설명대로 이 그림은 진화가 공생을 통해서 이루어진다는
것을 전달하는 데 주 목적이 있다. 그렇지만 부분과 전체의 관계를 나타내
는 혹은 하나로서의 세계를 나타내는 그림으로도 손색이 없다. 그런데 부
분과 전체의 관계라는 세계상은 우리에게 어떤 추론을 가능하게 하는가?
마왕퇴에서 발굴된 『잡금방』에는 이 지점에서 참고하기에 좋은 예가 있다.
"다른 사람과 송사가 있으면 그 이름을 써서 신속에 넣는다."[117] 이 축유술
(祝由術)은 이름이 그 사람을 상징한다는 것 그리고 신발 밑에 둔다는 것이
의미하는 것에서 정당성을 얻는다. 아마 신발 밑에 이름이 아닌 그 사람의
일부, 예를 들어 머리카락을 둔다고 해도 우리는 그것을 자연스럽게 받아
들일 것이다. 이렇게 생각하는 까닭은 무엇일까? 그것은 우리가 '부분은
전체를 상징한다'는 생각 혹은 그런 생각이 토대하고 있는 세계관을 어느
정도는 암묵적으로 인정하기 때문이다.

---

116) Lynn Margulis(2007), 100-101.
117) 『雜禁方』: 與人訟, 書其名直履中.

그러나 부분과 전체의 구도로부터 부분이 전체를 상징한다는 진술로 나아가기 위해서는 무언가 다른 디딤돌이 있어야 하지 않을까? 기가 상징적 존재라는 점이 이런 도약을 매개했다.[118] 주지하듯이 색의 강조는 한의학의 고전들에서 빈번하게 목격된다. 예를 들어, 『난경(難經)』의 육십일난(六十一難)에서는 다음과 같이 말한다. "바라보아 아는 것을 신이라 하고 들어서 아는 것을 성이라 하며, 물어서 아는 것을 공이라 하고 맥을 잡아보고서 아는 것을 교라고 한다."[119] 망색은 신체 내부의 변화를 읽기 위한 수단이다. 그런데 어느 곳의 무엇을 본 것일까?

후한대의 사전인 『설문해자(說文解字)』에서는 색(色)을 안면의 기라고 말하고 있다. "색은 안기이다."[120] 그런데 단옥재(段玉裁)의 주에 따르면 "안은 양미간으로 심이 기에 이르고 기가 미간에 이르는 바, 미간에 이른 기를 두고 색이라고 하는 것이다."[121] 그렇다면, 망색은 미간의 기를 본 것이다. 망진의 대상인 기는 무엇일까? 구리야마는 망색의 색은 같은 붉은 꽃이라도 시들어가는 꽃잎과 싱싱한 꽃잎 사이에 보이는 차이에 상응하는 무엇이라고 말한다.

> 중국의학에서의 색의 응시는 … 궁극적으로 가장 중요한 차이는 색에 있어서의 노골적인 차이가 아니라 … 같은 색조라도 활력이 있는 것과 활력이 없는 미묘한 차이에 의존하는 것이다.[122]

---

118) 앞에서 나는 본질을 알려주는 기는 본질 그 자체로서, 상징하는 것과 상징되는 것 사이에는 격절이 없다고 말했다. 이곳에서도 마찬가지다. 기가 무엇인가를 상징한다는 말을 상징하는 것과 상징되는 것이 분절되어 있는 것으로 이해해서는 안 된다. 얼굴의 열기가 특정한 질병을 상징한다고 할 때, 그 열기는 질병을 상징하지만 질병과 다른 존재가 아니다.

119) 『難經』「六十一難」: 望而知之謂之神, 聞而知之謂之聖, 問而知之謂之工, 切脈而知之謂之巧.

120) 『說文解字』: 色顏氣也.

121) 『說文解字注』: 顏者兩眉之間也, 心達於氣, 氣達於眉間, 是之謂色.

그렇다면, 망색의 색은 '칼라(color)'가 아니라 윤기일 것이다. 그것은 뜨거운 태양 아래 축 처진 잎과 아침 이슬을 머금은 잎의 사이에서 느껴지는 형언하기 어려운 무엇이다. 망진을 하는 의사는 그와 같은 윤기를 통해, 그 식물의 생명에 대해 알기를 기대할 것이다. 이런 추정에 토대하자면 망색의 색, 즉 기는 생명력의 징후라는 해석이 가능해진다.

기가 징후임을 증명하는 다른 증거도 있다. 일종의 전쟁 점법인 망기(望氣)가 그것이다. 군대에는 점을 치는 무복(巫卜)이 있었고, 무복은 천후를 점치는 풍각 · 풍기 등과 망기점(望氣占)을 쳤다. 호소카와 가즈토시(細川一敏)는 다음과 같이 말했다.

> 망기라는 것은 넓은 의미에 있어서의 병술법의 일종이다. 군대의 주위에 자욱하게 끼는 안개 같은 것을 보고, 적과 우리 편의 내정을 안다거나 길흉을 점친다거나 하는 무술이다.[123]

인용문에서는 망기의 기를 안개 같은 것이라고 말한다. 그러나 설령 망기에서 보아내는 것이 안개라고 할지라도, 그것은 사실이 아니라 상징이다. 『사기』 「율서」의 "그러므로 말하기를 적진을 바라봐서 길흉을 알고 소리를 듣고 승부를 안다"[124]는 말의 주석은 다음과 같다.

> 색은 : 무릇 적진의 위에는 언제나 기색이 있다. 기가 강하면 소리가 강하고 소리가 굳세면 무리의 힘이 강하다. 율이라는 것은 기를 통하는 것이므로 길흉을 알 수 있다.[125]

---

122) Shigehisa Kuriyama, 정우진 · 권상옥 역, 『몸의 노래』(이음, 2013), 188-189.

123) 小野澤精一 외 저, 전경진 역, 『기의 사상』(원광대학교 출판국, 1993), 85.

124) 『史記』「律書」 : 故云望敵知吉凶, 聞聲效勝負.

125) 『史記』「律書」의 索隱 : 凡敵陣之上, 皆有氣色, 氣强則聲强, 聲强則其衆勁. 律者, 所以通氣, 故知吉凶也.

정의 : 무릇 두 군대가 대적할 때, 그 위에는 언제나 운기와 햇무리가 있다. 천관서에서는 말한다. (양쪽의) 햇무리가 같으면 힘이 균일하다. 무겁고 길고 크면 이기고, 얇고 짧고 작으면 승리하지 못한다고 하였다. 그러므로 운기를 바라보아 승부와 강약을 알 수 있다.[126]

운기는 구름의 기상을 말하는 것이다. 구름의 기상은 각 진영의 상태를 나태내주는 징후였다. 한대에는 징후를 살피는 전문가를 그저 망기(望氣)라고 불렀다. 『사기』 「봉선서」에 따르면 무제는 "봉래(蓬萊)는 멀지 않은데도 보이지 않는 것은 아마 그 기를 보지 못하기 때문이라고 하는 방사의 상주에, 망기(望氣)를 보내 그 기운를 살피게 했다."[127] 그 의미가 전문가이든 혹은 점법이든 망기의 기가 징후라는 뜻임에는 틀림없다. 망기의 기는 징후로서, 망색의 색에 대응한다. 구리야마는 망기가 망색과 마찬가지로 징후를 포착하는 것이라고 말했다.

기를 바라보는 것(望氣)은 멀리 있는 구름과 공기를 조사함으로써 장래에 닥칠 모호한 일을 알아내는 일이다. 의학의 망색(望色)은 이것과 유사하다. 망색과 망기 모두에서 예언자들은 가장 먼저 나타나는 미묘한 변화의 징후를 잡아내려 했다.[128]

미간 사이에 보이는 윤기가 마음과 몸의 징조인 것처럼 자연계의 기도 무언가의 징후다. 『장자』 「지락」 편에는 자연의 변화(化)에 관한 장자 특유의 장설(長說)이 보이는데, 이곳에서 기가 변화의 징후임을 알 수 있다.

---

126) 『史記』 「律書」의 正義 : 凡兩軍相敵, 上皆有雲氣及日暈. 天官書云 : "暈等, 力鈞 ; 厚長大, 有勝 ; 薄短小. 無勝." 故望雲氣知勝負彊弱.

127) 『史記』 「封禪書」 : 入海求蓬萊者, 言蓬萊不遠, 而不能至者, 殆不見其氣. 上乃遣望氣佐候其氣雲.

128) Shigehisa Kuriyama(2013), 180.

종자에는 기미(幾)가 있다. 물을 얻으면 물대가 생기고, 물과 흙이 닿는 곳에서는 갈파래가 되며, 언덕이 생기면 곧 질경이풀이 되고 질경이풀이 거름더미에 있으면 범부채가 된다. 범부채의 뿌리는 나무굼벵이가 되고 그 잎은 나비가 된다. 나비는 서라고도 한다. 이것이 벌게가 되어 부뚜막 밑에서 생겨나니 탈피하는 모양이다. 귀뚜라미라고 한다. 귀뚜라미가 천 날이 되면 새가 되는데 그 이름은 비둘기이다. 이 비둘기의 침이 쌀벌레가 되고 쌀벌레는 눈에 놀이벌레가 된다. 양해라는 풀은 변해서 죽순이 되고 해묵은 청녕을 낳고 청녕은 정을 낳으며, 정은 말을 말은 사람을 낳는다. 사람은 다시 기(機)로 돌아가니 만물은 모두 기에서 나서, 기로 돌아간다.[129]

기(幾)는 무엇을 가리키는 말일까? 곽상(郭象)은 기를 여럿이라는 뜻이라고 해석했지만, 니덤은 사물의 미소한 태발생의 초기와 같은 어떤 것이라고 했다.[130] 그것은 일종의 조짐으로 개체성의 계기와 같다. 예를 들어, 호수의 파도는 호수라는 전체의 부분이지만 동시에 하나의 파도로 구분되는 개체다. 그런 파도의 생성계기 혹은 같은 말이지만 호수의 변화 조짐을 '기미'라고 한 것이다. 변화는 화(化)라는 기표로 포착될 수도 있는데, 결국 끝없는 변화는 기미의 연속된 계승이다. 그리고 사람들은 그런 기미의 꿈틀거림을 기(氣)로 포착해냈을 것이다.

인용문의 기(幾)는 바로 기(氣)이다. 물과 흙이 닿는 곳에는 갈파래가 있을 조짐이 뚜렷하고, 언덕에는 질경이풀이 있을 기미가 선명하다. 2월이나 3월의 어느 날 따뜻한 바람은 봄을 알려준다. 조짐은 환경 전체를 통해서

129) 『莊子』「至樂」: 種有幾, 得水則爲㡭, 得水土之際則爲蛙蠙之衣, 生於陵屯則爲陵舃, 陵舃得鬱棲則爲烏足. 烏足之根爲蠐螬, 其葉爲胡蝶. 胡蝶胥也化而爲蟲, 生於竈下, 其狀若脫, 其名爲鴝掇. 鴝掇千日爲鳥, 其名爲乾餘骨. 乾餘骨之沫爲斯彌, 斯彌爲食醯. 頤輅生乎食醯, 黃軦生乎九猷, 瞀芮生乎腐蠸. 羊奚比乎不箰, 久竹生青寧., 青寧生程, 程生馬, 馬生人, 人又反入於機. 萬物皆出於機, 皆入於機.
130) 이성희, 『장자의 심미적 실재관』(한국학술정보, 2008), 90에서 재인용.

나에게 다가온다. 따뜻한 바람이 모두 봄을 알려주는 것은 아니다. 제비가 언제나 봄을 알려주지는 않는다. 그러나 '그때 그 자리'에 있었던 바람과 제비는 봄을 알려줌에 틀림없다. 그건 낚싯배에서 낚시를 하던 노인이 하늘과 바다의 습도, 파도를 조용히 느끼다가 문득 항구로 돌아가야겠다고 생각할 때의 상황과 유사하다. 사람의 인식 능력은 제한되어 있다. 그는 작은 부분만을 볼 뿐이다. 그러나 그가 보는 작은 부분이 전체를 알려준다. 부분이 전체를 상징한다는 관념은 중국문화에 편재(遍在)했다. 예를 들어, 사마천(司馬遷)의 역사 기술 방식에서도 찾아볼 수 있다. 진승(陳勝)은 진(秦)나라에서 최초의 봉기를 일으킨 인물이다. 사마천은 이 사람에 대한 글을 다음과 같이 시작하고 있다.

> 진승은 양성 사람이다. 자는 섭이다. … 진섭은 어려서 일찍이 타인의 일꾼이 되어 농사를 지었다. (어느 날) 그는 농사를 짓다가 언덕에 올라 길게 탄식하며 말했다. '만약 부귀하게 되면 서로 잊지 말자.'[131]

주의해야 할 것은 기술 방식이다. 사마천은 하나의 일화로 이야기를 시작하고 있다. 의도는 명확하다. 이 일화를 통해 진승의 생애를 포괄적으로 전해주고자 한 것이다. 사마천의 기술 방식은 이처럼 일화를 연결시켜 나가는 방식이고, 사실을 죽 나열하는 기술은 극히 적다. 호메로스(Homeros)의 서사시에 보이는 영웅담을 죽 나열하는 역사 기술은 사마천의 방식이 아니었다. 추정컨대 기사본말체의 역사 서술 방식에는 '부분이 전체를 상징한다'는 생각이 반영되어 있을 것이다. 나는 사마천의 『사기』에 보이는 기술 방식을 부분이 전체를 상징하는 세계관의 역사학적 구현으로 해석하고 싶다. 부분이 전체를 상징하는 사유방식은 한의학에도 영향을 끼쳤다.

---

131) 『史記』「陳勝世家」: 陳勝者, 陽城人也. 字涉 … 陳涉少時, 嘗與人傭耕, 輟耕之壟上, 悵恨久之, 曰, 苟富貴, 無相忘.

손목 위에 손가락을 얹어두고 박동을 느끼는 한의사의 모습은 굉장히 인상적이다. 한의학에는 절진 외에도 묻는 문진(問診), 듣거나 냄새 맡는 문진(聞診), 바라보는 망진(望診)이 있지만, 신비로운 느낌마저 주는 맥진의 대표성을 당해내지 못한다. 그런데 그러한 절진도 하나만 있었던 것은 아니고, 현대적인 절진에 이르기까지 나름의 역사가 있었다. 『난경』「십육난」에서는 다음과 같이 말했다.

> 맥에는 삼부구후가 있고 음양이 있으며 경중이 있고 육십수가 있다. 또 하나의 맥도 계절에 따라 사시맥으로 변한다. 성인의 시대에서 멀어짐에 따라, 각자가 자신들의 방법을 옳다고 여겨왔다.[132]

『난경』에서는 이 가운데, 경중, 삼부구후, 사시맥을 각각 설명하고 있다. 『난경』「사난」에서는 음양법을「오난」에서는 경중법을「십오난」에서는 사시맥을「십팔난」에서는 삼부구후법을 설명하고 있다. 음양법부터 살펴보자.

> 진맥의 음양법이 무엇을 말합니까? 날숨은 심장과 폐에서 나가고 들숨은 신장과 간으로 들어가는데 날숨과 들숨의 사이에 비장이 곡미를 받아들입니다. 비장의 맥은 가운에 있으며, 뜨는 맥은 양하고 가라앉는 맥은 음합니다. 그러므로 음양법이라고 합니다.[133]

야마다는 음양의 맥법을 다음과 같이 설명했다.

---

132) 『難經』「十六難」: 脈有三部九候, 有陰陽, 有輕重, 有六十首, 一脈變爲四時, 離聖久遠, 各自是其法.

133) 『難經』「四難」: 脈有陰陽之法, 何謂也. 然. 呼出心與肺, 吸入腎與肝, 呼吸之間, 脾受穀味也, 其脈在中. 浮者陽也, 沈者陰也, 故曰陰陽也.

중국의 맥진법에서는 맥상에 따라서 진단한다. 맥상이라는 것은 박동의 패턴이다. 맥상은 짝을 이룬다. 부와 침의 짝은 대표적인 것이라고 말할 수 있다. 『난경』의 사난에 따르면 심폐의 맥은 부하고 간신은 침하고 비는 부와 침의 가운데에 있다. … 이런 식으로 오장의 맥을 진단하는 것이 음양의 맥법이다.[134]

심폐의 맥상이 부하다고 즉 뜬다고 말한 까닭은 무엇일까? 간과 신의 맥이 침하다고 즉 가라앉는다고 말한 까닭은 그리고 비의 맥상이 중이라고 한 까닭은 무엇일까? 오장의 위치가 고려되었기 때문이다. 맥을 잡을 때는 손가락의 힘을 조절해서 깊이 있는 맥과 체표의 맥을 구분한다. 가장 깊이 있는 맥은 간신의 상태를 나태내고, 가운데 있는 맥은 비장맥을, 체표에 가까이 있는 맥은 심폐의 상태를 알려준다. 이런 구분은 오장의 구조적 위치와 부합한다. 횡경막을 중심으로 위쪽에는 심과 폐가 아래에는 비, 간, 신이 있다. 신장이 제일 아래에 있고, 위에 붙어 있는 비장은 오장의 중간쯤에 있다. 「오난」의 경중법은 현재는 사용되지 않는데, 음양법과 같은 논리에 토대하고 있다.

맥에 경중이 있다고 하니, 그것은 어떤 진단법입니까? 그렇습니다. 처음에 맥을 잡을 때는 콩 세 개의 무게만큼 눌러서 피모에 닿는 부위가 폐부입니다. 콩 여섯 개의 무게만큼 눌러서 혈맥과 서로 닿는 부위는 심부입니다. 콩 아홉 개의 무게만큼 눌러서 기육과 서로 닿게 하면 비부입니다. 콩 열 두 개의 무게만큼 눌러서 근과 나란히 하는 부위는 간부입니다. 눌러서 뼈에까지 닿음에 손가락을 들면 닿는 부위가 신부입니다. 그러므로 이를 두고 경중이라고 합니다.[135]

---

134) 山田慶兒(1999), 382.

135) 『難經』「五難」: 脈有輕重, 何謂也. 然, 初持脈, 如三菽之重, 與皮毛相得者, 肺部也.

누르는 무게에 따라 진단해내는 것도 다르다. 가장 위에 있는 피모에 닿는 것은 폐이고 가장 깊이 눌러야 알 수 있는 것은 신장이다. 그 사이에는 순서대로 심, 비, 간이 있다. 이 순서는 횡경막을 중심으로 위에서부터 아래로 내려오는 오장의 위계와 부합한다. 횡격막을 중심으로 위에는 폐와 심장이 있다. 횡격막 아래 위(胃)의 위에는 간이 있고 이어서 비장이 있으며 가장 아래에는 신장이 있다. 오장의 공간적 위상은 폐-심-간-비-신이다. 몸의 어느 특정 부위의 수직적 위계가 오장의 위계를 반영한다는 생각은 부분이 전체를 상징한다는 생각의 특수한 예이다. 「십팔난」에서는 삼부구후법을 말하고 있는데, 이곳에서도 같은 사유를 읽어낼 수 있다.

진맥법 중에 삼부구후가 있다고 하는데 각각 무엇을 주관하나요. 삼부는 촌관척을 말합니다. 구후는 부중침입니다. 상부는 하늘을 본떴는데 가슴 부위로부터 위로 머리까지의 질병을 주관합니다. 중부는 사람을 본떴는데, 횡격막 아래로 배꼽 사이에 있는 질병을 주관합니다. 하부는 땅을 본떴는데 배꼽 아래로 발까지의 사이에 있는 질병을 주관합니다.136)

촌관척은 각각 몸의 특정 부위를 상징한다. 손목의 툭 튀어나온 요골을 중심으로 촌은 손목 쪽이고, 관은 요골의 자리이며 척은 팔뚝 쪽이다. 그것이 몸의 상중하를 상징한다고 보는 것은 손을 하늘로 향하고 있을 때, 촌이 제일 위이고 척이 제일 밑이기 때문이다. 그곳에 부분이 전체를 상징한다는 관념이 전제되어 있음은 두말할 필요가 없다. 『난경』에서는 촌구맥법을 말하고 있고, 이상 검토한 바와 같이 촌구맥법은 어떤 것이든 손목 부위가

___

如六菽之重, 與血脈相得者, 心部也. 如九菽之重, 與肌肉相得者, 脾部也. 如十二菽之重, 與筋平者, 肝部也. 按之至骨, 擧指來疾者, 腎部也. 故曰輕重也.

136) 『難經』「十八難」: 脈有三部九候, 各何主之. 然, 三部者, 寸關尺也, 九候者, 浮中沈也. 上部法天, 主胸以上至頭之有疾也, 中部法人, 主膈以下至臍之有疾也, 下部法地, 主臍以下至足之有疾也.

몸을 상징한다는 논리에 토대하고 있다. 오장의 징후가 얼굴로 나타난다는 말에도 같은 관념이 전제되어 있다. 『소문』 「자열」 편에서는 다음과 같이 말한다.

간열병의 경우에는 왼쪽 빰이 먼저 붉어진다. 심열병의 경우에는 이마가 먼저 붉어진다. 비열병의 경우에는 코가 먼저 붉어진다. 폐열병의 경우에는 우측 빰이 먼저 붉어진다. 신열병의 경우에는 턱이 먼저 붉어진다.[137]

심장은 위에 있고, 신장은 아래에 있으며, 비장은 가운데 있다는 관념, 그리고 사실과 위배되지만 오랫동안 중국인들이 믿고 있었던 간이 왼쪽에 폐가 오른쪽에 있다는 관념이 그대로 반영되어 있다.[138] 다양한 맥진법은 부분이 전체를 상징한다는 관념에 토대한 것이다. 그런 관념의 배후에는 개체와 공간을 허용하지 않음으로써, 부분과 전체의 구도가 적합하게 적용되는 기적 세계관이 전제되어 있다. 기가 모종의 상징―부분과 전체의 분절을 허용하지 않는―이라는 점이 부분을 통한 전체의 이해를 가능하게 만들었다.

---

137) 『素問』「刺熱」: 肝熱病者, 左頰先赤, 心熱病者, 顏先赤, 脾熱病者, 鼻先赤, 肺熱病者, 右頰先赤, 腎熱病者, 頤先赤.
138) 폐는 내리고 간은 올린다는 생각이 왼쪽으로 올라가서 오른쪽으로 내려간다는 관념과 결합되어 간좌 우폐의 관념을 낳은 것이다.

제3장

감응의 질서

한의학에서는 변증(辨證)을 할 뿐, 변병(辨病)을 하지 않는다. 한의학적 세계관에서는 증상의 배후에 있는 병을 변별한다는 착상 자체가 어렵다. 이 사실은 증상의 설명에 있어서도, 인과라는 질서지움이 적용될 수 없다는 것을 의미한다. 소박한 인과가 없었다는 말은 아니다. 소박한 의미의 인과는 모든 현상을 포괄하는 설명 방식으로 세계의 어떤 문화권에도 존재했다. 중국이 어떻게 예외가 될 수 있겠는가? 실체가 현상을 유발시킨다는 고전 철학적 인과가 없었을 뿐이다. 그렇다면 고대 동양인들은 어떤 식으로 세상에 질서를 부여했을까? 이 질문에 대한 답은 유별(類別)이다.[1]

고대 중국인들은 관련 있는 것들을 하나로 묶는 방식으로 세상을 설명했다. 증상은 병에 의거해서 설명되기 보다는 관련된 증상끼리 묶임으로써 설명되었다. 경맥은 관련된 증상의 묶음이었다.

그러나 유별 즉 분류는 고대 중국인의 전유물이 아니었다. 유별의 질서지움은 일종의 기술자적 질서지움으로써 일반적인 원시의 분류 방법이었다. 그러나 중국의 분류는 특이했다. 다른 원시적 분류 방법과 비교해 볼 때, 고대 중국의 분류법이 지니는 특성 가운데 우선 지적할 것은 이론화다. 고대 중국인들은 유별 자체를 이론화했다.『회남자』의 마지막 장인 21편「요략(要略)」은『회남자』20편에 대한 개관이다.「요략」에는「남명훈(覽冥訓)」의 요점이 기술되어 있다. 우리는 이곳에서 중국인들이 생각했던 유별의 특성을 알 수 있다.

남명은 지극히 정미한 것이 구천에 통하고, 지극히 은미한 것이 빠져들고, 순수한 것이 맑은 것에 이르고, 밝은 빛들이 어둡고 어두운 곳을 꿰뚫고 나가

---

1) 유별은 분류와 같다. 그러나 동양의 분류 방식은 현대인들이 생각하는 분류법과 같지 않다. 유별이라는 표현을 굳이 사용한 까닭이다. 그러나 맥락상 그 차이를 이해할 수 있다면, 굳이 이 표현을 고집할 필요가 없다. 대체적으로 구분해서 사용하되 반드시 그렇게 하지는 않았다.

게 하기 위해 지어졌다. 「남명」편으로 이제 개개의 사물을 모아 유로 묶고 나머지 흘린 것을 살펴 가져다가 그럴 듯한 것들이 어느 유에 속해야 하는가를 깊이 생각하면 사물 가운데 뜻을 밝히고 형체를 본뜬 것들이 막힌 곳을 뚫고 터서 사람의 마음의 울림을 끝없는 곳으로 끌고 갈 것이니. 이에 물류의 감(感)과 기(氣)를 같이 하는 것 사이의 응(應), 음양의 합, 형상의 조짐을 분명하게 알 수 있게 될 것이다. (「남명훈」편은) 사람들로 하여금 멀리 넓게 볼 수 있게 하는 장이다.[2]

앞 부분에서는 통합적인 이론의 목적을 밝히고 있다. 개개의 사물을 모아 유에 담는다고 했으니 이 이론은 유별의 방식으로 이루어졌음을 알 수 있다. 그리고 유를 묶는 기준으로 감응이 사용되었음도 확인할 수 있다. 개체 사이에서 일어나는 감응을 가능하게 하는 것은 기(氣)다. 동기(同氣)의 응(應)함을 언급하는 대목에서 이 점을 읽어낼 수 있다. 즉 같은 유에 속하는 것들은 감응하는 것들이다.

동류(同類)

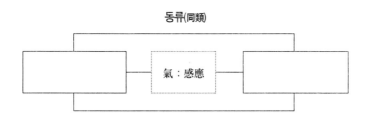

빈 칸에는 어떤 것이 와도 된다. 하나의 유로 묶이는 둘의 관계는 기가

2) 『淮南子』 「要略」 : 覽冥者, 所以言至精之通九天也. 至微之淪無形也. 純粹之入至淸也. 昭昭之通冥冥也. 乃始攬物引類, 覽取橋撥, 浸想宵類, 物之可以喩意象形者, 乃以穿通窘滯, 決瀆壅塞, 引人之意, 繫之無極. 乃以明物類之感, 同氣之應, 陰陽之合, 形埒之朕, 所以令人遠觀博見者也.

매개하는 감응의 관계에 있다. '기-감응-유별'이 동양 세계관의 기본 구도
였다. 유별은 감응의 결과였고, 기는 감응의 토대였다. 감응은 서양의 인과
와 대비되는 관계지움의 논리였다. 이 장에서는 감응과 유별의 특성을 검
토하고, 감응과 유별이 구체적으로 구현된 양상을 한의학과 연단술에서 살
펴 볼 것이다.

1. 감응

감응의 전형적인 예는 악기의 공명(resonance)이다.

> 시험 삼아 금과 슬을 조율하여 튕겨보라. 궁조를 튕기면 다른 악기의 궁조
> 가 응하고 상조를 튕기면 다른 악기의 상조가 응한다. 궁상각치우의 오음이
> 음에 따라 함께 저절로 울린다. 이는 신이 그렇게 만든 것이 아니고, 그 수가
> 그런 것이다.[3]
> 이제 현을 조율하여 궁조를 두드리면 궁조가 응하고 각조를 튕기면 각조
> 가 동하니 이는 같은 소리가 서로 조화를 이루는 것이다.[4]

앞의 인용처는 『춘추번로』이고, 뒤의 인용처는 『회남자』다. 둘 모두 한
대 초기에 저술된, 동양과학의 기초이론을 담고 있는 문헌이다. 금과 슬은
가야금과 거문고를 닮은 현악기다. 집안에 여러 개의 악기가 있다고 해보
자. 대청에서 금이나 슬 중 하나를 튕겼더니, 방에 있던 금이나 슬에서 같은
음이 울렸다는 말이다. 공명현상이다. 공명현상은 감응의 대표적 예다. 달
의 위상 변화에 따른 갑각류나 어류의 변화, 혹은 조수간만의 차나 봄바람

---

3) 『春秋繁露』「同類相動」: 試調琴瑟而錯之, 鼓其宮, 則他宮應之. 鼓其商, 而他商應之
五音比而自鳴, 非有神, 其數然也.
4) 『淮南子』「覽明訓」: 今夫調弦者, 叩宮宮應, 彈角角動, 此同聲相和者也.

에 따라 변하는 기후도 감응으로 언급되었다. "그러므로 동풍이 불어오면 술이 익는다."5) "누에가 실을 토해냄에 상현이 끊어진다."6) 우연한 두 가지 현상 사이에 일어나는 감응을 인정한 예도 있다. "고래가 죽으면 혜성이 나타난다."7) 감정의 발로도 감응현상으로 예거되었다.

> 옛날에 옹문자는 노래로 맹상군을 감응시켰다. 이윽고 말을 하고 뜻에 통하며 마음을 위무하고 소리를 내니 맹상군은 그 때문에 더욱 흐느끼고 슬퍼하며 낭자한 눈물이 멈추지 않았다. 정신이 안에서 모양을 드러내면 밖으로 다른 이의 마음에도 슬픔을 알려준다.8)

이상의 예에서 무엇을 추론할 수 있을까? 먼저 감응의 전형적 예는 직접 접촉하지 않는 것들 사이에 일어난다. 돌을 던져서 유리창이 깨지는 것은 직접 접촉하기 때문에 감응의 적절한 예가 아니다. 물론 고대 중국인들이 접촉해서 일어나는 현상을 알지 못했다고 말해서는 안 된다. 전국 말기의 문헌으로 추정되는 『오십이병방』에는 52가지의 질병과 처방이 기록되어 있는데, 그 가운데 제일 앞에 나오는 질병이 창과 칼 등으로 인한 외상치료다.

> 칼날로 인한 상처에는 양 똥을 태워서 붙인다.9)
> 칼로 인한 상처에는 방고와 오두를 … 함께 끓여서 상처에 붙인다.10)

---

5) 『淮南子』「覽明訓」: 故東風至 而酒湛溢.
6) 『淮南子』「覽明訓」: 蠶珥絲 而商弦絶.
7) 『淮南子』「覽明訓」: 暘魚死而慧星出.
8) 『淮南子』「覽明訓」: 昔雍門子以哭見於孟嘗君, 已而陳辭通意, 撫心發聲, 孟嘗君爲之, 增欷歔唈, 流涕狼戾, 不可止. 精神形於內, 而外諭哀於人心 (此不傳之道).
9) 『五十二病方』: 一方, 以刃傷, 燔羊矢, 傅之
10) 『五十二病方』: 一方, 金傷者, 以肪膏烏喙, □□皆相□煎, 施之.

외상은 흔한 상처였으므로, 제일 먼저 기록되었을 것이다. 그러나 동양 과학의 정초자들은 창에 찔려 상처가 나는, 즉 직접 접촉으로 인한 일상의 인과관계를 진지하게 탐색하지 않았다. 그것은 너무나 상식적이었으므로, 이론화를 위한 숙고의 대상이 되지 못했을 것이다. 주지하듯이 서양 지성 은 변화나 인식 능력과 같이 상식적인 것을 의심했다. 그러나 동양인들은 달랐다. 세상의 변화는 당연했고, 인식 능력의 실패를 고려할 필요가 없었 다. 그들은 상식적인 것의 이론화에 관심을 기울이지 않았다. 접촉 없이 일 어나는 변화야말로 그들의 흥미를 자극했다. 접촉 없이 일어나는 감응은 무형의 기에 의해 매개된다고 믿어졌으므로, 다음과 같이 규정할 수도 있 을 것이다.

자극과 반응으로서의 감응은 우주는 다양한 기로 구성되어 있고 상관된 기들은 서로 공명하며, 마치 똑같이 조율되어 있는 악기가 공명하듯이 하나 의 변화는 다른 것에서의 변화를 초래한다는 생각이다.[11]

전국 말기부터 한대 초기에 체계화된 감응의 논리는 기론 및 유별의 논 리와 긴밀하게 결합되어야 했다. 동중서는 감응하는 것들이 같은 유임을 분명하게 말하고 있다. "궁조를 튕기면 다른 궁조가 스스로 울어서 응한다. 이것은 유에 따라 동하는 것이다."[12] 유별의 기준, 혹은 동기의 떨림이 감 응의 과학적 정의였지만, 본래 감응은 삶의 태도로 제안된 것이었다. 이 점 은 기원전 4세기 무렵의 문헌으로 추정되고 있는『관자』사편에서 확인할 수 있다.

『관자』사편 중「심술상」의 구조는 특이하다.「심술상」에는 본문과 본

---

11) Matthew L. Duperon, "The Role of Qing(情) in the Huainanzi's Ethics," *Early China* 38 (2015), 11.

12)『春秋繁露』「同類相動」: 彈其宮, 他宮自鳴而應之, 此物之以類動者也.

문에 대한 설명이 함께 실려 있다. 본문에 다음과 같은 글이 있다. 군자는 "마음을 담박하게 하고 무위하며 인위적 지혜를 버린다. 그 응함은 인위적으로 가설한 것이 아니고 그 움직임도 인위적으로 취한 것이 아니다."13) 이 글에 대한 풀이는 다음과 같다.

이 말의 뜻은 따르라는 것이다. 따른다는 것은 자기를 버리고 대상을 기준으로 삼는 것이다. 감한 후에 응하는 것이 바로 인위적으로 행위하지 않는 것이고, 이치에 따라 움직이는 것이 인위적으로 취하지 않는 것이다.14)

이처럼 삶의 자세로 추구되던 감응은『장자』에서 말하는 기를 통한 소통과 부합한다.『장자』「인간세」 편에는 공자와 안회의 대화가 나온다. 이곳에서 공자는 기로 들을 것을 권한 후에 기는 마음을 비운 상태로 만물을 기다리는 것이라고 말한다.15) 마음을 비우고 만물을 기다리라는 것은『관자』에 나오는 감응과 다르지 않다. 기는 모종의 태도로서 말의 뉘앙스와 같은 것이라고 말했다. 기를 통해 들으라고 하는 말의 의미는 어떤 선입견도 배제하고 상대에게 집중함으로써, 대상의 본질을 느끼라는 뜻이다. 그레이엄은 장자가 권유하는 이런 태도를 자발성(spontaneous attitude)이라고 번역했는데, 인위적 사유를 통해서 나온 반응이 아니라는 뜻을 표현하기 위해 선택된 단어일 것이다.16)

감응은『관자』와『장자』이후에도 여전히 삶의 태도로서 강조되었는데, 심지어 통치술로 확장되기도 했다. 이 점은『한비자』와『회남자』등에서

---

13)『管子』「心術上」：恬愉無爲, 去智與故. 其應也, 非所設也, 其動也, 非所取也.
14)『管子』「心術上」：此言因也. 因也者, 舍己而以物爲法者也. 感而後應, 非所設也, 緣理而動, 非所取也.
15)『莊子』「人間世」：無聽之以耳而聽之以心, 無聽之以心而聽之以氣! 耳止於聽, 心止於符. 氣也者, 虛而待物者也.
16) A. C. Graham, *Chuang-tzu* (George Allen & Unwin, 1981), 6.

확인된다.

무릇 일을 거행하려 함에는 반드시 먼저 뜻을 고요히 하고 정신을 맑게 해
야 한다. 정신을 맑게 하고 뜻을 고요하게 하면 만물이 바로 잡힌다. 이는 마
치 옥새로 도장을 찍는 것과 같다. 옥새가 바르면 찍힌 것도 바르고 삐딱하면
찍힌 것도 그렇다. 그러므로 … 환공이 용숙을 임용함에는 귀로 결단했을 뿐
이다. 술수를 놓아두고 이목에 맡겨두면 반드시 어지럽게 될 것이다.17)

마음을 비우고 고요히 있으면서 기다리고 신하의 제안이 스스로 말해지
도록 하며 일이 저절로 행해지도록 한다. 비우고 있으면 실제의 상황을 알 수
있고, 고요하면 움직이는 것의 바름을 알 수 있다. 할 말이 있으면 스스로 말
하고, 할 일이 있는 이는 스스로 실적이 드러난다. 실적과 제안이 부합하는가
를 고려하면 군주가 일을 하지 않아도 그 실정을 알 수 있다.18)

본래 삶의 태도로서 제안되었던 감응은 통치술과 밀접한 관련을 맺으면
서 발전해나갔다. 주술(主術)은 신하를 다루는 기술이다. 위 인용문에서 말
하는 것은 주술이다. 그러나 감응은 주술을 포괄하는 보다 넓은 의미의 통
치술로도 사용되었다. 『회남자』「남명훈」에서는 감차와 대병이라는 신화
속의 마부가 말을 모는 방식을 말하고 있다. 말몰이를 통치술에 비유한 것
으로, 말몰이를 아름답게 묘사한 후, 그 방식을 요약하고 있다.

이는 행하지 않음에 의탁하여, 행함을 이룬 것이다. 깊이 생각한 것이 아
니고, 손기술이 뛰어난 것도 아니다. 하고자 하는 마음이 마음속에서 드러나

---

17) 『淮南子』「齊俗訓」: 凡將擧事, 必先平意, 淸神, 神淸意平, 物乃可正. 若璽之抑埴, 正
與之正, 傾與之傾. (故堯之擧舜也, 決之於目), 桓公之取甯戚也, 斷之於耳而已矣. 爲
是釋術數, 而任耳目, 其亂必甚矣.
18) 『韓非子』「主道」: 虛靜以待, 令名自命也, 令事自定也. 虛則知實之情, 靜則知動者
正. 有言者自爲名, 有事者自爲形, 形名參同, 君乃無事焉, 歸之其情.

자 정신이 육마에게 전해진 것이니, 이는 말을 몰지 않는 방식으로 몰은 것이다.[19]

마음에서 일어나자마자 정신이 전해지는 통치술은 감응에 다름 아니다. 삶의 태도로서 권장되던 감응론은 주술을 포함하는 통치술로 확장되었다. 그리고 왕조의 흥망성쇠와 조짐을 연결하는 데까지 사용되다가, 이내 자연현상의 관계 논리로 발전했다. 함께 감응하는 것은 동기의 것들로서 하나의 유를 이룬다고 믿어졌다. 전국말의 추연(鄒衍)이나 한대의 동중서(董仲舒) 등이 감응론을 동양과학의 기초이론으로 확장 해석했다. 이상이 감응론의 간사(簡史)다.

내가 알기에 현대의 연구자들 가운데 감응론의 역사에 관심을 가진 이는 없었고, 동양과학의 논리가 주요 주제인 이 책에서도 감응의 개념사에 천착할 필요는 없다. 선행 연구는 대부분 감응론의 양상에 관한 것이었는데, 어떤 이들은 감응론의 원형을 말했고, 혹자는 원형에서 발전한 모습을 말했다.

슈워츠(Benjamin L. Schwartz)가 생각하는 감응론은 내가 제안할 두 가지 원형 중 한가지와 일치한다. "감응 우주론의 배경에 깔려 있는 근본적 편향은, 인간현상과 자연현상 사이의 동종 관계들에서 인간문명과 인간의 개인적 삶을 자연계의 주기, 리듬, 패턴과 제휴시킴으로써, 인간문명과 인간의 개인적 삶을 통제하는 수단을 발견하려는 집착인 것 같다."[20] 리듬에 따르는 감응론은 예를 들면, 봄이라는 계절의 기운에 공명하는 것들을 연결하는 방식이다. 이런 감응론은 과학적 감응론의 대표 유형 가운데 하나인데, 감응론의 유형 중에는 공감과 반감에 기반한 것도 있다.

---

19) 『淮南子』「覽明訓」: 此假弗用, 而能以成其用者也. 非慮思之察, 手爪之巧也. 嗜欲形於胸中, 而精神躍於六馬, 此以弗御御之者也.

20) Benjamin L. Schwartz, 나성 역, 『중국 고대 사상의 세계』(살림출판사, 2009), 541.

헨더슨(John B. Henderson)은 상관적 사유(correlative thought)를 네 가지로 구분했다. 1) 인간과 우주, 즉 소우주와 대우주 사이의 관계. 2) 니덤이 국가 유비라고 불렀던 것으로 코스모스의 영역인 하늘과 지상의 영역인 왕조 또는 국가 관료 체계 사이의 관계. 3) 오행과 같은 수비학적 상관체계. 4) 주역의 체계.[21] 이 구분은 좀 낯설고 감응이 아닌 상관적 사유의 구분이라고 말하고 있기 때문에, 헨더슨의 생각을 좀 더 들여다 볼 필요가 있다. 헨더슨은 상관적 사유와 감응을 구분하고, 감응이 상관적 사유의 본질적 개념이 아니라고 말했다.

감응의 관념은 상관적 사유에 있어서 본질적 관념은 아닌 듯하다. 그러나 『춘추번로』나『회남자』에서와 같이 정치적 성격이 짙은 상관적 체계들에서는 중요한 역할을 했다. 감응 관념은 앞에서 다룬 인간-우주, 국가-우주 사이의 상관적 사유 양식이 전개되는데, 매우 중요한 관념이었다. 또한 월령체계에서도 핵심적 역할을 했다.[22]

핵심적 역할이 어떤 의미인지는 모르겠으나, 자신이 제안한 네 가지 상관적 사유 유형 가운데 두 가지에서 핵심적 역할을 하는 감응을 너무 가볍게 보고 있는 듯하다. 오행과 주역은 상관적 사유체계임에도 불구하고, 감응과는 무관하다는 말은 무슨 뜻일까? 더군다나 상관적 사유를 읽어낸 맥락에도 문제가 있다. 그가 생각하는 상관적 사유의 모델은 정치와 우주 사이의 관계에 한정된 것처럼 보인다. 그러나 그것은 일반적 설명법이 아니다. 많은 학자들은 상관적 사유가 중국적 사유 전체를 관통한다고 말해왔다. 동중서의 감응론이 주로 정치와 하늘이 내리는 조짐을 연결시키는 것이었음은 사실이다. 그러나 고대 중국에서 가치와 사실을 떼어내는 것은

---

21) John B. Henderson, 문중양 역,『중국의 우주론과 청대의 과학혁명』(소명, 2004), 18-29.
22) John B. Henderson(2004), 39.

불가능하고, 감응은 널리 자연현상을 설명하는 데도 사용되었다.

앞의 문제점은 차치하더라도, 상관적 사유 유형을 저렇게 나누는 것에도 문제가 있다. 앞서 보았듯이 운슐트(Paul U. Unschuld)는 오행을 체계적인 상관적 사유(systematic correspondence)라고 말했다.[23] 오행이나 주역은 단순한 상관적 사유가 아니다. 1), 2)와 3), 4)는 층위가 다른 상관적 사유의 유형이다. 이 점을 위의 분류에 반영해서, 넷 중 체계적 상관적 사유인 오행과 『주역』을 제외한다면, 감응이 상관적 사유의 원형적 역할을 했다고 말해야 한다. 헨더슨 자신의 논리를 따를 때 도달하는 결론이다. 정확히 말하자면, 헨더슨이 말한 1)과 2)는 감응의 논리에 토대해서 만들어진 유비이고, 3)과 4)는 감응의 체계화된 이론이다.

앞의 인용문에서 확인할 수 있듯이, 동중서는 감응을 분류의 기준으로 가정했다. '이것은 유에 따라 동하는 것이다.' 어떤 두 가지 사물이나 사태가 하나의 유로 묶이기 위해서는 둘 사이에 감응의 관계가 있어야 한다는 뜻이다. 그렇다면 관계의 양상이 감응의 분류기준이 되어야 한다. 관계의 양상에 집중하면 동양과학문화에서 발견할 수 있는 감응은 크게 둘로 나눌 수 있다. 첫째는 가장 전형적이고 익히 알려져 있는 감응으로 공감과 반감의 감응이다. 둘째는 또 하나의 대표적인 감응으로 슈워츠가 말한 패턴을 따르는 감응이다. 첫째의 감응은 대립되는 계열체를 전제하기 때문에, 다시 둘로 나눌 수 있다. 하나는 공감과 반감의 감응이고 다른 것은 공감하고 반감하는 것들을 늘어놓았을 때, 한쪽 계열에 속하는 것들 사이에서 일어나는 감응이다. 어쨌거나 우선은 둘로 나눌 수 있다. 공감과 반감의 감응이 구체적 사물 사이의 관계에 관한 것이라면, 패턴을 따르는 감응은 환경과의 감응이라고 말할 수 있다. 봄에 피는 진달래는 봄에 피는 목련이 아니라, 봄의 기운에 감응한다.

---

23) Paul U. Unschuld. *Medicine in China : A History of Ideas*(University of California Press, 1985). 7.

감응의 유형

① 공감과 반감의 감응 : 태양과 달, 꽃과 벌 사이의 감응

② 패턴을 따르는 감응 : 봄과 진달래꽃

공감과 반감의 감응은 상호 대립하는 것들 사이에 일어난다. 이런 감응은 거의 모든 동양과학문화에서 받아들여져 왔다. 「계사전」의 다음 대목은 널리 알려져 있다. "천지가 어울려 만물을 지어내고 남녀가 정을 얽어서 만물이 화생한다."[24] 『예기』에도 유사한 표현이 있다. "음양이 조화로움에 만물이 만들어진다."[25] 우주 발생을 음양의 교감으로 설명하는 생각은 일반적이었다. 이런 관념은 감응에 토대한 유별의 방식으로 재해석되곤 했다. 서양의 연금술사와 동양의 연단술사들에게 연금술 혹은 연단술은 천지의 우주 발생을 모방하는 것이었다. 연단술의 고전인 『주역참동계』에서 연단술에서 재해석된 유별의 예를 찾아볼 수 있다.[26]

자연의 행함에는 거짓이 없다. 산택에서 기운이 일어나면 구름이 일어 비가 되고, 진흙이 바짝 마르면 먼지가 된다. 불로 태우면 재가 된다. … 누룩은 술이 된다. 유를 같이하는 것을 이용하면 쉽게 성공할 수 있다. 같은 종이 아니면 교묘한 효과를 만들어내기 어렵다.[27]

---

24) 『周易繫辭傳』: 天地絪縕, 萬物化醇, 男女構精, 萬物化生.

25) 『禮記』「郊特生」: 陰陽和而萬物得.

26) 『주역참동계』의 성립 시기에 대해서는 논란이 있다. 국내 연구자들은 대부분 동한 시기 성립설을 따르지만, 나는 동의하지 않는다. 현존하는 연단술서는 대략 100종이 있는데, 그 가운데 성립 시기를 확정할 수 있는 것은 20종 정도다. 나는 그 가운데 각 시기를 대표하는 연단술서 들을 읽어봤는데, 『주역참동계』와 같은 세련된 연단의 논리는 후대에야 보인다. 연단술서를 폭넓게 읽으면 동한 시기 성립설을 주장하기 어려울 것이다. 부분적으로 존재했다는 주장은 받아들일 수 있지만, 『참동계』의 논리는 존재하지 않아야 한다는 전제에서 그런데, 이 전제가 받아들여진다면 해당 문헌을 『참동계』라고 부를 수 없을 것이다.

아래의 인용문에서는 물질의 변화를 예거하고 있다. 계란이 병아리로 바뀌는 것은 개체의 변화를 유로 설명하기 위한 것이다. 그러나 『참동계』에서 사용하는 분류법의 독특함은 대립적 음과 양을 하나의 유로 묶는 데서 찾을 수 있다.

단을 만들어 신선이 되고자 하면 의당 같은 유를 사용해야 한다. 벼를 심음에는 의당 같은 유인 서를 사용해야 하고, 병아리를 부화시킬 때는 의당 계란을 사용해야 한다. 유에 따라 자연을 도와주면 만물이 이뤄져서 쉽게 도야할 수 있다. 어찌 물고기의 눈으로 진주를 만들 것인가? 쑥대공은 값이 나가지 않는다. 같은 유는 서로 함께 좇고, 일이 어그러지면 보물이 되지 못한다. 이런 까닭으로 제비나 참새는 봉황을 낳지 못하고, 여우와 토끼는 말에게 젖을 먹이지 못한다. 물은 흐르며 타오르지 않고 불은 움직여도 아래를 적셔주지 못한다.[28]

롱쯔이(容志毅)는 『참동계』에 세 가지의 다른 연조제법이 소개되어 있다고 말했다.[29] 세부 내용은 다를 수 있지만, 참동계의 핵심 물질이 납과 수은이며, 단이 납과 수은의 결합을 통해 만들어진다는 점에는 차이가 없다. 두 물질의 화학식은 다음과 같다.[30]

$$HgS+3Pb_3O_4 \rightarrow HgO+9PbO+SO_2$$

---

27) 『周易參同契』下篇 第四章 : 自然之所爲兮, 非有邪僞道. 若山澤氣烝兮, 興雲而爲雨. 泥竭遂成塵兮, 火滅化爲土 … 麴蘗化爲酒. 同類易施功兮, 非種難爲巧. 이 책에서 인용한 『참동계』 원문은 『참동계발휘』의 일본어 역서인 鈴木由次郎, 『周易參同契』(明德出版社, 1977)에 의거했음.

28) 『周易參同契』上篇 第十二章 : 欲作服食仙, 宜以同類者. 植禾當以黍, 覆雞用其卵. 以類輔自然, 物成易陶冶. 魚目豈爲珠, 蓬蒿不成價. 類同者相從, 事乖不成寶. 是以燕雀不生鳳, 狐兔不乳馬. 水流不炎上, 火動不潤下.

29) 席澤宗 외 主編, 『中國道敎科學技術史 漢魏兩晉卷』(科學技術出版社, 2002), 374.

30) 席澤宗 외 主編(2002), 378.

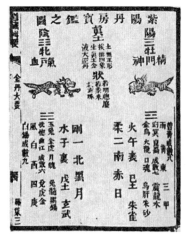

가열을 통해 이산화황이 날아가면 남는 것은 산화수은과 산화납의 혼합물이다. 이 누런색을 띠는 혼합물이 단이다. 이것이 연단의 조제과정에서 실제로 일어나는 일이다.『참동계』는 결국 납과 수은의 결합을 다양한 상징체계를 빌려서 표현한 연단술서다.『참동계』에서 단을 만들기 위해서는 동류를 사용해야 한다고 말할 때의 동류는 결국 수은과 납을 말한다. 붉은 단사에서 추출하는 수은은 양의 계열에 속하고 검은 납은 음의 계열에 속한다. 수은과 납은 하나의 유를 이루고, 수은의 계열과 납의 계열도 하나의 유를 이룬다. 수은과 납의 결합은 음과 양이라는 대립적 계열에 속하는 것들 사이의 결합을 의미한다. 이처럼 대립하는 것들의 교감을 통한 단의 조제라는 원칙은 진치허(陳致虛)의『금단대요(金丹大要)』에 실려 있는 위의 그림을 통해 직관적으로 이해할 수 있다.31)

왼쪽 그림에서 좌측은 음에 오른 쪽은 양에 속한다. 단은 음과 양의 결합을 통해 만들어진다. 남녀의 교합은 음양의 교합을 상징한다. 오른쪽 그림은 이 점을 나타내고 있다. 그림 아래쪽의 남자는 양을 위쪽의 여인은 음을

---

31) Ho Ping-Yü & Joseph Needham, "Theories of Categories in Early Mediaeval Chinese Alchemy Author(s)," *Journal of the Warburg and Courtauld Institutes*, 22(1959), 196.

나타낸다. 교감하는 용·호도 하나의 유다. 이 지점에서 두 가지 방식의 유별이 가능함을 알 수 있다. 먼저 대립적으로 교감하는 것들을 하나의 유로 묶는 방식과, 한쪽의 계열에 속하는 것들을 유로 묶는 방식의 두 가지 유별이 있다.

앞에서 말했듯이 그레이엄은 "계열체(paradigm)와 통합체(syntagma) 그리고 은유와 환유라는 두 쌍의 구조주의적 개념을 어떻게 사용할 것인지 설명해두는 것이 좋겠다"고 말한 후, 음양의 대응을 아래 구도로 설명했다.[32] 즉 낮 : 밤=태양 : 달의 구도에서 낮과 태양은 계열체적 관계, 낮과 밤은 통합체적 관계이고, 낮과 밤은 은유적 관계, 낮과 태양은 환유적 관계라는 것이다. 환유와 은유의 도식이 감응을 상징이나 언어 구성의 측면에서 포착한 것이라면, 내가 말한 감응의 유형은 세계상의 층위에서 말한 것이다. 언어가 세계상을 반영한다고 가정해보자. 양자의 구도가 대응하지 않는다면, 그것이 오히려 문제일 것이다.

그레이엄의 은유와 환유에 기반한 음양도식과 감응의 유형에 토대한 음양도식

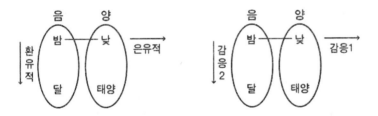

낮과 밤을 하나로 묶는 것은 공감과 반감에 따른 것이다. 낮의 계열에 속하는 것들과 밤의 계열에 속하는 것들은 상호상징의 관계에 있는데, 같은 계열에 속하는 것들은 상호 감응한다고 믿어졌다. 밤에 피는 달맞이꽃은 밤과 달에 감응했다. 이처럼 하나의 계열에 속하는 것들, 예를 들면 낮과 밤

32) A. C. Graham, *Yin-Yang and the Nature of Correlative Thinking*(The Institute of East Asian Philosophies, 1986), 16.

의 계열에 속하는 것들의 유사성을 포착하는 논리는 취상(取象)이라고 불렸다. 다시 말해 낮과 태양, 밝음과 수은의 빛 사이의 상징적 유사성에 토대한 것이다.

그런 것들 가운데 대표적인 것이 시간의 리듬에 공명하는 것들을 하나로 묶는 방식이었다. 이것은 앞에서 소개한 감응 ②에 해당한다. 감응 ②에 따른 유별은 대체로 우주의 순환하는 리듬에 따라 공명하는 것들을 분류하는 방식이다. 예를 들어, 봄·여름·가을·겨울의 네 마디로 되어 있는 익숙한 패턴을 생각해보자. 봄의 고랑에서 진달래와 목련은 꽃을 피우고 새는 알을 낳으며, 잔디는 푸른 기운을 띤다. 그때가 되면 사람들은 들판에 나가 파종을 한다. 상관적 사유를 정초한 그라네는 사람과 만물이 리듬에 따라 춤추는 고대 중국인의 세계를 감동적으로 기술한 바 있다.

그들은 마을에 들어가 집안에 틀어박혀 겨울을 보내기 때문에 이 활동 없는 시기를 만물이 모두 본래의 거처로 돌아가 같은 종류하고만 칩거하고, 다른 것과는 교섭을 갖지 않는 보편적인 폐색(閉塞)의 시기라고 여겼다. 이제 저 겨울의 어둠 속으로 침잠하지 않을 수 없게 된 만물은 외부의 모든 접촉에서 벗어나 불간섭 상태가 된 것이다. 봉헌된 토지는 사람이 더 이상 일할 수 없게 되고, 소유권은 멀리까지 미치지 않게 되었다. 근접한 것과 동질적인 것들 외에는 더 이상 관계가 없어졌다. 그들은 가족과 함께 생활하면서 원기를 되찾고, 친지들과 접촉하면서 부족의 정신을 재구성하는 동안에 가까운 사이에도 남아 있는 존재의 다양한 범주에 의해 자신들의 특질을 자각하고 또 새로 젊어진 자신들의 본질이 새봄을 준비한다고 생각했다. 이와 같이 만물의 이산(離散)을 실현한 팔사의 관습은 다른 의미로 또 만물의 재생을 실현하는 것이기도 했다.[33]

---

33) Marcel Granet, 신하령 외 역, 『중국의 고대 축제와 가요』(살림, 2005), 225-226.

그라네가 중국의 사유라고 말하는 것은 결국 감응 ②에 해당한다. 『회남자』 「남명훈」에서 말하는 유별도 결국 이런 봄의 파종과 목련꽃, 진달래, 그리고 심지어 그런 봄의 향연을 보고 있는 열여덟 살 순이의 푸릇한 마음을 하나로 묶는 그런 유별이다. 그것들은 모두 '춘기(春氣)'라는 이름으로 불린다. 춘기는 일기(一氣)의 변화하는 리듬 가운데 한 마디를 차지한다. 그런데 이런 감응은 어떻게 가능한 것일까? 보름이 되면 어떻게 갯벌의 생명들이 큰 숨을 쉬어 바다 생명의 내음이 그득해지는 것일까? 생명들은 어떻게 발맞춰 움직일 수 있는 것일까?

고대 중국인이 제안했던 답은 패턴의 본유(本有)다. 이(理)에 따르는 것을 감응이라고 했을 때의 이가 바로 패턴이다. 이는 사시의 변화와 같은 자연적 질서일 수도 행위의 규범일 수도 있지만 어쨌든 모종의 패턴이다. 동양과학의 정초자들은 그런 이를 성이라는 개념으로 포착했다. 결국 성은 생명에 내구되어 있는 패턴이었고, 생명은 어느 것이나 패턴에 감응할 수 있는 능력을 본유한 채 태어난다고 말해졌다.

> 무릇 부평초가 물에 뿌리내리는 것, 나무가 흙에 뿌리내리는 것, 새가 허공을 치고 날아오르는 것, 짐승이 땅을 밟고 달리는 것, 교룡이 물에 사는 것, 호랑이와 표범이 산에 사는 것은 본래 타고난 성이다.[34]

그렇다면 이는 법칙이라고 할 수 있을까? 이가 법칙이라는 말에는 상당한 주의가 요구된다. 법칙이라는 말에는 결여되어서는 안 되는 본질적 특성이 있는데, 필연성이 그것이다. 즉 어떤 현상을 법칙에 의한 것이라고 말할 수 있다면, 그런 현상은 어떤 경우에도 반드시 일어나야 한다. 고대 중국에도 자연의 법칙이라는 관념이 있었을까? 니덤(Joseph Needham)은 이 점

---

34) 『淮南子』 「原道訓」 : 夫萍樹根於水 木樹根於土 鳥排虛而飛 獸蹠實而走 蛟龍水居 虎豹山處 天地之性也.

을 부정했다. 그는 고대 중국에는 사람이 따라야 하는 규범으로서의 법칙은 있었지만, 초월적 존재로부터 부여받은 'the laws of nature'라는 개념은 부재했다고 말했다.[35]

더크 보드(Derk Bodde)는 자연법칙이라고 불릴 만한 관념이 있었다고 주장했다. 그는 『회남자』와 『관자』의 몇몇 구절들이 법칙의 부여자로서의 신이라는 관념과 자연법칙의 존재를 증명한다고 해석했다.[36] 그러나 니덤의 반론에 대한 보드 자신의 답변에서도 읽어낼 수 있듯이, 중국의 전통사유에 서양의 자연법칙과 같은 것이 있었다고 단언하기는 어렵다.[37] 패턴으로서의 이(理)는 초월적 존재가 부여하는 법칙이 아니다.

두 가지 감응의 양상을 비교할 때, 리듬에 따르는 감응이 자연법칙이라는 개념과 밀접한 관련이 있어 보이는 것은 사실이다. 이 점이 슈워츠가 리듬에 따르는 공명을 감응의 원형으로 제안한 까닭이다. 그리고 보편법칙의 존재를 부정한 니덤조차 연단술의 유별을 말하면서 공감과 반감에 기반한 유별을 반대한 까닭이다. 니덤은 당대(唐代)의 문헌인 『참동계오상류비요(參同契五相類秘要)』에서 유별이 연금술의 이론이라는 점을 밝히면서, 패턴에 따르는 것들을 하나의 유로 묶는 방식을 전형적인 유별로 제안했다.

그의 글에서는 공감과 반감에 기반한 감응을 애써 부정하려는 노력마저 엿보인다.[38] 왜 저토록 선명한 감응의 유별, 즉 앞에서 보았던 수은과 납을 하나로 묶는 분명한 태도마저도 부정했을까? 과학은 법칙 혹은 법칙에 준하는 무엇인가에 기반해야 한다는 생각 때문이다. 서양학자들에게 이런 생각은 고질(痼疾)적이다. 의사학자인 운슐트(Paul U. Unschuld)도 같은 생각

---

35) Joseph Needham, *Science and Civilisation in China*, vol 2-2(Cambridge University Press, 1956), 582.

36) Derk Bodde, "Evidence for Laws of Nature in Chinese Thought," *Harvard Journal of Asiatic Studies*, 20 : 3/4(1957), 719,721.

37) Derk Bodde(1957), 727.

38) Ho Ping-Yü & Joseph Needham(1959).

을 하고 있다. 운슐트는 과학이 법칙의 적용을 통해 시작되었다고 말한다.

> 과학적 기반이 없는 치유는 여기에서 말하는 의학이 아니다. 의학은 치유
> 에 과학을 접목시킨 것이다. … 의학이 출현하기 위해서는 과학, 즉 특정 법
> 칙(law)을 따르는 질서(regularity)가 자연을 지배한다는 이론이 먼저 발달해
> 야 했다.[39]

의학이라고 부르기 위해서는 과학이 되어야 하고 과학이라고 부르기 위
해서는 법칙의 적용이 있어야 한다는 생각이 완고하다. 이런 생각에 따르
면 법칙에 근거하지 않은 공감과 반감의 감응은 과학적 관계지움이 될 수
없다는 결론에 이른다.

그러나 한의학은 법칙의 지배를 받는 과학으로서의 의학이 아니다. 감
응은 하나의 유로 묶을 수 있는 것들 사이의 관계 논리다. 앞의 논의에서
드러난 생각처럼, 관계를 법칙에 종속시켜야 한다면, 유(類)도 법칙에 종속
된다고 말해야 한다. 동양의 유별에 관해서는 다음 절에서 논의할 것인데,
그것은 기술자의 유별이지 과학자의 유별이 아니다. 기술자의 유별은 세상
을 의미 있게 구성하는 것이지, 세상의 객관적 질서를 발견해내는 것이 아
니다. 객관적 질서가 전제되는 것처럼 묘사된다고 해도, 그런 질서는 기술
의 편의라는 관점에서 자유롭지 않았다.

더군다나 음양오행을 비롯한 어떤 패턴도 법칙이 아니다. 음양오행이나
『주역』의 육효 또는 십이간지나 천간조차도 유행했던 패턴임에 불과하다.
『신농본초경』에는 음양오행이 등장하지 않고, 『상한론』에도 음양오행과
같은 전형적인 패턴은 없다. 어떤 문헌에는 유행했던 패턴이 전혀 보이지
않는다. 한의학이 본초와 침구 그리고 탕액으로 되어 있다고 해보자. 『상한
론』과 『신농본초경』은 본초와 탕액의 토대 문헌이다. 이들 토대 문헌에 운

---

39) Paul U. Unschuld, 홍세영 역, 『의학이란 무엇인가』(궁리, 2010), 51.

슐트 등이 법칙이라고 부를 만한 것은 등장하지 않는다. 한의학의 본초와 탕액서는 과학이라고 할 수 없는 것일까?

법칙의 개념을 엄격하게 적용한다면 그리고 법칙이 있어야만 과학이라고 할 수 있다면, 동양에는 과학이 존재한 적이 없었다고 말해야 한다. 동양에도 보편적 질서를 세우려는 노력이 있었지만, 윤리적 영역에 한정되어서 그랬다. 혹은 구성과 관리의 맥락에서 그랬을 뿐이다. 시게히사는『내경』에 나오는 신체 측정의 기록을 학문정치(staatswissenshaft)적 동기에 의한 것이라고 해석했다.

> 진시황은 표준화라는 야심적인 프로그램—동전 주조에 필요한 금속의 비율을 정하고, 바퀴의 폭을 확정하며 도로의 폭을 정하는 것—을 추진했다. 그는 길이와 무게의 보편적 기준을 선언했고, 단순화된 글씨체를 포고했으며, 이단의 도서를 태우고 학자들을 생매장함으로써 사람들의 마음속에서 이단의 가능성을 제거하려 했다. 책을 불태우고 학자를 생매장한 사건은 후대의 사가들에게 매도당했지만, 뒤를 이은 왕조의 통치자들도 진시황의 표준화를 계승했다. 황제가『영추』「골도」편에서 "나는 일반인들의 신체치수를 알고 싶습니다. 7.5자 되는 사람의 골절의 크기와 너비는 각각 얼마나 됩니까?"[40] 라고 물을 때, 우리는 사람의 다양성을 수적 규준에 넣으려는 정치과학의 목소리를 듣는다.

즉 제국의 통치에 필요한 표준을 구성하려는 노력이었을 뿐이다. 음양오행이나『주역』의 육효와 현대적 의미의 자연법칙은 다르다. 그것들은 선택 가능한 몇 가지 패턴 가운데 하나였을 뿐이다. 그럼에도 불구하고 오행이 가장 유행한 주류 패턴이었다는 점은 사실이다. 몇 개의 패턴 가운데 하나에 불과한 오행이 가장 유행한 주류 패턴이 된 까닭은 무엇일까? 감응의

---

40)『靈樞』「骨度」: 願聞衆人之度, 人長七尺五寸者, 其骨節之大小長短各幾何.

원형을 잘 담아내고 있기 때문이다.

진치허의 그림을 상기해보라. 공감과 반감의 감응은 음과 양의 감응이었고, 특정한 계열에 속하는 것의 감응은 한쪽 계열에 속하는 것들 사이의 감응이었다. 후자는 오행에서도 하나의 계열에 속하는 것들 사이의 감응에 부합한다. 그리고 전자는 오행의 상생과 상극에 부합한다.

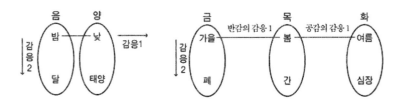

오행은 '감응 1'에 들어 있는 두 가지 관계, 즉 공감과 반감을 명시적으로 끌어냈다는 의미에서 음양의 확장된 패턴이라고 할 수 있다. 음양이 보편적으로 받아들여질 수 있는 패턴이라고 할 때, 오행이 비교적 음양 패턴 속에 들어 있는 감응의 원형을 잘 표현해 냈던 것이다. 감응의 원형을 잘 담아내고 있는 오행은 '기-감응-유별'의 논리가 체계적으로 결합된 패턴이었다. 오행은 이 책의 후반부에서 다룰 것이다. 우선은 감응의 결과인 유별(類別)을 검토해보자.

2. 유별(類別)

과학(科學)은 동아시아에서 공통으로 사용하는 'Science'의 번역어이다. 그러나 동양에서 과학의 본래 의미는 지식의 분류학이었다. 니덤은 이 점을 지적하면서 중국의 관료제적 사유방식이 의학의 체계화에 영향을 미쳤고, 이런 사유가 중국의 다른 문화에도 두루 영향을 끼쳤다고 말했다.[41] 그는

---

41) Joseph Needham, *Science and Civilisation in China*, vol 6-6(Cambridge University Press,

심지어 중국의 전통 사유에서는 유별을 특히 좋아했다고도 말했다.[42] 유별을 뜻하는 과학이 'science'의 번역어로 사용되었다는 사실은 유별이 과학의 인과에 대응하는 방법이었음을 함축한다.

유별은 어느 문화권에나 존재한다. 그러나 동양의 유별은 특이했다. 푸코(Michel Foucalt)는 중국식의 유별을 접한 후, 충격에서 비롯된 웃음을 감출 수 없었다고 고백했다. "이 책의 발상은 보르헤스에 나오는 한 원문에서, 그 원문을 읽었을 때 지금까지 간직해 온 나의 사고—우리의 시대와 풍토를 각인해 주는 우리 자신의 사고—의 전지평을 산산이 부숴 버린 웃음에서 연유한다."[43] 이어서 그는 자신에게 충격을 안겨준 중국식 유별을 소개한다.

> 이 원문은 다음과 같이 기록하고 있는 '중국의 한 백과사전'을 인용하고 있다. 동물은 다음과 같이 유별된다. (a) 황제에 속하는 동물 (b) 향료로 처리하여 방부 보존된 동물 (c) 사육동물 (d) 젖을 빠는 돼지 (e) 인어(人魚) (f) 전설상의 동물 (g) 주인 없는 개 (h) 이 유별에 포함되는 동물 (i) 광폭한 동물 (j) 셀 수 없는 동물 (k) 낙타털과 같이 미세한 모필로 그려질 수 있는 동물 (l) 기타 (m) 물 주전자를 깨뜨리는 동물 (n) 멀리서 볼 때 파리같이 보이는 동물

아르헨티나의 시인이자 소설가인 보르헤스(Jorge Luis Borges)의 책에서 재인용한 이 원문의 출전이 어디인지는 중요하지 않다. 중요한 것은 분류방식의 낯섦이었다. 근대적 에피스테메와는 전혀 다른 분류법이 푸코의 헛웃음을 유발시켰다. 동양적 유별의 특성은 무엇이었을까?

2000), 56.

42) Ho Ping-Yü & Joseph Needham(1959), 188.
43) Michel Foucault, 이광래 역, 『말과 사물』(민음사, 1980), 11.

1) 중국적 유별의 상황 의존성과 보편성

고대 중국에서는 명칭과 대상 사이의 관계가 관습적이었다는 생각이 일반적이다. 명칭과 대상 사이의 긴밀성에 관해서는 이견이 있었지만, 이 관계가 관습적이라는 생각에는 차이가 없었다.

이름에는 고정된 적합함이라는 것이 없으니, 약속해서 이름으로 삼을 뿐이다. 약속해서 정하고 그것이 풍속이 된 것을 일러서 적합하다고 한다. 약속에 맞지 않으면 마땅하지 않다고 한다. 이름에는 진정 정해진 대상이라는 것이 없다. (사람들은) 약속해서 대상의 이름을 지을 뿐이다. 약속이 정해져 관습이 된 것을 일러서 대상의 이름이라고 한다.[44]

이런 생각은 상황 의존적 유별과 잘 어울렸다. 대상에게 이름을 붙쳐준다는 것은 분류하는 것과 같다고 생각했기 때문이다. "어떤 것의 이름을 말(馬)이라고 하는 것은 (말을) 유별하는 것이다."[45] 명명이 곧 유별이고 그것이 관습적이라면, 유별도 관습적이라고 해야 한다. 관습적이라는 것은 상황 의존성을 함축한다. 니스벳(Richard E. Nisbett)의 실험은 상황 의존적 유별 방식이 현대 동양인들의 사유 속에도 문화적 유전자로 남아 있다는 사실을 밝혀냈다. 그는 닭과 풀 그리고 소가 그려져 있는 그림을 주고 이 셋을 둘로 나눠보게 하는 실험을 진행했다. 니스벳은 이 실험 결과를 다음과 같이 보고했다.

그림 3개를 보고 그 중 2개를 하나로 묶는다면 무엇을 묶을지 생각해보라.

---

44) 『荀子』「正名」: 名無固宜, 約之以命, 約定俗成謂之宜, 異於約則謂之不宜. 名無固實, 約之以命實, 約定俗成謂之實名.

45) 『墨子』「經說上」: 名之馬, 類也.

만일 당신이 서양인이라면 아마도 닭과 소를 묶을 것이다. 실제로 발달심리학자인 치우리앙황이 그와 같은 그림을 미국과 중국의 어린이들에게 보여주고 하나로 묶는 과제를 시켰을 때, 미국의 어린이들은 같은 유별 체계에 속하는 소와 닭을 하나로 묶는 경향을 보였다. 그러나 중국의 어린이들은 관계에 근거한 방식을 선호했다. 즉 소와 풀을 하나로 묶었는데 그 이유는 소가 풀을 먹기 때문이다.[46]

그는 동양인들이 생각하는 유별의 특성을 관계 중심적 사유로 해석했다. 이 실험 결과를 유별의 기준이라는 문제에 적용하면 몇 개의 잠복해 있던 생각을 노출시킬 수 있다. 먼저 서양인들은 유(類)를 설정하고 유간의 관계를 맺어나감에 반해, 동양인들에게 유는 처음부터 관계 의존적이라는 점이다. 즉 서양인들은 먼저 동물이라는 유를 만들고 이것을 다른 유와 관계지운다. 서양인들에게 유를 나눈다는 것은 관계를 포착한 것이 아니라 본래 있던 것을 드러낸다는 의미다. 즉 돌고래와 닭은 본래부터 동물로서 하나의 유로 묶인다. 소와 닭 사이에 어떤 관계도 없다 할지라도 이 점에는 변화가 없다. 이에 반해 동양인에게는 관계없는 것은 유가 아니다. 예를 들면, 돌고래와 닭이 관계가 없다면, 하나의 유로 묶일 필요가 없다. 유별의 의미가 달랐다. 위 실험의 함축을 다시 살펴보자.

1) 닭과 소를 동물이라고 적힌 주머니에 넣고 풀을 식물이라고 쓰인 주머니에 넣는 것은 관계와 무관하다. 하나로 묶이지 않았다고 해도 개와 소가 동물인 것에는 변함이 없다. 먹이인 풀도 마찬가지이다. 그것은 묶이기 전에 이미 동물이었고 식물이었다. 그것은 묶음이라는 사람의 질서지움과 무관하게 본래부터 같은 유였다.

---

46) Richard E. Nisbett, 최인철 역, 『생각의 지도』(김영사, 2004), 138.

2) 소와 풀을 하나로 묶는 것은 관계 중심적이다. 소와 풀을 하나로 묶었
다고 해보자. 그들을 하나로 묶은 것은 '동물과 그 동물의 먹이=X'라는 특
수한 관계다. 하나로 묶이기 전의 소와 풀은 'X'가 아니다. 소와 풀을 분할
하면, 'X'는 없어진다. 소와 풀은 조합됨으로써 'X'로 존재하게 된 것인데,
조합이 깨진 후에 'X'는 존재하지 않는다.

이상의 논의에서 다음의 사실을 알 수 있다. 서양인에게 유는 분할 후에
조합된 것이고, 조합이 깨진 후에도 그 유적 속성에 변화가 없다. 유는 관계
이전에 존재하는 것이었다. 이에 반해 니스벳이 말한 관계 중심적 사유에
서는 조합에 의해 유적 속성이 부여되고, 조합이 깨진 후에는 그런 유적 속
성을 잃는다는 의미에서 관계 중심적이다. 즉 관계 중심적 사유에서 유는
관계와 동시에 존재한다. 관계 지워지지 않았을 때, X라는 유는 존재하지
않는다. 진메이 위안의 다음과 같은 말은 이상의 논의와 부합한다. "동양의
유별은 상황에 따라 형성되는 관계(association)에 의존한다."47) 그녀는 상
황 의존성을 아리스토텔레스의 유별과 상반되는 중국적 유별의 특성이라
고 주장했다.

나의 입장은 중국 논리학에서 유(類)는 변화하는 관계에 따라 변하는 세계
에서 사물들을 유별하는 방식이라는 것이다. 이에 반해 아리스토텔레스 논
리학에서의 범주(categories)나 유형(classes)은 종과 속의 위계적 유형의 관점
에서 유별하는 것이다. 그런 사물의 위계는 추론을 위한 근거를 제공하는 선
험적 질서(a pre-fixed order)라는 것이다.48)

---

47) Jinmei Yuan, "'Kinds, Lei' in Ancient Chinese Logic : A Comparison to 'Categories' in
Aristotelian Logic," *History of Philosophy Quarterly* 22 : 3(2005), 186.
48) Jinmei Yuan(2005), 186.

관계는 현실의 문맥에 따라 변하기 때문에, 상황 의존적이지 않을 수 없다. 중국의 유별이 상황 의존적 경향이 강하다는 것은 사실이고, 이 점은 서양의 분류와 대비해 볼 때 선명하게 드러난다. 그러나 고대 중국인들이 행한 모든 유별이 상황 의존적이었을까? 구체적인 소를 소라는 묶음에 넣는 유별이 보편적이지 않다면, 최소한의 개체성조차 확보할 수 없다.

예를 들어, 홍길동이라는 사람이 있다고 가정해보자. 이 사람은 어릴 때부터 죽을 때까지 홍길동이다. 이 과정에도 유별의 사유가 들어 있다. 즉 어릴 때의 홍길동 … 젊어서의 홍길동 … 늙어서의 홍길동을 모두 홍길동이라고 부를 수 있다는 것은 다양한 시점의 홍길동을 하나의 유로 묶을 수 있다는 것을 의미한다. 홍길동이라는 존재의 개체성은 한 차례 발생하는 사건(token) 차원이 아닌 유형(type) 수준에서 파악되는 것이다. 이런 유별이 보편성을 획득하지 못한다면, 최소한의 개체성도 확보될 수 없을 것인데, 이런 생각은 상식적이지 않다.

그렇다면 최소한 소(얼룩소, 황소, 들소, 물소…)와 풀(질경이, 쑥, 강아지풀, 개망초…)이라는 개개의 유는 상황 의존적이지 않아야 한다는 주장이 가능해진다. 과학의 분야라고 해서 다를 이유가 없다. 이 장의 서두에서 간단히 개관했듯이, 한대 초기에 체계화된 동양과학의 기초이론에 따르면 유별의 기준은 감응이다. 동중서는 소와 풀을 하나의 유로 묶는 경우뿐 아니라, B) 소와 풀의 독자적인 유별에도 감응의 원리가 작동한다고 보았다.

1) 말이 울면 말이 응답하고 소가 울면 소가 응답한다.[49]
2) 제왕이 장차 일어나려 함에 상서로운 징조가 먼저 보인다 … 그러므로 유로서 서로 부르는 것이다.[50]

---

[49] 『春秋繁露』「同類相動」 : 如馬鳴, 則馬應之, 牛鳴則牛應之
[50] 『春秋繁露』「同類相動」 : 帝王之將興也, 其美祥亦先見 … 物故以類相召也.

1)은 소 사이에 즉 동류끼리 감응하는 예이고, 2)는 소와 풀 사이에 즉 이류(異類)끼리 감응하는 예이다. 동중서는 감응의 원리가 관계에 의존하지 않는 동류(同類) 사이에도 성립한다고 보았다. 그렇다면 다양한 소를 소로 묶는 것에는 문제가 없다. 인용문의 어감은 오히려 그런 유별이 당연하다고 말하는 듯하다. 그러나 고대 중국인들이 특정한 경우에라도 유별의 보편성을 인정했다는 말은 약간의 혼란을 일으킬 수 있다.

명명법은 유별과 같은 것이었고 관습적이라고 하지 않았던가? 그러나 중국적 유별이 상황 의존적이라고 해서, 보편적 유별이 부정되지는 않는다. 상황 의존성은 중국적 유별의 특성이기는 하지만, 한정된 맥락에서만 성립한다. 윤리에서는 당연히 보편성이 성립한다. 맹자의 인성은 인간이기 위한 조건이므로, 인성을 지닌 인간의 유별은 상황 의존적이지 않다고 말할 수 있다. 자연과학의 영역에서도 보편적 유별이 존재했다고 말할 수 있다. 동류의 유별을 보편적이라고 본 사례는 『맹자』에서도 확인된다.

무릇 동류는 대개 서로 유사하다. 어찌 사람에게서만 그것을 의심하겠는가? 성인과 나는 동류다. 그러므로 용자는 이렇게 말했다. 발을 모르고 신발을 만들지만, 나는 그것이 삼태기가 되지 않을 것은 안다. 신발이 유사한 것은 세상 사람들의 발이 비슷하기 때문이다.[51]

이 유비추리는 다양한 발을 발로 묶을 수 있다는 근거에 토대해서 사람의 인성이 보편적이라는 주장으로 전개하고 있다. (인성의 보편성은 인간이라는 유형적 존재는 모두 특정한 성질을 지녀야 한다는 것을 의미한다. 이 생각은 상황 의존적 유별과는 어울리지 않기 때문에, 중국의 유별을 상황 의존적이라고 주장한 앞의 글과는 잘 어울리지 않는다.) 보편성을 주장하기 위한 근거이므

---

51) 『孟子』「告子章句上」: 故凡同類者, 舉相似也, 何獨至於人而疑之? 聖人與我同類者. 故龍子曰, 不知足而爲屨, 我知其不爲蕢也. 屨之相似, 天下之足同也.

로, 발을 발끼리 묶는 것도 보편적인 유별여야 한다. 그런데 예문에서는 발이 발끼리 묶이는 것이 유사성 때문이라고 말했다. 유사성은 공통점과 달리 구체성을 잃지 않으므로, 보편성을 확보할 수 없다는 지적이 제기될 수 있다.

그렇다면 이곳의 유사성이 보편적인 추상적 공통점이라고 주장할 수 있을까? 유사성이 모든 소에 존재하는 추상적 공통점 즉 소다움(cow-ness)이라고 하면, 그런 공통점은 다른 것과의 관계에 의존하지 않는다. 현행본 『묵자』 53편 중, 「경상(經上)」, 「경하(經下)」, 「경설상(經說上)」, 「경설하(經說下)」, 「대취(大取)」, 「소취(小取)」의 6편에는 고대 중국의 논리학에 관한 내용이 기록되어 있다. 후대의 학자들은 이 여섯 편을 묵변(墨辯)이라고 불렀다. 묵변에는 유별의 근거로 추상적 실체(abstract entity)를 가정한 듯한 글이 있다.

> 네모난 것이 서로 부합하는 근거는 네모에 있다.52)
> 네모난 것은 모두 하나의 종류다. 모두 기준을 갖고 있지만 다르다. 혹은 나무로 되어 있고 혹은 돌로 되어 있다. 그러나 네모가 서로 부합하는 점에는 문제가 없다. 모든 유가 네모난 점에서 같다. 사물이 모두 그렇다.53)

아래 인용문에서는 아리스토텔레스의 형상(eidos)을 말하는 것처럼 보인다. 그러나 주지하듯이 현상의 배후에 무엇인가 고정된 추상적 존재를 전제하는 것은 중국의 사유와 어울리지 않는다. 다른 해석은 구체적 이미지로 보는 것이다. 정재현은 후기 묵가에 한정한 것이기는 하지만, 유별의 근거는 추상체가 아니라고 말했다.

---

52) 『墨子』 「經下」: 若方之相合也. 說在方.
53) 『墨子』 「經說下」: 一方盡類. 俱有法而異. 或木或石. 不害其方之相合也. 盡類猶方也. 物俱然.

플라톤이나 아리스토텔레스와 비교하여 특이한 점은 후기 묵가의 이러한 기준이 형상과 이데아와 같은 추상체가 아니라, 영상과 사물이라는 구체적인 것들이라는 점이다.[54]

정재현의 견해는 아래의 예문에 근거한 것이다.

> 기준은 유사해서 그런 것이다.[55]
> 기준은 이미지와 콤파스 그리고 원의 세 가지를 들 수 있다. 이것들은 모두 기준이 될 수 있다.[56]

원이 원이라고 불릴 수 있는 기준은 원의 이미지와 원을 만드는 콤파스 그리고 구체적인 원이다. 모든 대상에 콤파스와 같은 기준이 존재하거나, 언제나 원의 모델이 있지는 않으므로, 위의 기준에서 가장 중요한 것은 이미지다. 특정한 대상이 신발이라고 불릴 수 있는 까닭 즉 신발이라는 묶음으로 묶일 수 있는 근거도 신발의 이미지다. 특정한 대상이 신발의 이미지와 부합하면 그것은 신발이라고 불릴 수 있다. 이미지는 모종의 모델로서 기준이고, 기준과의 유사성이 유별의 근거다. 한센(Chad Hansen)은 이곳의 이미지가 특정한 대상의 구체적 이미지라고 말했다. "예문의 이미지가 특수한 원들로부터 추상되었다거나, 원이라는 단어의 의미라고 해석할 여지는 없다."[57]

유클리트 기하학과 『구장산술(九章算術)』[58]의 비교는 이 점에 관한 이해

---

54) 정재현, 「후기묵가의 유비논리와 장자의 직각논리에 나타난 비추상주의와 합리주의」, 『철학』60(1999), 133.
55) 『墨子』「經上」: 法所若而然也.
56) 『墨子』「經說上」: 法. 意規員三也. 俱可以爲法.
57) Chad Hansen, *Language and Logic in Ancient China*(Michigan University, 1983), 113.
58) 『九章算術』은 秦漢기의 수학적 역량이 後漢대에 집약된 것이다. 이 책의 저자는 알려

를 돕는다. 이집트의 현실적 필요와 그리스의 지적 유희의 전통 위에 성립된 유클리드 기하학은 공리와 정의, 정리로 이루어진 엄격한 논증체계다. 즉 점, 선, 직선, 원 등에 관한 스물세 개의 정의와 다섯 개의 공리, 그리고 일반관념이라고 불리는 다섯 개의 부가적인 공리로부터 465개의 정리를 이끌어내는 엄격한 증명체계이다. 거기에 조금이라도 유용성을 떠올리게 하는 예제와 같은 것은 없다.

그러나 마찬가지로 과세의 필요에서 편집된 것이 틀림없는 『구장산술』은 완전히 다르다. 『구장산술』에서는 특별한 유형에 관한 얼마간의 문제와 간단한 풀이가 제시되고 있다. 그러나 그런 풀이에 이르게 된 방법에 대한 정당화는 생략되어 있다. 예컨대 『구장산술』의 9장인 「구고(句股)」는 각종의 직각삼각형과 관련된 계산을 다루고 있다. 구(句)는 짧은 변을 고(股)는 긴 변을 가리킨다. 9장의 3번 문항은 다음과 같다.

이제 높이가 네 자이고 빗변이 다섯 자라면, 묻건대 "밑변은 얼마나 되는가?"

답하여 이르되, "세 자다."

구고술에 따라 이르되, "밑변과 높이를 각각 제곱하고 그 값을 아우른 후, 제곱근을 구하면 그것이 바로 빗변이다. 또 긴 변을 두 배로 하고 그것을 빗변의 제곱값에서 제한 후, 나머지의 제곱근을 구하면 그것이 바로 밑변이 된다. 또 밑변을 제곱하여 빗변의 제곱값에서 제한 후, 그 나머지의 제곱근을 구하면 그것이 바로 높이가 된다."[59]

져 있지 않다. 다만 263년 魏의 劉徽가 주석을 펴낸 것이 확인되는 정도다. 어쨌든 유휘의 주석과 唐初 李淳風의 加注를 통해 현재의 모습을 갖추게 된 것으로 추정된다. 『九章算術』은 9개의 다양한 주제에 관한 246개의 수학문제를 다루고 있다. 『九章算術』의 목차는 方田(38문항), 粟米(46문항), 衰分(20문항), 少廣(24문항), 商工(28문항), 均輸(28문항), 盈不足(20문항), 方程(18문항), 句股(24문항)로 되어 있다.

59) 『九章算術』「句股」: 今有股四尺弦五尺, 問爲句幾何, 答曰三尺, 句股術曰句股各自

이 문항에서는 구고술(句股術)을 써서 문제를 풀고 있다. 구고술이 피타고라스 정리와 같은 법칙임에는 의심의 여지가 없다. (그렇지만 그것이 문제의 해결을 위한 기술로 인식되고 있는 점에 주의해야 한다.) 그런데, 『구장산술』의 어디에도 구고술, 즉 피타고라스 정리의 증명은 보이지 않는다. 『구장산술』의 주석사에서 보이곤 하는 증명조차도, 유클리드 기하학과 같은 엄격한 논증체계와는 다른 것이었다.[60] 거꾸로 유클리드 기하학에는 『구장산술』과 같은 식의 문제풀이는 실려 있지 않다. 유클리드 기하학은 그와 같은 문제풀이에 쓰이는 방식의 증명을 다루고 있는 책이다. 양쪽의 차이는 분명하다. 『구장산술』은 일종의 사례집이고, 유클리트 기하학은 그런 사례의 배후에 있는 법칙의 증명집이다.

	관계중심적 사유(감응)	서양인의 사유(인과)
묶음의 기준	직각삼각형(1)	피타고라스 정리
묶음의 대상	직각삼각형(2), 직각삼각형(3)…	직각삼각형(1), 직각삼각형(2)…

이런 구도는 '소'라는 단일한 유를 유별하는 방식에도 그대로 적용된다. 『구장산술』과 같은 구도에서는 특정한 소(1)이 다른 특정한 소(2)가 '소'라는 묶음에 들어갈 수 있는 근거로 작용한다. 그것은 다른 것과의 관계인 유사성이 묶음의 근거이기 때문에 관계 중심적이다. 그러나 유클리트 기하학의 사유에서 소(1)은 구체적인 소로부터 추상화된 소다움(cow-ness)이 자신의 배후에서 확인되기 때문에 '소'라는 묶음에 들어갈 수 있는 것이다. 이 경우에는 그 자신의 특성인 소다움이 묶음의 근거다.

乘, 幷而開方除之卽弦, 又股自乘以減弦自乘, 其餘開方除之卽句, 又句自乘而減弦自乘, 其餘開方除之卽股.

60) 이종희, 「구장산술에 포함된 증명의 유형과 역할」, 『한국수학사학회지』 16(2003), 11-22.

	관계중심적 사유(감응)	서양인의 사유(인과)
묶음의 기준	소(1)	소다움(cow-ness)
묶음의 대상	소(2), 소(3)…	소(1), 소(2), 소(3)…

이상의 논의는 다음과 같이 정리할 수 있다.

	유별(類別)의 기준	
	동양(감응)	서양(인과적 사유)
이류(異類 : 예, 소와 풀의 묶음)	감응	없음
동류(同類 : 예, 소라는 묶음)	유사성(특정한 소의 이미지)	공통점(모든 소의 배후에 있다고 생각되는 소다움)

앞의 논의를 상기해보라. 맹자는 여러 개의 신발을 신발로 묶는 유별이
보편적이라고 가정했다. 유별의 기준이 구체적 유사성이라면, 어떻게 보편
성을 확보할 수 있는 것일까? 가능한 해석은 하나뿐이다. 맹자는 유사성을
판단하는 인식능력을 의심하지 않았다. 즉 보편적 인식능력에 대한 믿음이
유사성에 토대한 동류의 유별에 보편성을 부여할 수 있었던 근거였다. 이
점에 관해서는 순자도 다르지 않았던 것으로 보인다. 아래의 인용문에서는
인식능력을 비판적으로 바라보는 뉘앙스조차 포착하기 어렵다.

　귀하고 천한 것 같고 다른 것을 분별할 수 있으면 뜻에는 깨닫지 못하는
근심이 없고, 일에는 잘못될 화가 없다. 이것이 이른바 이름을 지닌다고 하는
것이다. 그렇다면 어떤 경로로 같고 다름을 판단하는 것인가? 말하기를 천관
즉 감관을 통해서 구분한다고 한다. 무릇 동류로서 실정이 같은 것은 감관으
로 그 대상을 볼 때도 같은 것으로 본다. 그러므로 사람들은 서로 유사한 것
을 견주어서 소통할 수 있다. 이것이 그 관습적으로 정해진 이름을 가지고 서
로 기대할 수 있는 까닭이다.[61]

예문의 감관은 결국 인식능력을 말하는 것이다. 그런 인식능력이 사람들의 소통이 가능한 근거다. 물론 이 믿음이 논리적 의미에서 보편적이었다고 단언할 수는 없다. 그러나 소박한 믿음이 있었던 것은 사실이고, 이 믿음이 보편적 유별의 토대였다. 보다 정확히 말하자면 유사를 인식하는 능력에 대한 보편적 믿음이 개체적 유별에 보편성을 부여할 수 있는 근거였다. 이 점을 사례를 들어서 말해보자.

1) 다양한 시점의 홍길동이 존재한다. 즉 홍길동(t1), 홍길동(t2), 홍길동(t3), 홍길동(t4), 홍길동(t5)이 존재한다.
2) 이들, 토큰(token) 차원의 존재를 홍길동이라고 부를 수 있는 근거는 상호간의 유사성이다. 즉 이들 사이에는 보편적이고 추상적인 공통점이 없다. 이들 사이의 유사성은 마치 비트겐슈타인의 가족유사성과 비슷하다.
3) 이들을 홍길동으로 묶는 유별이 보편적이라고 말할 수 있는 까닭은 그런 유사성을 확인할 수 있는 인식능력의 보편성에 대한 소박한 믿음 때문이다.

서양과 비교했을 때 동양의 유별이 상황 의존적이라는 것은 사실이다. 그러나 모든 유별이 상황 의존적이었던 것은 아니다. 개체성을 확보하기 위한 유별은 보편적이었는데, 보편적 인식능력에 대한 소박한 믿음이 보편성의 근거였다. 보편적 유별이라고 할 수 있는 또 다른 사례는 인성과 관련된 논의에서 확인된다. 앞서 보았듯이 맹자는 사람의 발이 같다는 것을 인성이 같다는 주장의 근거로 사용했다. 인성이 같다는 것은 특정한 인성을 갖추지 못하면 사람이 아니고, 사람이라면 누구나 그런 인성을 갖추고 있

---

61) 『荀子』 「正名」: 貴賤明, 同異別, 如是, 則志無不喩之患, 事無困廢之禍, 此所爲有名也. 然則何緣而以同異? 曰, 緣天官. 凡同類同情者, 其天官之意物也同, 故比方之疑似而通, 是所以共其約名以相期也.

다는 말과 같다. 그러나 상황 의존성은 중국적 유별의 중요한 특성임에 틀림없다. 이 점은 한의학에서도 확인할 수 있다.

2) 한의학의 유별

목수의 연장통을 생각해보자. 공통점에 토대하는 분류법에 따르면 다양한 못들은 모두 함께 묶여야 한다. 나사못과 민 못도 못이기 때문에 함께 묶여야 한다. 이것은 발견된 사실로서 목수의 일을 이해하지 못하는 사람은 이런 분류법을 선택할 것이다. 그것은 누구나 동의할 수 있다는 점에서 객관성을 담보한다. 그러나 목수의 입장에서 보자면 민 못은 망치와 나사못은 드라이버와 같은 통에 넣는 것이 편리하다. 이런 분류법은 사람들이 처한 상황에 따라 다르다는 점에서 객관적이지 못하다. 전자의 유별 즉 공통점에 토대한 유별은 아리스토텔레스가 사용한 방법이었다.

아리스토텔레스는 유별과 관련된 이론적 문제도 깊이 있게 논의했지만, 실제 작업에서는 자연스럽고 일상적인 구별, 즉 공통의 속성에 기초한 구별을 선호했다. 그는 동물을 유혈(붉은 피를 가진) 동물과 무혈 동물의 두 범주로 나누었다. 전자의 범주는 태생사족수, 난생사족수, 해양포유류, 조류, 그리고 어류로 세분되었다. 후자의 범주는 (문어나 오징어 같은) 연체류, (게나 가재 같은) 갑각류, (달팽이나 굴 같은) 유각류, 그리고 곤충류로 세분되었다. 아리스토텔레스는 이 모든 범주를 체온의 등급에 따라 위계로 배열했다.[62]

공통점에 토대한 분류법이 사실의 객관적 특성을 중시하는 과학적 방법이라면, 민 못과 망치를 같은 바구니에 넣는 상황 의존적 유별은 유용성을 중시하는 기술자적 태도를 나타낸다. 상황 의존적 유별은 'what'이 아닌

---

62) David Charles Lindberg, 이종흡 역, 『서양과학의 기원들』(나남, 2009), 116-117.

214 感應의 哲學

'how'를 묻는 동양적 사유의 경향과 잘 어울린다. 앞의 예를 가지고 생각 해보자. 앞서 인용한 실험에서 소와 풀은 하나로 묶임으로써 X로 존재했고, 그 묶임이 풀리면서 더 이상 X로 존재하지 않게 되었다. 그런데 소와 풀의 묶음이 풀렸다고 해서 소와 풀이라는 독자적 유(類)가 인식의 영역 밖으로 사라지는 것은 아니다. 단지 무의미한 영역으로 새나갈 뿐이다. 예를 들어, 어느 날 소가 먹던 특정한 풀에 해결할 수 없는 문제가 생겨서 다시는 여물로 쓸 수 없다고 해보자. 그 경우 풀은 더 이상 X로 존재하지 않음으로써 소의 여물을 준비해야 하는 농부에게 무의미하게 될 뿐이다. 이런 논리는 인식이 유용성에 의존한다는 의미에서 기술자의 논리라고도 부를 수 있는데, 유간의 관계에도 적용된다.

예를 들어, 밤과 낮이 음양의 기준으로 관계 맺어졌다고 해보자. 그리고 당연하게도 밤이 음에 낮이 양에 배당되었다고 해보자. 음이나 양의 계열에는 각각 어두움과 밝음, 달과 해, 밤과 낮 등이 함께 묶여 있다. 그러므로 이런 관계 맺음은 그런 관계를 인식하고 있는 이에게 특정한 의미를 지닌다. 즉 음에 해당하는 밤에는 자야하고, 또 검은 색을 입어야 하고 등등. 그러나 누군가 지하방에 영원히 감금됨으로써, 그런 관계에서 벗어난다고 해서 밤이 없어지는 것은 아니다. 다만 관계에서 벗어난 것은 무의미한 영역으로 새나갈 뿐이고 그런 관계망에서 벗어날 때, 밤과 낮의 전환은 행위의 방향을 지시하지 않는다. 그러므로 기술자의 유별을 행하는 이들의 세계관은 현실적 행위의 지침을 부여하기 위해 직조된 의미의 세계관이라고 할 수 있다. 후한 시대에 성립된 본초의 유별 방식에서도 이런 세계관을 확인할 수 있다.[63]

---

63) 『신농본초경』의 원본은 당초에 실전되었다. 후대의 학자들은 『증류본초』, 『천금방』, 『의심방』 등 후대의 본초서와 『태평어람』 등의 백과전서에 토대해서 이 책을 복원했고, 현재는 이들 복원본을 통해서 확립된 통용본이 있다. 자세한 내용은 川原秀城, 김광래 역, 『독약은 입에 쓰다』(성균관대학교 출판부, 2009), 35-40을 참조.

상약(上藥) : 상약 120종은 군으로 명을 길러 하늘에 응한다. 독이 없다. 많이 먹고 오래 먹어도 사람을 해치지 않는다. 몸을 가벼이 하고 기를 보익하며 늙지 않고 수명을 늘리고자 하는 이는 상경에 근거하여 상약을 복용해야 한다.[64]

중약(中藥) : 중약 120종은 신하로 성을 기르니 사람에 대응된다. 독이 없는 것과 독이 있는 것이 있다. 따라서 적절히 헤아려서 복용해야 한다. 병을 막고 허약함을 보하고자 하면 중경에 근거하여 중약을 복용해야 한다.[65]

하약(下藥) : 하약 125종은 좌사의 지위로 병을 치료하는 것을 주관하니 땅에 응한다. 독성이 많다. 때문에 오랫동안 복용해서는 안 된다. 한열과 사기를 제거하고 적취를 없애 병을 고치려면 하경에 근본하여 하약을 복용해야 한다.[66]

상약과 중약·하약은 각각의 유에 속하는 것들에 실재하는 공통점에 근거한 것이 아니라 후한 시대에 활동한 약물학자의 필요에 따라 묶인 것이다. 그들에게는 약재 자체의 특성보다는 효용성이 더 의미가 컸다. 감응의 관계는 관계를 묶는 이에게 행동의 기준을 제공한다. 즉 감응으로 관계 지워졌던 것들은 그 관계가 깨지면 '그 관계를 받아들였던 이'로부터 무의미한 영역으로 새나간다. 그러므로 감응에 근거해서 대상을 묶는 것은 유를 묶는 이에게 세상을 (자신에게) 유의미하게 만들어나가는 과정이기도 하다. 그것은 세상을 있는 그대로 객관적으로 묘사하는 방법이 아니다.

다양한 유사성을 배제하고 공통점을 찾는 것은 객관성에 대한 집착을

---

64) 『神農本草經』 : 上藥一百二十種, 爲君, 主養命以應天, 無毒, 多服久服不傷人. 欲輕身益氣, 不老延年者, 本上經.

65) 『神農本草經』 : 中藥一百二十種爲臣. 主養性以應人. 無毒有毒, 斟酌其宜. 欲遏病補羸者, 本中經.

66) 『神農本草經』 : 下藥一百二十五種, 爲左使. 主治病以應地, 多毒不可久服. 欲除寒熱邪氣, 破積聚, 愈疾者, 本下經.

보여준다. 유사점에서 공통점으로 나아가는 것은 다양한 증상들 속에서 그런 증상을 만들어내는 병을 찾아내는 과정과 닮았다. 증상은 뒤섞여 있는 데다가 명확하지 않다. 서양의학은 증상을 불변의 병이라는 실체에 안착시키려고 노력해왔다. 그 결과 모르가니(Giovanni Battista Morgagni)의 근대 의학이 탄생했다. 이미 말했듯이 그의 『해부학 연구에 바탕을 둔 질병의 원인과 장소에 관하여(The Seats and Causes of Diseases Investigated by Anatomy, 1761)』는 생전의 증상을 사후의 해부를 통해 물리적으로 확인한 내용을 기록한 책이다. 그러나 증상의 배후에서 바이러스나 박테리아를, 혹은 시각적으로 확인 가능한 내장기관의 이상을 찾아내는 것은 특별한 기술(技術)을 요구한다. 객관성과 명징성을 향한 열망을 지니고 있지만, 그런 열망을 충족시킬 수 없을 때, 취할 수 있는 방법이 무엇이었을까?

시드넘(Thomas Sydenham)은 실체로서의 질병을 찾을 수 있는 기술이 아직 발달하지 않았을 때 객관성을 추구하는 예를 보여줬다. 그는 증상을 세밀하게 관찰해서 질병을 유별하는 질병분류학을 만들었다. 병의 전변에 따라 발생하는 증상의 변이가 질병분류의 기준이었다.

각 질병의 특성이 진단의 기준이었다. 그는 질병을 환자로부터 독립된 것으로 보고 폭군이나 친구로 묘사했다. 시드넘의 다음 세기에 이르러 질병 유별학은 … 새로운 병리학의 위상을 점하게 되었다. 의학 저술가들은 스스로를 질병분류학자로 자처했으며 질병들을 강, 목, 속, 종의 분지를 가진 개념적인 계통도에 위치지웠다. 질병이 어떤 실체 혹은 조재이기나 하듯이 증상과 그 증상들이 나타나는 순서가 질병의 범주를 결정했다.[67]

일견 시드넘의 질병분류학은 불확실한 현상보다는 불변의 실체를 중시하는 서양의 주류 사조와는 다른 것처럼 생각된다. 경험론적 전통이 강한

67) Jacalyn Duffin, 신좌섭 역, 『의학의 역사』(사이언스북스, 2006), 113.

영국 출신이며 경험론을 대표하는 존 로크의 벗이었다는 점이 시드넘에게 경험에 대한 관심을 촉발시켰을 것이다. 그러나 질병분류학은 불확실한 경험을 명징함 위에 토대지우기 위한 노력이었다는 점에서 서구의 주류 사조에서 벗어나지 않는다. 그것은 현상의 배후를 설정하는 세계관의 기대에 미치지 못한 채, 기술의 미발달로 증상의 원인인 질병을 찾을 수 없었을 때 나타난 모종의 과도기적 산물이었다. 게다가 질병의 존재는 은유적으로나마 가정되었다.

질병은 증상의 주어였고 환자로부터 독립된 존재였다! 시드넘의 질병분류학은 명징성을 추구하는 지적 경향성과 어지러운 현상 속에서 실체를 가정하는 태도가 근대의 실증 정신과 만나서 탄생한 것이다. 질병분류학은 오늘날에도 널리 활용되고 있다. 그러나 현대의 질병분류학이 과거의 것과 같을 필요는 없다. 해부학적 구조 이상이나 화학적 변화에 토대해서 설명할 수 있다면, 주어로서의 질병이 가정될 필요가 없기 때문이다. 서양의학은 변화하고 혼란스러운 증상에 만족하지 못했다. 서양의학은 객관성을 추구했고, 질병을 가정하지 않을 수 없었다. 마찬가지로 증상을 세밀하게 기술했지만 시드넘의 질병분류학과는 구분되는 문헌이 있다.

『상한론』은 외감성 열병에 관한 처방집이다. 이 책에서는 상한병의 전변을 세밀하게 묘사하면서 필요한 처방을 기록하고 있다. 『상한론』에 따르면 한사에 상하면 먼저 태양경에 문제가 발생한다. 태양경은 머리, 목덜미, 등, 허리를 지나므로 초기에는 이곳에 통증이 있다. 두 번째는 양명경으로 진행된다. 양명경은 눈이나 코를 지나기 때문에 해당 부위에 통증이 있다. 또한 온몸이 뜨겁고 괴로워서 누울 수도 없을 정도가 된다. 이후에는 소양경으로 병이 전해진다. 소양경은 가슴이나 어깨, 귀를 지나기 때문에 가슴이나 어깨가 아프고 귀가 들리지 않게 된다. 삼양경이 병든 경우에는 발한으로 치료한다. 이후에는 음경으로 진행된다. 먼저 태음경으로 이어진다. 태음경으로 병이 진행되면 배가 땡기고 목구멍이 마른다. 다음으로는 소음경이 열을 받고, 끝으로 궐음경으로 진행된다. 기본적으로 삼음경의 병은 설사를 하도록 함으로써 치료한다.

『상한론』은 병의 전변에 따라 증상을 묘사하고 있다는 점에서 시드넘의 연구와 닮았다. 그러나 이 책의 주된 목표는 혼란스러운 증상 속에서 명징한 질병을 포착하려는 것이 아니었다. 물론 증상의 배후에는 한사라는 주어가 있는 것처럼 생각되기도 한다. 그리고 한사가 점점 몸 안으로 깊이 들어가는 것처럼 보이기도 한다. 그러나 태양→양명→소양→태음→소음→궐음의 여섯 단계로 나뉜 증상의 전변에서 한사는 언급조차 되지 않는다. 『상한론』 전체에서 한사뿐 아니라 한기라는 말조차 등장하지 않는다. 상한은 마치 주어가 없이 술어만으로 작성된 글을 보는 듯한 느낌을 준다. 혼란스러운 증상을 주어에 의탁하겠다는 생각은 보이지 않는다.

더군다나 병의 전변에 따르는 증상의 묘사는 적절한 치료라는 유용성에 종속되어 있었다. 『상한론』에서는 각 단계의 증상을 설명한 후, 처방을 제시하고 있다. 태양에서 궐음에 이르는 여섯 단계는 병의 전변 자체를 객관적으로 묘사하기 위한 장치가 아니라, 처방이라는 유용성을 위한 것이었다. 상한증은 6단계로 구분되었고 각 단계는 다시 세분되었으며 세분된 증상에 따른 처방이 제시되었다. 처방이 제시되는 곳에서는 처방의 세부 내용이 기술되기도 했다.

계지 세 냥은 껍질을 벗기고, 작약 세 냥과 감초 두 냥은 굽는다. 생강 세 냥은 자르고 대추 열두 개는 찢는다.[68]

태양병으로 두통에 발열이 있고 땀을 흘리면서 바람 쐬기를 싫어하면 계지탕으로 치료한다.[69]

태양병으로 목과 등이 뻣뻣하고 반대로 땀을 흘리면서 바람 쐬기를 싫어

68) 『傷寒論』 : 桂枝三兩去皮, 芍藥三兩, 甘草二兩炙, 生薑三兩切, 大棗十二枚擘.
69) 『傷寒論』 : 太陽病, 頭痛發熱, 汗出惡風者, 桂枝湯主之.

하면 계지가갈근탕으로 치료한다.[70)

갈근 네 냥과 작약 세 냥, 생강 세 냥을 자르고 감초 두 냥은 굽는다. 대추 열두 개를 찢어 쓰고 계지 세 냥을 함께 넣는다.[71)

『상한론』의 정체는 처방집이다. 증상의 기술은 정확한 처방을 위한 수단일 뿐이었다. 이곳에 증상을 정확히 기술함으로써 질병을 규정할 수 있다는 생각은 부재하다.

동양과학의 유별은 불변의 공통점에 의존하지 않은 채, 대상을 유별한다. 그것은 특정한 것 사이의 관계에 기반한 것이다. 관계는 상황 의존적이므로 동양과학의 유별도 상황 의존적이다. 물론 동일한 종류에 속하는 것들의 묶임조차 상황 의존적이라고 할 수는 없다. 어떤 관계는 상당한 정도의 결속력—대상이 토대하고 있는 세계로부터 부여받은 결속력—을 지니고 있다고 말해야 한다. 그러나 그런 유별조차 현상의 배후에 존재하는 추상적 개체에 의거한 것은 아니었다. 현실의 구체적 유사성과 그런 유사성에 대한 인식능력의 보편성이 최소한의 개체성을 확보할 수 있게 해주었다. 추상적 보편자라는 개념에서 자유로웠으므로, 동양의 유별은 보다 효율적으로 사용될 수 있었고, 새로운 발견을 가능하게 해주었다.

경맥의 발견도 유별에 의거해서 성취될 수 있었다.

3. 감응의 의과학적 전개 : 경맥의 형성

진(秦)나라의 존속은 짧았으므로, 한(漢)이 실질적인 중국 최초의 제국이라고 할 수 있다. 제국이 건립된 초기에는 통치를 위한 이론을 구성할 여유조차 없었지만, 안정됨에 따라 새로운 통치이념이 요구되었다. 학자들은

---

70) 『傷寒論』: 太陽病, 項背强几几, 反汗出惡風者, 桂枝加葛根湯主之.
71) 『傷寒論』: 葛根四兩 芍藥三兩 生薑三兩切 甘草二兩炙 大棗十二枚擘 桂枝三兩.

다양한 사조를 끌어 모아 제국을 위한 이론을 창안했다. 그들의 이론은 사회와 자연을 구분하지 않았다. 의학이 아닌 의술로 존재하던, 혹은 부분적 이론화에만 머물러있던 한의학도 체계화되기 시작했다. 누가 한의학을 체계화시켰을까?

현대의 연구자들은 방사(方士)가 한의학을 만들었다고 주장하지만, 이 주장은 부분적으로만 성립한다.[72] 방사 문화의 토양 위에서 만들어졌다는 주장을 받아들일 수 있을 뿐이다. 한의학을 이론적으로 체계화시킨 이들은 방사가 아니라 스스로를 공(工)으로 인식하고 있던 뜸법파와 폄법파 그리고 침법파였다. 의료전문가였던 뜸법파와 폄법파는 주술의학을 주로 다뤘던 방사와 자신들의 차이를 분명하게 인식하고 있었다.

『내경』에는 방사(方士)라는 표현이 보인다. 그러나 일반적 기대와 달리 세 차례만 등장한다. 그것도 한 곳에서 두 번 나타나므로 실은 두 번 등장할 뿐이라고 말해야 한다. 「오장별론(五藏別論)」에서 황제는 다음과 같이 묻는다.

내가 듣건대 방사 중에 혹자는 뇌수를 장이라고 하고 혹자는 장위를 장이라고 하는데 혹자는 부라고 합니다. 서로 상반되는데도 모두 자신이 옳다고 하여 바른 도를 알지 못하니 그 설을 듣고자 하나이다.[73]

「지진요대론」에서는 다음과 같이 말한다.

모든 병은 풍한서습조화에서 생기니 그에 따라 변합니다. 경에서는 말하

---

72) 나는 이 주장에 반대되는 견해를 확인하지 못했으므로, 이 문제에 관한 이설은 없다고 말할 수 있다.

73) 『素問』「五藏別論」: 黃帝問曰 余聞方士, 或以腦髓爲藏, 或以腸胃爲藏, 或以爲府, 敢問更相反, 皆自謂是, 不知其道, 願聞其說.

기를 성한 것은 사하고 허한 것은 보한다고 합니다. 나는 그 가르침을 방사에게 주었는데 방사가 이를 행함에 온전히 하지 못합니다.[74]

이 외에 또 같은 편에서 "방사는 기준을 바꿔 그 방법을 고치지 못한다"[75]고 하였다.『내경』에 방사라는 표현이 나오는 예는 이상이 전부다.

우선 지적할 것은 후대의 첨입이 분명한「지진요대론」에 방사가 보이는 것은 오히려 방사의 이질성을 말한다고 해석될 수 있다는 점이다. 그렇다면『내경』의 성립자들이 방사의 정체성을 가지고 있다고 주장할 수 있는 확실한 근거는「오장별론」뿐이다. 그런데「오장별론」만으로는『내경』의 저자들이 자신을 방사로 인식했었는지 확신할 수 없다. '방사는 이렇게 이야기하더라'는 식의 표현은『내경』의 저자가 자신의 정체성을 방사에 두지 않았다는 주장의 근거로도 방사에 두었다는 주장의 근거로도 해석될 수 있다.

문제(文帝)부터 무제(武帝)까지의 전한기 의학에 관해 언급하고 있는「창공전(倉公傳)」의 경우는 어떨까?[76]「창공전」에는 다음과 같은 구절이 있다. "제가 양경을 알게 된 것은 어려서 방사를 좋아했는데…"[77] 문맥상 이곳의 방사(方事)는 의술을 말한다. 의술은 '방사(方士)'의 일 즉 '방사(方事)'다. 그러나「편작창공전」에 방사(方士)라는 표현은 보이지 않는다. 의(醫)가 20차례 정도 그리고 공(工)이 3차례 보일 뿐이다. 추정컨대「편작창공전」에서 방(方)은 '의료집단'보다는 '의료 행위'를 이르는 말로 쓰였던 것 같

---

74) 『素問』「至眞要大論」: 夫百病之生也, 皆生於風寒暑濕燥火, 以之化之變也. 經言 "盛者寫之, 虛者補之" 余錫以方士, 而方士用之, 尙未能十全.

75) 『素問』「至眞要大論」: 方士不能廢繩墨, 而更其道也.

76) 사마천이『사기』를 저술한 시기가 무제 때이므로「편작창공열전」의 내용 중 특히 편작에 관련된 기술은 편작의 생존기라기보다는 오히려 사마천 당시의 의학과 의료수준을 반영한다고 보아야 할 것이다.

77) 『史記』「扁鵲倉公傳」: 意所以知慶者, 意少時好諸方事.

다. 그런데 '의(醫)'나 '공(工)'과 같은 호칭을 근거로 그와 같은 집단이 있었다고 추론하는 것이 가능할까?

집단의 연속성을 보장할 만한 계승과 수수의 과정은 어떤 집단이 존재했었다라고 말하기 위한 최소한의 필요조건이다. 「창공전」에는 이런 요소들이 모두 있다. 예를 들어, 순우의(淳于意)는 양경(陽慶) 등에서 의서를 전달받고 또 제자들에게 의서를 준다. 그 가운데 순우의가 스승에서 의서를 전달받는 내용의 구절은 다음과 같다.

> 경의 나이 70여 세에 그를 알현할 수 있었습니다. 양경은 저에게 일러 말했습니다. "너의 방서를 모두 버려라. 옳지 않다. … 나는 살림이 넉넉하고 그대를 사랑하니 나의 금방서를 모두 너에게 주겠노라." 저는 곧 자리에서 일어나 재배하고 알현하고 맥서상하경, 오색진, 기해술, 규도음양외변, 약론, 석신, 접음양금서의 책을 받았습니다.[78]

이어서 양경은 이런 말을 남겼다. "삼가 조심하여 나의 자손으로 하여금 네가 내 의술을 배웠다는 것을 알지 못하게 하라."[79] 그렇다면 의술은 일종의 가통(家統)으로 전해져 왔던 것이고, 자손이 아닌 이에게 전하는 것은 특수한 경우였음을 알 수 있다. 의서에 책명이 있다는 것도 주의해야 하는 사실이다. 마왕퇴 의서에는 서명이 나타난 경우가 없었다.[80] 책이 단순히 묶여있는 정도였다가 서명을 지니게 된 것은 집단의 안정화를 의미한다. 특히 순우의의 스승격이었던 양경(陽慶)과 그의 제자인 당안(唐安) 등은 모두 제나라의 수도였던 임치(臨淄)사람이다. 같은 지역에서 같은 책의 수수(授

---

78) 『史記』「扁鵲倉公傳」: 慶年七十餘, 意得見事之. 謂意曰, 去而方書, 非是也. … 我家給富, 心愛公, 欲盡以我禁方書悉敎公. 臣意卽避席再拜謁, 受其脈書上下經 五色診奇咳術 揆度陰陽外變 藥論 石神 接陰陽禁書.

79) 『史記』「扁鵲倉公傳」: 慶又告臣意曰, 愼毋令我子孫知若學我方也.

80) 장가산 脈書는 서명이 있는 경우다.

受)가 확인되므로 전한 초기에 의(醫)집단이 있었다는 것은 부정할 수 없다.

특정 집단의 자칭(自稱)은 정체성을 드러낸다. 창공의 시기부터 사마천에 이르기까지 의료집단은 자신을 의로 인식하고 있었음에 틀림없다. '공(工)'이라는 표현은 모두 3차례 보인다. 이 가운데 두 번은 양공(良工)과 졸공(拙工)으로 한번은 국공(國工)으로 쓰였다. 어느 경우에도 평가를 하는 대목에서 쓰였으므로 공이 기술적 수준을 나타낸다는 것을 알 수 있다. 기술적 수준을 나타내는 경우에도 호칭의 역할을 했을 수는 있지만, 평가의 뜻이 없는 한 의료집단이 자신을 공이라고 표현한 경우는 없다.『국어(國語)』,『좌전(左傳)』,『전국책(戰國策)』 등에도 의사로서의 공이 말해지는 경우는 없다. 그런데『내경』에서 갑작스럽게 바뀐다.

『내경』에서 '의공(醫工)'은 1회, '의(醫)'는 9회 사용되고 있는데 '공(工)'은 50회가 넘게 나온다. 외자로 쓰인 '공(工)'뿐 아니라 '양공(良工)'이나 조공(粗工), 상공(上工), 하공(下工), 중공(衆工) 등의 표현도 보인다. 그런데 앞에서 확인했듯이 방사는 겨우 세 번 보일 뿐이다. 호칭이 정체성과 관련된 문제라면,『내경』의 저자는 자신의 정체성을 공(工)이라고 생각하고 있었던 것이다.『내경』의 저자들은 자부심에 차서 "공만이 안다"(工獨知之)거나 "무궁한 것에 통한 이는 후세에 전할 수 있다. 이런 까닭으로 공은 다를 수 있다"[81]고 주장한다. 공으로 자처하는 이의 자의식과 자부심을 느낄 수 있는 구절이다.

『내경』의 저자들이 공이라고 자처한 이유는 두 가지다. 하나는 자신들이 이전의 의료집단과 다르다는 점을 인식하고 있었기 때문이다. 둘째는 자신들이 폄, 뜸, 침 등의 의료기구를 사용하는 전문가들이라고 생각했기 때문이다. 이 두 가지 점에서『내경』의 저자와 직전의 선배들 사이에는 차이가 없다.『내경』이전의 의료전문가들도 스스로를 그리고 자신들이 토대

---

81)『素問』「八正神明論」：通於無窮者, 可以傳於後世也, 是故工之所以異也.

한 의학을 특별하게 생각했다. 전한 시대에 그들은 자신들의 정체성을 담아낼 이론을 구축하기 시작했다. 경맥체계의 성립은 의료장인인 뜸법파와 폄법파 그리고 침법파가 임상경험을 기초과학 이론으로 포장하는 과정이자, 기초과학 이론을 의학적으로 구체화하는 과정이었다.

1973년 마왕퇴(馬王堆)에서 기원전 168년에 땅에 묻혔던 문헌이 발굴되었다. 이 무덤의 주인공은 이창(利蒼)이라는 34세의 남성이었다. 세간에는 이 남성의 어머니가 더 많이 알려져 있다. 이창 어머니의 시신은 상당히 잘 보존된 상태였는데, 심지어 피부에 탄력마저도 있었다고 한다. 이창의 무덤에서 나온 문헌 중에는 네 종의 경맥 관련 문헌이 있었다.[82] 의학과 양생 관련 문헌은 총 14종이 발굴되었다. 발굴 문헌 전체의 자수는 125,000자이고 의학 양생 관련 문헌의 총자수는 이 중 18%에 해당한다.[83] 『족비십일맥구경』 등의 맥서는 『오십이병방』이라는 문헌과 함께 하나의 비단에 기록되어 있었다.

『족비십일맥구경』
『음양십일맥구경』
『음양맥사후』
『맥법』
『오십이병방』

---

82) 이곳의 경맥을 현대 한의학의 경맥과 동일시할 수는 없다. 경맥은 후대에 체계화된 경맥 체계에서 말하는 맥을 칭하는 것이기 때문이다. 그리고 경맥은 낙맥이나 손맥과 같은 잔가지로서의 맥을 전제하고 있다. 낙맥에 대한 경맥과 같은 뜻이다. 더군다나 초기에 맥은 혈맥과 현대 한의학에서 말하는 경맥의 특성이 중첩되어 있으므로, 경맥이라고 단언할 수 없다. 그러나 대체적인 부분에서 부합하므로, 굳이 경맥이라는 표현의 사용이 불가능하지는 않다. 나는 이 책에서 경맥이라는 말을 광의의 의미로 그리고 맥락의 편의에 따라 사용했다.

83) Donald Harper, *Early Chinese Medical Literature*(Kegan Paul International, 1998), 14-30.

이 문헌들은 대략 진한 교체기 혹은 전국 말기에 기록되었다고 추정된다. 작성된 것이 이 시기이므로, 유행하던 때는 그 이전이다. 이들 문헌은 주로 기원전 177년 이후에 활동했던 순우의(淳于意)의 의술보다 덜 발달된 수준을 보여주고 있다. 순우의가 보다 고급의 의술을 사용한 이유에 대해서는 몇 가지의 가설을 생각해 볼 수 있다. 우선 순우의가 발굴 문헌이 작성된 시기보다 뒤에 활동했다는 점을 지적할 수 있다. 그러나 이 생각은 발굴 문헌의 매장 시기(168년)가 순우의가 활동했던 시기보다 뒤라는 점 때문에 문제가 있다. 둘째, 순우의는 주로 왕이나 귀족들을 상대했으므로 고급 의술을 펼쳤다고 말할 수도 있다. 그렇지만 마왕퇴에 매장된 인물도 상당한 권력을 지닌 귀족층이었다는 점이 문제다. 순우의가 당시에 최고의 의술을 종합했다는 가설도 가능하지만, 이것은 우연이라는 말과 같으므로 가설이라고 말할 것도 없다.

어쨌거나 직전까지 확인할 수 있었던 가장 빠른 시기의 의학인 순우의 의안보다 앞선 시기의 의술을 보여주는, 문헌의 발굴은 그간 답보상태에 있었던 초기 경맥 형성사에 중요한 단서를 제공했다. 발굴 문헌의 등장이 전에도 한의학 형성기인 한대의 의학을 보여주는 문헌이 없지 않았다. 순우의 의안과 『내경』의 몇몇 편들에는 성립기 한의학의 원형이 담겨 있다. 그러나 이들 문헌은 지나치게 협소하거나, 적지 않게 수정되었기 때문에, 문헌의 신뢰도와 가치가 많이 떨어지는 편이었다. 대부분의 한의학 고전들은 전승 과정에서, 특히 송대에 크게 변형되었다.[84]

발굴 문헌 가운데 『오십이병방』은 52가지의 증상에 관한 설명과 치료법을 담고 있는 처방집이다. 각각의 증상은 대개 다시 세분되었는데, 어떤 경우든 다양한 처방법이 제시되고 있다. 새로운 처방에는 일방(一方)이라는

---

84) 송대에 행한 문헌 정리와 교정은 Asaf Goldschmidt, *The Evolution of Chinese Medicine : Song Dynasty, 960-1200*(Routledge, 2009)를, 『황제내경』의 교정은 Paul U. Unschuld, *Huang Di Nei Jing Su Wen*(University of California Press, 2003)를 참조.

표지가 있다. 이 가운데 일종의 종기인 저병(疽病)에 관한 어떤 처방은 다음과 같다.

백렴, 황기, 작약, 계, 강, 초, 수유의 모두 일곱 가지를 사용한다. 골저일 경우에는 백렴을 두 배로 하고, 육저의 경우에는 황지를 두 배로 하며, 신저의 경우에는 작약을 두 배로 한다. 나머지는 각기 하나씩으로 한다. 아울러 삼지대촬만큼을 술 속에 넣고 하루에 5-6회 마신다. 반드시 낫는다.[85]

삼지대촬은 엄지, 검지, 중지의 세 손가락으로 짚을 수 있는 양만큼의 약이다. 후한 시대에 저술된 『상한론』에서는 약숟가락이 사용되었다. 약 300~400년 사이에 일어난 의료기기의 발전이라고 해석할 수 있다. 요지는 다양한 약재를 갈아서 술에 갠 주제(酒劑)로 사용한다는 점이다. 『오십이병방』에는 술과 섞은 주제나 식초와 섞는 초제(酢劑)가 흔히 보인다. 저병을 골, 육, 신으로 구분하고 있는데, 이런 분류는 『영추』 「자절진사」 편에도 보인다. 이 문헌의 내용이 후대에게 전승되었음을 보여주는 증거라고 할 수 있다.

그럼에도 불구하고 저병의 증상을 정확히 묘사하거나 정의하려는 태도는 조금도 보이지 않는다. 기론에 토대해서 설명하려는 시도도 확인되지 않는다. 증상을 몇 개로 분류했다는 점에서 이론화의 경향을 볼 수는 있지만, 그 정도에서 이론화 쪽으로 더 나아갔다는 증거는 없다. 증상의 배열 순서에 있어서도 특별히 지적할 특징은 없다. 단순히 저자의 관심이 반영되었다고 해석하는 것이 합리적이다.

『음양맥사후』는 맥진을 통해 알 수 있는 사증(死證)에 관한 것이고, 『맥법』은 맥의 메타이론에 관해 말하고 있다. 『족비십일맥구경』과 『음양십일

---

85) 『五十二病方』: (疽病) 冶白斂, 黃耆, 芍藥, 桂, 薑, 椒, 茱萸, 凡七物, 骨疽倍白斂, 肉疽倍黃芪, 腎疽倍芍藥, 其餘各一, 并以三指大撮一入杯酒中, 日五六飮之, 須已.

맥구경』은 맥의 경로를 설명한 후, 각 맥에 속하는 증상을 나열하고 있다. 이 가운데 족태양맥에 관한『족비십일맥구경』과『음양십일맥구경』의 내용은 다음과 같다.

족태양맥은 바깥쪽 복사뼈 오목한 곳에서 시작하여 위로 올라가 장딴지를 뚫고 다시 올라가 오금에 도달한다. 오금에서 지맥이 나와 하신에 이르고, 주맥은 엉덩이를 뚫고 척추를 따라 올라가 목을 지나 머리에 이른다. 머리에서 지맥이 나와 얼굴 아래쪽으로 갔다가 귀로 간다. 주맥은 목내자를 뚫고 귀로 흘러간다. (족태양맥의) 병후는 새끼발가락을 쓰지 못하고, 장딴지 통증, 장딴지 근육의 당김, 엉덩이 통증, 치질, 요통, 협척통, □통, 목의 통증, 두통, 양미간의 아래가 차가운 것, 귀먹음, 눈의 통증, 코피, 자주 발생하는 간질발작 등의 병을 앓는다. 이런 병후를 보이는 이들에게는 모두 태양맥에 뜸뜬다.[86]

족거양맥은 발꿈치와 바깥쪽 복사뼈 사이의 오목한 곳에서 출발해서 오금으로 나왔다가 위로 올라가 엉덩이를 뚫고 넓적다리뼈의 대전자부위에서 나와 척추를 타고 올라가서 목에서 나온다. 두각으로 올라가 얼굴로 내려왔다가 콧마루를 타고 눈의 안초리로 이어진다. 이 맥이 동하면 충두통을 앓고 눈이 빠질 듯하며, 목이 뽑힐 듯하다. 척추의 통증이 있고 허리는 끊어질 듯하며 넓적다리를 움직일 수 없다. 오금이 묶인 듯하고 종아리가 찢어지는 듯한데, 이것을 과궐이라고 한다. 이런 증상은 거양맥으로 치료한다. 그 소산병으로는 두통, 안 들리는 증상, 목의 통증, 뒷목이 뻣뻣해지는 증상, 학질 등의 통증, 허리 통증, 꽁무니 통증, 오금의 통증, 종아리 통증, 새끼발가락을 쓰지 못하는 증상의 12가지가 있다.[87]

---

86)『足臂十一脈灸經』: 足泰陽脈, 出外踝婁中, 上貫腨, 出於郄, 支之下胂, 其直者貫臀, 挾脊, 出項, 上於頭, 支顔下, 之耳, 其直者, 貫目內眥, 之鼻. 其病, 病足小趾廢, 腨痛, 郄攣, 脽痛, 産痔, 腰痛, 挾脊痛, □痛, 項痛, 首痛, 顔寒, 産聾, 目痛, 䶊衄, 數癲疾. 諸病此物者, 皆灸太陽脈

『음양십일맥구경』에서는 족태양맥을 족거양맥이라고 하고 있다. (『족비십일맥구경』에서 말하는 맥의 이름이 『음양십일맥구경』보다 『내경』에 가깝다고 해서, 『족비십일맥구경』이 더 늦은 문헌이라고 볼 수는 없다. 명명법만 고려한다고 해도, 『족비십일맥구경』이 『음양십일맥구경』보다 더 빠른 문헌이라고 볼 수 있는 점이 많이 보이기 때문이다.) 양쪽의 가장 큰 차이는 증상과 치법에 있다. 『족비십일맥구경』에서는 오직 뜸법만 사용될 뿐이다. 이에 반해 음양의 치법은 복수임에 틀림없다. 하퍼(Donald J. Harper)는 『음양십일맥구경』의 치료법으로 뜸법만 말했지만 정확하지 않은 설명이다.[88]

랴오위췬이 날카롭게 지적했듯이, 『음양십일맥구경』의 치법은 뜸 외에 폄 혹은 침도 있었을 가능성이 높다.[89] 『족비십일맥구경』이 『음양십일맥구경』보다 먼저 성립된 문헌이라고 가정할 때, 처음에 경맥을 착상한 이들은 뜸의 전문가들이었으리라고 추정된다. 경맥이 신체의 중요 부분으로 확장됨에 따라, 뜸법 외의 다른 치료법도 경맥과 결합되었을 것이다. 그런데 최초에 경맥은 증상의 분류기준으로 도입되었다는 점을 놓쳐서는 안 된다. 슈(Elisabeth Shu)는 이 점을 명확하게 지적하고 있다.

발굴 맥서는 질병을 11개의 다른 묶음으로 분류한 것으로 해석될 수 있다. 이런 분류로 인해 각각의 묶음은 11개의 맥을 의미하게 된다.[90]

---

87) 『陰陽十一脈灸經』: 足鉅陽之脈, 繫於踵外踝婁中, 出郄中, 上穿臀, 出厭中, 挾脊, 出於項, 上頭角, 下顔, 挾頞, 繫目內廉. 是動則病: 衝頭痛, 目似脫, 項似拔, 脊痛, 腰似折, 髀不可以運, 膕如結, 腨如裂, 此爲踝厥, 是鉅陽之脈主治. 其所産病, 頭痛, 耳聾, 項痛, 枕強, 瘧, 背痛, 腰痛, 尻痛, 痔, 郄痛, 腨痛, 足小趾痹, 爲十二病.

88) Donald Harper(1998), 23.

89) 廖育群, 『岐黃醫道』(遼寧教育出版社, 1997), 21.

90) Elisabeth Hsu, "Tactility and the Body in Early Chinese Medicine," *Science in Context* 18 : 1(2005), 15.

경맥은 신체에 적용된 유별의 이론이었다.

직전에 나는 세 가지를 가정했다. 하나는『족비십일맥구경』이『음양십일맥구경』보다 빠르다는 것이다. 둘은『족비십일맥구경』의 치료법은 뜸법뿐이라는 점이다. 셋은 맥은 증상에 유별의 이론을 적용한 결과물이라는 생각이다. 그렇다면 이렇게 추정할 수 있다. '기와 감응을 중요한 구성 요소로 하는 유별이라는 이론은 마왕퇴문헌이 성립하던 시기에 원이론(basic theory)으로 의학에 적용되기에 이르렀고, 이것을 최초로 시도한 이들은 뜸법파였을 것이다.'

전제 1 :『족비십일맥구경』이『음양십일맥구경』보다 빠르다.

전제 2 :『족비십일맥구경』에서는 뜸법만 사용되었다.

전제 3 : 맥은 유별의 이론이 적용된 것으로서, 증상의 분류를 목적으로 한 것이다.

결론 : 뜸법파가 당시에 체계화된 원이론 ①인 유별을 증상의 분류에 도입했다.

전국말에는 뜸법이 유행하고 있었다.『오십이병방』에는 뜸치료의 문제로 생긴 증상의 처방에 관해 말하고 있다. "뜸으로 인한 정강이 상처 : 염증이 생겨 미음처럼 고름 즙이 나오는 경우의 치료법(은 다음과 같다.)"[91] 또『장자』에서는 뜸이 비유로 사용되고 있다. 도척을 만나 설득하려 하다가 자신의 생각이 잘못되었음을 깨달은 후 도망친 공자는 다음과 같이 말했다고 한다. "내가 한 일은 이른바 병이 없는데도 뜸을 놓았다는 것이다."[92] 공자는 이 말을 비유적으로 사용하고 있는데, '이른바'라는 표현을 보았을 때, 이 말은 당시에 널리 사용되던 관용적 표현이었을 것이다. 비유로 사용

---

91)『五十二病方』: 胻灸傷, 胻灸傷者癰, 癰潰汁如糜, 治之.

92)『莊子』「盜跖」: 丘所謂無病而自灸也.

되는 관용구가 있었고, 뜸 치료의 부작용으로 인한 치료법이 따로 기록되어 있을 정도로 뜸은 널리 사용되고 있었던 것이다.

뜸법파들은 몸 안의 증상, 즉 뜸법으로 치료하던 여러 증상들을 몇 개로 묶었다. 그것이 유별의 감응론을 받아들여 과학화를 향해 나아간 한의학의 첫걸음이었다. 의학이 과학화되기 이전에도 치료를 위한 의술은 있었고, 뜸법파들은 이미 특정한 증상이 다른 증상과 관련되어 있다는 것을 알고 있었다. 예를 들면,『족비십일맥구경』의 족양명맥에서는 가운데 발가락과 정강이 통증, 무릎의 통증, 아랫배 통증 등을 나열하고 있는데, 이런 증상들은 동시에 혹은 시간의 차이를 두고 나타났을 가능성이 있다. 이런 관련성은 감응으로 해석될 수 있었다.

뜸법파들은 이런 증상 사이의 상호 관련성을 기에 기반해서 해석했다. 기와 감응 그리고 유별은 하나의 묶음이었으므로, 그 가운데 하나만 차용하는 것은 불가능했다. 감응은 기가 매개하는 것이고, 유별은 감응의 결과였다. 이 도식을 바꿀 수는 없었다. 뜸법파는 기의 움직임이 질병을 초래한다고 해석했다. 몸의 특정 부위를 덥히는 기술을 사용했던 뜸법파들은 이런 설명 방식에 쉽게 적응했다. 기를 통한 감응이라는 모호한 개념은 움직임으로 구체화되었다. 뜸뜬 자리가 아닌 다른 곳에서 모종의 느낌을 받았을 가능성도 있고, 차가웠던 부위가 따뜻해지는 느낌을 받았을 가능성도 있다. 기가 매개하는 감응이 기의 움직임으로 구체화된 셈이었다. 감응을 기의 움직임으로 바꿈으로써 치료법을 구체화하려는 목표를 효과적으로 달성할 수 있었다.

맥법으로 학생들을 환하게 가르칠 것이다. 맥은 또한 성인이 귀하게 여겼던 것이다. 기라는 것은 아래에 이롭고 위에 해로우며, 따뜻한 곳을 향하고 차가운 곳에서 멀어진다. 그러므로 성인은 머리를 차갑게 하고, 발을 따뜻하게 한다. 병을 치료할 때는 남는 것을 취하고 부족한 것은 늘려준다. 그러므로 기가 올라가기만 할 뿐 내려오지 않으면, 병후가 있는 맥을 살펴서 환에 뜸을 떠야 한다. 병이 심해지면 뜸을 뜬 환의 두 치 위에 한 번 더 뜬다.[93]

뜸은 기본적으로 몸을 뜨겁게 하는 치료법이다. 『오십이병방』에는 찜질과 훈증의 방법이 소개되어 있다. 영아색경(嬰兒索痙)은 현재는 없어진 병명인데, 산모의 등 부위가 경직되는 증상이다.

색경자는 아이를 낳을 때, 습한 곳에 오랫동안 머물러 기육이 경직되고 입이 열리지 않는데다가 근육이 땡겨 펴기 어렵다. 개미집 둘레에 있는 황토를 갈아, □□ 이, 소금 일을 합해 섞어서 쪄내고, 경직된 기육이 있는 곳과 당기는 근육의 자리에 두루 찜질한다. 머리에서 시작해서 차츰 수족에까지 이른다. 찜질하는 것이 차가워지면 다시 쪄낸다. 찜질하는 것이 마르면 다시 만든다. 영험하다.[94]

뜸은 찜질이나 훈증과는 달리 몸 전체 혹은 상당히 넓은 부위를 덥히는 치료법이 아니었다. 뜸법파는 사지가 차갑고 머리가 뜨거운 것이 좋지 않다는 당시의 상식을 기론에 토대해서 기의 역상, 즉 기가 위로 오르는 증상으로 설명했다. 뜸이 몸을 뜨겁게 만드는 기를 유도할 수 있다는 생각은 여러 문헌에서 확인된다. 예를 들어 장가산에서 발굴된 『육통(六痛)』이라는 문헌에서는 이렇게 말한다. "기는 뜨겁다."[95] 그리고 마왕퇴에서 발굴된

---

93) 『脈法』: 以脈法明敎下, 脈亦聖人之所貴也. 氣也者, 利下而害上, 從暖而去淸焉. 故聖人寒頭而暖足. 治病者, 取有餘而益不足也. 故氣上而不下, 則視有過之脈, 當還而灸之. 病甚而上於還二寸, 益爲一灸.

94) 『五十二病方』: (嬰兒索痙) 索痙者, 如産時居濕地久, 其肯直而口拘, 筋攣難以伸, 取封埴土冶之, □□二, 鹽一, 合撓而蒸, 以遍熨直肯攣筋所, 道頭始, 稍□手足而已, 熨寒□□復蒸, 熨乾更爲, 令.

95) 『六痛』: 氣者呴也.

『천하지도담(天下至道談)』에서는 "뜸을 떠서 기를 이끈다."[96]고 말한다. 『황제내경』의 기록은 더 노골적이다. "피가 차가우면 마땅히 뜸을 떠야 한다."[97] "기로 따뜻하게 만든다."[98]

기가 발에서 머리 쪽으로 올라가면 정강이와 발 같은 몸의 아래 부위는 차가워지고, 그런 현상이 통증을 유도한다고 생각되었다. 통증은 기의 부재를 상징하는 징후였다. 그러나 이런 생각은 한사가 통증의 원인이라는 생각과 경쟁해야 했다. 한사에 의거한 해석은 외인이라는 병인론과 잘 어울렸다. 경쟁의 결과 한사의 존재가 통증을 유발한다는 생각이 받아들여지게 되었다. 결국 다음과 같이 말하게 되었다. "통증은 차가운 기운이 많기 때문이다. 차가운 기운이 있기 때문에 통증이 있다."[99] 『족비십일맥구경』에 나오는 족육맥의 증상 중에는 통증이 많이 보인다.

맥명	증상
족태양맥	足小趾廢, 腨痛, 郄攣, 膞痛, 産痔, 腰痛, 挾脊痛, □痛, 項痛, 首痛, 顔寒, 産聾, 目痛, 鼽衄, 數癲疾
족소양맥	足小趾次趾廢, 胻外廉痛, 胻寒, 膝外廉痛, 股外廉痛, 髀外廉病, 脅痛, 頭頸痛, 産馬, 缺盆痛, 瘻, 聾, 枕痛, 耳前痛, 目外眥痛, 脅外腫
족양명맥	足中趾廢, 胻痛, 膝中腫, 腹腫, 乳內廉痛, □外腫, □痛, 鼽衄, 數癲, 熱汗出, □搔, 顔寒
족소음맥	足熱, 腨內痛, 股內痛, 腹街, 脊內廉痛, 肝痛, 心痛, 煩心, 咽□□□□, 舌坼, □癉, 上氣, □□, 數喝, 黙黙嗜臥, 以欬
족태음맥	足大趾廢, 胻內廉痛, 股內痛, 腹痛, 腹脹, 復□, 不嗜食, 善噫, 心煩, 善疛
족궐음맥	□搔, 多溺, 嗜食, 足跗腫, 疾痺

96)『天下至道談』: 灼灸以致其氣.
97)『靈樞』「禁服」: 血寒故宜灸之.
98)『素問』「陰陽應象大論」: 溫之以氣.
99)『素問』「痺論」: 痛者, 寒氣多也, 有寒故痛也.

음맥보다는 양맥 쪽에 통증의 증상이 많이 있다는 점이 특징적이지만, 통증 자체에 대한 관심이 높다는 점은 동일하다. 기의 부재이건 한사의 침입이건, 통증은 기의 움직임을 나타내는 징후로 해석되었다. 증상의 분류기준이라는 특성은 이후에도 변함없이 유지되었다. 다만 필요에 따라 증상은 다시 세분되었다. 이 점은 『음양십일맥구경』에서 확인할 수 있다. 『음양십일맥구경』에서는 『족비십일맥구경』의 증상을 하나로 묶은 후, 비교적 새로운 증상의 묶음 하나를 경맥체계에 추가했다. 앞에서 인용했던 족태양맥을 예거하면,

『족비십일맥구경』		『음양십일맥구경』
足小趾廢, 腨痛, 郄攣, 脽痛, 産痔, 腰痛, 抶脊痛, □痛, 項痛, 首痛, 顏寒, 産聾, 目痛, 鼽衄, 數癲疾	是動病	衝頭痛, 目似脫, 項似拔, 脊痛, 腰似折, 髀不可以運, 膕如結, 腨如裂,
	所産病	頭痛, 耳聾, 項痛, 枕強, 瘧, 背痛, 腰痛, 尻痛, 痔, 郄痛, 腨痛, 足小趾痺

양쪽을 비교하면, 『족비십일맥구경』의 병증은 『음양십일맥구경』의 소산병과 부합함을 알 수 있다. 그렇다면 시동병이 더해진 것인데, 그 까닭은 무엇일까? 그건 무엇보다도 경맥이 몸 전체를 포괄하는 개념으로 발전했다는 점에서 찾을 수 있다. 몸에서 나타나는 증상 모두를 포괄하고자 하는 요청에 따라 증상이 확장되었을 것이다. 그러나 늘어나는 증상을 하나로 분류하지 않고, 시동병과 소산병으로 나눈 까닭은 무엇일까? 뜸이 아닌 새로운 치료법이 경맥과 결합하였기 때문이다. 이 점은 『맥법』의 다음 구절에서 확인할 수 있다.

기가 오르락내리락 하면, 오금과 팔꿈치 부위의 맥에 폄을 놓아야 한다.

폄으로 맥을 쨀 때는 반드시 법도에 따라야 한다. 종기가 곪으면 그 크기에 따라 폄을 사용한다. 폄 즉 사혈에는 네 가지 해로움이 있다. 하나는 농이 심한데, 얕게 쨀 경우로 이를 두고 '미치지 못함'이라고 한다. 둘은 농은 얕은데 너무 깊게 쨴 것으로 이를 '지나침'이라고 한다. 셋은 농은 큰데 조그맣게 쨴 것으로 이를 '좁힘'이라고 한다. 작게 쨔면 농을 다 없애지 못한다. 넷은 농은 작은데 크게 쨴 것으로 이를 '넘침'이라고 한다. 크게 쨔면 건강한 살을 해치게 된다. 농이 많으면서 깊으면 윗부분이 검고 크다. 농이 적으면서 깊으면 위가 검고 작다. 농이 많으면서 얕으면 위가 희고 크다. 농이 적으면서 얕으면 위가 희고 작다. 이런 것들을 살피지 않을 수 없다.[100]

앞서 보았듯이 『족비십일맥구경』에서는 뜸만을 사용하고 있었다. 『맥법』은 『족비십일맥구경』보다 후대의 문헌이다. 랴오위췬은 『맥법』이 『음양십일맥구경』의 총론에 해당하는 문헌일 것이라고 추정했다. "장가산에서 발굴된 맥서에서는 『음양십일맥구경』과 『맥법』 그리고 『음양맥사후』가 하나의 책으로 묶여 있었다. 이로써 마왕퇴에서 발굴된 『맥법』의 서두에서 말하는 맥법으로 가르침을 펴겠다는 말이 의미하는 것은 실은 『음양십일맥구경』의 구체적 내용임을 알 수 있다."[101]

앞의 인용문에는 폄이 등장한다. 폄법은 본래 종기의 외과 치료술이었다. 즉 곪은 곳을 현대의 작은 수술용 칼과 유사한 돌칼로 도려내고 고름을 짜내는 치법이었다. 그러나 이곳의 치법은 그런 외과 치법만이 아니었을 것이다. 예컨대 인용문의 제일 앞 문장에서 말하고 있는 것은 고름을 짜내

---

100) 『脈法』: 氣一上一下, 當郄與肘之脈而砭之. 用砭啓脈者, 必如式, 癰腫有膿, 則稱其大小而爲之砭. 砭有四害, 一曰膿甚而砭淺, 謂之不還, 二曰膿淺而砭甚, 謂之太過, 三曰膿大而砭小, 謂之斂, 斂者, 惡不畢, 四曰膿小而砭大, 謂之泛, 泛者傷良肉也. 膿多而深者, 上黑而大, 膿少而深者, 上黑而小, 膿多而淺者, 上白而大, 膿少而淺者, 上白而小, 此不可不察也.

101) 廖育群, 『岐黃醫道』(遼寧教育出版社, 1991), 22.

는 것에 관련된 것이 아니다. 그것은 고름으로 발전하기 직전의 치료법을 말하는 것으로 추정된다. 『음양십일맥구경』에서 새롭게 첨가된 증상도 절개하고 고름을 짜내는 폄법으로 치료할 수 있는 것들이 아니다. 결국 『맥법』에서는 세 가지의 치료법을 말하고 있는 셈이다. 하나는 뜸법이고 둘째는 폄법이며 셋째는 예방용 폄법이었을 것이다.

증상의 전개에 관한 특정한 인식과 경험적 사실이 뜸과 폄을 결합시킬 수 있게 만들었을 것이다. "한기가 변화하여 열이 된다. 열이 지나치면 살이 썩는다. 살이 썩으면 농이 된다. 농을 짜내지 않으면 근이 상하고, 근이 상하면 골이 상한다. 골이 상하면 골수가 사그라든다."[102] 이 말은 폄법으로 치료하는 옹저병이 생기는 까닭에 대한 답변의 하나다. 고름을 짜내는 것이 폄법인데, 농이 생기는 과정 즉 폄법을 사용하기 전의 상황이 흥미롭다. 먼저 한기가 열이 된다고 말하고, 열이 지나쳐 살이 썩는다고 말했다. 손발이 차고 열이 역상해서 몸의 윗부분에 염증이 생기는 것은 이런 설명의 한 가지 예일 것이다. 그런데 기가 역상해서 손발이 차가운 증상을 치료하는 것이 뜸법이다. 그렇다면 뜸법은 농의 예방 치료법이라고 할 수 있다. 그리고 뜸치료를 하지 못해서 열로 발전했지만 아직 농으로 발전하지 않은 상태를 치료하는 것이 예방용 폄법이었을 것이다. 그렇다면 뜸법과 예방용 폄법 그리고 폄법은 같은 계열의 치료법이라고 할 수 있다.

뜸법→예방용 폄법→폄법 : 수족이 차가운 증상→몸에 열이 있는 증상→화농의 발생

마왕퇴에는 아직 침이 보이지 않는다. 순우의 의안에도 침의 존재는 확실하지 않다. 학자들은 순우의 의안에 침이 있다고 말하지만 단언할 정도

---

102) 『靈樞』「癰疽」 : 寒氣化爲熱, 熱勝則腐肉, 肉腐則爲膿, 膿不瀉則爛筋, 筋爛則傷骨, 骨傷則髓消.

의 근거는 없다. 순우의 의안 자체에는 침(針 혹은 鍼)자가 나오지 않는다. 다만 의안의 뒤에 저간의 사정을 덧붙이는 곳에 보이는데, 의심의 여지가 있다. 슈는 순우의 의안 전체 중에서도 10번째 의안까지만 순우의의 것이라고 가정한다.[103] 그녀의 의견에 동의하는 것은 아니지만, 순우의 의안의 신뢰도에도 문제가 있다는 점은 확실하다. 그나마 침의 존재가 확실하다고 할 수 있는 내용은 열한 번째 의안에 보인다.

돌아가신 제북왕의 유모가 스스로 발에 열이 있고 가슴이 답답하다고 말했습니다. 저는 '열궐(熱蹶)입니다'라 말하고 두 발에 있는 족심의 세 곳에 침을 놓고 난 후, 그곳을 눌러서 피가 나오지 않도록 했습니다. 병은 곧 완쾌되었는데, 지나치게 취했기 때문에 발생한 것입니다.[104]

대부분의 학자들은 이곳에 자(刺)자가 쓰여 있고, 피가 나오지 않게 했으므로 침이라고 판단한다. 그러나 침이라면 굳이 피가 나오지 않도록 해야 한다는 말이 필요했을까? 피가 나오지 않게 한다는 말은 이곳에서 사용된 치료법이 침이 아닌 사혈과 유사한 치료법이었을 가능성을 높여준다. 이곳의 치료법이 침이라고 하는 것은 지나친 단언이다. 나는 두 번째 단계의 예방용 폄법이 침의 직계 조상에 해당한다고 생각하는데, 이곳에서는 더 따질 여유가 없다.

어쨌거나 새로운 치법의 등장은 그런 치료법으로 치료할 수 있는 증상들을 따로 묶게 만들었을 것이다. 당연히 병인론도 달랐을 것이다. 추정컨대 따로 묶인 증상, 즉 예방으로서의 폄법으로 치료되었던 증상의 병인론

<hr>

103) Elisabeth Hsu, *Pulse Diagnosis in Early Chinese Medicine*(Cambridege University Press, 2010).
104) 『史記』「扁鵲倉公傳」: 故濟北王阿母自言足熱而懣, 臣意告曰, "熱蹶也" 則刺其足心各三所, 案之無出血, 病旋已. 病得之飮酒大醉.

은 기가 오르락내리락하는 것이었다. 기가 오르락내리락하는 것은 기의 무질서한 움직임을 말하는 것인데, 열중으로 나타났을 가능성도 있다. 뜸법파가 외인으로서의 병인론에 편향되어 있었다고 판단할 근거는 없다. 그러나 폄법파들은 외인으로서의 질병관에 익숙했다. 폄이라는 것이 본래 침입자를 격퇴하기에 적절한 공격적인 모양을 하고 있다는 점을 상기해보라.

새롭게 등장한 병인론 및 치료법은 경맥 위에 치료한다는 점만을 공유했던 것으로 보인다. 애초에 '기-감응-유별'이라는 원이론을 의학 안으로 받아들였던 뜸법파는 자신들의 치료법에 한계가 있다는 점을 분명히 인식하고 있었다. 이 점은 여러 곳에서 확인되는데, 『맥법』에서는 이 점을 명시적으로 말하고 있다. "염증이 있으면 뜸법을 써서는 안 된다."105) 이런 충고는 『내경』에서도 확인된다. "황제가 말했다. 가슴에 종기가 있고, 목통증이 있으며 가슴이 그득하고 배가 부풀어 오르는 것을 무슨 병이라고 하며 어떻게 치료합니까? … 기백이 말했다. 뜸을 뜨면 벙어리가 됩니다."106) 뜸은 염증을 동반하는 여러 증상에 한계를 보이고 있었음을 알 수 있다.

그런데 종기 등의 증상은 아주 일반적이었다. 이 점은 『전국책』에 실려 있는 편작 관련 일화를 통해서 알 수 있다.

의사인 편작이 진나라의 무왕을 알현했다. 무왕이 편작에게 질병을 보여 줬다. 편작은 자신이 그것을 없앨 수 있게 해달라고 청했다. 좌우의 근신들이 말했다. "임금의 병은 귀 앞, 눈 아래에 있으니 그것을 제거하려 하다가 반드시 없애지 못하면 귀와 눈에 문제가 있을 수 있습니다." 임금이 그 말을 편작에게 전하자 편작은 노해서 그의 석을 던졌다.107)

---

105) 『脈法』: 有膿者, 不可灸也.
106) 『素問』「腹中論」: 帝曰, 有病膺腫頸痛, 胸滿腹脹, 此爲何病, 何以得之. … 岐伯曰, 灸之則瘖.
107) 『戰國策』「秦策」: 醫扁鵲見秦武王, 武王示之病. 扁鵲請除. 左右曰, "君之病在耳之前, 目之下, 除之未必已也, 將使耳不聰, 目不明." 君以告扁鵲. 扁鵲怒而投其石.

왕의 질병이 구체적인 위치에 자리잡고 있다는 점 그리고 편작이 폄으로 추정되는 돌(石)을 던졌다는 점으로 미뤄볼 때, 왕의 병은 일종의 종기임을 알 수 있다. 『전국책』에서는 편작이 바로 이 종기 치료로 명성이 있었음을 기록하고 있다. "사람들이 편작을 좋게 평가하는 것은 옹종이라는 증상이 있기 때문이다."[108) 편작과 관련된 일화가 종기병이라는 점과 고대 중국의 의술을 대변하는 편작이 종기 치료술로 유명했다는 사실은 종기가 흔한 질병이었음을 알려준다. 이토록 흔한 질병의 치료에 한계가 있다면 그것은 간과할 수 없는 문제였을 것이다.

뜸법파는 뜸법의 한계를 극복하고 자신들이 발견해낸 경맥을 견고히 지켜내기 위해 폄법을 받아들였던 것으로 보인다. 혹은 폄법파들이 뜸법파의 창안물이었던 경맥을 받아들였다고 말할 수도 있다. 결과는 다르지 않다. 뜸과 폄의 결합이 이뤄졌고, 그 사이에서 예방 폄법이 탄생했다. 본래 폄법보다 간접적인 치료법이었던 뜸법파는 폄법을 예방의학적 관점에서 사용하려고 했으며, 이 때문에 뜸법은 종기를 넘어서는 증상 즉 종기의 징후적 증상에 쓰이게 되었을 것이다. 그리고 그런 증상들을 하나로 묶은 것이 바로 시동병이었을 것이라고 나는 생각한다.

뜸법파들은 자신들의 경험 예를 들면, 어떤 증상들은 서로 관련되어 있다는 점, 차가워지면 통증이 있다는 점, 뜸을 떠서 따뜻하게 하면 관련된 증상들이 모두 개선된다는 점을 '기-감응-유별'의 구도로 해석했다. 그들은 관련된 증상을 하나로 묶고, 그런 증상을 기의 움직임으로 설명했다. 기가 매개하는 감응이 기의 움직임으로 변용된 셈이다. 그러나 뜸법에는 일정한 한계가 있었으므로, 뜸법파들은 폄이라는 아마도 경쟁 관계에 있던 전통적 치료법을 받아들이게 되었다. (거꾸로 폄법파가 뜸법파의 창안물이었던 경맥체계를 받아들여서 더욱 발전시켰을 수도 있다.) 이미 이론화되어 있던 맥체계는

---

108) 『戰國策』「韓策」 : 人之所以善扁鵲者, 爲有臃腫也.

폄과 결합함으로써 몸 전체의 모든 질병을 아우르는 생리·병리적 기반으로 확장되었다. 타겟이 다른 복수의 치료법을 사용하기 위해 증상이 구분되어야 했다. 뜸법파들은 기존의 뜸으로 치료했던 증상들을 소산병이라 하고 새로 도입한 폄법으로 치료할 수 있는 증상들을 시동병이라고 불렀다. 이 여정의 끝에서 침이 등장했다. 침은 뜸법파의 온건한 예방의학적 치료법과 폄법파의 공격적인 치료법의 결합 속에서 등장했다.

경맥의 성립사는 폄법파와 뜸법파의 결합 속에서 침법파가 등장한 과정이었다고 평가할 수 있다. 뜸법파, 폄법파, 침법파는 몇 번의 혁신을 거듭하면서 경맥체계를 성립시켰다. 경맥 성립사 전체에서 최초의 순간은 아주 작은 부분만을 차지한다. 그러나 이 책의 맥락에서 보자면 간과할 수 없을 정도의 비중을 차지하고 있다. 뜸법파들이 창안한 최초의 6경맥 체계는 '기-감응-유별'이 의학의 논리로 구체화되는 과정을 보여주기 때문이다. 뜸법파들은 유별의 논리에 따라 증상을 묶을 생각을 했고, 그 순간 경맥의 희미한 경계가 정해졌다. 하나로 묶인 증상들은 감응하고 기가 감응을 매개한다고 설명되었다.

물론 이 과정은 순서 없이 한꺼번에 일어났을 것이다. 이런 생각을 여러 사람이 했을 리는 없으므로 이 착상의 주인공은 오직 한사람이었을 것이다. 그는 최초의 한의 과학자라고 평가할 수 있는데, 전한 초기에 활동했던 뜸법파로서 당시에 성립된 기초과학 이론을 충분히 이해하고 있었을 것이다. 기초과학 이론의 도식에 따른 착상을 시도할 때, 그는 증상의 묶음을 몇 개로 만들 것인가를 고민했을 것이다. 그건 결국 패턴에 관한 고민이었다.

어떤 패턴을 따를 것인지에 관한 특별한 기준이 존재할 이유는 없다. 증상을 몇 개로 나누는 것이 적절하다는 생각은 가능하지만, 꼭 몇 개여야 한다는 고집은 성립할 수 없는데다, 모든 것에 공통된 보편적 무엇인가를 상정하는 것은 중국의 자연관과 어울리지 않는다. 그러나 널리 사용되는 기준은 있었을 것이다. 이건 마치 유행하는 서랍장의 칸 수와 비슷하다. 서랍장이 다섯 칸이어야 한다는 본질적 기준은 없다. 그러나 대개의 서랍장은 일정한 칸수를 지니고 있으며, 대개의 서랍장이 그렇다면 새로 만드는 서랍장의 수도 그와 유사하게 만드는 것이 편리할 것이다. 그와 같은 이유로 동양의 유별에도 선호되는 분류법이 있었고, 모종의 정치적 의도와 결합하는 경우에 패턴은 규범의 외양을 걸치기도 했다.

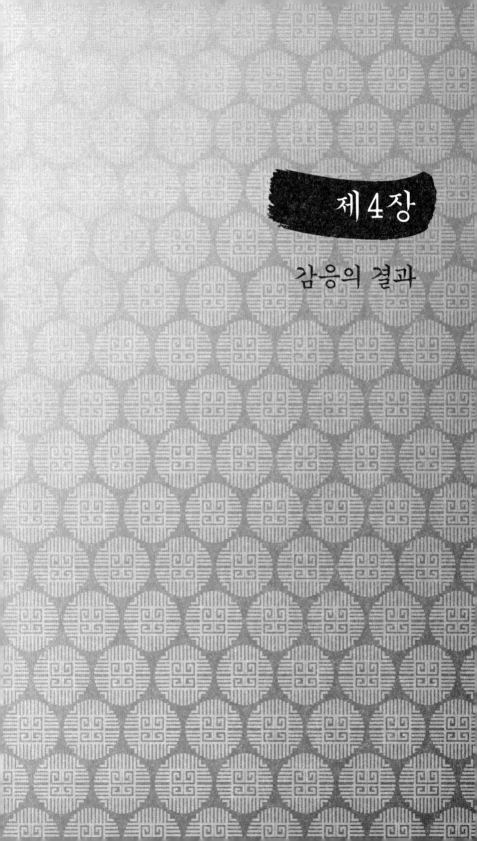

제4장

감응의 결과

전국 말기부터 한나라 초기에 일군의 학자들은 제국의 통치를 위한 이론의 구성을 요구받았다. 동양과학의 정초자들이기도 했던 제국의 이론가들은 자연의 변화를 분류하는 작업을 통해 패턴을 창안했다. 그들이 패턴이라는 귀착점에 도달한 것은 필연이었다. 패턴을 통해 자연을 파악하는 것은 오랫동안 이어져온 지적 유전자였다. 그들에게 세상은 일기(一氣)였고 일기의 변화가 패턴으로서의 이(理)였으며 만물은 패턴에 따라 감응했고 감응하는 것들은 동류였다. 그들이 애써 구축한 이는 순환하는 자연의 질서 곧, 패턴이었다.

이(理)를 패턴이라고 한 니덤도 이런 규정에 동의할 것이다.[1] 야마다(山田慶兒)도 이를 패턴이라고 설명했다. "패턴을 중국어로 이라고 한다."[2] 일기(一氣)의 변화가 이(理)이므로 패턴은 결국 일기의 변화다. 세계의 변화는 일기의 화와 같고, 기는 현상의 배후에 있는 고정불변의 것이 아니다. 그러므로 다음과 같은 결론에 이른다. "기와 그 유동의 패턴을 추구하는 것이 중국 존재론의 과제였다."[3] 함의에는 동의하지만 표현은 수정하고 싶다. 패턴은 존재론적 탐색의 대상이기 보다는 인식론적 틀에 가까웠다. 패턴의 특성은 서양의 자연법칙과 비교할 때 더욱 두드러진다.

과학적 사유는 중국이든 어디든 개별 사물이 영원히 변하여 생멸하는 중에도 자연은 변하지 않는 질서로 남아 있는 까닭을 이해하려는 노력과 함께 시작되었다. 서양에서는 그로부터 모든 것이 나오는 모종의 불변의 실재를 상정했다. 중국에서 가장 영향력 있는 과학적 설명은 시간에 관한 것이었다. 그들은 자연의 순환하는 리듬(즉 패턴)에 끼워 넣는 방식으로 순간의 사건을 이해했다.[4]

---

1) Joseph Needham(1985), 176.

2) 山田慶兒, 박성환 역, 『중국과학의 사상적 풍토』(전파과학사, 1994), 163.

3) 山田慶兒(1994), 159.

이상의 논의는 다음과 같이 정리할 수 있다.

전제 ① : 세계의 변화는 일기의 변화다.

전제 ② : 일기는 변화의 배후에 있는 고정불변의 존재가 아니다.

전제 ③ : 철학은 변화 속에서도 변화하지 않는 것을 질문하면서 시작했다.

결론 : 동양과학철학의 과제는 자연 변화의 패턴을 찾는 것이었다.

특정한 환경 특히 시간의 변화에 따라 공명하는 것들을 하나로 묶어서 만들어진 패턴은 비교적 자연스럽다. 봄 기운에 공명하는 것들과 여름 기운에 공명하는 것들은 하나의 계열을 이룬다. 공명하는 것들을 묶는 식으로 세상을 분류하면 자연스럽게 몇 개의 결이 생긴다. 그건 마치 평평한 밭에 이랑과 고랑을 만드는 것과 같다. 바람이 불 때 물결을 만들며 흔들리는 작물의 익숙한 모습은 패턴의 이미지와 같다. 그러나 어떤 패턴은 기괴하고 고집스럽다. 패턴을 어떻게 이해해야 할까? 패턴의 핵심적 특성과 상징의 논리, 그리고 오행론이 이 장에서 탐색할 주제다.

1. 패턴

『여씨춘추』에서는 일 년 사계절을 맹·중·계의 셋으로 나눠서 12등분하고 각 마디에 해야 할 일을 기록하고 있다. 심지어 이런 구분은 『여씨춘추』의 장을 나누는 기준으로 사용되기도 했다. 『여씨춘추』는 12라는 패턴으로 포착한 우주 도식을 본뜬 책이었다. 『여씨춘추』 맹춘의 내용은 다음과 같다.

---

4) Nathan Sivin, "Chinese Alchemy and the Manipulation of Time," *History of Science Society* 6
7 : 4(1976), 514.

맹춘의 달에 태양은 영실에 있다. 저녁에는 참에 중하고 새벽에는 미에 중한다. 그 날은 갑을이고 그 제는 태호이고 신은 구망이다. 벌레는 비늘 있는 것이고, 음은 각음이며 율은 태주다. 그 수는 8이며 그 맛은 산미이고 냄새는 누린내이며 호에 제사지낸다. 비장을 앞에 둔다.[5]

『예기』의 저자들도 이런 구분과 내용을 계승했다. 『예기』가 한나라의 이상적 제도를 기록한 책이라는 점을 상기하면, 세상의 모든 것을 12라는 패턴에 맞추겠다는 강력한 의지를 읽어낼 수 있을 것이다. 12라는 패턴은 사람들이 따라야 할 인위적 규범이었다. 그러나 패턴은 단순한 약속이 아니다. 계절의 변화를 상기해보라. 계절의 변화는 자연의 잠복되어 있는 질서를 반영하는 것처럼 보인다. 계절의 변화는 특히 양생의 패턴으로서 강력하게 추천되었다.

봄 삼 개월을 발진이라고 한다. (이때는) 천지가 모두 생명을 낸다. 만물은 그로써 번영한다. (이런 계절에 맞춰서 사람은) 밤에 잠자리에 들고 일찍 일어나 뜰을 거닐어야 한다. 머리는 풀어헤치고 몸을 느슨하게 하여 (소생하는 생명처럼) 뜻이 생겨나게 해야 한다. (소생하는 생명의 기운에 맞춰서) 낳게 해주고 죽여서는 안 된다. 주되 빼앗아서도 안 된다. 상 주되 벌 주지 말아야 한다. 이것을 춘기가 양생의 도에 응하는 길이라고 한다. 이런 흐름에 거스르면 간을 상하여 여름에 한사로 바뀐다.[6]

이 이야기는 당연히 겨울까지 이어진다. 이런 사유는 오랫동안 지속되

---

5) 『呂氏春秋』孟春紀第一: 孟春之月, 日在營室, 昏參中, 旦尾中. 其日甲乙. 其帝太皞. 其神句芒. 其蟲鱗. 其音角. 律中太蔟. 其數八. 其味酸. 其臭羶. 其祀戶. 祭先脾.

6) 『禮記』「月令」: 春三月, 此謂發陳, 天地俱生, 萬物以榮, 夜臥早起, 廣步於庭, 被髮緩形, 以使志生, 生而勿殺, 予而勿奪, 賞而勿罰, 此春氣之應養生之道也. 逆之則傷肝, 夏爲寒變.

다가 끝내는 양생 일반의 원칙으로 확장되었다. 심지어 조선 후기에 저술된 서유구의 『보양지』에서도 이런 관념을 발견할 수 있을 정도다. 본래 포정해우 고사에 처음 나오는 양생은 외부와의 교감을 통해 개체 생명을 밖으로 넓힌다는 뜻이었고, 감응은 그런 교감을 포착한 말이었다. 패턴은 감응의 질서였으므로 양생에서는 패턴에의 적응을 권장하지 않을 수 없었을 것이다.

『보양지』의 제일 끝 권8은 양생월령표(養生月令表)인데, 이 표에는 매달 행해야 할 일들이 항목별로 기록되어 있다. 양생월령표는 제목 그대로 표로 되어 있다. 일 년 12개월 동안 따라야 할 양생법을 좌공(坐功), 음찬(飮餐), 즐목(櫛沐), 탈착(脫著), 복이(服餌), 기거(起居), 요병(療疾), 구사(求嗣), 금기(禁忌), 불양(祓禳), 벽온(辟瘟)의 항목으로 나눠서 보여주고 있다.[7]

그런데 자연의 변화는 반드시 패턴에 따라서 일어나는 것일까? 자연법칙이 아니라면 패턴은 무엇이며, 패턴을 따르지 않았을 때는 어떻게 되는가? 그리고 자연이 패턴에 따를 수 있는 근거는 무엇일까? 한나라 후기에 벌어진 다양한 패턴의 종합은 어떻게 이해해야 할까? 아래에서는 이런 질문에 대한 답을 찾아볼 것이다. 먼저 탐색할 내용은 만물이 패턴에 따라야 하는 근거 즉 패턴의 개체적 근거다. 동양과학의 정초자들은 보편 본질을 탐색한 인성론을 패턴에 응하는 근거로 삼았다.

1) 패턴 감응의 토대와 법칙성

성(性)이라는 문제를 철학적 담론의 수준에서 고민한 최초의 인물은 공

---

7) 『보양지』는 서유구의 백과사전적 저술인 『林園經濟志』의 일부이다. 「양생월령표」의 내용은 대체로 중국의 元·明시대의 양생서인 『保生心鑑』과 『養生月覽』에서 가져온 것이다. 이와 관련해서는 문석윤, 「楓石 徐有榘 '葆養志'의 형성에 대한 연구」, 김왕직 외, 『풍석 서유구 연구(下)』(사람의무늬, 2015) 255-258.

자라고 할 수 있다. 이즈츠 도시히코(井筒俊彦)는 공자의 정명론(正名論)이 보편 본질을 주장한 것이라고 해석했다.

이름을 바로잡는다는 정명은 물론 이름을 실질로 향하여 바로잡는 것, 좀 더 구체적으로 말하면 모든 사람이 실질에 밀접하게 이름을 사용하는 사회 상황을 만들어내는 것이다. 그리고 이 경우 결정적으로 중요한 것은 공자에게 실질이란 개체로서의 사물이 아니라 사물의 본질을 의미한다는 것이다. 현실 세계에 존재하는 일체의 사물, 사상에 보편적이고 영원불변하는 본질이 있고, 그것이 하나하나의 사물을 바로 그 사물답게 만드는 리얼리티라는 확신이 공자에게 있었다.[8]

물론 공자가 주장한 명실의 '실질'은 플라톤의 이데아와는 다른 것이었다. 그러나 영원불변하는 보편 본질의 실재성을 믿고 그것에 토대해서 복잡하고 어지러운 감각적 사물의 세계에 질서를 부여하려는 근본적 태도에 있어 플라톤의 이데아론과 정명론은 다르지 않다.[9] 이즈쓰 도시히코가 말한 정명은 공자가 자로의 질문에 답하는 대목에 나온다.

반드시 이름을 바로잡을 것이다. … 이름이 바르지 않으면 말이 순조롭지 않다. 말이 순조롭지 않으면, 행하고자 하는 일이 제대로 이뤄지지 않는다. 일이 제대로 이뤄지지 않으면, 예와 악이 일어나지 못한다. 예와 악이 일어나지 못하면 형벌이 제대로 행해지지 않는다. 형벌이 제대로 행해지지 않으면 사람들은 손발을 둘 곳조차 없다.[10]

---

8) 井筒俊彦, 박석 역, 『의식과 본질』(위즈덤하우스, 2013), 360-361.

9) 井筒俊彦(2013), 350-360.

10) 『論語』「子路」: 子曰 必也正名乎! … 名不正,則言不訓, 言不訓, 則事不成, 事不成, 則禮樂不興, 禮樂不興, 則刑罰不中, 刑罰不中,則民無所措手足.

공자는 제(齊)나라 경공(景公)의 질문에 다음과 같이 답했다. "임금은 임금답고, 신하는 신하다우며, 아비는 아비답고, 자식은 자식다워야 합니다."[11] 『논어』에는 같은 취지의 표현이 몇 번 더 보인다. 예를 들어, 공자는 주인과 손님이 술을 마실 때 사용하는 예기인 고에 관해 다음과 같이 말했다. "고가 모나지 않았다면 고이겠는가?"[12] 의례에 사용되는 그릇인 고에는 고정된 본질이 갖춰져 있어야 했다.

도덕적 근거를 확보하고자 하는 노력은 더 이상 물러날 수 없는 전제로서의 보편 본질을 가정하게 만들었다. 공자는 보편 본질을 가정했고, 그런 보편 본질 위에 사회를 구축하고자 했다. 그러나 공자는 윤리적 본질을 명확한 언어로 일관되게 포착하지는 않았다.[13] 유가 윤리의 본질을 언어로 제대로 포착해낸 이는 맹자다. 그는 고자(告子)와 사람의 선악에 관해 다투면서 성(性)이라는 표현을 사용했다.

> 고자가 말했다. 사람의 본성은 버드나무와 같고, 의는 버드나무로 만드는 그릇과 같다. 사람의 본성을 인의롭게 만드는 것은 버드나무로 그릇을 만드는 것과 같다. 맹자가 말했다. 그대는 버드나무의 본성을 따라서 버드나무 그릇을 만드는가? 아니면 버드나무의 본성을 거슬러서 그릇을 만드는가? 버드나무의 본성을 거슬러서 그릇을 만든다면 사람의 본성을 해쳐서 인의롭게 만들겠다는 것인가?[14]

---

11) 『論語』「顏淵」 : 君君, 臣臣, 父父, 子子.
12) 『論語』「雍也」 : 觚不觚 觚哉觚哉.
13) 논어에는 「공야」장과 「양화」장에 성자가 한 번씩 모두 두 번 나온다. "夫子之言性與天道不可得而聞也. 子曰性相近也習相遠也." 예문에서 확인할 수 있듯이 성자를 보편 본질로 해석하는 것은 가능하다. 그러나 공자가 성자를 대상의 보편 본질을 주장하기 위한 용어로 의식적으로 사용했는가라는 질문에 대해서는 확답하기 어렵다.
14) 『孟子』「告子上」 : 告子曰, 性, 猶杞柳也. 義, 猶桮棬也. 以人性爲仁義, 猶以杞柳爲桮棬. 孟子曰, 子能順杞柳之性而以爲桮棬乎? 將戕賊杞柳而後以爲桮棬也? 如將戕賊杞柳而以爲桮棬, 則亦將戕賊人以爲仁義與?

본고의 맥락에서는 성이라는 단어가 사용되었다는 사실이 중요하다. 맹자는 성이라는 표현을 사용함으로써, 유가 윤리의 토대를 언어로 포착했고, 그것을 다시 구체적인 덕목으로 분할했다.

측은히 여기는 마음은 인의 단서요, 악을 부끄러워하고 싫어하는 마음은 의의 단서다. 사양하는 마음은 예의 단서요, 따지는 마음은 지의 단서다. 이로써 보건대, 측은히 여기는 마음이 없으면 사람이 아니고, 부끄러워하고 싫어하는 마음이 없으면 사람이 아니며, 사양하는 마음이 없으면 사람이 아니고, 따지는 마음이 없으면 사람이 아니다.15)

상기의 네 가지 덕목은 누구에게나 있는 본성으로서, 인간의 보편 본질이었으므로 상황에 따라 바뀔 수 없었다. 사람은 누구나 상기의 덕목을 지니고 있다고 간주되었다. 유가는 윤리적 성향을 자연적 경향성과 구분하려 했다. 그 결과 성에 대한 인위적 규정을 감행하지 않을 수 없었다.16) 성에 대한 유가의 설명은 이후에도 바뀌지 않았다. 성은 윤리적 인간을 위한 최후의 보루였다. 도가는 달랐다. 장자 자신은 성이라는 단어를 사용하지 않은 것으로 보이고, 성을 인위적으로 규정하는 태도도 받아들이지 않았다. 옳고 그름, 싫어함과 좋아함은 상대적인 문제였다.

---

15) 『孟子』「公孫丑上」: 惻隱之心, 仁之端也. 羞惡之心, 義之端也. 辭讓之心, 禮之端也. 是非之心, 智之端也. 由是觀之, 無惻隱之心, 非人也. 無羞惡之心, 非人也. 無辭讓之心, 非人也. 無是非之心, 非人也.

16) 규정을 어길 경우에 대해서는 따로 논하지 않았다. 규정을 어길 수 있는 가능성을 부정했다기보다는 그런 가능성에 대한 언급을 꺼려했다고 보는 편이 맞을 것이다. 보편성에 관한 논의를 담고 있는 이 문제를 이곳에서 다룰 필요는 없을 것이다. 다만 유가 윤리의 보편성이 서양의 보편성과는 다르다는 점은 분명한데, 윤리의 초석을 추상적 보편자가 아닌, 경험 세계에서 찾으려 했기 때문에 이 점을 피할 수는 없었을 것이다.

사람들은 모장과 여희를 아름답다고 생각한다. 그러나 물고기는 이들을 보면 깊이 숨고, 새들은 이들을 보면 높이 날아오르며 사슴은 잽싸게 달아난다. 이들 중 누가 바른 아름다움을 아는 이인가? 내가 보아하니, 세상에 인의의 논의와 시비의 갈림길이 번거롭고 어지러운데, 내가 어떻게 그것들 중 무엇이 옳은지 알 수 있겠는가![17]

성(性)의 규정은 자연으로서의 성을 알지 못한 이들이 행하는 짓이었다. 장자 후학들은 유학에서 발전해온 성이라는 개념을 차용했지만, 성 개념을 재규정함으로써 장자의 뜻에서 벗어나지 않을 수 있었다.

무릇 인의에 성을 종속시키면 증삼(曾參)이나 사추(史鰌)와 같아질 수 있을 터이지만, 그것은 내가 말하는 선이 아니다. 본성을 오미에 종속시키면 비록 유아와 같아 질 수 있다고 해도 그것은 내가 말하는 선이 아니다. … 내가 선이라고 말하는 것은 인의를 일컫는 것이 아니다. 그것은 단지 본연의 성에 맡겨두는 것일 따름이다.[18]

도가는 사람이 지니고 있는 자연적 경향성을 인정했지만, 윤리적 경향성을 위한 자리를 따로 만들지 않았다. 도가들에게 성은 자연적 경향성일 뿐이었다. 유가의 상황이 역전되었다. 이미 말했듯이 유가에서는 자연적 경향성이 윤리적 성향에 포섭되어 있었다.

도가 : 자연적 성향⊃윤리적 경향성

---

17) 『莊子』「齊物論」: 毛嬙麗姬, 人之所美也. 魚見之深入, 鳥見之高飛, 麋鹿見之決驟. 四者孰知天下之正色哉? 自我觀之, 仁義之端, 是非之塗, 樊然殽亂, 吾惡能知其辯!
18) 『莊子』「駢拇」: 且夫屬其性乎仁義者, 雖通如曾史, 非吾所謂臧也., 屬其性於五味, 雖通如兪也, 非吾所謂臧也. … 吾所謂臧者, 非所謂仁義之謂也, 任其性命之情而已矣.

유가 : 윤리적 성향⊃자연적 경향성

그러나 윤리적 경향성을 인정하지 않았다는 말은 조심스럽게 이해되어야 한다. 도가의 성론은 수양론의 핵심 논제이었으므로, 윤리적 판단과 무관하지 않았다.『회남자』「원도훈」에는 다음과 같은 글이 실려 있다.

사람이 태어나면서부터 고요한 것은 하늘로부터 받은 성이다. 자극을 받아서 반응하면 천성이 상한다. 외물이 이르러 신이 응하는 것은 (호오[好惡] 판단의 근거가 되는) 지가 움직이는 것이다. 지가 외물과 접하면 좋아하고 싫어함이 생겨난다. 좋아하고 싫어함이 생겨나면 앎이 밖으로 유혹되어 자기에게로 돌아오지 못하고 끝내 천리를 잃는다.[19]

고요함으로 성을 기르고 신을 머물게 하면 천문으로 들어간다. 이른바 천이라고 하는 것은 순수하고 소박하며 바탕이 곧고 희어서, 일찍이 더불어 섞인 것이 없는 것이다.[20]

마음이 고요한 상태를 도가에서는 허정(虛靜)하다고 표현했다. 허정은 도가 수양론의 핵심 개념이다. 위 인용문에서는 수양의 지향점인 허정을 본성의 특성이라고 말하고 있다. 자연적 성향으로서의 성이 수양론과 결합되면서 일정한 가치적 지향을 지니게 된 셈이다. 자연은 가치적 의미에서의 천이 되었고, 자연적 경향성은 허정하다고 규정되었다. 마음을 허정하게 한 상태에서의 행위는 순수할 것이므로, 수행자가 보여주는 윤리성을 확보할 수 있었다. 유가와 결합된 이후의 도가는 좀 더 직접적인 방식으로

---

19)『淮南子』「原道訓」: 人生而靜, 天之性也. 感而後動, 性之害也. 物至而神應, 知之動也. 知與物接, 而好憎生焉. 好憎成形 而知誘於外, 不能反己, 而天理滅矣.

20)『淮南子』「原道訓」: 以恬養性, 以漠處神, 則入于天門. 所謂天者, 純粹樸素質直皓白, 未始有與雜糅者也.

윤리성을 확보했다. 예를 들어 『회남자』에서는 '사람의 성은 어떤 것도 어짊(仁)보다 귀하지 않다'고 말했다.21) 그러나 윤리적 덕목은 자연적 경향성과 병존했을 뿐, 주도적 위치를 점유하지 못했다. 그것은 여전히 자연적 경향성으로 해석되었다. 도교가 등장한 이후에야 도가는 세속의 규범 윤리와 연결될 수 있었다.22)

유가가 도가와 달라진 이유는 사회 윤리에 대한 관심 때문이었다. 유가는 사회적 책무 의식을 지닌 이들이었으므로, 인간 사회를 자연으로 포섭하는 데 동의하지 않았다. 그들은 자연적 경향성에 인위적 규정을 가했고, 그런 규정을 어길 수 있다는 가정을 허락하지 않으려 했다. 윤리에서는 옳음에 대한 규정이 다르다는 것을 용납할 수 없기 때문이다. 예를 들어 유가와 묵가의 상례와 장례에 대한 입장은 달랐지만, 자신들의 입장이 상대적이라는 지적에 동의하지 않을 것이다. 이들은 자신들의 견해를 바꿀 수 없었고, 그것을 단순히 관점에 따라 다르다고 말하는 것도 용납할 수 없었다.23)

도가의 성론이 자연에 가까웠음을 상기시키고 싶다. 동양과학의 정초자들은 유가의 성론이 아닌 도가의 성론을 자연 질서의 구축을 위한 출발점으로 삼았다. 그 결과 자연적 경향성으로서의 성이 도식화되었다. 수양론에서는 성을 단순히 고요한 것이라고 하거나, 윤리적 덕목이라고 하는 것으로 충분했다. 그러나 자연의 변화를 설명 혹은 관리하기 위한 이론을 구축해야 했던 동양과학의 철학자들에게는 불충분한 규정이었다. 그 결과 진

---

21) 『淮南子』「主術訓」: 凡人之性, 莫貴於仁.
22) 『태평경』의 승부론과 『상이주』의 양생 윤리를 예로 들 수 있다. 『道藏』「洞神部·戒律類」에 실려 있는 『노군음송계경』이나 『대도가령계』도 같은 범주에 포함된다. ('대도가령계'는 『正一法文天師敎戒科經』라는 문헌에 포함되어 있기 때문에, 독자적 문헌이라고 할 수는 없지만, 편의상 하나의 문헌으로 취급했다.) 좀 더 거리를 둔다면 명청 시대의 공과격과 『태상감응편』도 도교윤리의 항목으로 묶을 수 있다.
23) A. C. Graham, *Chuang tzu*(George Allen & Unwin, 1981), 11.

정 패턴이라고 부를 수 있는 다양한 이론들이 구성되었다. 성을 'intrinsic nature'라고 영역한 니덤은 다음과 같이 말했다.

사물들은 독특하게 반응했다. 그것은 다른 것들의 선동이나 자극에 의한 것이 아니라, 영원히 순환하는 우주의 사이클에서 그들의 경향이 그랬기 때문이다. 그들은 본유의 성향(intrinsic nature)을 품수 받았고, 그 때문에 그렇게 행동하지 않을 수 없었다. 주어진 방식을 따르지 않는 경우에, 그들은 관계망에서의 위치(그로써 그들이 그들로 되는 것)를 잃고, 그들 자신이 아닌 다른 것으로 바뀌었다. 그러므로 그들은 전체 유기체의 존재적으로 의존하는 유기적 부분이었다. 그리고 그들은 기계적인 추동이나 인과관계가 아닌 모종의 신비한 감응에 의해 반응했다.[24]

이질적 세계를 자신의 언어로 옮겨야 하는 번역의 어려움과 니덤이 전제하는 유기체론에 대한 고집을 감안한다면, 윗글의 취지는 동양 세계관의 얼개를 훌륭하게 보여주고 있다고 평가할 수 있다.[25] 자연의 경향성이라는 뜻으로 사용되던 도가의 성 개념을 동양과학의 정초자들은 패턴에 따를 수 있는 능력으로 해석했다. 패턴이 이(理)라면 성은 패턴에 반응할 수 있는 토대로서, 개체화된 패턴이라고도 말할 수 있다. (앞서 인용했던 유가나 도가 계열의 문헌에서 인성이 곧 천성이었음을 상기해보라.) 그런데 천성이라고 해서 피할 수 없는 것일까? 개가 늑대처럼 행동한다거나 사람이 짐승처럼 행동

---

24) Ho Ping-Yü & Joseph Needham, "Theories of Categories in Early Mediaeval Chinese Alchemy," *Journal of the Warburg and Courtauld Institutes* 22 : 3/4(1959), 188.
25) 하나의 단어에는 세계가 들어 있다. 서양의 본성(nature)과 동양의 본성(本性)은 일대일로 대응하지 않는다. 서양의 본성은 세계 밖에서 주어진 보편 본질이지만, 동양인들은 세계의 근거를 세계 밖에서 찾지 않았다. 그럼에도 불구하고 저 말을 이 말로 옮기지 않을 수 없다. 제대로 된 번역은 세계를 치환하는 일이다. 그러므로 성실한 번역을 대할 때는 관대해야 한다.

하는 것이 불가능하지는 않았다. 뒤에서 확인할 수 있듯이 『회남자』의 저자들은 귤을 강북에 심으면 탱자가 된다고 말했다. 이 사실은 앞의 논의에서도 몇 차례 확인했던 사실 즉 패턴이 필연성에 토대한 자연법칙과 다르다는 점을 암시한다.

패턴의 선택이 인위적이라는 점도 이 생각을 지지한다. 계절이 자연의 변화를 잘 반영한다고 할지라도, 그 기준이 꼭 12월이나 24절기일 필요는 없다. 어떤 경우에는 한 달 30일을 달의 위상 변화에 따라 나누는 것도 가능하고, 5일을 하나의 단위로 하는 여섯이라는 패턴을 사용하기도 했다. 그러므로 패턴은 선호되는 혹은 유행하는 것에 불과했다. 물론 변화에 분명히 결이 있다는 점은 사실이다. 그렇지 않다면 낮과 밤, 봄과 가을을 어떻게 나눌 수 있겠는가? 그러나 꼭 낮과 밤이어야 할 이유는 없고, 반드시 사계절일 필요도 없다. 본래 경계가 없는 세계관에서 변화는 명확하게 나뉘지 않는다. 그러므로 질서는 있되, 언제나 어디서나 그렇다는 뜻의 법칙은 아니었다.

물론 변화의 체험은 생생하다. 겨울이 지나고 봄기운을 느낄 때를 생각해보면, 이 점을 알 수 있다. 변화의 마디는 희미하지만 체험은 선명하다. 그러나 주관적 체험을 법칙의 근거로 삼을 수 있을까? 고대 중국인들은 객관적이고 추상적이며 보편적인 자연의 법칙을 찾으려 하지 않았다. 그들은 유용한 삶의 패턴을 찾으려 했을 뿐이다. 그것은 '봄에는 씨를 뿌리고, 가을에는 수확하는 것이 좋다'라는 진술의 수준을 벗어나지 못한다. 그러므로 패턴은 일종의 가치 규범이기도 했다.

존재의 질서는, 그것뿐이라면 단순한 사인에 불과하다. 그러나 감응의 논리가 가리키듯이 행동하는 인간은 그것을 상징으로서 포착한다. 즉 인간에게 있어서의 의미적인 존재가 된다. 그것이 이(理)=패턴이다. … 그런 의미에서 이(理)=패턴은 본래적으로 가치 개념인 것이다.[26]

봄바람을 맞은 농부가 파종할 생각을 하는 경우를 생각해 보라. 그때의 봄바람은 모종의 지침을 주는 상징이 된다. 이(理)는 이런 상징을 체계적으로 구성해낸 것이므로, 행위의 체계적 지침과 같은 역할을 한다. 애초에 변화하는 세계에서 적합한 행위 방식을 찾으려는 노력이 패턴인 이를 발굴해냈고, 패턴을 구성해낸 동양과학의 정초자들이 지니고 있던 주된 이론적 동기는 제국의 논리를 제공해야 한다는 즉 학문정치적인 것이었다. 이미 말했듯이 규범으로서의 이를 어기는 것은 불가능하지 않다.

이제 나무를 옮겨 심는다고 해보자. 나무가 본래 지니고 있는 음양의 성질을 놓치면, 어떤 나무든 고사한다. 그러므로 귤을 강북에 심으면 탱자가 된다. 구관조는 제수(濟水)를 넘지 못하고, 담비는 문수를 넘으면 죽고 만다.[27]

성을 어기는 것은 가능했지만, 결과는 좋지 않았다. 병들어 죽거나 다른 것으로 변하지 않을 수 없었다.

패턴은 법칙이 아니었지만 그것을 따를 때 이익이 되는 유용한 행위 기준으로서 보편성을 가장했다. 동양적 자연과학의 기초이론을 창안했던 이들이 동시에 제국의 이론가였다는 사실도 패턴이 보편성이라는 외양을 걸치는 데 일조했다. 제국의 논리로 사용되어야 하는 패턴이 어떻게 예외를 허용할 수 있다는 말인가? 그러므로 자연의 패턴은 유연한 질서였지만 보편성을 가장한 인위적 규범으로 사용되기도 했다. 왕이 매년 종묘에 제사를 지내고 반포하는 농력을 상기해보라.

개별과학에 종사하던 이들이 유행하던 패턴을 따르지 않을 이유가 없었다. 유행하는 패턴을 따르는 것은 자신들의 학문을 효율적으로 정립하는

---

26) 山田慶兒(1994), 164.
27) 『淮南子』「原道訓」: 今夫徒樹者, 失其陰陽之性, 則莫不枯槁. 故橘樹之江北, 則化而爲枳, 鴝鵒不過濟, 貃渡汶而死.

방법이었다. 더군다나 그들은 우주의 리듬에 따름으로써 정상적인 생명력을 유지하고, 더 나아가서 우주의 생명력을 얻을 수 있다고도 생각했다. 연단술사들은 단의 조제과정을 패턴에 일치시켰고, 한의학자들은 몸의 생리적 변화를 패턴에 따라 묘사했다. 패턴은 자연의 질서이므로 패턴에 따른다는 것은 소우주와 대우주의 유비로도 해석될 수 있었다.

2) 패턴의 적용

『참동계』에는 불의 강도 즉 화후(火候)를 조절하는 구절이 나온다. 이곳의 주된 패턴은 여섯 개의 효로 이뤄진 주역의 괘상이다. 『참동계』에서는 납과 수은을 결합해서 단을 만드는 과정을 설명하고 있다. 납은 달을 수은은 태양을 상징한다. 그리고 결합이 일어나는 반응기로서의 솥은 천지를 상징한다. 『참동계』의 저자는 솥을 역(易)의 건곤으로, 약물을 감리로 풀었다.28) 연단술사는 달과 태양의 변화를 따라가면서 단을 만들어야 했다. 요지는 불의 강도를 조절하는 데 있었다. 불의 강도를 조절하는 것이 얼마나 걸리는지 또 정확히 어떻게 따라했는지를 알 수는 없다. 그러나 달의 위상 변화를 『주역』으로 읽어내고 그 변화에 맞춰서 불의 강도를 조절했다는 점은 사실이다.

달의 마디는 30으로 이리 저리 움직이며 태양의 부림을 받는다. 아울러서 60이 된다. 강유가 서로 표리가 된다. 초하루 아침에는 둔괘가 일을 맡는다. 초하루 저녁이 되면 몽괘가 일을 맡는다. 주야로 각각 1괘씩이 담당함에 그

---

28) 『참동계』의 저자는 동한 시기의 위백양이라고 말해지지만 나는 이 말을 믿지 않는다. 『참동계』는 훨씬 후대에 성립되었고, 내단과 외단의 종합적 성격을 지니고 있다는 것이 나의 믿음이다. 『참동계』에서 암시하는 내단의 성숙도는 내관존사에서 언뜻 보이는 정도의 수준을 넘어선다. 내관존사를 내단이라고 부르는 것도 조심해야 한다. 정확히 말하자면 내단은 오진편에 나오는 수행법에 부합하는 것만에 한정해서 사용되어야 한다.

담당하는 바는 순서에 따른다. 그믐날이 되면 기제괘와 미제괘가 일을 담당
한다. 마치면 다시 시작한다.[29]

주지하듯이 주역의 괘는 모두 64개로 되어 있다. 이 가운데 건괘와 곤괘
는 천지의 상징으로 그리고 이괘와 감괘는 태양과 달을 상징하는 것으로
빼 놓는다. 그리고 남는 60개의 괘는 한 달 30일에 각각 두 개씩 배정된다.
초하루 아침에는 둔괘가 저녁에는 몽괘가 배정된다. 여기에 특별한 이유가
있는 것은 아니다. 괘상에서 취상했을 뿐이다. 즉 둔괘에서는 첫 효가 양효
이기 때문에 양이 시생하는 초하루의 모습을 닮았고, 몽괘는 둘째 효가 양
효이기 때문에 시생한 양이 전개된 모습을 보여주기에 좋다는 점이 고려된
것이다.

『참동계』에서는 이처럼 60괘를 한 달 30일에 배정하는 외에 소성괘인 8
괘 중 감리의 2괘를 제한 6괘로 달의 위상 변화를 설명하고 있다. 또한 우번
(虞翻)의 납갑법도 적용되었는데, 달의 위상 변화와 괘상을 연결하는 월체
납갑법과 직전의 60괘를 한 달에 배정한 것 중 어떤 것이 화후를 조절하기
위한 패턴이었는지 단정하기는 어렵다. 그러나 월체 납갑법 쪽이 더 가능
성이 높아 보인다. 월체 납갑법의 내용이 화후의 조절에 따라 단이 만들어
지는 내용과 잘 어울리기 때문이다. 그 내용은 이 절의 뒤에 소개할 우번의
납갑법과 크게 다르지 않다.

연단술사에게 패턴이 따라야 할 규범이었다면, 한의학의 패턴은 규범이
기 보다는 주어진 질서처럼 그려져 있다. 그건 무엇을 위한 지침일 수 없는
순수하게 이론적인 패턴처럼 보인다. 한의학의 신체관을 논할 때 보았듯
이, 이 패턴은 우선 경맥순환의 설명에 적용되었다. 몸을 순환하는 기는 기
본적으로 음식에서 얻어진다고 말해졌다. 음식은 진액과 찌꺼기 그리고 종

---

29) 『周易參同契』上篇一章 : 月節有五六, 經緯奉日使. 兼幷爲六十, 剛柔有表裏. 朔旦屯
直事, 至暮蒙當受. 晝夜各一卦, 用之依次序. 旣未至昧爽, 終則復更始.

기로 나뉜다. 찌꺼기는 배설되는 것이고 종기는 음식을 먹을 때 함께 들어온 흡기 정도로 볼 수 있다. 진액은 소화된 음식을 말하는데『내경』에서는 이로부터 기운이 나온다고 말한다. 그 기는 영기와 위기로 나뉜다. 영기와 위기의 대략적인 움직임은 다음과 같다.

영기는 그 진액을 걸러서 맥으로 주입하여 혈로 바꿔 사지를 영양하고 안으로 오장육부로 주입되어 각수에 응한다. 위기는 사납고 날랜 기운을 내보내서 먼저 사지의 살과 피부 사이를 운행하면서 쉬지 않는다. 낮에는 양분을 운행하고 밤에는 음분을 운행한다. 언제나 족소음맥에서 운행하기 시작해서 오장육부를 순환한다.[30]

영기와 위기의 운행은 같지 않은데, 요지는 영기의 운행은 물시계의 시간에 응하고, 위기는 낮밤의 변화 패턴에 응한다는 것이다. 위기의 운행은 낮밤의 패턴을 따른다고 했지만, 운행 양상이 정확히 기록되어 있지는 않다.『영추』「위기행」편에서는 먼저 28수를 중심으로 하는 천문과 그 천문에 의거한 시간을 기술하고 있다. 그것은 위기의 운행이 천문의 변화 패턴과 부합한다는 점을 선언하기 위함이다. 이어서,

위기의 운행은 하루 밤낮 동안 몸을 50바퀴 돌아서 양분을 25바퀴, 음분을 25바퀴 돈다. 이런 까닭으로 평단에는 음이 다하여 양기가 눈에서 나온다. 눈을 뜨면 기가 머리로 상행하고 목덜미를 따라 족태양경으로 내려온다. 이어서 등을 따라 새끼발가락 끝에까지 이른다. 그 흩어진 가지는 눈초리에서 갈라져 수태양경을 따라 새끼손가락 끝의 바깥쪽에 이른다. 나뉜 가지는 눈초

---

30)『靈樞』「邪客」: 營氣者, 泌其津液, 注之於脈, 化以爲血, 以榮四末, 內注五藏六府, 以應刻數焉. 衛氣者, 出其悍氣之慓疾, 而先行於四末分肉皮膚之間, 而不休者也, 晝日行於陽, 夜行於陰, 常從足少陰之分間, 行於五藏六府.

리에서 나뉘어 족소양경으로 내려와 새끼발가락과 네 번째 발가락의 사이로 들어간다. 다시 눈에서 합쳐지므로 이로써 한 바퀴가 된다.[31)

눈에서 나온 위기는 분산하여 육양맥을 따라 내려가는 것으로 생각된다. 또 태양맥, 소양맥, 양명맥은 각각 수맥과 족맥이 짝이 되어 족맥에서 수맥으로 이어져 있는 것으로 보인다. 이런 기술을 종합하면 위기가 주간에 운행하는 경로를 그려볼 수 있다. 인용문에 이어서 태양의 운행에 관한 설명이 나오는데, 이것은 변화의 패턴이 부합함을 보여주기 위한 것이다. 한편 야간의 위기 운행에 대해서는 다시 설명이 이어진다.

양기가 음의 부위에서 다하면 음이 기를 받는다. 그것이 처음에 음으로 들어갈 때는 항상 족소음맥에서 신장으로 주입된다. 신장에서는 다시 심장으로 주입되고 심장에서는 폐로 주입되며 폐에서 간으로 간에서 비로 비에서 신으로 들어가서 한 번의 순환을 이룬다.[32)

위기의 운행에 관한 설명은 혼란스럽다. 야마다는 두 가지 모델을 제안했다.

낮에는 양맥을 밤에는 음맥을 25번 돈다는 백고과의 생각은 (a)와 같은 운행 회로를 연상시킨다. 즉 위기는 아침에 a(눈)에서 출발하여 a-b(足太陽), b-c (手太陽), c-d(足少陽), d-e(手少陽), e-f(足陽明), f-a(手陽明)를 따라 a, b, c, d, e, f

---

31) 『靈樞』「衛氣行」: 衛氣之行, 一日一夜五十周於身, 晝日行於陽二十五周, 夜行於陰 二十五周, 是故平旦陰盡, 陽氣出於目, 目張則氣上行於頭, 循項下足太陽, 循背下至 小指之端. 其散者, 別於目銳眥, 下手太陽, 下至手小指之間外側. 其散者, 別於目銳眥, 下足少陽, 注小指次指之間, 復合於目, 故爲一周.

32) 『靈樞』「衛氣行」: 陽盡於陰, 陰受氣矣. 其始入於陰, 常從足少陰注於腎, 腎注於心, 心注於肺, 肺注於肝, 肝注於脾, 脾復注於腎爲周.

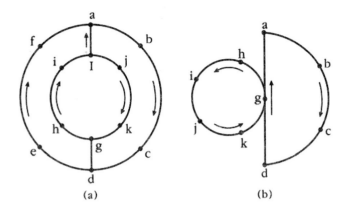

(a)　　　　　　　　　　(b)

를 25회 순환한다. 저녁에는 d(足心)에 모였다가, d-g(足少陰)로 올라간다. g
(腎)에 이르렀다가 h(心), i(肺), j(肝), k(脾)로 흘러간 뒤, 다시 g로 돌아온다. 밤
동안 g, h, i, j, k를 25회 순환한다. 아침에 I-a(足少陰)을 통해 a로 오른다 … 위
기의 운행에 관한 … 기본 생각은 그림 (a)에서 보여주고 있는 것처럼 낮에
는 밖, 밤에는 안이라는 두 개의 다른 원을 돈다고 말해졌다. 그러나 실제의
경로를 고려하면, (b)와 같은 변칙적 경로로 후퇴하지 않을 수 없다는 모순을
드러낸다.[33]

신체와 같은 복잡한 시스템에 패턴을 적용하는 것은 간단치 않은 일이
었다. 그럼에도 패턴의 적용은 종종 필연적이었던 것처럼 보인다. 질서를
부여할 수 있는 다른 세련된 방법은 부재했다. 그 결과 패턴을 적용하는 중
에 종종 모순이 노출되었음에도 불구하고, 여러 패턴이 갖가지 맥락에서
다양한 분과과학에 적용되었다. 동양과학의 성립에 패턴의 적용이 필연적
이지는 않았다. 그러나 어떤 식으로든 체계화되어야 하는 경우에, 패턴은
좋은 수단이었다. 게다가 패턴의 일차적 의미인 자연의 변화 질서는 현상

---

33) 山田慶兒, 『中國醫學の起源』(岩波書店, 1999), 359-362. 이곳에 사용된 그림도 같은 곳
　　에서 전재했음.

이 당연히 패턴을 따라야 할 것 같은 인상을 주었다.

시간의 변화 질서인 패턴을 연단술의 조제과정이나 생리적 변화 같은 시간의 흐름에 적용하는 것은 그렇게 이상해 보이지 않는다. 그러나 패턴이라는 시간 질서를 공간에 적용시키는 것은 쉽게 이해되지 않는다. 대표적인 것이 십이경맥과 십이경수, 즉 십이경맥과 중국을 흐르는 열두 강의 대응이다.

> 경맥 열두 개는 밖으로 열 두 개의 경수에 합치된다. … 이것은 사람이 천지에 참여하고 음양에 응하기 때문이니, 살피지 않을 수 없다. 족태양은 밖으로 청수에 합치되고 안으로 방광에 이어져 물길을 통하게 한다. 족소양은 밖으로 위수에 합치되고 안으로는 담으로 이어진다. 족양명은 밖으로 해수에 합치되고 안으로는 위에 이어진다. 족태음경은 밖으로 호수에 합치되고 안으로는 비에 이어진다.[34]

12라는 패턴은 당연히 1년 12달이라는 수적 질서에서 파악된 것이다. 그런데 이런 수적 질서를 한의학에서는 지리적 패턴으로 치환한 후, 경맥에 적용시키고 있다. 이런 착상이 어떻게 가능한 것일까? 가장 먼저 생각할 수 있는 것은 공간과 시간의 혼착이다. 고대 중국인들에게 공간과 시간은 섞여 있었다. 혼착을 보여주는 대표적 사례가 동쪽을 봄에, 남쪽을 여름에 배당하는 것이다. 이런 혼착을 가능하게 한 이론적 계기는 무엇이었을까?

---

34) 『靈樞』「經脈」: 經脈十二者, 外合於十二經水. … 此人之所以參天地以應陰陽也, 不可不察. 足太陽外合於淸水, 內屬於膀胱, 而通水道焉. 足少陽外合於渭水, 內屬於膽. 足陽明外合於海水, 內屬於胃. 足太陰外合於湖水, 內屬於脾.

3) 상징수와 패턴의 확장

수에 대한 독특한 인식이 원인이었다. 현대인에게 수는 단순히 자연과의 대화를 위한 언어로 이해된다. 이런 수를 기능수라고 한다면, 사주와 명리에 사용되는 것처럼 특정한 의미를 지니고 있는 수를 상징수라고 한다. 상징수를 사용하는 수비학에 의존하면, 수적 구조로 읽어낼 수 있는 것은 무엇이든 하나의 유로 묶을 수 있다. 예를 들어, 어떤 한의사가 동양음악의 기본음을 치료에 이용하려 한다면, 그는 몸을 궁상각치우(宮商角徵羽)의 오음과 대응(mapping)될 수 있게끔 다섯의 단계로 구조화시킬 것이다. 그래서 장(臟)을 오장의 다섯으로 구조화시켰다고 해보자. 궁상각치우 각각은 순서에 따라 오장과 대응된다.

그 경우에는 궁상각치우와 오장의 양자를 아우르는 구조의 존재가 전제된다. 그 구조는 대응영역 사이의 연결을 함축하고 있으므로 수적 구조물일 수밖에 없다. 즉 오행의 5의 구조물이다. 이 경우 수적 구조물의 특정 숫자는 오장 중 '하나' 그리고 궁상각치우의 '하나'를 상징하게 된다. 예를 들어 궁은 목을, 상은 금을 상징한다. 어떤 것을 대응시킬지 결정하기 위해서는 전체적인 정합성을 고려해야 한다. 그러나 정합성을 판단하기 위해 사용되었던 경험적 사실은 상징수로 포장된다. 한대에는 상징수를 이용한 사유가 유행했고, 그런 것은 술수(術數)라고 불렸다.

물론 고대 중국에서 수는 현대인에게 익숙한 기능수로도 받아들여지고 있었다. 서, 예, 악, 사, 어, 수의 육예(六藝)에서 말하는 수는 기능수임에 틀림없다. 현실적 필요에서 수에 대한 연구가 행해졌었을 것임은 쉽게 예상할 수 있다. 사회(司會), 법산(法算)의 수를 다루는 전문 관리의 존재는 이런 추정을 증명한다. 그런데 이런 기능적인 수의 담당자와 상징수의 기술자들은 동일한 그룹인 경우가 많았다.

고대에는 수를 헤아리는 산수와 운명을 헤아리는 산명이 동일한 범위에 속했다. 송대 수학가 진구소(秦九韶, 1202-1261)는 "수학이 크게는 신명에 통하고 성명을 따르며, 작게는 일을 처리하고 만물을 분류한다"고 분명하게 선언하였다. … 또 수학자가 점복가인 경우도 많았다. … 사실 옛날 사람들의 생각으로 산수와 산명은 두 종류로 나뉘어 있는 것이 아니라, 위아래의 관계에 있었다. 그래서 산수에 종사하는 이들은 산명의 경지에 도달하기를 소원하는데, 이런 생각은 현대인으로는 이해할 수 없는 것이다.35)

기능수와 상징수의 혼착은 술수에 경험적 근거를 제공했을 것이다. 수를 기능적으로 사용하는 전문가들이 동시에 수를 상징으로 사용하는 문화권에서 상징수가 어떻게 생각되었을지 생각해 보라. 상징수는 경험적 정당성을 확보함으로써 행위의 규범으로 기능할 자격을 얻었을 것이다. 동기상감(同氣相感)하는 것들을 유로 묶는 감응론은 술수와의 결합을 통해 다양한 수적 상징체계를 내놓게 된다. 다양한 상징체계들은 서로 결합되는 경향이 있었는데, 수적 상징체계가 복잡한 결합을 가능하게 만들었다. 예를 들어, 한대(漢代)의 역학자들은 『주역』의 괘를 12개월 혹은 24절기와 같은 익숙한 시간의 변화와 결합시켰다.36)

수적 구조 위에서 대응하는 개개의 것들은 상호상징의 관계에 있다고 믿어졌다. 특정한 괘, 특정한 음조, 특정한 수는 상호상징의 관계에 있었다. 그들이 상호상징의 관계에 있는 것은 유사하기 때문이라고 말해졌고, 유사성을 파악하는 취상(取象)이라는 논리가 구축되었다.

---

35) 兪曉群, 임채우 역, 『술수와 수학 사이의 중국문화』(동과서, 2001). 33-34.
36) 맹희, 경방, 우번의 역학에 관한 내용은 廖名春 외, 심경호 역, 『주역철학사』(예문서원, 2004), 176-234 참조.

2. 취상(取象)과 상징

신토불이라는 말은 같은 지역 내에 있는 것들이 서로 감응한다는 논리에 토대한 것이다. 그것이 물리적으로 증명될 수 있는지는 모르겠지만, 이런 믿음은 접촉 혹은 인접의 감응이라고 할 수 있다. 유사의 유형을 넷으로 나눈 푸코는 인접의 유사를 다음과 같이 설명했다.

적합(convenance)은 차츰차츰 접근하는 형식으로 공간과 연결된 하나의 유사성이다. 그것은 연결 및 합치와 동일한 질서에 속해 있다. 바로 이런 이유 때문에 사물들 그 자체가 지니는 성격이라기보다는 사물들이 존재하는 세계가 지니는 성격이다.[37]

『회남자』「남명훈」에도 인접 감응의 예가 있다.

산 구름은 풀 더미 같고, 물에 뜬 구름은 고기비늘 같다. 가뭄에 뜬 구름은 불꽃 같고 큰 물에서 피어오른 구름은 넘실거리는 물과 같다. 각기 그 형류를 본떴으니 이것이 서로 감하는 까닭이다.[38]

그런데 정말로 산 구름은 풀을 닮고 물 구름은 물을 닮았을까? 이건 '동류는 유사하다'는 정열적인 믿음이 만들어낸 착시일 뿐이다. 물에 뜬 구름이 들짐승의 터럭처럼 보일 수도 있고, 가뭄에 타들어간 대지 위에 뜬 구름이 물 같이 보일 수도 있다. 산 구름이 풀을 닮았다는 말은 '내가 그럴 줄 알

---

37) Michel Foucault, 이광래 역,『말과 사물』(민음사, 1997), 43. 푸코는 유사를 적합, 모방적 대립, 유비, 공감의 유비로 나누고 있다. 모방적 대립은 소우주의 유비와 유사하다. 유비는 좀 더 작은 것들 간의 일반적 비유에 유사해 보인다. 공감은 사물들 간의 동화의 유사에 해당한다. 그의 분류는 정교해 보이지 않아서 어떤 유사는 서로 겹치는 부분이 있다.
38)『淮南子』「覽明訓」: 山雲草莽, 水雲魚鱗, 旱雲煙火, 涔雲波水, 各像其形類, 所以感之.

앉어'라고 말하는 것과 유사할 뿐이다. 물 위에 떠 있으면 물 같아야 한다는 생각이 그런 착시를 초래했다. 이런 착시를 무턱대고 밀고 나가는 것은 불가능하다. 그러나 징후를 포착해야 한다는 가르침은 오해되었고, 지나치게 확장되었다. 이처럼 의도적으로 유사성을 포착하는 것은 취상(取象)이라는 논리로 발전했다.

취상은 유별의 기준으로 받아들여져 왔다. 그러나 취상에는 상규가 없다. 오랜 구전 동요의 가사, '빨가면 사과 사과는 맛있어 맛있으면 바나나 바나나는 길어'는 취상의 가벼운 예다. 여기에 예외를 허용하지 않는 법칙이 있는가?『주역』의 괘상을 자연물에 대응시키는 취상에는 경전의 무게감이 있다. 소성괘인 감괘(坎卦)와 이괘(離卦)의 괘상은 순서대로 ☵와 ☲이다. 감괘는 음효가 바깥에 있으므로 물에 해당하고, 이괘는 반대로 불을 상징한다. 가운데 있는 양효와 음효는 물의 안쪽은 양하고, 불의 내부는 음한 것을 상징한다고 말해진다. 그러나 이 괘상을 역으로 설명하는 것도 가능하다. 감괘는 양이 가운데 있으므로 불이고, 이괘는 음이 가운데 있으므로 물이라고 해석하는 것이 불가능한가? 작위적인 취상의 설명은 노련한 배우의 활극을 보는 듯한 느낌을 준다.

『주역』의 서괘전(序卦傳)에는 또 다른 예가 있다. 서괘전은 말 그대로 괘의 순서를 설명한 주석이다. 감괘(☵)아래에 진괘(☳)가 있는 둔괘(屯卦)는 건괘와 곤괘 다음에 나온다. 64괘 중 세 번째에 해당한다. 서괘전에서는 둔괘가 제일 앞에 나오는 까닭을 다음과 같이 설명하고 있다.

천지가 있은 연후에 만물이 생겨난다. 천지의 사이를 채우는 것은 오직 만물이다. 그러므로 둔으로 받았다. 둔이라는 것은 채운다는 뜻이다. 둔은 만물이 처음으로 생겨난다는 뜻이다.[39]

---

39)『序掛傳』: 有天地然後萬物生焉, 盈天地之間者, 惟萬物, 故受之以屯, 屯者盈也, 屯者物之始生也.

이 설명은 아주 진지해 보인다. 그러나 이곳의 설명도 제멋대로다. 둔괘와 몽괘(蒙卦, ☶아래에 ☵가 있는 괘상)의 위치를 바꾸고 천지의 은혜를 입었기 때문에, 몽이 건곤의 다음에 놓인다고 말해도 문제될 것이 없다. 위 글에서는 유사성을 이미지가 아닌 의미에서 취하고 있지만, 넓은 의미의 취상에 해당한다고 말할 수 있다. 요지는 취상은 임의적이고 취상에 근거한 질서지움도 임의적이라는 것이다. 고대 중국인들이 그런 임의성을 자연스럽게 받아들였다고 가정해보자. 이런 천진함을 어떻게 설명할 수 있을까?

하나의 유로 묶인 것들은 유사해야 한다는 믿음 때문이었다. 유사는 다양한 측면에서 찾아질 수 있었는데, 본질적 유사와 주변적 유사로 나누는 것도 가능했다. 동일한 패턴에 감응하는 것들이 공유하는 수적 구조물은 본질적 유사라고 할 수 있다. 수적 구조의 유사성을 보여주는 예는 경맥순환이다. 한의학의 신체관을 검토할 때 보았던 것처럼, 「오십영」편에서는 경맥순환을 다음과 같이 설명했다.

기준 1 : 물시계로 하루는 100각이다.
측량 1 : 맥의 총길이는 16.2장이다.
측량 2 : 2각 동안 270번 숨 쉰다.
가정 1 : 소우주와 대우주는 대응한다.
가정 2 : 50은 대우주의 숫자다.
추론 1 : 따라서 기는 몸을 하루에 50번 순환한다.
추론 2 : 270번 숨 쉬는 동안 기는 16.2장을 움직인다.
추론 3 : 한 번 숨을 쉬는 동안 맥은 6촌 움직인다. 즉 162÷270=0.6척 즉
         6촌

「오십영」편의 저자들은 천지의 변화와 몸의 경맥순환이 일치해야 한다는 관념에 매몰되어 있었다. 그들은 50이라는 숫자를 가정했다. 50은 발견

된 숫자가 아니고, 대응을 주장하기 위해 채용된 숫자다. 신체를 설계한 방법이 모방이었고, 모방은 발견을 전제하므로, 유사성이 온전히 임의적일 수만은 없었다. 그러나 임의적이더라도 별 문제가 없었다. 필연적 자연법칙을 상정하지 않는 한, 임의성이 숨 쉴 공간이 있었다. 한의학의 정초자들은 자신들의 주장을 약화시키지 않기 위해 임의성을 숨기려 했다. 50이라는 숫자는 임의성을 가장한 유사의 징표였다. 50이라는 숫자를 사용해서, 대우주와 소우주의 유사를 주장할 수 있었다.

유사성은 서로 관련 있음을 보여주는 징표의 역할을 한다. 그건 진달래가 봄과 닮았다는 말과 같다. 봄에는 산에 진달래가 가득하다. 진달래는 봄 기운에 공명해서 꽃을 피운다. 그 꽃이 봄을 닮았을까? 그리고 다른 봄의 생명들과 닮았을까? 동류가 유사해야 한다면 봄의 기운에 공명하는 진달래는 봄과 닮지 않을 수 없다. 진달래에서는 봄과 유사한 점이 취상되어야 한다. 진달래꽃의 연분홍빛은 봄의 생명력과 닮지 않았는가? 설사를 앓았을 때 특별하게 나타나는 맥상을 확인했다고 해보자. 그 맥상에는 설사와 유사하다는 징표가 붙어야 한다. 의학자들은 어떤 식으로든 설사와 연결시킬 유사성을 맥상에서 확인하려 했을 것이다. 유사성의 확인 즉 취상은 관련 있음을 보여주기 위해 이름표를 부치는 것과 같았다. 증상과 증상의 원인도 유사해야 했다.

> 풍이 사람을 상하게 하면 한열이 되기도 하고 열중이 되기도 하고 한중이
> 되기도 하며 전염병이 되기도 하고 반신불수가 되기도 하고 풍이 되기도 한
> 다.[40]
> 풍은 잘 움직이고 자주 변한다.[41]

---

40) 『素問』 「風論」 : 風之傷人也, 或爲寒熱, 或爲熱中, 或爲寒中, 或爲癘風, 或爲偏枯, 或爲風也.
41) 『素問』 「風論」 : 風者, 善行而數變.

바람이 잘 움직인다는 말은 사실처럼 들린다. 그러나 풍사로 인한 질병도 그런 특성을 지녔을까? 풍병은 풍사에 감응해서 생긴 증상이다. 감응의 관계로 맺어진 풍사와 풍병은 하나의 유다. 유는 닮아야 한다는 생각이 위와 같은 말을 하게 된 근거다. 물론 이런 임의성 때문에 현실적 무용성을 주장해서는 안 된다. 최종 목적지는 치료다. 임상경험을 통해 바람이 많이 불 때 자주 발생하는 증상을 확인하고, 그런 질병에 적합한 약물을 찾아냈다고 가정해보자. 바람(병인)-풍병(증상)-특정한 약초(처방)가 서로 관련되어 있다는 것은 경험적 사실이다. 이들을 함께 묶는 것은 경험적 사실을 기록하는 것이자, 행위의 지침을 주는 경험 합리적 작업이다.

문제는 증상이 바람과 닮았다고 말하고, 약초에는 바람을 막는다는 뜻의 이름을 붙이면서, 이 약초의 잎이 바람과 닮았다고 말하는 가설(假設) 상황에 있다. 유별의 기준으로 추상적 보편자가 상정되지 않는 세계관에서 유사성은 보편적으로 확보되지 않는다. 그럼에도 불구하고 한의학의 정초자들은 이런 알듯말듯한 유사성이 임의적이라고 생각하지 않았다. 무엇이 이런 임의적 유사성의 발견과 사후적 꼬리표 달기를 정당화시켰을까? 유로 묶인 것들이 유사해야 한다는 믿음은 이미 지적했다. 그렇다면 동류가 유사해야 한다는 믿음을 만들어낸 세계관은 무엇일까? 연단술사 들의 사유방식에서 답을 찾을 수 있다.

연단술사들은 기의 상징성을 적극적으로 활용했다. 그들은 취상의 방식으로 서로 관련 있는 광물들을 연결해 나갔다. 앞에서도 검토한 바 있는 『참동계』는 연단술서의 조서(祖書)로 대우받고 있다. 『참동계』의 상징을 읽어내기 위해 몇 가지 사실을 정리해두자. 먼저 이미 말했듯이, 『참동계』의 핵심 물질은 납과 수은이다. 납과 수은이 주된 약물로 사용된 배경에는 경험적 요인과 관념적 요인이 있다. 미라를 만드는 데 사용되었다는 점, 수은과 납이 모두 금의 채취에 사용되었다는 점, 약재와 화장품으로서의 효용 가치, 삼산화납의 붉은 갈색, 단사의 붉은 색, 수은의 흰색 등은 납과 수은이 연단의 주요 약재가 된 이유다.[42] 또 가역반응을 들 수도 있다. 연단의 가장 중요한 목적은 불사이고, 불사는 영원불변을 의미한다. 영원불변은 불변의 변화와 변화의 불변으로 나눌 수 있다. 수은과 납의 특징이랄 수 있는 가역반응은 영원한 변화, 즉 변화의 불변을 보여준다. 『참동계』에 나오는 연단의 화학식은 다음과 같다.

1) $HgS+O_2=Hg+SO_2$[43] : 수은은 주사(朱砂) 혹은 진사(辰砂)라고도 불리는 단사(丹砂)에서 얻어진다. 단사를 가열하면 수은이 황에서 떨어져 나간다. 이때 떨어져 나간 황은 산소와 결합하면서 이산화황이 된다.

2) $2Hg+O_2 \rightleftharpoons 2HgO$: 그리고 이 수은(Hg)을 다시 가열하면, 산소와 결합되어서 이산화황이 된다. 이후 이산화황과 수은의 변화는 반복된다. 산화수은과 황화수은 사이에는 외관상 큰 차이가 없기 때문에 고대 중국인들은 이 둘을 같은 것으로 보았을 가능성이 있고, 이런 끝없는 변화를 일러 환단(還丹, 수은이 다시 단사가 된다는 뜻)이라고 불렀다.

3) $2Pb+O_2 \rightarrow 2PbO/PbO \rightarrow Pb_3O_4/Pb_3O_4+2C \rightarrow 3Pb+2CO_2$: 이런 무궁한 전변은 납에서도 확인된다. 롱쯔이(容志毅)는 『포박자』「황백」편의 "연의 성질은 희지만, 붉게 만들면 단이 된다. 단의 성질은 붉지만 희게 하면 납이 된다"[44]라는 구절을 다음과 같이 설명한다. "납의 성질이 희다는 것은 납이 화학변화를 거치면서 흰 납으로 즉 염기성 탄산납인 호분으로 바뀌는 과정을 말한다. 호분은 가열하면 연단 즉 붉은 색의 광명단으로 바뀌는데, 이것이 바로 원문의 붉게 만들면 납이 된다는 것이다. 이런 붉은 색의

---

42) 이상의 내용은 정우진, 「연단술의 기초적 연구」, 『도교문화연구』 37(2012) 참고.
43) 이곳에서 소개하는 『주역참동계』 외단의 실제에 관한 내용은 주로 容志毅, 「周易參同契與煉丹術」, 『中國道敎科學技術史』(漢魏兩晉卷), 席澤宗 외 主編(科學技術出版社, 2002)에 의거했음을 밝혀둔다.
44) 『抱朴子』「黃白」 : 鉛性白也, 而赤之以爲丹. 丹性赤也, 而白之而爲鉛.

연단을 재가열하면 다시 흰색의 납으로 돌아간다. 이것이 이른 바 단의 성질은 붉지만 희게 하면 납이 된다는 것이다."[45]

4) $HgS+3Pb_3O_4 \rightarrow HgO+9PbO+SO_2$: 이와 같은 전변은 반복적으로 일어나고 그런 반복의 영원성에 불멸의 희구(希求)를 의탁한 것이다. 『참동계』에서는 이처럼 반복적으로 변화하는 두 가지 물질을 결합하고 있다. 두 물질의 결합식은 다음과 같다.[46] 가열을 통해 이산화황이 날아가면 남는 것은 산화수은과 산화납의 혼합물이다. 이 혼합물은 누런색을 띤다. 이상의 내용이 실제로 일어나는 화학반응이다.

『참동계』의 저자는 다양한 상징을 이용해서 납과 수은의 결합을 표현하고 있다. 대표적인 예는 암수의 결합이다. "수컷인 양은 하늘 기운을 뿌려서 펴고, 암컷인 음은 땅 기운을 통제해서 화육한다."[47] 정(精)은 천지의 교감을 통해서 만들어지고, 음양은 천지를 상징한다. 음양은 달과 태양일 수도 있고, 물과 불일 수도 있다. 이와 같은 암수의 교감은 청룡과 백호의 상징을 빌려서 표현되기도 한다.

용이 호랑이를 향해 울면 호랑이는 용의 정을 흡취한다. 둘이 서로 마시고 먹으며 함께해서 환단을 만들어 낸다.[48]
백호는 오추이고 홍일은 굴러다니는 구슬이다. 청룡이 이와 함께 한다. 동쪽의 것을 들어서 서쪽의 것과 결합한다. 혼백이 함께 끌어안는다.[49]

청룡은 수은이고, 백호는 납을 가리킨다. 청룡은 동시에 동방 칠수를 가

45) 席澤宗 외 主編, 『中國道敎科學技術史(漢魏兩晉卷)』(科學技術出版社, 2002), 408.
46) 席澤宗 외 主編(2002), 378.
47) 『參同契』 上篇三章 : 雄陽播玄施, 雌陰統黃化.
48) 『參同契』 中篇七章 : 龍呼於虎, 呼吸龍精. 兩相飮食, 俱相貪倂.
49) 『參同契』 上篇九章 : 白虎爲熬樞. 汞日爲流珠, 靑龍與之俱. 擧東以合西, 魂魄自相拘.

리킨다. 홍일은 수은을 태양에 비유한 것이다. 동쪽의 것은 수은이고 서쪽의 것은 납이다. 혼은 청룡 즉 수은이고 백은 백호 즉 납이다. 인용문에서는 납과 수은의 결합을 청룡과 백호의 교감으로 표현하고 있다. 수은과 납의 결합을 나타내는 또 다른 상징체계는 오행이다.

백을 알고 흑을 지키면 신명이 절로 온다. 백은 금정이고 흑은 수의 기반이다. 수(水)는 도의 지도리로, 그 수(數)는 일이다. 음양의 교감이 시작될 때는 현이 황아를 품는다. (수는) 오금의 으뜸으로 북방의 하거다. 그러므로 납은 밖이 검지만 안으로 금화를 품고 있다. 갈옷을 입고 옥을 품고 있는 모양으로, 밖은 미치광이와 같다. 금은 수의 어미로 어미가 자식의 태에 숨어 있는 모양이다. 수는 금의 자식으로 자식이 어미의 자궁을 품어 감추고 있는 모양이다.[50]

백은 수은을 혹은 납을 말한다. 모두 색깔을 취상한 것이다. 백은 금의 정이라고 했는데, 결국 수은을 금정이라고 말한 셈이다. 앞서 말했듯이 수은과 납은 모두 금을 얻을 때 사용되었으므로, 금정이라는 표현을 사용했을 것이다. 납을 둘레에 두고 수은을 안에 넣기 때문에, '수은-금'과 '납-수' 사이의 관계가 위와 같다고 말하는 것이다. 주의할 것이 있다. 다른 곳에서는 단사를 목의 정이라고 말하고 있다.

단사는 목정으로 금을 얻으면 함께 어울린다. 금과 수가 함께 거처하고 목과 화가 짝이 된다. 목화금수가 서로 섞이고 열 지어 용호가 된다. 양인 용의 수는 홀수이고, 음인 호의 수는 짝수다.[51]

---

50)『參同契』上篇七章 : 知白守黑, 神明自來. 白者金精, 黑者水基. 水者道樞, 其數名一. 陰陽之始, 玄含黃芽. 五金之主, 北方河車. 故鉛外黑, 內懷金華. 被褐懷玉, 外爲狂夫. 金爲水母, 母隱子胎. 水者金子, 子藏母胞.

단사는 붉기 때문에 화에 속한다. 오행상생의 원리에 따라 화는 목에서 생겨난다. 그러므로 붉은 단사를 목의 정 즉 씨앗이라고 한 것이다. 맥락상 인용문의 금수는 납으로 추정된다. 목정과 같은 원리로 수인 납을 금수라고 말했다. 오행 체계의 적용은 좀 복잡한 양상을 띠지만, 취지를 알아내기는 어렵지 않다. 용과 호랑이의 어울림 즉 음양의 교감을 설명하려는 것이다. 역(易)의 괘상도『참동계』에 사용된 중요한 상징체계 중 하나다.

『참동계』에 사용된 괘상의 기본적 의미는 다음과 같다. 먼저 건괘와 곤괘는 화로와 솥이다. 감괘와 이괘는 약물이다. 나머지 60괘는 화후(火候) 즉 불의 강도를 나타낸다. 한 달을 60괘가 아닌 소성괘의 팔괘로 나누는 경우도 있다. 건곤은 화로와 솥인 동시에 우주이기도 하다. 감리는 약물인 동시에 천지건곤 사이를 왕래하는 음양이기도 하다. 그러나 괘는 주로 시간과 공간 즉 우주를 나타내는 상징으로 쓰이고 있다.

그믐부터 초하루 새벽에 이르면 진괘가 와서 부절을 받는다. 이때 천지가 얽어서 그 정을 만들고 일월이 서로 더듬어 보존하며, 웅양이 현시를 뿌리고 자음이 황화를 통어한다. 혼돈이 서로 교접하고 시작은 토대를 세우고 시초를 길러낸다. 신을 응결하여 몸을 이루고 뭇 사람들이 이로부터 나오며 꿈틀거리는 생명들도 모두 이로부터 나온다.[52]

건의 강과 곤의 유가 짝짓고 서로 끌어안는다. 양은 주고 음은 받으니 암수가 서로 의지하는 바다. 모두 함께 조화를 이룸에 정기가 퍼진다.[53]

---

51) 『參同契』中篇十一章 : 丹砂木精, 得金乃幷. 金水合處, 木火爲侶. 四者混沌, 列爲龍虎. 龍陽數奇, 虎陰數偶.

52) 『參同契』上篇三章 : 晦至朔旦, 震來受符, 當斯之時, 天地構其精, 日月相撢持. 雄陽播玄施, 雌陰統黃化. 混沌相交接, 權輿(與)樹根基. 經營養鄞鄂, 凝神以成軀. 衆夫蹈以出, 蠕動莫不由.

53) 『參同契』中篇一章 : 乾剛坤柔, 配合相包. 陽稟陰受, 雌雄相須. 偕以造化, 精氣乃舒.

그믐달부터 초하루 새벽까지는 일월이 결합하는 때다. 진괘(震卦, ☳)는 일양이 밑에서 올라오는 형태이므로 초하루 새벽에 배당했다. 일월의 결합은 곧 천지의 결합이다. 천지의 결합으로 생명의 씨앗인 정이 만들어진다. 정은 만물의 시작인 동시에 단일한 개체의 시작이다. 음양의 조화가 정을 만들고, 그런 정에서 성체가 자라난다. 하늘은 건의 상징이고 땅은 곤의 상징이다. 이 두 인용문은 천지음양의 조화로 만들어지는 정이 모든 생명 현상의 근원임을 말하고 있다. 연과 홍의 결합이 일어나는 공간, 즉 솥은 천지다.

> 천지가 자리를 마련하면 역이 그 속을 운행한다. 천지는 건곤의 상이다. 자리를 마련한다는 것은 음양이 배합하는 자리를 늘어놓는 것이다. 역은 감리를 말한다. 감리는 건곤의 용이다. 감리는 정해진 효의 자리가 없이 육허를 두루 운행한다.[54]

천지음양의 조화가 정을 만들어내듯이 천지의 상징인 화로 안에서 납과 수은의 조화가 일어난다. 천지는 건곤이자, 솥이다. 여섯 개의 효로 이루어진 괘상을 따서 육허라고도 말한다.

> 감은 남자로서 달이고, 이는 여자로 태양이다. 태양은 덕을 베풀고 달은 그 덕을 받아 빛을 반사한다. 달은 태양의 변화를 받아들이나, (태양은) 모양에 변화가 없다. 양이 음과 배합하는 도리를 잃으면 음이 태양의 밝음을 침범한다. … 양이 그 모양을 잃는 것은 음이 침범해서 재앙을 만들기 때문이다. 감리남녀의 일월은 서로 의지하면서 머금고 내뿜어서 자양한다. 자웅이 서로 섞이고 유에 따라 서로를 찾는다. 금은 변하여 수가 되고, 수의 성질은 두

---

54) 『參同契』上篇二章 : 天地設位, 而易行乎其中矣. 天地者, 乾坤之象也. 設位者, 列陰陽配合之位也. 易謂坎離. 坎離者, 乾坤二用. 二用無爻位, 周流行六虛.

루 밝아진다. 화가 변해서 토가 되면 수는 운행하지 못한다. 그러므로 남자가
움직여 밖으로 베풀면 여자는 고요히 안으로 잠장된다.[55]

남은 남자로서 달이며 감괘에 해당한다. 수은은 여자로서 태양이며 이
괘에 해당한다. 본래 수은은 남자라고 해야 한다. 납을 빙 두르고 그 안에
수은을 넣었기 때문이다. 그건 당연히 암수의 교정(交精)을 본 뜬 것이다.
그러나『주역』의 괘상을 사용할 때는 감을 남자라고 할 수 밖에 없었을 것
이다. 주지하듯이 가운데 양효가 있는 소성괘 감은 중남이기 때문이다. 남
녀의 교합을 통해 생명을 만들 듯이 납과 수은이 조화를 일으켜 황아 즉 정
을 만들어낸다. 납과 수은의 결합은 다양한 상징체계를 빌어서 표현되고
있다. 모든 상징체계를 관통하는 생각이라고 할 수는 없지만, 남녀의 교감
은『참동계』에 사용된 다양한 상징체계를 관통하는 주된 관념이다. 그런데
이처럼 다양한 상징을 사용해서 납과 수은의 결합을 표현한 함의는 무엇일
까?
　　동서양을 막론하고 연금술[56]에는 비전의 전통이 있었다. 이 점은『참동
계』에서도 확인할 수 있다.

현자들을 위해 나지막하게 말하고자 하나 어찌 가볍게 글로 남기겠는가?
혀를 묶어두고 말하지 않으려 해도, 도가 끊기면 죄를 얻을 것이다. (어쩔 수
없이) 뜻을 옮겨 놓지만 또한 하늘의 부절을 누설할까 두렵다. 망설이고 탄식
하며 하늘을 우러러보고 땅을 굽어보면서 늘 숙고하였다. 단의 조제법을 차
마 모두 서술하지는 못하고 그 벼리를 기술하였다. (연단의 법칙은) 마치 가

---

55)『參同契』中篇十章 : 坎男爲月, 離女爲日. 日以施德, 月以舒光. 月受日化, 體不虧傷.
　　陽失其契, 陰侵其明. … 陽消其形, 陰凌生災. 男女相須, 含吐以滋. 雌雄錯雜, 以類相
　　求. 金化爲水, 水性周章. 火化爲土, 水不得行. 故男動外施, 女靜內藏.
56) 본고에서는 연금술을 동양의 연단술에 대한 서양의 연금술을 가리키거나, 동양의 연단
　　술과 서양의 연금술을 뜻하는 의미로 사용했다.

지와 잎이 퍼져 있는 것처럼 널리 미치고 있다.[57)

　윗글은 비전(秘傳)의 전통과 전수의 의무 사이에 있었을 갈등을 잘 묘사하고 있다. 『참동계』에 상징적 표현이 많은 것은 그런 갈등의 결과물이라고 해석할 수 있다. 그러나 상징의 배후에 도사리고 있었을 연단술사의 생각에 접근하기 위해서는, 비전의 전수라는 대답에 만족해서는 안 된다. 상징적 표현은 어떤 특성을 지니고 있을까?

　이 질문에 대한 대답의 착상은 프레이저(James George Frazer)의 논의 속에서 찾을 수 있다. 무속적 세계관을 지니고 있는 A라는 인물을 가정해보자. B에게 해를 끼치려는 A에게는 크게 두 가지의 방법이 있다. 우선 A는 B의 물건을 가져다가 신발 밑의 깔창으로 쓸 수 있다. 이것은 인접성 즉 환유의 원리에 따른 것이다. 또 A는 B와 닮은 인형을 만들어서 해를 가할 수도 있다. 이것은 유사의 원리에 근거한 것이다. 양자는 복합적으로 쓰이기도 했을 것이다. 은유든 환유든 혹은 은유와 환유가 결합되어 있는 경우든 핵심 논리는 상징하는 것과 상징되는 것 사이에 차이가 없다는 점이다. 특정한 사람을 본뜬 인형이나 그 사람의 머리카락은 모두 그 사람과 같다.

　수은을 '수은'이라고 하는 것과 '태양'이라고 말하는 것은 다르다. 태양의 정기라고 불리는 수은은 태양의 힘을 내구하고 있는 태양과 같은 존재다. 그러므로 태양으로 상징되는 수은과 달로 상징되는 납의 결합은 단순한 수은과 납의 결합에 그치지 않는다. 그것은 일월의 결합인 동시에, 일월이 상징하는 천지의 결합과 같다. 천지의 결합을 통해 우주의 신성한 생명력이 탄생했다면, 수은과 납의 결합을 통해서도 그런 근원적 생명력을 얻을 수 있다. 이것이 상징적 표현의 진정한 함의요, 연단술사의 생각이었다.

---

57) 『參同契』上篇十四章：竊爲賢者談, 曷敢輕爲書. 結舌欲不語, 絶道獲罪誅. 寫情著竹帛, 又恐泄天符. 猶豫增歎息, 俛仰輒思慮. 陶冶有法度, 未忍悉陳敷. 略述其綱紀, 枝條見扶疎.

천+지→정 = 일+월→정 = 홍+연→정(즉 단)

납과 수은은 일월 즉 천지의 상징이다. 납과 수은의 결합은 천지의 결합을 상징한다. 납과 수은의 결합을 통해 천지의 정을 만들 수 있다. 상징하는 것과 상징되는 것은 같기 때문이다. 천지의 결합을 통해 만들어지는 정은 단순한 물리적 생명력에 그치지 않는다. 그것은 동시에 영묘한 신이기도 하다. "무릇 사물의 정은 … 천지간에 흐르면 이것을 귀신이라고 한다."[58] 정은 물리적 생명의 근원이자 신묘함 그 자체이기도 하다. 그러므로 정을 만들면 솥 안에 신기가 그득해진다. "신묘한 기운이 방안에 그득하다. 누구도 그것을 머물게 할 수는 없다. 신기를 지키면 창성해지고, 잃으면 망한다."[59] 연단술을 통해 천지의 신묘한 원초적 생명력을 취하겠다는 이 발상은 동양에만 국한된 것이 아니다. 엘리아데는 야금술에 산(産)과학의 특성이 있다고 말했다. 산과학이라는 말 속에는 암수의 결합을 통한 생산이라는 관념이 들어 있다.

광물질은 지모의 신성성을 나누어 가지고 있었다. 이미 아주 이른 시기부터, 광석도 태아와 똑같이 대지라는 모태 속에서 성장한다는 개념이 자리잡고 있었다. 그렇기 때문에 야금술은 산과학의 성격을 띠고 있다. 광부와 야금공은 지하 생태학을 전개시킨다. 그들은 광석의 성장 리듬을 가속화시키며, 자연의 활동에 참여하여 자연이 보다 빨리 출산하도록 돕는다.[60]

상징적 표현과 그 함의에 있어서 동양 연단술과 서양 연금술 사이에는 차이가 없다. 확실히 자연의 출산이라는 모방은 『참동계』 연단술에서도 찾

---

58) 『管子』「內業」: 凡物之精, … 流于天地之間, 謂之鬼神.
59) 『參同契』上篇七章 : 神氣滿室, 莫之能留. 守之者昌, 失之者亡.
60) Mircea Eliade, 이재실 역, 『대장장이와 연금술사』(문학동네, 2011), 10.

을 수 있다.[61] 수은은 단사로부터 얻어지고 단사는 붉은 색을 띤다. 그러므로 단사는 태양을 상징한다. 이때의 상징은 유사에 토대하고 있다. 물론 이것은 임의적이다. 수은은 백색이므로 달을 상징한다고 해도 문제가 없다. 납은 일정한 변화를 거치면 붉게 되므로, 납을 태양의 상징이라고 볼 수도 있다. 유사성은 다만 유관(有關)함을 알리는 사후적 꼬리표 달기에 불과하다. 봄의 기운에 공명해서 활짝 핀 꽃이 봄을 닮은 이유는 봄에 꽃을 피웠기 때문이다.

취상의 임의성이야 어쨌든 그 함의는 분명하다. 봄에 꽃을 피운 진달래는 봄을 상징하고 진달래를 먹는다는 것은 봄의 기운을 먹는 것과 같았다. 세계는 상호상징의 관계에 있다고 말했다. 상호상징하는 세계는 단절되지 않은 전체이자 부분으로서의 세계였다. 특정한 맥락에서 만물은 연결되었고 연결된 것은 하나의 유로 묶였으며 상호상징의 관계에 있는 그것들은 상징으로서 유사성을 지니고 있다고 믿어졌다. 이것이 임의적인 유사성의 꼬리표달기를 당연히 받아들이게 만든, 동류인 것들은 유사해야 한다고 믿게 만든 원인이었다. 취상은 동류로 묶인 것들 사이에서 상호상징을 확인하고 꼬리표를 다는 작업이었다.

고대 중국인들은 취상의 방법으로 세상을 몇 개로 분류했다. 분류의 절대적 기준은 없었다. 분류 방식은 임의적이었다. 그러나 유행하는 분류법이 있었고, 한의학의 정초자였던 침구파들은 오행의 분류 도식을 받아들였다. 한의학이 성립하기 시작하는 한나라 초기의 상황을 생각해보자. 유행하는 도식은 역사가 가장 오래된 십천간과 십이지지, 주역 그리고 음양오

---

61) 시빈도 엘리아데의 생각을 그대로 동양 연단술에 적용시키고 있다. Nathan Sivin, "Chinese Alchemy and the Manipulation of Time," *History of Scinece Society* 67 : 4(1976), 514. 이런 태도는 나의 논증을 강화시켜준다. 그러나 나는 출산의 재촉과 같은 구체적인 대목이 동양 연단술에 적용될 수 있는지 확신이 들지 않는다. 엘리아데는 대장장이로부터 연금술로 이어지는 과정을 연속적으로 보고 있다. 이런 생각이 동양에 그대로 적용될 수 있는지에 대해서도 확신할 수 없다.

행이었다. 경맥의 성립사를 떠올려보면 십천간과 십이지지의 흔적을 발견할 수 있다. 그러나 『주역』의 흔적은 확인되지 않는다. 『내경』에는 『주역』의 존재를 확신시키는 흔적이 없다. 요지는 왜 『주역』이 아니었을까이다. 유가와 도가의 차이에 근거한 설명은 지나쳐 보인다. 『주역』이 유가의 것이었다고 단언할 수 있을까?

막연히 추정하자면 당시에 오행이 특히 유행하고 있었다는 점, 그리고 『주역』은 한나라 초기까지는 아직 자연의 변화를 반영하는 패턴으로 널리 받아들여지지는 못했을 것이라는 점을 들 수 있다. 『주역』과 자연 질서를 포착한 패턴을 본격적으로 결합시키기 시작한 것은 한나라 후기다. 이에 반해 오행은 한의학 성립기에 이미 음양이라는 보편적 패턴과 성공적으로 결합했고, 사계절의 자연 변화를 적절히 반영할 수 있는 패턴이었다.

3. 오행론

오행의 연원과 형성과정에 관한 문제는 이미 이견을 찾기 어려운 정도의 동의에 이르렀고, 국내에서도 문재곤(1989)과 박동인(2009)의 연구는 몇 곳을 제하고는 오행사의 얼개를 훌륭하게 보여주고 있다. 오행론의 형성과정과 관련 근거는 다음과 같다.

① 오행이 단순히 분류기준으로만 쓰였을 때 : 『서경』「홍범洪範」, 『좌전』의 육부(六府)에 관한 기사

② 오행에 순환 관계가 받아들여졌지만 순환 관계가 명시적으로 지정되지 못하고 암묵적으로 전제되는 데 그치고 있었을 때 : 『좌전』의 상승(相勝)설에 관한 언급, 『묵자』의 상승설에 대한 언급

③ 상극이라는 변화의 체계를 함축하지만 오행이 세계 만물의 도식이 되지 못하고 역사관을 포함하는 극히 일부의 도식으로 받아들여지고 있었

을 때 : 추연(鄒衍)의 오덕종시설(五德終始說)

④ 오행론이 역사관의 협소성을 넘어 신체와 지리·문화·정치제도를 포괄하는 모든 분야에 적용되면서 이런 적용을 가능하게 하기 위해 감응론과 기론이 암묵적으로 혹은 반명시적(半明示的)으로 오행론에 결합되었을 때 :『여씨춘추』의 「십이기(十二紀)」와 「응동(應同)」

⑤ 상생설과 상극설이 결합되고 더 나아가 감응론과 기론이 명시적으로 결합되었을 때 : 동중서[62)]

거시적인 맥락에서 보자면 오행론의 성립사는 분류체계에서 변화체계로 확장되어간 과정이라고 할 수 있다. 미시적인 시선으로 살펴보면 다음과 같이 도식화 할 수 있다.

분류체계→영역 : 모호하고 단편적→역사관에 한정→자연관 일반으로 확장
변화체계→양상 : 상극의 변화체계→상극과 상생의 결합

오행론의 성립과 관련된 세부 내용은 선행 연구에 의탁해도 문제가 없다. 다만 오행이 완성된 시기에 관한 주제 즉 상생과 상극설을 연결시킨 사람 혹은 시기라는 논제는 논쟁의 여지가 있는데, 이 문제는 오행론의 성립사에서 가장 중요한 세부 논제다. 이곳에서는 이 문제만 살펴보겠다.

1) 오행론의 성립사

오행은 언제부터 변화체계로 쓰이게 되었을까? 오행론은 분류체계이자

---

62) 丸山松幸 등이 편저한『중국문화사전』에서는 한대에 이르기까지의 오행을 크게 ① 五材적 오행. ②홍범의 오행. ③자사, 맹자의 오행. ④추연의 오행. ⑤시령의 오행. ⑥類似 오행 등으로 나누어 설명하고 있다. 필자의 분류와는 다른 기준을 사용한 것으로 오행을 통시적으로 고려한 것이 아니다.

변화체계라는 규정을 받아들인다면, 이 질문은 누가 이론으로서의 오행의 창시자인가라는 물음과 같다. 추연이 오행이론을 구축했다는 견해는 상식처럼 받아들여지는 경향이 있다. 쉬푸꽌(徐復觀)은 추연이 오행설을 만들었다고 주장했지만,[63] 이 견해와 대립하는 증거도 적지 않다. 예를 들어, 오행상승과 오행상생은 이미 『좌전』과 『묵자』 그리고 『관자』 등의 문헌에서 언급되고 있다. 오행상승설은 『좌전』 소공(昭公) 31년의 기사인 "화가 금을 이기기 때문에 이기지 못한다"[64]는 부분과 애공(哀公) 9년의 기사인 "물이 불을 이기니 강을 치는 것이 가하다"[65]는 곳에서 보인다. 더불어 『묵자』 「경하(經下)」와 『손자병법』 「허실(虛實)」 편에는 "오행에는 항상 이김이라는 것은 없다"는 언급이 있다.[66] 흔히 오행상생설로는 『관자』 「유관(幼官)」 편 등에 보이는 시령과 명당에 관한 내용을 든다.

오행상생 (五行相生)	『관자』「유관」 외 4편	시령과 명당에 관한 내용
오행상승 (五行相勝)	『묵자』「경하」, 『손자병법』「허실」	五行毋常勝
	『좌전』 소공 31년	火勝金, 故不克
	『좌전』 애공 9년	水勝火, 伐姜則可

두 가지 해석을 가정해보자. 하나는 추연이 오행설을 창안했다는 견해를 포기하고, 기존에 존재했던 오행이론을 체계화하는 데 기여했을 뿐이라고 하는 것이다. 둘은 추연이 오행설을 창안했다는 주장을 굽히지 않는 것

---

63) 徐復觀, 「陰陽五行及其有關文獻的研究」, 『中國人性論史(先秦篇)』(臺灣商務印書館, 1990), 534.
64) 『左傳』: 火勝金, 故不克. 吳나라와 楚나라간의 전투결과를 예언하는 대목에서 나오는 것으로 吳는 金에 楚는 火에 해당하므로 오가 초를 이길 수 없다고 하고 있다.
65) 『左傳』: 水勝火, 伐姜則可.
66) 『孫子兵法』「虛實」: 五行毋常勝.

이다.

두 번째 길을 가기 위해서는 앞에서 제기된 자료의 증거력을 부정하거나 약화시켜야 한다. 우선『좌전』의 내용은 단순히 경험법칙에서 유래한 것이고,『관자』「유관」에는 오행상생이 전제되어 있다고 볼 수는 있지만 확신할 수는 없다고 주장해야 한다.[67] 실제로『관자』「유관」의 경우 사방과 계절의 대응만으로 오행상생이 전제되어 있다고 주장하는 것은 무리다. 그러나『묵자』와『손자병법』의 증거까지 약화시키기는 어렵다. 두 문헌에 보이는 "오행에는 항상 이기는 것이 없다"는 오행상승에 대한 명시적이고 포괄적인 표현이다.

증거력을 부정하는 방법은 위 자료의 연대를 추연보다 뒤에 두는 것이다. 문재곤은 추연이 오행상생설에 입각해서 월령과 명당의 이론을 세움으로써, 군주가 천기의 절후 현상에 순응하여 시정 조치를 올바로 취하도록 만들었다고 주장했다.[68] 이 주장은 두 가지 방향에서 반론이 가능하다. 우선 제시된 자료의 증거력을 일부 부정할 수 있을 뿐이다. 여전히 상극설을 말하는『묵자』의 증거력은 남는다. 물론『묵자』「경하(經下)」의 성립이 추연보다 앞선다는 확실한 증거도 없다. 묵변에 속하는 글들의 성립 시기는 기원전 4세기 말-3세기 말에 이르기 때문이다.[69]

그 시기는 추연의 생몰 연대보다 조금 빠르거나 부합한다. 그러므로『묵자』는 결정적 증거가 아니다. 추연의 생몰 연대가『관자』「유관」보다 앞선다는 견해를 받아들이지 못하게 하는 다른 증거와 견해가 있다. 예를 들어,『관자』「유관」을 포함하여 음양오행사상이 풍부한 「사시」, 「오행」, 「경중기」 등에서는 "추연의 대표 학설인 상극설과 대구주설이 언급되고 있지 않

67)『좌전』의 내용이 단순히 경험에서 유래한 것이라고 주장하는 인물로 문재곤을 들 수 있다. 문재곤, 「음양오행론의 전개에 관한 연구(1)」, 『철학연구』 14(1989), 38-42.

68) 문재곤(1989), 59.

69) A. C. Graham, 나성 역, 『도의 논쟁자들』(새물결, 2003), 248.

다. … 뿐만 아니라 추연 이후에는 계하를 토덕에 배치시켰는데 이것도 확인되지 않는다."[70] 현재의 증거로는 『관자』「유관」의 성립 시기가 추연보다 빠르다고 보는 것이 합리적이다. 『관자』「유관」이 추연보다 빠르다면 상생설이 추연의 창안이라는 주장은 부정된다.

인난건(殷南根) 등이 주장하는 오행상승설의 추연 창안론[71]에도 문제가 있다. 앞의 논의에서 확인할 수 있듯이 추연의 상승설 창안을 주장하기 위해서는 양쪽으로 해석될 수 있는 자료들을 한쪽으로만 해석해야 하기 때문이다. 즉 상승의 관념을 함축하고 있는 것이 분명한 『묵자』와 『손자병법』의 구절은 추연보다 뒤의 기록이며 추연보다 앞서는 것이 분명한 『좌전』의 기사는 상승(相勝)이 아니라고 해석해야 한다. 추연이 오행이론의 종합화에 기여했다는 정도의 견해를 받아들이는 것이 합리적이다. 추연이 오행에 순환론을 명시적으로 접목시켰음은 분명하고, 그런 맥락에서 오행은 분류체계를 넘어섰다고 평가할 수 있다. 이 점은 그가 오덕종시설(五德終始說)을 오행에 접목한 대목에서 확인할 수 있다. 전국 말기에 활동했던 사상가의 주된 관심은 천하통일이었다. 보다 구체적으로 말하자면 천하를 통일시킬 사람과 시점에 대한 관심이 지대했다. 오덕종시설은 그런 시대적 바람의 산물이었다. 사마천은 오덕종시설을 다음과 같이 설명하고 있다.

추연은 나라를 소유한 자들이 갈수록 음일하고 덕을 숭상하지 않는 것을 보았다. 만약 숭고한 덕행이 자신에게서 온전히 행해진다면 이것은 백성들에게도 베풀어질 것이다. 그는 음양의 소식을 살펴 괴이한 변화를 만들었으니 종시와 대성의 십여 만 자가 그것이다. 그 말은 넓고 크지만 법을 본받지 않았다. 그러나 반드시 먼저 작은 것에서 징험하고 미루어 나아가 저 끝없는 것에까지 이르렀다. 먼저 지금부터 위로 황제시대까지의 학자들이 함께 언

---

70) 박동인, 「추연의 오행상승설과 상생설의 구조와 함의」, 『철학연구』 84(2009), 86.
71) 殷南根, 이동철 역, 『오행의 새로운 이해』(법인문화사, 2000). 63.

급하는 것과 세상의 성쇠를 크게 아울렀는데 각 왕조의 흥망성쇠의 제도를
싣고 미루어 나가 천지가 아직 생겨나기 전에까지 이르렀다. 이는 아득하여
궁구할 수 없다. … 천지가 나뉜 이래로 오덕의 전이를 기술하였으니 다스림
에 각기 마땅함이 있고 부응(符應)은 이와 같았다. … 그러나 그것은 필경에
는 인의와 절검과 군신상하육친의 베풂에 이르렀다. 처음에는 어지러웠을
뿐이다. 왕공대인들은 그 술을 보고 두려워했으나 그 후에는 행하지 못했
다.72)

사마천이 말하는 추연의 이론은 오덕종시설이다. 오덕종시설은 일종의
역사 이론으로 오덕의 상극관계에 의해 왕조가 순환한다는 것이다. 추정컨
대 기존에 존재하던 상승설이 추연에 의해 역사관으로 확정되고 오행에 받
아들여짐으로써 오행은 권위 있는 변화체계로 이념화했을 것이다. 나는 쉬
푸꽌에게서 유사한 관점을, 김근에게서 거의 동일한 생각을 보았다.73)

양계초가 그의 논문 「음양오행설의 내력」에서 결론으로 지적한 바와 같
이 오행이란 말이 전부터 단편적으로 존재했었는데, 이것이 전국시대를 거
치면서 의미의 전이가 일어나 그 내용이 새로이 조직된 것으로 보는 것이다.
이러한 추리는 다음과 같은 문헌 자료로써도 그 신빙성이 어느 정도 입증된
다. 즉 "『사기』「봉선서」의 진나라에 백청황적등 사제의 사당이 있었다"라
든가. 『좌전』 문공 7년의 "육부"라는 말에서 볼 수 있듯이 그 수가 오(五)를

---

72) 『史記』「孟子荀卿列傳」: 騶衍睹有國者益淫侈, 不能尚德, 若大雅整之於身, 施及黎
庶矣. 乃深觀陰陽消息而作怪迂之變, 終始·大聖之篇十餘萬言. 其語閎大不經, 必先
驗小物, 推而大之, 至於無垠. 先序今以上至黃帝, 學者所共術, 大並世盛衰, 因載其
禨祥度制, 推而遠之, 至天地未生, 窈冥不可考而原也. … 稱引天地剖判以來, 五德轉
移, 治各有宜, 而符應若玆. … 然要其歸, 必止乎仁義節儉, 君臣上下六親之施, 始也濫
耳. 王公大人初見其術, 懼然顧化, 其後不能行之.

73) 徐復觀, 『兩漢思想史』 2卷(華東師範大學, 2001) 17.

기준으로 들쑥날쑥하여 오행의 내용이 아직 체계화되지 못한 상태였음을 짐작하게 한다. 또 앞에서 인용한 『순자』의 문장 중 "지난 일들을 곰곰이 따져서 논설을 만들어낸다"가 이런 것을 시사한다. 그러므로 추연이 그전에 이미 있었던 원시적 오행—추측건대 이것은 고대인들이 인간의 생활에 필수적으로 영향을 미치는 기본적인 물질을 분류하여 형이상학적으로 표현한 것으로 판단된다—을 '오덕종시'라고 하는 순환 논리로 체계화하여 왕조 변천의 해석에 적용하였을 가능성이 높다.[74)]

결국 오덕종시설은 다섯 단계의 역사 순환론으로 오행의 체계 안에 역사 순환론을 명시적으로 도입한 것은 추연임이 분명하다. 그러나 상생설의 결합을 추연과 관련된 자료에서 확인할 수는 없다. 오행의 순환에는 상생과 상승이 있다. 상생과 상극 모두 순환론의 면모를 갖추고 있다. 추연의 오덕종시설은 오행의 각 단계를 모두 연결시킨 일종의 상승설일 뿐이다. 그가 오행에 상생설을 결합시켰다는 근거가 있을까? 그의 주저는 남아 있지 않고 그나마 남아 있는 관련 자료도 적다. 추연의 이론에 상생설이 포함되어 있다는 주장의 근거는 무엇일까?

추연의 상생설을 직접적으로 지지하는 근거는 어디에도 없다. 첸무(錢穆)와 왕멍어우(王蒙鷗)는 추연의 저작으로 알려져 있는, 『한서』「예문지」의 추자(鄒子) 49편과 추자종시(鄒子終始) 56편, 『사기』「맹자순경열전」에 나오는 주운(主運)과 종시대성(終始大聖) 등을 근거로 추연의 이론에 오행 상생설이 포함되어 있었다고 주장했다.[75)] 이름만으로 상생설을 주장하는 것은 비약이지만, 주운과 종시 등의 표현에서 역법(曆法)의 순환을 읽어내는 것이 불가능하지는 않다. 그러나 상생설은 말 그대로 각 단계가 낳는 관

---

74) 김근, 『한자는 중국을 어떻게 지배했는가』(민음사, 2004), 196.

75) 錢穆, 『先秦諸子繫年』(香港大學出版社, 2001), 510-512 ; 王蒙鷗, 『鄒衍遺說考』(臺灣 商務印書館, 1966), 56.

계로 연결된 것이며 단순히 순환하는 관계가 아니다.

어떤 이는 『주례』 「하관(夏官)」의 "불의 정령을 관장하고 사용하여 사시에 따라 나라의 불을 바꾸어 계절마다의 질병을 구제한다"76)의 정현(鄭玄) 주에서 인용한 추연의 말을 계절에 따른 개화(改火)가 있는 것으로 해석한 후, 이것을 상생설의 근거라고 주장했다.77) 그러나 개화에 대한 언급은 『논어』의 찬수개화(鑽燧改火)를 비롯해서 몇 군데서 보이기 때문에 추연이 개화의 창시자인 것은 아니다. 개화에 상생이 전제되어 있고 추연이 개화를 언급한 것이 사실이라면 추연이 상생설을 받아들였다고 말할 수는 있다. 그런데 이 견해의 전제에는 문제가 있다. 즉 정말로 개화는 상생설을 함축하고 있는가? 논거로 사용되고 있는 개화의 내용을 인용해보자.

> 정현은 추연의 말을 인용하였다. "봄에는 느릅나무와 버드나무의 불을 취하고 여름에는 대추와 은행나무의 불을, 계하에는 뽕나무의 불을 취하며 가을에는 떡갈나무와 졸참나무를 겨울에는 홰나무와 박달나무의 불을 취한다."78)

봄, 여름, 가을, 겨울에 계하까지 더해진 것으로 보아 사시가 아닌 오계가 전제되어 있다. 분명 오행의 관념을 읽어낼 단서가 있다. 또한 그 안에는 사시의 순환이 전제되어 있을 것이다. 그런데 순환론으로서의 상생론이 있는가? 계절의 순환이 전제되어 있기는 하지만 봄 불이 여름 불을 낳는 것이 아닌 이상, 또 느릅나무와 버드나무에서 대추와 은행나무가 자라는 것이 아닌 이상 상생론을 읽어낼 수는 없다. 추연과 상생설을 연결시킬 수 있

---

76) 『周禮』 「夏官」 : 掌行火之政令, 四時變國火, 以救時疾.

77) 박동인(2009), 106.

78) 『周禮』 「夏官」 정현의 주 : 鄭司農說以鄒子曰, 春取楡柳之火, 夏取棗杏之火, 季夏取桑柘之火, 秋取柞楢之火, 冬取槐檀之火.

는 다른 자료를 찾을 수 있을까? 좀 더 시야를 넓혀보자. 추연의 음양소식에 대한 언급은 어떠한가? 『사기』 「역서(歷書)」에는 다음과 같은 구절이 있다.

생각건대 황제가 성력을 고정하여 오행을 세우고 음양소식설을 일으켜역을 바로잡았다. ⋯ 유왕 이후 주나라 왕실은 미약해졌다. ⋯ 사관은 때를기록하지 못했고 임금은 초하루를 고하지 않았다. ⋯ 이때 오직 추연만이 오덕의 전이에 밝았으므로 소식을 구분하는 법을 펴서 제후들에게 이름이 났다.[79]

이곳에는 분명 순환론이 전제되어 있다. 그리고 음양소식과 오행의 연결을 통해 음양론과 오행론의 종합도 확인할 수 있다. 그러나 이곳에서 말하는 순환론이 낳음을 의미하는지는 확인할 수 없다. 오히려 상승의 순환이라고 해석되어야 할 것처럼 보인다. 이외에 편린으로 남아 있는 다른 자료에서도 오행상생의 설을 확신시키는 증거는 없다. 추연이 음양과 오행을 종합한 것은 사실일지언정, 그가 상생과 상승설을 종합했다는 견해는 확인할 수 없다. 추연은 오행에 상극설을 결합시켰다고 평가할 수 있을지언정 오행론의 창시자라고 할 수는 없다. 상생설을 오행과 결합시킨 이는 누구일까? 상생설의 존재를 지지하는 증거는 몇몇 학자에 의해 지적되었는데, 그들은 이름과 자(字)의 관계에 상생론이 전제되어 있다고 해석했다.

팡푸(龐樸)는 「오행사상삼제(五行思想三題)」라는 글에서 춘추 시대 사람의 이름과 자가 흔히 오행상생의 뜻을 포함하고 있음을 지적했다. 또 왕인지(王引之)는 「경의술문, 춘추명자해고(經義述聞, 春秋名字解詁)」에서 다음과 같이

---

79) 『史記』 「歷書」: 蓋黃帝考定星曆, 建立五行, 起消息, 正閏餘 ⋯ 幽之後, 周室微 ⋯史不記時, 君不告朔 ⋯ 是時獨有鄒衍, 明於五德之傳, 而散消息之分, 以顯諸侯.

말하고 있다. 진나라의 백병은 자가 을이다. 병은 화이며 강일이고 을은 목이
니 유일이다. 이름이 병이고 자가 을인 것은 화가 목에서 생기는 것을 취한
것이며, 또한 강함과 부드러움이 서로 돕도록 한 것이다. 정나라의 석계의 자
는 갑부이다. 계는 수이며 유일이고 갑은 목이며 강일이다. 이름이 계이고 자
가 갑인 것은 목이 수에서 생기는 것을 취했으며, 또한 강함과 부드러움이 서
로 도와주도록 한 것이다.[80]

왕인지 등의 해석이 정확하다면 오행상생설이 추연 이전부터 존재하고
있었다는 주장이 가능해진다. 그러나 이상의 자료는 오행 사이의 부분적인
관계를 보여줄 뿐, 오행상생의 관계 전체를 보여주지는 못한다. 오행상생
의 관계가 단편적으로 존재한다는 것을 알 수 있을 뿐이다.

시령과의 대응이 상생의 순환론을 전제하고 있다고 확신할 수도 없다.
선행 연구자들이 오행의 상생관계를 전제하고 있다고 해석해온 자료로 직
하음양가의 저작이라고 일컬어지는『관자』의「유관」,「사시」,「오행」,「경
중기」가 있다. 장구예(張固也)는 이 편들에는 특히 음양오행의 사상이 풍부
하다고 말했다.

> 「주합(宙合)」,「치미(侈靡)」,「수지(水地)」,「금장(禁藏)」 등의 편에도 음양
> 오행의 사상이 들어 있지만「유관(幼官)」,「사시(四時)」,「오행(五行)」,「경중
> 기(輕重己)」 등의 편은 특히 음양오행의 사상이 풍부하다.[81]

『여씨춘추』「십이기(十二紀)」의 초창기 모습을 담고 있는「경중기」는
그 내용 때문에 경중의 다른 편들과 구분되고 따라서「유관」의 착간이라
고 추정되기도 한다.「경중기」에서는 일 년을 92일을 단위로 넷으로 나눈

---

80) 殷南根(2000), 26.
81) 張固也,『管子研究』(齊魯書社, 2006), 286.

다. 92일은 다시 46일의 작은 단위로 나뉜다. 46일의 각 단위에는 천자의 제사지내는 곳, 제물, 입는 복식의 색, 해야 할 일 등이 배당되어 있다. 각 단계에는 오행의 도식이 정확히 반영되어 있다. 그러나 오행상생의 관계라고 말할 수 있는 것은 없다.

「사시(四時)」편은 사시에 따라야 함을 언급하는 총론과 사시에 따른 기(氣)와 갖가지 정책에 대해서 언급하고 있다. 사시의 구분은 명확하고 「경중기」보다 체계적으로 되어 있지만 「경중기」의 쪽이 월령의 내용과 더 부합하는 편이다. 주지하듯이 「유관도(幼官圖)」는 일실되었다. 「유관」은 4편 중에서도 양이 많은 편인데 특이하게도 오(五), 육(六), 칠(七), 팔(八), 구(九) 등의 수와 방위, 시의 대응이 있다. 그러나 오행상생 관계의 존재를 확증하는 자료는 없다. 「오행」편에서도 오행과 일 년의 72일을 대응시키고 각 행에 해당하는 정책을 연결시키고 있을 뿐이다.

특이한 점은 십간과 오행을 연결시키고 있는 점인데, 상생관계라고 할 것은 없다. 이 네 편은 오행의 상생관계를 전제하지 않고도 모두 설명될 수 있으므로, 오행상생설의 존재를 주장하는 근거로서의 가치는 없다. 인난건은 "「오행」편에서도 오행상생설에 근거하여 출령에 규범을 제공하고 있는데, 다른 점은 단지 여름과 가을 사이에 중앙 "토(土)" 하나가 더 있는 것 뿐이다"[82]라고 말했지만, 근거 없는 확신이다. 거듭 말하거니와 언급한 『관자』의 4편은 모두 당시에 '오행상생의 관계'가 없었다는 가설과 양립 가능하다. 추연 이전에 또 추연에게서도 상생설은 확인되지 않는다.

동중서가 상생설을 오행과 결합시켰다는 것은 명확하다.

하늘에는 오행이 있으니, 하나는 목이고, 둘은 화이며 셋은 토이고 넷은 금 다섯은 수이다. 목이 오행의 시작이고, 수가 오행의 마침이며 토가 오행의 중간이다. 이것이 하늘이 운행하는 차서다. 목은 화를 낳고 화는 토를 토는

---

82) 殷南根, 이동철 역. (2000). 51.

금을 금은 수를 수는 목을 낳는다. 이것은 그 부자 관계이다.[83]

오행의 성립이 언제 누구에 의해 이뤄졌는지는 확인할 수 없다. 다만 동중서가 분류와 변화(상생+상극)라는 논리가 온전히 갖추어진 오행의 논리를 운용한 확인할 수 있는 최초의 인물이라는 점은 분명하다. 동중서가 활동한 시기는 전한기의 전반부다. 학자들은 연대기에 관한 문제에서 합의에 이르지 못했지만, 전한기의 전반부에 주로 활동했으리라는 점은 틀림없다. 그렇다면 그가 제안한 이론도 이 시기에 세상에 유포되었을 것이다. 같은 시기에 음양오행을 메타이론으로 사용한 한의학이 성립되었다는 사실은 우연이 아니다.

마왕퇴 발굴 문헌은 오행이 한의학에 본격적으로 도입되기 이전의 의학을 보여준다. 이들 문헌은 이미 전국 시대에 상당한 치료 경험이 누적되어 있었다는 사실을 알려준다. 그곳에는 오행이 작은 조각으로 존재할 뿐이다. 흔히 오행 도입 이후에야 한의학이 학문으로 자리잡았다고 평가하지만 이 점은 사실이 아니다. 한의학의 근원을 침구와 본초 그리고 탕액의 셋으로 나눠보자. 본초와 탕액의 경전인『신농본초경』과『상한론』에는 오행론이 부재하다. 오행은 기-감응-유별이 특수화된 원이론일 뿐 원이론 자체가 아니다.

그럼에도 불구하고 한의학의 이론화에 있어서 오행이 중요한 이론적 기반이었음은 사실이다. 오행은 후대의 해석을 통해 한의학의 기초이론으로 격상되었다. 오행이 제일 먼저 받아들여진 영역은 한의학에서 병의 전변을 설명하는 영역이다. 이 점은 사마천이 남긴 순우의 의안과 마왕퇴 발굴 문

---

83) 『春秋繁露』「五行之義」: 天有五行. 一曰木, 二曰火, 三曰土, 四曰金, 五曰水. 木, 五行之始也, 水, 五行之終也, 土, 五行之中也, 此其天次之序也. 木生火, 火生土, 土生金, 金生水, 水生木, 此其父子也. 木居左, 金居右, 火居前, 水居後, 土居中央, 此其父子之序.

헌에서 확인할 수 있다. 여러 문헌을 교차 검토하면 창공 순우의는 기원전 180년 35살의 나이로 3년간 도제식 교육을 받은 후 치료에 나섰다고 보여진다. 따라서 그의 의안이 반영하는 시기는 기원전 177년 이후로 봐야 할 것이다. 순우의 의안에는 다음과 같은 기록이 있다.

제북왕이 저를 불러서 가까이에서 시봉하는 여관(女官)에서 하녀에 이르기까지 맥을 보도록 하였습니다. 어떤 하녀가 병이 없다고 하였습니다. 그러나 저는 이들을 감독하는 영항의 장에게 말했습니다. "저 하인은 비장을 상했습니다. 피로해지면 살릴 수 없습니다. 의서에 따르면, (피로하게 할 경우) 봄이 되면 피를 토하고 죽습니다."[84]

비장은 토에 속하고 오행상극론에 따르면 목극토하므로 목에 제어된다. 「편작창공전」의 다른 의안에서도 같은 논리가 보인다.

노복의 병이 그렇다고 알게 된 까닭은, 비장의 기가 오장을 두루 타서 장부를 해치면서 교차했기 때문에 비장이 상한 색을 띠었기 때문입니다. 멀리서 보면 생기가 없고 황색이었는데, 잘 살펴보니 푸른빛의 죽은 풀잎 색이었습니다. 뭇 의사들은 벌레(蟲) 때문이라고 생각할 뿐, 비장이 상한 것을 알지 못했습니다. 봄이 되면, 죽을 병이 된 것은 위기(胃氣)는 황색인데 황색은 토기(土氣)이기 때문입니다. 토는 목을 이길 수 없기 때문에, 봄이 되면 병사하게 됩니다.[85]

84) 『史記』「扁鵲倉公列傳」: 濟北王召臣意診脈諸女子侍者至女子豎, 豎無病, 臣意告永巷長曰 "豎傷脾, 不可勞, 法當春嘔血死."
85) 『史記』「扁鵲倉公列傳」: 所以知奴病者, 脾氣周乘五藏, 傷部而交, 故傷脾之色也, 望之殺然黃, 察之如死靑之玆. 衆醫不知, 以爲大蟲, 不知傷脾. 所以至春死病者, 胃氣黃, 黃者土氣也, 土不勝木, 故至春死.

마왕퇴 문헌은 기원전 168년에 땅에 매장되었으므로, 순우의 의안과 시기가 부합한다고 볼 수 있다. 그런데 흥미롭게도 마왕퇴 문헌인『음양십일맥구경』의 오행 관련 기록은 이곳의 사례와 상당히 부합한다. 즉 족양명맥의 증상을 설명하는 중에, "목음을 들으면 두려워하면서 깜짝 놀란다"는 말이 보인다.[86] 족양명맥은 위맥이고 비위는 토에 해당하므로 목극토의 논리로 해석할 수 있다. 이 기록은 마왕퇴의 의학 관련 문헌 가운데 유일한 오행 관련 기록이다.

두 가지 해석이 가능하다. 첫째, 순우의 의안과 발굴 문헌을 살펴봤을 때, 오행의 원리는 병의 전변과 관련된 맥락에서만 들어왔다는 것이다. 둘째, 첫 번째 해석에 이어서 추정하자면, 목극토의 원리만 보이는 것으로 봐서, 오행론은 비위와 관련된 병의 전변에서 먼저 차용되었다는 점이다. 이처럼 질병의 전변을 오행의 논리에 토대해서 설명하는 태도는『수호지』발굴 문헌의 주술 의학에서도 확인된다. 오행의 논리 중 상극의 논리가 병의 전변에 우선적으로 차용되었다는 점은 확실해 보인다. 이 사실은 오행론에 상극설이 먼저 도입되고 이어서 상생설이 도입되었다는 앞의 논의를 지지한다. 순우의가 활동하던 시기로부터 약 수십 년에서 백년에 이르는 사이에 오행론이 한의학에 도입되었을 것이다.『황제내경』의 논문 중 초기에 성립된 일부 논문을 제외한 대부분의 글들은 완성된 오행론에 토대해서 지어졌다.「금궤진언론(金櫃眞言論)」에서는 오행도식을 자연 전체에 적용시키고 있다.

동풍은 봄에 생겨난다. 남풍은 여름에 생겨난다. 서풍은 가을에 생겨난다. 북풍은 겨울에 생겨나니 중앙이 토가 된다. … 동방은 청색으로 맛은 시다. 유는 초목이요, 가축은 닭이요, 곡식은 보리요, 사시에 응함에 있어서는 세성(歲星)이 된다. 이런 까닭으로 춘기는 머리에 있다. 음(音)은 각(角)이고, 냄새

---

86)『陰陽十一脈灸經』: 聞木音則惕然驚心.

는 누린내가 난다.[87]

남방은 적색으로 맛은 쓰고 유는 화이며 가축은 양이요, 곡식은 찰기장이다. 사시에 응함에 있어서는 형혹성(熒惑星)이 된다. 이런 까닭으로 병이 맥에 있음을 안다. 음은 치이고, 냄새는 탄내가 난다.[88]

중앙은 황색으로 맛은 달다. 유는 토요, 가축은 소이며 곡식은 메기장이고 사시에 응함에 있어서는 위로는 진성이 된다. 이런 까닭으로 병이 육에 있음을 안다. 음은 궁이고, 냄새는 향내가 난다.[89]

세상 만물을 남김없이 오행의 도식에 끼워 맞추려는 시도가 보인다고 하면 지나칠까? 니덤은 이것을 중국에 특유한 관료주의의 산물이라고 설명하고 있다.[90] 과학사가로서 니덤은 오행의 문화적 연원에 관심이 있었겠지만, 이 책의 초점은 논리적 특성에 있다. 특히 오행론에 대한 냉소적 비판에 답할 필요가 있어 보인다.

2) 오행론의 논리적 특성

서양의학은 철학적 논의를 의술과 결합시키면서 탄생했다. 초기 그리스 철학자들은 불, 공기, 흙, 물 등의 단일하거나 몇 개의 기본 요소로 세상을 설명하고자 했다.

---

87)『素問』「金櫃眞言論」: 東風生於春. 南風生於夏. 西風生於秋. 北風生於冬. 中央爲土 … 東方靑色. 其味酸, 其類草木, 其畜鷄, 其穀麥, 其應四時, 上爲歲星, 是以春氣在頭也, 其音角. 其臭臊.

88)『素問』「金櫃眞言論」: 南方赤色. 其味苦, 其類火, 其畜羊, 其穀黍, 其應四時, 上爲熒或星, 是以知病之在脈也, 其音徵. 其臭焦.

89)『素問』「金櫃眞言論」: 中央黃色. 其味甘, 其類土, 其畜牛, 其穀稷, 其應四時, 上爲鎭星, 是以知病之在肉也, 其音宮. 其臭香.

90) Joseph Needham, *Science and Civilisation in China*, vol 6-6(Cambridge University Press, 2000), 56.

기원전 6세기에 일련의 사상가들이 그들이 살아가는 세계의 본성에 대해 신중하고도 비판적인 연구에 착수했다. … 그들은 세계가 어떻게 구성되고 그 구성 요소들은 무엇이며 어떻게 작동하는가를 물었다.[91]

그리스 철학자들은 현상의 배후에 있는 궁극적 실재에 관심이 있었다. 예를 들어, 엠페도클레스는 모든 물질적인 것을 불, 공기, 흙, 물의 네 원소로 설명하고자 했다. 그에 의하면 네 뿌리들은 "과거, 현재, 미래의 모든 것, 즉 초목과 남녀, 짐승과 새와 물고기를 낳았을 뿐만 아니라, 그 특권에서 가장 강력한 오래 사는 신까지 낳았다. 실재하는 것은 오직 네 뿌리들로, 이것들이 상호 작용하는 가운데 다양한 형상을 띠게 된다."[92] 모든 것의 근원이라면, 신체라고 해서 예외가 될 수 없다.

우주의 구성 원리를 알면 인체의 구성 요소도 아는 셈이고 인체의 구성 요소를 알면 이 요소들로 질병이나 건강뿐 아니라 인체와 관련된 온갖 현상을 설명할 수 있다는 것이 자연철학자의 견해였다. 이런 견해에 영향을 받아 철학적 의학을 하던 이들은 인간의 몸은 무엇으로 이루어졌는가에 일차적으로 관심을 기울였다.[93]

철학적 탐구의 역량이 치료 경험과 만났을 때, 본격적인 의학이 탄생했다. 『히포크라테스 전집』이 그 결과물이다. 고대 중국인들도 세상을 통일적으로 설명하고자 하는 욕구를 가졌고, 세상의 질서를 신체에 적용시켰다. 그러나 그들의 사유는 그리스 철학자들과 반대쪽으로 움직였다. 주어가 아닌 술어 쪽으로의 편향은 중국인의 사유방식을 탐색해온 이들이 이미

91) David Charles Lindberg, 이종흡 역, 『서양과학의 기원들』(나남, 2009), 59.
92) David Charles Lindberg(2009), 66에서 재인용.
93) 이기백, 「고대 헬라스에서의 철학과 의학의 관계」, 『의사학』 14(2005), 38.

지적했던 이야기다. 이 점은 그리스의 원소와 오행을 비교할 때도 선명하게 드러난다. 흔히 오행의 기원으로 말해지는 『서경』 「홍범」의 성립 시기는 매우 늦은 것으로 추정되고 있다. 그러나 오행의 분류 방식에 있어서는 중요한 의미를 지니고 있는 자료다.

> 오행은 수, 화, 목, 금, 토이다. 수는 윤하하고, 화는 타오르며, 목은 굽거나 곧게 뻗고, 금은 따라 변하고, 토는 거둬들인다. 아래로 흘러가는 것은 짠맛이 되고, 타오르는 것은 쓴 맛이 되며, 굽거나 펴지는 것은 신맛이, 변화에 따르는 것은 매운 맛이, 거둬들이는 것은 단맛이 된다.[94]

목, 화, 토, 금, 수는 땅위에 존재하는 만물의 대명사다. 여기까지는 엠페도클레스의 4원소와 크게 다르지 않다. 그러나 다음 문장에서 목화토금수는 성질로 바뀐다. 현상의 배후에 있는 변치 않는 궁극적 실재에 대한 생각이 미약했던 중국인들은 기능과 같은 현상적 특성으로 빠르게 움직였다. 그리고 그곳에서 질서를 찾아내려 했다. 오행은 그런 탐색을 통해 잡아낸 패턴이었다. 패턴이 정해진 후에는 모든 곳에 적용하는 일이 남는다. 오행의 적용을 통해 세상은 모습을 드러내거나 감춘다. 그건 특수한 안경으로 세상을 보는 것과 같다. 어떤 것은 보이지 않게 되고 어떤 것은 더욱 선명하게 드러난다.

오행을 한의학의 철학이라고 말하는 태도에는 문제가 있다. 그럼에도 불구하고 오행이 한의학의 대표적 기초이론 중 하나라는 점은 부정할 수 없다. 이런 사정으로 오행론은 한의학의 철학으로서 다양한 비판 혹은 오해와 마주해야 했다. 그런 비판 가운데 대표적인 것이 오행의 반증불가능성이다. 반증불가능성은 과학의 표준적 기준으로 제시된 것이므로, 한의학

---

94) 『書經』「洪範」: 五行一曰水, 二曰火, 三曰木, 四曰金, 五曰土. 水曰潤下, 火曰炎上, 木曰曲直, 金曰從革, 土爰稼穡. 潤下作鹹, 炎上作苦, 曲直作酸, 從革作辛, 稼穡作甘.

이 반증불가능하다는 것은 한의학에 대한 비판을 함축한다. 한의학이 현대 과학 철학자가 제안한 과학의 기준을 따를 필요는 없지만, 이 규정은 논의의 단서로 삼을만한 가치가 있다. 이 비판에는 오해가 포함되어 있는데다가, 해명하는 과정에 한의학의 논리적 특성을 드러낼 수 있기 때문이다.

오행의 분류 즉 유별은 대상에 따라 '구성'적 측면이 두드러지는 경우와 상대적으로 '발견'이 의미를 지니는 경우로 나눌 수 있다. 예를 들어, 도시를 건설하면서 건물을 목화토금수에 맞춘다거나 복식 등을 오행에 맞추는 경우에는 구성적 측면이 강하다. 의학처럼 경험적 발견이 중요한 의미를 지닐 것 같은 영역에서도 이런 점을 확인할 수 있다. 「금궤진언론」의 기술처럼 의학의 영역에서도 불필요한 구성적 오행 배속이 있었다. 이처럼 구성적 특성이 두드러지는 분류에서는 유사성이 중요한 기준으로 작용한다.

앞에서 말했듯이 그레이엄은 음양오행의 관계가 은유와 환유의 관계라고 말했다. 김근도 오행의 이런 측면을 간접적으로 지적했다. 그는 오행의 순환과 왕조의 교체 논리를 대응시킨 후, 다음과 같이 말했다.

추연은 작은 사물을 먼저 경험함으로써 이를 미루어 무한한 곳까지 확대시켜 나간다는 말로 표현하였다. 이 말은 사실상 익히 아는 어떤 체험에 의해서 알지 못하는 다른 체험이나 사실을 부분적으로 이해시켜 줄 수 있는 은유의 방법을 원용한 것이다.95)

두 사람의 생각은 분명하다. 오행의 적용기준, 즉 간을 목에 배당할 때의 기준은 유사성이다. 즉 목의 뻗는 속성과 간의 기능 사이에 유사성이 있다고 본 것이다. 물론 앞에서 말했듯이 이때의 유사성이라는 징표는 사후(事後)에 부친 꼬리표일수도 있고, 사전(事前)의 발견적 징표일 수도 있다.

오행의 적용이 '돋보이기'와 '숨김'이라는 기능을 하는 은유에 의거한

---

95) 김근(2004), 208.

다면 오행에 배속됨으로써 대상의 의미는 변화를 겪게 된다. 홍성기는 오행의 분류를 은유라고 한 후, 다음과 같이 말했다.

이런 점에서 언어는 대상의 구성에 적극적인 요소가 된다. 즉 언어는 그 대상을 단순히 기술하는 것이 아니라 존재 구성에 개입한다는 점이다. 이 점을 우리는 음과 양이라는 개념의 적용에서 알 수 있다. 음에 속하는 것으로 알려진 달, 낮음, 차가움, 정지, 뒤, 여성, 아래 등의 공통된 속성은 무엇일까? 그런 속성은 이들을 모두 음에 속하는 것으로 받아들이기 전에는 있을 수 없다. 여기서 음양론의 초기에는 여성이 양에 속했다는 사실은 시사하는 바가 적지 않다.[96]

대상의 구성은 사회적이거나 역사적 이해에는 큰 문제를 일으키지 않을 것이다. 예컨대 조선사를 오행에 대응시킬 때, 광해군을 토에 배당하는 것과 화에 배당하는 것은 광해군의 다른 측면들을 돋보이게 하거나 숨겨줄 뿐, 별 문제를 초래하지 않는다. 때로는 구성과 발견의 중간쯤에 가 있는 상황도 있다. 한글의 창제가 그런 예다. 글자를 만든다고 가정해 보라. 소리를 분류하고 자형을 만드는 두 가지 작업이 필요하다. 훈민정음의 자형은 발음기관의 모양을 본뜨되 전서체에 유사하게 제자(制字)했다고 말해진다. 모양에 관한 설명은 '제자해(制字解)'에서 볼 수 있다고 한다.[97]

① 정음(正音) 28자는 각각 그 모양을 본떠서 만들었다.[98]
② 어금닛소리 ㄱ은 혀뿌리가 목구멍을 닫는 모양을 본떴다.

---

96) 홍성기, 「연기의 관계론적 해석에 기반한 음양오행론의 재구성」, 『한국불교학』 37 (2004), 308.
97) 아래에서 말할 훈민정음과 관련된 원 자료 및 그림은 모두 김양진, 「일음양오행과 훈민정음」, 『국어학』 74(2015)에서 발췌했다.
98) 正音二十八字 各象其形而制之.

헛소리 ㄴ은 혀가 윗잇몸에 붙는 모양을 본떴다.

입술소리 ㅁ은 입의 모양을 본떴다.

잇소리 ㅅ은 이의 모양을 본떴다.

목소리 ㅇ은 목구멍의 모양을 본떴다.[99]

③반헛소리 ㄹ, 반잇소리 ㅿ도 또한 혀와 이의 모양을 본떴으되 그 틀(體)이 다르다.[100]

④ㆍ음은 말려서 소리가 깊고 모양은 둥그니 하늘을 본떴다.

ㅡ음은 혀가 작게 말리고 소리가 깊지도 얕지도 않은데 모양은 평평하니 땅을 본떴다.

ㅣ음은 혀가 말리지 않아 소리가 얕고 모양은 반듯하니 사람을 본떴다.[101]

①, ②, ③은 자음에 관한 설명이고 ④는 모음의 형상에 관한 말이다. 자모의 모양은 기본적으로 발음기관을 본 뜬 것이다. 오행은 소리의 분류인 ②번과 관련되어 있다. 소리를 정말 발음되는 위치에 따라 다섯으로 나눌 수 있는 것일까? 위치를 염두에 두고 소리를 내보자. 때로는 다섯으로 정확히 구분되는 듯하다. 그러나 다섯은 너무 복잡하거나 단순하게 느껴지기도 한다. 이 점은 이미 ③에서도 밝히고 있다. 반설음과 반치음은 5라는 분류가 완전히 사태와 부합하지는 않는다는 점을 알려준다. 그러나 사태의 부적합성에는 문제가 없다. 어느 분야에도 다섯이라는 기준이 적용될 수 있다. 필요한 경우 예외를 두면 된다. 다섯이나 여섯 혹은 넷의 기준을 정한 후에는 각 항목에 대상을 배당해야 한다.

---

99) 牙音ㄱ象舌根閉喉之形. 舌音ㄴ 象舌附上腭之形. 脣音ㅁ象口形. 齒音ㅅ 象齒形. 喉音ㅇ 象喉形.

100) 半舌音ㄹ 半齒音ㅿ 亦象舌齒之形而異其體.

101) ㆍ舌縮而聲深 … 形之圓 象乎天也. ㅡ舌小縮而聲不深不淺 … 形之平 象乎地也. ㅣ舌不縮而聲淺 … 形之立 象乎人也.

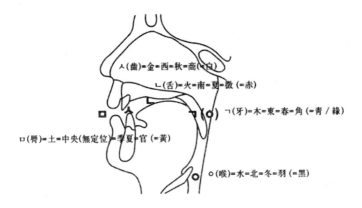

ㅅ(齒)=金=西=秋=商(=白)

ㄴ(舌)=火=南=夏=徵 (=赤)

ㄱ(牙)=木=東=春=角 (=靑 / 綠)

ㅁ(脣)=土=中央(無定位)=季夏=宮 (=黃)

ㅇ(喉)=水=北=冬=羽 (=黑)

왜 아설순치후를 목화토금수에 배당했을까? 위치로 보자면 가장 깊은 곳에서 후, 아, 설, 치, 순으로 이어져 있으므로 아설순치후의 배당은 잘 이해가 되지 않는다.

제자해에서는 아설순치후를 순서대로 목화토금수에 배당하면서 그 이유를 다음과 같이 말하고 있다.

① 무릇 사람의 소리는 오행에 기초한다. 고로 4계절에 맞추어도 어그러지지 않고, 5음에 맞추어도 어긋나지 않는다.[102]

② 목구멍은 깊숙하고 젖어 있으니 '물(水)'이다.
어금니는 갈라지고 늘어지니 '나무(木)'다.
혀는 날카롭고 움직이니 '불(火)'이다.
이는 단단하고 끊어지니 '쇠(金)'이다.
입술은 네모나고 합쳐지니 '흙(土)'이다.[103]

목구멍에서 나는 음은 깊으면서도 윤이 나게 느껴지는가? 목구멍은 깊

---

102) 夫人之有聲本於五行. 故合諸四時而不悖 叶之五音而不戾.
103) 喉邃而潤 水也. 牙錯而長 木也. 舌 銳而動 火也. 齒剛而斷 金也. 脣方爲合 土也.

고 윤기가 있는 듯하지만, 그래서 수에 속하는 것은 아니다. 이미 목을 수에 배당하겠다는 마음가짐이 전제되어 있다. 입술이 네모나다고 했으면 목구멍에서도 모양을 본떴어야 된다. 취상은 임의적이고 관계맺음을 알려주는 꼬리표 달기에 불과하다고 이미 말했다. 제자해에서는 위치도 고려되었음을 밝히고 있다.

① 목구멍(喉)은 뒤에 있고 어금니(牙)는 그 다음이니, 북(北)과 동(東)의 위치이다. 혀(舌)와 이(齒)는 그 다음 순서이니 남(南)과 서(西)의 위치이다.104)

② 입술(脣)이 끝에 있는 것은, 땅(흙, 土)이 정해진 위치는 없지만 왕성한 네 계절 끝에 있는 뜻에 기댄 것이다.105)

③ 이것이 바로 초성(初聲) 가운데, 음양(陰陽)이 적용된 오행(五行)과 방위(方位)의 수(數)가 본래부터 있다는 것이다.106)

입술이 끝에 있으므로 토에 해당한다는 것은 무슨 뜻일까? 오히려 중앙에 있는 혀가 토가 되어야 할 것처럼 보인다. 이처럼 한글 자모의 오행배당은 임의적이다. 그러나 한글 창제과정에 보이는 이와 같은 임의성에는 별문제가 없다. 한글 창제에서 구성과 발견의 중간쯤에 걸쳐 있는 오행은 반쯤은 수사적이기 때문이다. 그러나 모든 영역에서 그런 것은 아니다. 훈민정음의 창제 과정에서 오행을 제한다고 해도, 별 문제가 없다.

그러나 자연의 영역 특히 의학에서의 오행배당은 다른 문제다. 그곳에서는 본래의 성질을 발견하는 것이 중요하다. 오행의 구성적 특성이 강조되면, 본래의 상태가 왜곡될 수 있다. 의학의 영역에서는 그건 생명과 관련된 문제일 수 있다. 오장의 오행배속 문제는 오행배당을 현실에 맞게 조정

---

104) 喉居後而牙次之 北東之位也. 舌齒又次之 南西之位也.

105) 脣居末, 土無定位而寄旺四季之義也.

106) 是則初聲之中, 自有陰陽五行方位之數也.

했던 예를 보여준다.

『여씨춘추』「12기(紀)」에서 유래한 것으로 보이는 『예기』「월령(月令)」에는 일 년을 12등분하고 각 시기에 제사를 지냄에 있어 오장 중 어느 것을 먼저 써야 하는지에 관한 기록이 있다. 먼저 오장은 두 그룹으로 나뉜다. 여름과 가을에는 심, 간, 폐의 그룹을 사용하고 봄과 겨울에는 신과 비를 제육으로 쓴다. 이런 묶음의 나눔은 격막이 기준이 된다. 격막의 위를 양이라 하고 격막의 아래를 음이라고 하는 것은 한의학의 사유와 일치한다. 그 가운데 봄에는 비장을 먼저 사용한다는 내용에 대해 소(疏)에서는 다음과 같이 해설하고 있다.

> 비장이 봄에는 가장 높기 때문에 먼저 제사 지낸다. 봄의 자리에 비장이 해당하는 까닭은 다음과 같다. 희생을 남쪽으로 머리를 향하게 하면 폐가 가장 앞에 있으니 여름에 해당한다. 신장은 제일 뒤에 있으니 겨울에 해당한다. 겨울로부터 조금 앞으로 나아가면 봄에 해당하고 신장에서 조금 앞으로 나아가면 비장에 해당한다. 그러므로 봄의 자리는 비장의 위치이다. 폐로부터 조금 뒤로 물러나면 심장에 해당한다. 그러므로 중앙은 심장이 주관한다. 심장에서 조금 뒤로 물러나면 간과 만난다. 그러므로 가을의 자리는 간이 맡는다.[107]

따라서 제육을 계절에 배속시킬 때는 남쪽을 향하도록 놓인 희생의 위치가 고려되었음을 알 수 있다. 그런데 『고문상서(古文尚書)』에서는 이러한 제사의 문맥을 일반화시켜 비(脾)를 목에, 폐(肺)를 화에, 심(心)을 토에, 간(肝)을 금에, 신(腎)을 수에 배당시키고 있었다. 정현(鄭玄)은 이를 반박해서

---

107) 『禮記』「月令」의 소 : 脾既春時最尊, 故先祭之. 脾為尊也. 所以春位當脾者, 牲立南首, 肺最在前而當夏也, 腎最在後而當冬也, 從冬稍前而當春, 從腎稍前而當脾, 故春位當脾, 從肺稍却而當心, 故中央主心, 從心稍却而當肝, 故秋位主肝.

제육의 계절 배속 문제는 희생의 오장의 공간적 위치가 고려되어야 하는 제사의 문맥에 한정되어야 하며, 이를 의학의 영역에까지 적용해서는 안 된다고 주장했다.

월령에서 사시의 제사에 해당하는 것은 그 오장의 위, 아래에 의존하여 차서를 지웠을 뿐이다. 겨울의 위치는 뒤에 있고 신장은 밑에 있으며 여름의 위치는 앞에 있고 … 이제 질병을 치료하는 의술에 있어서 간을 목으로, 심을 화로, 비를 토로, 폐를 금으로, 신을 수로 여기면 병을 치료할 수 있을 것이다. 그러나 만약 이 순서를 어기면 죽지는 않는다 해도 중태에 빠질 것이다.[108]

오행배속에 있어서도 구성뿐 아니라 발견이 고려되었음을 알 수 있다. 즉 의학과 같이 구성보다는 경험적 발견의 논리가 중시되는 영역에서는 돋보이기와 숨기기라는 은유적 효과가 견제되었다. 뒤르켐은 오행과 같은 원시 사회의 분류체계를 검토한 후, 다음과 같이 말했다. "게다가 이런 체계들에는 과학의 체계와 마찬가지로 순수하게 사변적인 목적이 있다. 그들의 목적은 행동을 조작하는 것이 아니라 사물들 사이에 존재하는 관계의 이해를 촉진하는 데 있다."[109] 구성보다는 발견이 중시되어야 하는 영역에서 오행의 유별은 관계 혹은 감응이랄 수 있는 논리에 보다 의존했다.

구성이 중요한 영역 : 상징적 유사>사실적 관계 ; 도시의 건설 등
발견이 중요한 영역 : 사실적 관계>상징적 유사 ; 의학과 같은 영역

---

108) 『禮記』「月令」의 소 : 月令祭四時之位, 及其五藏之上下次之耳, 冬位在后, 而腎在下, 夏位在前 … 今醫疾之法, 以肝爲木, 心位火, 脾爲土, 肝爲金, 腎爲水則有瘳也, 若反其逆, 不死爲劇.

109) Emile Durkheim and Marcel Mauss, Rodney Needham trans., *Primitive Classification* (Chicago University Press, 1972), 81.

오행배속의 또 다른 특성으로 유별과 동시에 분류가 행해진다는 점을 들 수 있다. 예컨대 동일한 장부이지만 다르게 불려야 마땅한 다른 것들, 똑같은 국가 기관이지만 이호예방형공으로 다르게 불려야 하는 것들, 똑같은 한국의 산맥이지만 각각 다르게 불려야 하는 것들, 똑같은 경맥이지만 다르게 불려야 마땅한 다른 것들을 오행의 한 항목에 넣는 행위는 묶으면서 나누는 행위다. 오행의 한 유로 묶는 행위는 구별과 동시에 일어난다. 목화토금수의 오행에 배속됨으로써 오장 각각은 다른 장들과 구분되지만, 근육이나 혈 혹은 뼈와 같은 몸의 다른 부위와 하나로 묶인다.

홍성기는 오행론은 분류의 체계이자 '동시에' 변화의 체계라고 말했다. "목은 화를 상생하고, 토를 상극하며 … 이때 목에 어떤 대상이 속하는지를 결정하기 위해서는 화에 속하는 대상과 상생관계에, 그리고 토에 속하는 대상과 상극관계에 … 속하는지를 살펴봐야 한다. 따라서 음양오행론의 분류체계를 기능적으로 이해한다면, 이 분류체계는 동시에 변화체계일 수밖에 없다."[110] 홍성기는 목의 항에 만물을 묶어 넣는 것은 분류체계로, 그럼으로써 목의 항에 들어간 것들이 화의 항에 속한 것들과 상생의 관계 하에 놓이는 것을 변화의 체계로 보았다.

인과는 원인과 결과의 유별이 변화보다 앞서서 일어난다. "앞에서 살펴보았듯이 인과관계에 바탕을 둔 과학적 가설은 분류체계와 변화체계가 분리되어 있다는 점에서 범주적 차원과 유형적 차원이 역시 분리되어 있다. '아스피린을 복용함'을 원인으로 '두통이 사라짐'을 결과로 볼 때 … 원인과 결과라는 범주의 차원과 '아스피린을 복용함'과 두통이 사라짐이라는 유형적 분류체계는 분리되어 있다."[111] 그리고 오행의 경우에는 분류와 변화가 동시에 일어난다. 예를 들어, 간을 목의 항에 넣는 순간 상생·상극관계에 의해 간은 동시에 다른 항들과도 관련을 갖게 된다. 즉 변화관계로 묶

---

110) 홍성기(2004), 310.
111) 홍성기(2004), 311.

인다.

그런데 오행의 경우에는 상생과 상극이라는 관계 뿐 아니라, 분류에도 이미 변화가 반영되어 있는 경우가 있다. 오히려 경험적으로 의미가 있는 변화는 분류에 반영된다. 예를 들어 귀의 이상을 신장과, 눈의 이상을 간과 연결시킬 때가 그렇다. 그것은 현대적인 의미에서는 인과관계로 설명될 것이다. 즉 신장의 이상이라는 원인이 이명증과 같은 증상을 초래했다고 해석될 것이다. 신장의 이상과 이명증은 상생·상극관계가 아니라 같이 목에 속하는 방식으로 하나로 묶인다. 그러므로 오행의 분류에는 이미 변화의 논리가 들어 있음을 알 수 있다. 눈이 간의 상태에 따라 변화하지 않는다면 같이 묶이지 않았을 것이다. 눈, 근, 목을 목행에 배속하는 행위는 변화를 함축하는 유별이다. 그러므로 오행의 분류가 변화와 동시에 일어난다는 말은 맞지만, 그 변화가 상생·상극관계로만 표현할 수 있는 것은 아니라는 점을 지적해둬야겠다.

인과 : 분류 이후에 변화의 관계 맺어짐이 있음
오행 : 분류와 동시에 변화의 관계 맺어짐이 있음(분류가 변화를 상정하는
      경우도 있음)

오행배속에 관한 오해 중 하나가 반증불가능하므로 법칙이 아니라는 비판인데, 이 비판은 이 절을 이끌어 가고 있는 도문(導問)이었다. 급히 결론을 말하자면 이 비판은 일종의 오해다. 오행사에 관한 정보도 일부 전하는 다음 말은 좀 길게 인용해 두는 것이 좋겠다.

오행설은 날이 갈수록 역, 음양설, 경학, 참위, 민간신앙 등과 융합하여 그 세가 더욱 강화되는 양상으로 자리 잡아갔다. 이러한 사실은 역설적으로 오행설이 과학적 담화가 아니라 이데올로기임을 스스로 입증한다. 과학적 담

화는 경험적으로 맞닥뜨리게 되는 모든 모순에 노출되어 있는 그대로의 형식으로 표현되므로 언제든지 반증될 수 있는 것인데, 오행설은 그 담화가 설명해준다는 점에서는 과학적인 것처럼 보이지만 한 번도 수정되거나 부정되지 않았기 때문이다.112)

오행이 이데올로기라는 말은 모르겠지만, 오행이 과학적 담화가 아닌 이유가 반증불가능성 때문은 아니다. 이 문제에 관해서는 홍성기가 간접적으로 논의를 펼친 바 있다.113) 기억해야 할 것은 오행은 '유형(type)'이자 인과와 같은 층위의 '범주(category)'라는 점이다. 어떤 특정 사례의 인과관계가 부정되었다고 해서 범주로서의 인과관계가 부정되지 않는 것처럼, 오행도식으로 적용된 어느 관계가 오행에 위배된다고 해도 오행이 부정되지는 않는다. 단지 특정하게 일반화된 관계만 부정될 뿐이다. 『오십이병방』에는 고라는 재미있는 고대의 요술이 나온다. 이것을 예로 들어보자.

고에 걸리면 가시덤불로 박쥐를 불살라서 바로 환자에게 먹인다.114)

고라는 것은 일종의 저주병이다. "사람들이 고를 만든다. 대개는 벌레나 뱀 종류를 그릇에 가득 담아 서로 잡아먹게 두면 마지막에 남는 것이 있으니 이것을 고라고 한다. … 술이나 음식에 들어가서 사람에게 병환이 된다."115) 타인에게 고를 어떻게 먹게 하는지는 알 수 없지만, 고라는 특별한 조치를 받은 벌레 등을 원인으로 생각했음을 알 수 있다. 그 때문에 벌레를 잡아먹는 박쥐를 사용했을 것이다.

---

112) 김근(2004), 216.
113) 홍성기, 「분할과 조합 : 용수의 연기설과 분석철학」, 『인도철학』 9(1999) ; 홍성기 (2004).
114) 『五十二病方』 : 蠱者, 燔蝙蝠以荊薪, 卽以食邪者.
115) 山田慶兒, 『中國醫學の起源』(岩波書店, 1999), 238.

이것을 인과관계의 범주로 보면 고는 원인이고 고의 증상(혈변)은 결과가 될 것이다. 그리고 치료를 오행의 범주로 설명하려고, 고를 화에 넣는다면 박쥐는 수에 넣을 수 있을 것이다. 그런데 후에 이 고라는 것이 일종의 간염이나, 간경변, 혹은 세균성 적리와 같은 것이라고 밝혀졌다고 해보자. 그때에도 범주로서의 인과는 부정되지 않는다. 다만 특정한 인과, 즉 고→적리가 부정될 뿐이다. 그리고 그런 깨달음은 박쥐를 이용한 치료 방식에 대한 반성을 불러올 것이고, 이에 따라 특정한 오행 즉 고(火)-박쥐(水)도 부정될 것이다. 오행이 반증되지 않는다고 해서 과학적 담론이 아니라는 말은 오해에서 비롯된 것이다. 오행은 『예기』에 나오는 장부 배당에서 보았듯이 재배당의 방식을 통해 부적합의 문제를 해결한다.

고(火)-박쥐(水)의 관계가 부정되면, 사람들은 새로운 배당을 찾으려 할 것이다. 이때 박쥐는 관계망을 완전히 벗어날 수도 있지만, 관계망의 다른 위치에 놓일 수도 있다. 즉 박쥐가 오히려 고의 증상을 악화시킨다는 점이 확인되면, 이 관계는 박쥐(金)-고(火)의 관계로 바뀔 수 있다. 그리고 황토를 복용했더니 고의 증상이 치료된다는 사실이 밝혀진 후에는, 이 관계는 다시 박쥐(金)-고(水)-황토(土)로 재배당될 것이다. 금은 수를 증폭시키고 토는 수의 기운을 눌러준다는 상생과 상극의 논리가 재배당의 배후에 있다.

오행은 대표적 패턴이다. 패턴은 모종의 구도로서 기능하기는 했지만, 동양과학의 뿌리 이론은 아니다. 오행과 같은 패턴은 '기-감응-유별'이라는 원이론이 보다 구체화된 이론이다. '기-감응-유별'의 원이론은 '실체-인과'라는 서양의 뿌리 이론 혹은 세계관과 대응하는 위치를 점하고 있다. 지금껏 우리는 이런 이론이 만들어내는 세계에 관해 살펴봤다. 이처럼 서양의 인과와는 사뭇 다른 양상을 보이는 뿌리 이론이 형성된 까닭은 무엇일까?

자연환경이 중요한 원인이라는 점은 익히 지적되어 왔다. 그러나 그 뿐일까? 세계관의 차이는 그처럼 우연(偶然)한 것이고, 세계관의 선택에는 어떤 가치적 지향도 없는 것일까? 나는 그렇게 생각하지 않는다. 그리고 이 지점에서 동양세계관의 고유한 특성을 드러낼 수 있다고 믿는다.

제5장

세계관과 수양

동양의 세계관, 즉 기적 세계관은 그저 보여진 세상이 아니다. 그건 보아낸 세상이다. 보여진 세상이 범부의 눈에 비친 세상이라면, 보아낸 세상은 수양을 통해 모종의 경지에 올라선 이가 본 세상이다. 현대과학과 현대과학이 토대하고 있는 서구의 시선이 객관적으로 보여지는 일상의 세상에 정초했음에 반해, 동양의 지성사는 특별한 시선에만 드러나는 세계상을 세계의 원형으로 전제했다. 모종의 경지에 도달한 수행자가 보아낸 세상은 객관성과는 거리가 있는, 인식의 주체와 객체 그리고 대상과 대상이 격절되지 않은 세상이다.

동양의 자연관은 한대 초에야 체계화되었지만, 이미 『장자』에서 그 원형적 틀이 잡혀 있었다. 『장자』「소요유」편에는 대붕과 척안이 나온다. 대붕과 척안이 본 세계는 전혀 다르다. 윤천근은 이들을 각각 전일적 존재와 차별적 존재로 가름한다. 그리고 그 차이를 다음과 같이 설명한다. 부언을 피하기 위해 윤천근의 글을 좀 길게 인용하겠다.

안의 영역 속에 포함되어 있는 것들은 자기를 갖추고 있으면서도 그 자신을 자아로 바라보거나 그것을 근거로 삼아 자신 밖의 타자를 분별적으로 인지하는 존재가 아니다. 자신과 타자 사이에 분별이 일어나지 않는다는 것은 그 속의 존재가 온전히 타자로서의 존재이거나 타자화된 존재라는 것을 의미한다. 진실을 말하자면, 이 타자로서의 존재나 타자화된 존재가 바로 장자의 철학적 세상의 주인공이다.

밖의 영역 속에 자리 잡고 있는 것들은 자기를 들여다보는 것에 바탕하여 그 자신을 구체적 자아로 분명하게 인지하고 그 자신과 타자를 분별적으로 바라보는 존재이다. 이러한 분별은 그 자신의 자아를 세계내적 존재로부터 밀어 올려 특수화하고, 스스로 세계내적 존재 영역의 울타리 밖으로 걸어 나오게 한다. 이 밖의 영역에는 세계내적 관계가 가설되어 있지 않다. 그러므로 밖의 자아는 그 자신이 바라보는 타자들로 포위된 세상 속에 혼자만으로 던

인식의 주체와 대상이 떨어져 있지 않은 감응의 세계

수양

욕망하고 인식하는 세계

져져 있게 마련이다. 결국 그는 자아의 시선이 바라보는 타자들을 끌어들여 자아화하고, 그렇게 자아화된 존재들로 이루어진 자아의 세상을 따로 구성할 수밖에 없게 된다.[1]

본래 모든 존재는 세계내적 존재고, 그런 세계의 모든 존재는 인드라망처럼 얽혀 있다. 본래의 세계는 주체와 객체 그리고 대상으로서의 모든 존재가 얽혀 있는 세계다. 세상 밖으로 걸어 나온다는 것은 그런 얽힘에서 벗어난다는 뜻이다. 그건 마치 근대적 자아가 등장하는 모습과 닮아 있다. 다음 글은 근대의 욕망하는 자아를 설명한다고 말해도 믿어질 정도다. "세계내적 존재 영역에서 걸어 나오는 것 자체가 욕망하는 자아의 등장을 의미하는 것이므로, 자아라는 것은 애초에 욕망하는 존재의 구성일 수밖에 없다는 것이다."[2]

대붕의 인드라망처럼 얽혀 있는 세계와 척안의 욕망하는 자아의 세계 중 어떤 것이 참된지를 따지는 것은 무의미해 보인다. 현대과학은 척안이 본 세계에 토대하고 있고, 수양자가 본 기론의 세계는 대붕이 본 세계상과

1) 윤천근, 「장자 철학에서 자아와 타자의 문제」, 『동서철학연구』 73(2014), 7.
2) 윤천근(2014), 7.

부합한다. 대붕의 세계상을 참으로 간주하면 척안의 세계상은 그런 세계상에서 이탈한 것이다. 역으로 척안의 세계상을 일상의 세계상이라고 하면, 대붕의 세계상은 무언가 특별한 세계상이다. 나는 후자의 입장을 따른다. 『장자』라는 문헌에 대한 김충렬의 설명은 저자의 견해를 강화시킨다. 김충렬은 장자를 읽을 때는 천하-추수-제물-소요유-인간세편의 순서로 읽어야 한다고 말했다.[3)]

「인간세」편은 차안으로 돌아온 이의 삶의 기술에 관한 내용을 다루고 있다. 그렇다면 일상의 세계상은 장자의 세계상과 다르다는 점에 동의하지 않을 수 없다. 그러나 어떤 것이 본래의 세계냐 하는 것은 대단치 않은 문제다. 그것은 설명의 편의와 적합성 정도의 의미를 지닐 뿐이다. 강조해야 할 것은 대붕의 세계상과 척안의 세계상 사이에 있는 무엇이다. 윤천근의 관점에 따르자면 세상 밖으로 나가는 혹은 들어오는 과정이 필요하다. 나의 화법에 따르자면 그 사이에는 수양이 있다.

수양의 과정을 거친 자의 눈에 비친 세계상, 장자가 대붕의 눈으로 묘사하는 그 세계상이 지금껏 논의해온 기론이다. 그렇다면 이렇게 말할 수 있다. 한의학과 연단술 등의 동양과학이 토대하는 기(氣)의 세계관은 수양을 통해 도달한 깨달음의 세계관이다. 이번 장의 1절에서는 이 점을 논증하고 2절에서는 그런 세계관을 가능하게 하는 감응 인지의 양상을 묘사하도록 할 것이다.

1. 논증 : 수양과 기론

류창린(劉長林)은 기 개념의 발전단계를 춘추와 춘추 이전의 기 개념이 점차로 형성되던 시기, 전국기의 기 개념이 성숙하던 때, 양한기의 기 개념

---

3) 김충렬, 『김충열교수의 노장철학강의』(예문서원, 2001), 238-244.

이 체계화된 단계, 송과 명청대의 기 개념이 점차 제고되던 시기의 네 단계로 나누고 있다.[4] 그런데 이것은 다시 기 개념이 내포를 확장하던 춘추전국기와 확정된 개념이 철학적이고 체계적으로 논의되던 이후의 단계로 나눌 수 있다. 기 개념의 기본적 특성은 전국기에 이미 정해졌다고 평가할 수 있다.

기에 대한 언급이 최초로 보이는 것은 갑골문이다. 그러나 갑골문의 기는 바람과 흙의 정령이 기 개념의 원형으로 확인되는 정도에 그친다.[5] 『좌전』에서는 음(陰), 양(陽), 풍(風), 우(雨), 회(晦), 명(明)과 같은 여섯 종류의 사물과 그 현상을 육기라고 말하고 있다. 이런 사실은 『좌전』의 시기에 "기가 확정적인 함의와 명확한 규정을 가진 것이 아니라 여러 가지 현상을 혼합한 모호한 개념이었음을 말해준다."[6] 그나마도 그 시기에 기는 거의 사용되지 않았던 것으로 보인다. 그것은 중요하지도 않은, 없어도 무관한 것이었다.

해석에 따라 약간의 차이가 있겠지만 『좌전』에서 기는 모두 16회 정도 보인다. 그런데 이 가운데 몸과 관련된 맥락에서 쓰인 용례가 5-6회, 육기(六氣)와 같이 기후를 말하는 경우가 4회, 소리의 기운이라는 뜻으로 쓰인 용례가 2회, 용기나 객기(客氣)와 같이 전투의 상황에서 사용된 용례가 2회, 무속적인 맥락에서 쓰인 것이 1회 보인다. 이곳에서는 숙향의 질문에 자산이 답하는 구절만을 인용한다.

숙향이 물었다. 저희 임금의 병에 대해서 점치는 이는 실침(實沈)과 대태(臺駘)가 빌미가 되었다(즉 실침·대태의 귀신이 몸에 들어와 병을 만들었다)고 하는데 사관은 이들이 누구인지 알지 못합니다. 감히 여쭙겠는데 이들은

---

4) 楊儒賓 主編, 『中國古代思想中的氣論及身體觀』(巨流印行, 1994), 109-117.
5) 小野澤精一 외, 전경진 역, 『기의 사상』(원광대학교 출판부, 1993), 48.
6) 張立文(2004), 45.

어떤 신입니까?[7]

이 질문에 대해 자산은 실침·대태가 누구인지를 고증한 후 다음과 같이
답한다.

> 그러나 이 둘이 임금의 몸에 이른 것은 아닙니다. 산천의 신은 자연재해와
> 전염병을 초래하므로 제사지내고 일월성신의 신은 때 없이 눈과 서리 풍우
> 를 초래하므로 제사지냅니다. 그러나 임금의 경우(즉 질병)는 방사와 음식,
> 정서가 원인입니다. 산천과 성신의 신이 도대체 무엇을 했겠습니까? 제가 듣
> 건대 "군자에게는 사시가 있어, 아침에는 정사를 듣고 낮에는 묻고 저녁에는
> 영을 닦고 밤에는 몸을 편안히 한다"라고 합니다. 이래야 그 기를 절도 있게
> 펴서 몸에 막히고 처져서 피곤하게 하고 마음이 불쾌해져서 일을 혼란스럽
> 게 하는 일이 없게 할 수 있는데 임금께서는 지금 이런 것들을 한결같이 하지
> 못하므로 병이 생긴 것입니다.[8]

선(宣)을 편다는 뜻으로 해석하면, 선기(宣氣)는 몸 안의 기를 편다고 풀
어야 할 것이다. 『좌전』의 소공(昭公) 구년조 기사에 나오는 "미(味)로써 기
를 운행하게 한다(味以行氣)"라는 구절이 이 해석을 지지한다. 이상 검토한
바와 같이, 『좌전』에서는 기가 주로 몸의 생리병리적 측면에서 다루어지
고 있기는 하지만 아직 중요한 개념으로 대두되지는 않고 있으며 기에 관
한 추상적인 인식도 발견되지 않는다. 생명력이라는 갑골문에서의 쓰임에
서 멀리 가지 못한 상태였다.

---

7) 『左傳』: 叔向問焉曰, 寡君之疾病, 卜人曰實沈·臺駘爲崇, 史莫之知. 敢問此何神也.
8) 『左傳』: 抑此二者, 不及君身. 山川之神, 則水旱癘疫之災於是乎禜之. 日月星辰之神,
   則雪霜風雨之不時, 於是乎禜之. 若君身, 則亦出入·飮食·哀樂之事也, 山川·星辰之
   神又何爲焉. 僑聞之, 君子有四時, 朝以聽政, 晝以訪問, 夕以脩令, 夜以安身. 於是乎節
   宣其氣, 勿使有所壅閉湫底以露其體, 玆心不爽, 而昏亂百度. 今無乃壹之, 則生疾矣.

그런데 『맹자』와 『장자』 그리고 『관자』에 이르면 기는 철학적으로 중요한 개념어로 대두한다. 예를 들어, 맹자의 호연지기(浩然之氣)나 야기(夜氣) 등이 대표적이다. 맹자의 호연지기는 제(齊)의 직하학에서 유래했을 가능성이 높다.[9] 『관자』는 직하학을 대표하는 문헌이므로, 수양론에 관한 한 성립기 기론의 토대 문헌은 『관자』라는 말이 가능해진다. 『장자』가 동양 세계관, 즉 기론의 원형을 보여주는 문헌이라는 것은 부언할 필요조차 없다. 한대 초기에 활동했던 사상가들은 이들 초기 문헌에서 제안된 기론을 구체화시키고 확장하는 방법으로 동양과학의 세계관을 구성해냈다. 이 와중에 이들 문헌에 전제되어 있는 수양론에 기반한 세계관이라는 기본 구도가 동양세계관의 핵심 요소로 받아들여졌다.

이 점, 즉 기의 세계관이 깨달음의 경지에서 펼쳐지는 세계관임을 보여주기 위해 나는 다음과 같은 논증을 구성했다.

전제1 : 명상은 전일적 세계상을 체험하게 해준다.(가정 : 명상은 다양한
양생술의 핵심이다.)
전제2 : 샤머니즘의 체험은 전일적이다.
전제3 : 기적 세계관은 전일적이다.
전제4 : 『관자』의 기론은 샤머니즘의 영향을 받은 수양론과 밀접하게
관련되어 있다.
전제5 : 『장자』의 기론은 샤머니즘의 영향을 받은 수양론과 밀접하게
관련되어 있다.
결론 : 기적 세계는 깨달음의 세계다.

본론에 들어가기에 앞서 이곳에서 사용할 용어에 대한 설명이 필요해

---

9) 정우진, 「『황제내경』 : 양신과 양형의 교차로 위에 건축된 의론」, 『인문학연구』(2007),
180-181.

보인다. 먼저, '전일적 관점'을 1) 인식 주관과 대상을 포함하는 정신과 물질을 하나로 보는 관점, 그리고 2) 개체와 전체를 하나로 보는 관점이라고 규정할 것이다. 정신과 물질 혹은 인식 주관과 대상을 하나로 본다고 할 때의 인식 주관은 개체와 그리고 대상은 전체와 대응된다. 따라서 이곳에서는 1)과 2)가 서로를 함축한다는 가정 위에서, 둘 중 하나만 확인되더라도 전일적이라고 판단할 것이다. 둘째 이곳에서 말하는 '깨달음'은 양생과 명상 등을 통해서 얻어지는 각성이라는 뜻이다. 그것은 통속적으로 '깨달은 이'라고 할 때의 깨달음과 부합한다. 순서대로 검토해보자.

전제1 : 양생술을 포함하는 명상 체험은 전일적이다.

깨달음에 이르는 방법과 체험하는 내용은 문화권마다 다양하다. 예를 들어, 기독교적 깨달음의 체험은 신과의 합일이고, 불교의 깨달음은 공(空)의 각성이다. 그러나 깨달음에 이르는 길이 아무리 많다고 해도 체험하는 내용의 본질은 유사하다. 심리학자인 장현갑은 명상 중의 체험을 다음의 일곱 가지로 정리했다.10) ① 개별성에서 전체성으로의 회복, ② 무아라는 관점으로의 변화, ③ 주의 집중력의 증가, ④ 자기 반응에 대한 탐지력의 증가, ⑤ 자신의 반응에 대한 관찰력의 증가, ⑥ 비판단적 태도와 수용성의 증가, ⑦ 행동하는 양상에서 존재하는 양상으로.

②의 '무아라는 관점으로의 변화'는 다음과 같은 체험을 말한다. "사람들은 자기 자신을 불변하는 존재로 보아 왔지만 명상경험이 쌓여 가면서 자기 자신을 우주와 연결되어 있는 보다 큰 존재로 보게 된다. ⋯ 궁극적인 자기 변혁이란 나라는 에고의 감옥에서 해방되는 것이다."11) 이것은 개별과 전체를 하나로 보는 전일적 관점이다.12)

---

10) 장현갑, 『마음 vs 뇌』(불광출판사, 2009), 242-254.
11) 장현갑(2009), 246.
12) 장현갑은 ②를 '무아라는 관점으로의 변화'라고 말하고 있지만, ①의 개별성에서 전체

①의 '개별성에서 전체성으로의 회복'이 무엇을 말하는지는 불확실하다. 다만 "만약 호흡, 자세, 그리고 마음이 완전한 조화를 이룬다면 이들 3자 사이에 깊은 연결감을 느끼고 깊은 이완 상태에서 우리의 몸과 마음이 하나의 전체가 되는 일체감을 느끼게 될 것이다"[13]라는 대목을 고려하면, 호흡 등의 양생술을 전제하는 심신의 전일적 체험을 말한다고 생각된다. 이상으로 명상 체험의 전일성을 둘로 나눠 살펴보았는데, 전일적 체험의 핵심은 '만물의 상호의존 혹은 연대에 대한 각성'이다. 안도 오사무(安藤治)는 이 점을 명확하고 간결하게 설명했다.

> 명상자는 … 모든 것의 근저를 이루는 미세한 상호작용에 대한 인식이 깊어져 간다. 그리고 이 미세한 상호작용에서 생기는 다양한 활동의 차이를 알아차리기 시작한다. 그러나 그 차이는 분리할 수 없는 상호연관성에 근거해서 처음으로 모습을 드러내는 것이기도 하다. 각각의 부분은 불가분의 전체성 속에서 모든 다른 부분과 상호관계에 의해서만 존재할 수 있다.[14]

전제2 : 무속의 체험은 전일적이다.

주지하듯이 샤머니즘은 인류 보편의 종교 현상이다. "인류의 역사에서는 샤머니즘이나 그와 유사한 개념이 사람들의 요구를 만족시켜 주거나 공동체를 돕기 위해 사용되지 않은 적이 한 번도 없었을 것이다."[15] 그러나 구체적 양상은 문화·시대적 환경에 따라 다르다. 현대의 학자들은 샤머니즘을 시간과 무관하게, 즉 모종의 보편적 원형을 지닌 것으로 보는 엘리아데의 견해에 반대한다. "현재의 샤머니즘을 연구하는 많은 학자들은 엘리

성으로라는 표현이 더 나아 보인다.
13) 장현갑(2009), 244.
14) 安藤治, 김재성 역, 『명상의 정신의학』(민족사, 2009), 117.
15) Gary Edson, *Shamanism*(McFarland & Company, 2009), 230.

아데의 견해에 동의하지 않는다. 엘리아데는 무속이 원시적이고 언제나 동일하다고 주장했다."16) "누구나 그들이 믿는 것이 참되고 근원적인 샤머니즘이라고 생각하는 것을 연구하고자 한다. 그러나 (그와 같은) 순수한 샤머니즘은 결코 존재하지 않는다."17) 하나의 샤머니즘은 없을지라도 다양한 샤머니즘을 하나로 부를 수 있는 공통된 요소조차 없다고 할 수 있을까? 넬슨(Sarah Milledge Nelson)은 샤머니즘의 다양성을 인정하면서도, 김태곤의 생각을 무속 일반의 정의로 받아들인다.18)

　　무속은 자연과 환경에 밀접하게 연결되어 있는 전통적이고 종교적인 현상이다. 접신상태(trance-possession)에 들어갈 수 있는 특별한 능력을 지니고 있는 무속인은 초자연적 존재자들과 소통할 수 있다. 이 초월적 힘은 무속의 수양자 즉 샤먼으로 하여금 사람들의 열망을 만족시키게 한다.19)

　　핵심은 강신(降神)이다. 강신을 핵심으로 하는 정의는 한국인들의 무속에 대한 이해와 다르지 않다. 따라서 샤머니즘을 한국적 의미의 무속으로 번역해도 문제가 없을 것처럼 보인다. 그러나 위 정의는 샤머니즘의 원형을 포괄하지는 못한다. 샤머니즘에는 영혼이 몸을 떠나 천상계나 지하세계로 여행하는 유신(遊神)도 있기 때문이다.20) 사사키 고칸(佐佐木宏幹)의 정

---

16) Sarah Milledge Nelson, *Shamanism and the origin of states : spirit, power, and gender in East Asia*(Left Coast Press, 2008), 72.

17) Sarah Milledge Nelson(2008), 4.

18) Sarah Milledge Nelson(2008), 72.

19) 일본 학자인 佐佐木宏幹의 설명도 다르지 않다. '샤머니즘이라는 것은 통상 트랜스(trance)와 같은 이상 심리 상태에 있어서 초자연적 존재와 직접 접촉, 교류하고 이 과정에서 예언 … 등의 역할을 하는 인물(샤먼)을 중심으로 하는 주술-종교적 형태이다.' 佐佐木宏幹, 김영민 역, 『샤머니즘의 이해』(박이정, 1999), 49.

20) 이런 유형의 샤머니즘은 Eircea Eliade, 이윤기 역, 『샤마니즘』(까치, 1992), 6장에서 확인할 수 있다. 흥미롭게도 영혼의 여행은 상청과의 수련법에서 나타난다. (본고에서 주장

의는 강신과 영혼의 여행을 포괄한다.

> 트랜스(trance)는 … 일상적 의식이 저하된 상태를 가리킨다. 환언하자면,
> 샤먼의 일상적 의식이 그 작용을 둔하게 하고 약해질 때, 혼은 자유로이 있던
> 곳을 떠나거나(ecstasy), 거꾸로 신이나 정령이 그 샤먼의 육체를 스스로의 지
> 배하에 두는(possession) 것이다.[21)]

두 가지를 지적할 수 있다. 먼저 사사키는 영혼의 여행을 무속에 포함시
키고 있다. 무속에 대한 규정에서 사사키와 넬슨은 다른 입장을 취하고 있
다. 그러나 샤머니즘의 방법이 아닌 체험에 관해 논의하는 우리는 이 문제
에 신경 쓸 필요가 없다. 강신만을 가지고도 샤머니즘의 체험에 관해 말할
수 있기 때문이다. 둘째, 앞의 인용문에서 접신 상태라고 번역한 'trance-
possession'은 변화된 의식과 접신을 결합한 것이다. 그런 상태에서 샤먼은
예언 등의 초자연적 행위를 할 수 있다. 요약하자면 샤머니즘은 '이상심리
→영혼의 여행 혹은 강신→예언 등의 초자연적 행위'라는 구도로 설명될
수 있다.

마이클 퓨트(Michael J. Puett)가 무속적이지 않다고 말했던, 『국어』의 구
절은 이런 샤머니즘의 구도와 부합한다.

> ① 사람 가운데 정상(精爽)이 분리되거나 달라지지 않는 이로서 또 ② 정
> 신이 흩어지지 않고 엄숙하며 정성스럽고 바르면 ③ 그 지혜로움은 위아래
> 로 견줄 수 있고 그 성스러움은 넓고 멀리 밝음을 펼칠 수 있으며 그 밝음도
> 빛처럼 비출 수 있다. 그 총기도 꿰뚫고 들을 수 있다. ④ 이와 같으면 신명이

할 수는 없지만) 이런 측면에서 보자면, 도가와 도교 수양론의 주류는 무속적 체험의 재
구성이라고 평가할 수도 있을 것이다.

21) 佐佐木宏幹(1999), 43.

내려오니, ⑤ 남자의 경우에는 격이라고 하고 여자의 경우는 무라고 한다.[22]

장광츠(張光直)는 이 문장을 "고대 중국에서 무속을 언급하는 가장 중요한 문헌적 근거"라고 평가한다.[23] 양회석에 따르면, ①은 무의 선천적 조건을, ②는 후천적 조건을, ③은 그런 선후천의 조건이 결합되어 생기는 효과를 ④는 ③의 원인을 나타낸다.[24] 결국 인용문은 '강신을 위한 준비단계→강신→강신의 효과'로 요약할 수 있다. 신명의 내임(來臨)은 초자연적 존재와의 결합, 즉 전일적 체험에 다름 아니다.

이상의 논의는 샤머니즘의 체험이 전일적이라는 것과 더불어 고대 중국에 무속의 문화가 존재했었다는 사실을 알려준다.

전제3 : 기적 세계관은 전일적이다.

근대 과학의 실재론은 인식과는 독립적으로 존재하는 객관적 세계의 존재를 가정한다. 그것은 물질과 정신의 분리 위에서야 가능하다. 그런데 기는 물질 현상과 정신 현상의 공통적 기원이다. 물질과 정신 혹은 몸과 마음의 전일성을 가정해야만 주객일체의 경지가 가능해진다. 주객의 분별이 사라진 무분별의 인지는 포정해우의 고사에서 명확하게 표현된다.

제가 처음 소를 잡을 때는 눈에 보이는 것이 모두 소였지만, 3년이 지나자 이미 소의 모습은 눈에 보이지 않게 되었습니다. 요즘 저는 신으로 소를 대하지 눈으로 보지는 않습니다. 감각이 멈추자 신이 운행하려고 하는 것입니다.[25]

---

22) 『國語』: 民之精爽不攜貳者, 而又能齊肅衷正, 其智能上下比義, 其聖能光遠宣朗, 其明能光照之, 其聰能聽徹之, 如是則明神降之, 在男曰覡, 在女曰巫.

23) Michael J. Puett(2002), 105에서 재인용.

24) 양회석 외, 『샤머니즘』(신성출판사, 2005), 32.

25) 『莊子』 「養生主」 : 始臣之解牛之時, 所見无非全牛者. 三年之後, 未嘗見全牛也. 方今

감관인 눈은 분별적인 인지를 상징한다. 그러므로 눈에 보이지 않게 되었다는 것은 무변별적인 인지를 말한다. 신(神)으로 대한다고 했는데, 쉬푸꽌은 다음과 같이 해석했다. "외부 사물의 구속을 받지 않는 심에서 발생된, 분별상을 초월하는 직관과 지혜, 다시 말해 정에서 발생되는 작용, 이것이 바로 신이다."[26] 신으로 대하는 전일적 인지가 가능한 까닭은 무엇일까? 그것은 "주체와 객체를 아우르고, 세계를 관통하는 기(氣)"[27] 덕분이다.

주객을 관통하는 기는 환경에서 고립되어 있는 개체를 인정하지 않는다. 개체의 존재를 허용하는 아무 것도 없는 허공은 동양 사유의 주류 속에 존재하지 않는다. "허공은 기이다."[28] 빈 공간이 없다면 전체와 분리된 개체는 상상불가능하므로, "기라는 개념으로 인해 구체적인 사물은 근본적으로 독립할 수 없으며, 반드시 정체에 의거해야 한다"[29]라는 말이 가능해진다. 이미 말했듯이 중국인들이 사용하는 정체(整體)라는 단어는 부분으로 환원되지 않는 상호의존적 존재를 의미한다. 따라서 개별과 전체의 상호의존성은 양자의 불가분할성, 즉 전일성을 뜻한다. 기적 세계관에서 개체와 전체의 문제에 관해 더 알 수 있는 내용은 『장자』에 보인다. 먼저 전체로서의 세계에는 오직 '일기(一氣)'가 있을 뿐이다. 그리고 그 '일기(一氣)'에서 일어나는 변화는 '화(化)'로 설명된다.

태어남은 죽음의 짝이요, 죽음은 태어남의 시작이다. 누가 그 기틀을 알겠는가? 사람의 생겨남은 기의 모임 때문이다. 기가 모이면 살고 흩어지면 죽는다. 생사가 짝이라면 내가 또 무엇을 근심하겠는가? 그러므로 만물은 하나

之時, 臣以神遇而不以目視, 官知之而神欲行.

26) 徐復觀, 『中國人性論史(先秦篇)』(商務印書館, 1985), 388.
27) 이성희, 『빈 중심의 아름다움 : 장자의 심미적 실재관』(한국학술정보, 2008), 184.
28) 『正蒙』「太和」: 虛空卽氣.
29) 張法, 유중하 외 역, 『동양과 서양 그리고 미학』(푸른숲, 2009), 47.

이다. 그 아름다운 것은 신기한 것이고 그 추한 것은 썩은 내 나는 것이다. 썩은 내 나는 것은 다시 신기한 것이 되고 신기한 것은 다시 썩은 내 나는 것이 된다. 그러므로 말하기를 '천하를 통틀어 일기가 있을 뿐이다'라고 한다. 그러므로 성인은 하나를 귀히 여긴다.[30]

세상에는 오직 하나의 기가 있을 뿐이다. 삶과 죽음 그리고 변화는 모두 기의 '화(化)'로 설명된다. "화의 개념은 단순한 물리적이고 생리적인 현상이 아니라 개성적이고 생명적이며 존재적인 내외 전체의 변화를 의미한다."[31] 개체와 환경의 사이에는 창호지와 같이 구멍이 뻥뻥 뚫려 있는 모호한 경계가 있을 뿐이다. 일기가 운행하는 세계는 신(神)으로 공명하는 전일적 세계이다.

전제4 : 『관자』의 기론은 샤머니즘의 영향을 받은 수양론과 밀접하게 관련되어 있다.

유향(劉向)이 편집한 『관자』라는 텍스트는 각 편의 성립 시기가 일치하지 않는다. 『관자』 사편으로 불리는 「심술상(心術上)」, 「심술하(心術下)」, 「백심(白心)」, 「내업(內業)」의 경우도 마찬가지다.[32] 그러나 직하황로학의 영향 아래서 만들어진 점에 대해서는 의심할 여지가 없다. 또 성립 시기에 관해서도 대략 『맹자』나 『장자』와 일치하는 것으로 보는 데 특별한 이설이 없다.[33] 리켓(W. Allyn Rickett)은 궈모뤄(郭沫若)가 주장한 송견, 윤문 저작

---

30) 『莊子』「知北遊」: 生也死之徒, 死也生之始, 孰知其紀! 人之生, 氣之聚也., 聚則爲生, 散則爲死. 若死生爲徒, 吾又何患! 故萬物一也, 是其所美者爲神奇, 其所惡者爲臭腐, 臭腐復化爲神奇, 神奇復化爲臭腐. 故曰, 通天下一氣耳. 聖人故貴一.

31) 根本誠, 『中國古典思想の硏究』(現代アジア出版社, 1967), 187.

32) 이 편들의 저자에 대해서는 田駢說, 愼到說, 宋·尹著作說, 稷下學派의 도가류설 등이 제기된 바 있다.

33) 張固也, 『管子硏究』(齊魯書社, 2006), 275-280.

설을 비판하고 네 편의 저자가 모두 다를 가능성을 말한다.[34] 그러나 이 네 편은 수양론의 기본 구도를 다루고 있다는 점에서는 동일하다. 그레이엄은 여기에서 조금 더 나아가 이 책들은 명상 수행을 기술하고 있으며 호흡술과도 관련 있다고 말한다.[35] 이 편에서 호흡술의 존재는 명확하게 증명되지는 않지만, 샤머니즘과 양생의 관련을 증거하는 정황 증거를 찾을 수는 있다.

앞에서 샤머니즘의 기본 구도인 '준비과정+신의 빙의'에 대해 말했는데, 유사한 구도가 『관자』에서도 확인된다. 관련된 예문을 인용하면, 다음과 같다.

> 삼가 그 집을 치우면 정이 장차 스스로 올 것이다.[36]
> 그 욕심을 비우면 신이 장차 와서 머물 것이다.[37]
> 불결한 것을 치우면 신이 이에 머물 것이다.[38]
> 마음이 안정되고 기가 다스려져 있으면 도가 이에 머물 것이다.[39]
> 마음이 고요할 수 있으면 도가 장차 스스로 자리를 잡을 것이다.[40]
> 이 기는 힘으로 머물게 할 수는 없으나 덕으로 편히 머물게 할 수 있다.[41]

심정(心靜)이니 불결한 것을 치운다느니 하는 것은 모두 신을 불러들이기 위한 '준비과정'에 대응한다. 그리고 그 결과 심에 와서 머무는 정(精)과

---

34) W. Allyn Rickett, *Guanzi* vol 2(Princeton, 1985), 15.
35) A. C. Graham, 나성 역, 『도의 논쟁자들』(새물결, 2003), 173-182.
36) 『管子』「內業」: 敬除其舍, 精將自來.
37) 『管子』「心術上」: 虛其欲, 神將入舍.
38) 『管子』「心術上」: 掃除不潔, 神乃留處.
39) 『管子』「內業」: 心靜氣理, 道乃可止.
40) 『管子』「內業」: 心能執靜, 道將自定.
41) 『管子』「內業」: 此氣也, 不可止以力, 而可安以德.

제5장 세계관과 수양 323

신(神) 그리고 도(道)와 기(氣)는 모두 무속의 '빙의하는 신'과 대응한다. 그런데 샤머니즘의 기본구도는 『관자』보다 빠른 시기의 내용을 전하고 있는 『국어』와 『좌전』에서도 확인된다.

『좌전』과 『국어』에는 조상신인 귀신을 비롯하여 산천의 신, 별, 태양, 달, 오곡, 토지의 신 등이 언급된다. "『좌전』과 『국어』에 드러나 있는 시대는 말하자면 범신적인 세계였다."[42] 시바타 키요츠구(柴田淸繼)의 조사에 따르면 『좌전』과 『국어』에는 귀신의 빙의에 관한 기사가 몇 개 보인다.[43] 그 중 하나는 소공(昭公) 7년의 기사에 있는 정나라 사람에 의해 살해당하여 귀신이 된 백유(伯有)에 관한 것으로, 이곳에서 자산은 귀신이 사람에게 빙의하여 음려가 된다고 말하고 있다.[44] 보다 발전적인 예도 보인다. 예를 들어, 희공(僖公) 5년의 기사에는 다음과 같은 대화가 실려 있다.

공이 말했다. "내가 제사를 드림이 풍성하고 깨끗하다면 신이 반드시 내게 머무를 것이다." (궁지기가) 답했다. "제가 듣기에 귀신은 사람과 친한 것이 아니고 오직 덕에 의존한다고 합니다. 그러므로 『주서』에서는 하늘은 친애하는 것이 없으니 오직 덕과 짝할 뿐이다고 했고, 또 (제물로 쓰인) 서직이 향기난 것이 아니요, 오직 밝은 덕이 향기나는 것이다라고 했습니다. … 이와 같이 덕이 아니면 백성들은 화평하지 못하고 신은 (제물을) 흠향하지 못합니다. 신이 빙의하는 것은 덕에 있기 때문입니다."[45]

귀신을 불러들이기 위해서 덕, 즉 인간의 능동적인 행위를 조건으로 하

---

42) 柴田淸繼, 「管子四篇における神と道」, 『日本中國學會報』36(1984), 14.

43) 柴田淸繼(1984), 14.

44) 『左傳』: 其魂魄猶能馮依於人, 以爲淫厲.

45) 『左傳』: 公曰, "吾享祀豐絜, 神必據我." 對曰, "臣聞之, 鬼神非人實親, 惟德是依. 故周書曰, '皇天無親, 惟德是輔.' 又曰, '黍稷非馨, 明德惟馨.' … 如是, 則非德, 民不和, 神不享矣. 神所馮依, 將在德矣."

고 있다는 점에서 단순히 원혼이 빙의한 경우보다 발전된 형태라고 할 수 있다. 그런데 이것은 앞에서 인용한 『관자』의 구도와도 부합한다. 『좌전』의 시기를 '무속에서 수양론으로 옮겨가는 과정'이었다고 한정하면, 『관자』는 '완전히 수양론으로 옮겨온 무속적인 양생'이라고 규정할 수 있을 것이다.

『관자』에는 "마음속에 또 마음이 있다(心之中又有心)"는 흥미로운 구절이 있다. 학자들은 이곳의 심을 물리적 심과 정신적 심으로 나누는 견해에 익숙해 보이지만, 내 해석은 다르다. 주지하듯이 명상 특히 관법(觀法)에서는 현재 이 자리에서 일어나고 있는 마음 등의 현상을 조용히 관한다. 그런데 마음 등을 관한다는 것은 관하는 나, 즉 마음과 관하여지는 마음이 있다는 것을 의미한다. "마음챙김은 마치 거울과 같다. … 이것은 생각의 과정 자체가 아니다. 생각이 일어나기 직전, 즉 개념이 형성되기 전의 깨어있는 마음이다. … 엄밀히 말하면 생각하는 일과 그 생각 자체를 알아차리는 일은 전혀 별개이다."[46] 마음 밖의 마음은 관하는 수양 주체로서의 나이고, 마음속에 있는 마음은 수양의 대상이 되는 마음으로서 빙의해온 신과 대응한다. 나는 이 구절을 수양론이 무속에서 연원했을 가능성을 보여주는 증거로 해석하고 싶다.

『관자』에서는 양생의 맥락에서 기가 본격적으로 사용되기 시작한다. 예를 들어, "배부르게 먹고 움직이지 않으면, 기가 사지에 통하지 않는다"[47]라는 구절이 보인다. 이것은 앞에서 인용했던 『좌전』의 선기(宣氣)보다도 양생술 쪽으로 더 나아간 것이다. 마왕퇴 발굴 문헌인 『십문(十問)』에서는 "기를 흡입하는 방법은 반드시 사지의 끝에 이르게 하는 것이다"[48]고 말하고 있는 것이 그 근거다. 그런데 이처럼 본격적으로 양생 쪽으로 움직여 나

---

46) Larry Rosenberg, 미산스님·권선아 역, 『일상에서의 호흡명상 : 숨』(한언, 2006) 40.
47) 『管子』「內業」: 飽不疾動, 氣不通于四末.
48) 『十問』: 吸氣之道, 必致之末.

가는 과정에서는 '도에서 기로의 전환'이라는 고리가 있었던 것으로 보인다.

즉 『관자』 사편에서는 "무릇 도는 몸을 채우는 것이다"[49]라고 하면서 또 "기라는 것은 몸을 채우는 것이다"[50]라고 말하고 있다. 분명 도와 기는 대치될 수 있는 것으로 여겨졌던 것이다. 이것은 앞에서도 인용했던 "이 기는 힘으로 머물게 할 수는 없으나 덕으로 편히 머물게 할 수 있다"[51]와 '덕은 도의 집'[52]이라는 구절을 통해서도 알 수 있다. 또한 『관자』 사편에서 기는 양생을 넘어서서 전일적 인식을 가능하게 하는 것으로 간주된다. 그것은 도 즉 '신이 와서 머무는 것이 생명력과 지력의 근원'[53]으로 받아들여졌다는 사실과 관련되어 있다. 즉 앞에서 말한 것처럼 기와 도가 통하므로, 도의 효과인 놀라운 지력은 그대로 기에도 인정되는 것이다. 그래서 다음과 같은 말이 가능해진다.

점을 치지 않고도 길흉을 알 수 있는가? … 다른 이에게 묻지 않고도 자신에게서 깨우칠 수 있다. 그러므로 다음과 같이 말한다. "생각하라. 생각해도 얻지 못하면, 귀신이 가리켜 준다." 그러나 이것은 귀신의 힘이 아니다. 정기의 힘이다.[54]

정은 기 가운데 정미한 것(精者, 氣之精者也)이므로 정기(精氣)는 결국은 기일 뿐이다. 따라서 기에는 사려(思)를 넘어서는 특별한 인지 능력이 있다

---

49) 『管子』「內業」: 夫道者, 所以充形也.

50) 『管子』「心術下」: 氣者, 身之充也.

51) 『管子』「內業」: 此氣也, 不可止以力, 而可安以德.

52) 『管子』「心術上」: 德者, 道之舍.

53) 柴田淸繼(1984), 15.

54) 『管子』「心術下」: 能毋卜筮而知凶吉乎? … 能毋問于人而自得之于己乎? 故曰, 思之. 思之不得, 鬼神敎之, 非鬼神之力也, 其精氣之極也.

고 할 수 있다. 오니마루 노리(鬼丸紀)는 "의(意)라는 것은 사고 이전의 정신 작용을 하는 것이라고 생각된다. 따라서 의에 머무는 기도 당연히 같은 기능을 한다고 생각하지 않으면 안 된다"[55]고 말한다. 그는 이 주장의 근거로, 다음과 같은 점을 제시했다.

1) 의기가 안정된 후에 몸은 바르게 된다. 기는 몸을 채우는 것이다. 바른 것은 행동의 표준이다. 채운 것이 아름답지 못하면 마음을 얻지 못한다. 행위가 바르지 않으면 백성들은 복종하지 않는다.[56]

2) 이런 까닭으로 이 기는 힘으로 제지할 수 없고, 덕으로 편안히 할 수 있다. 소리로 부를 수는 없고 의로써 맞이할 수 있다.[57]

3) 뜻으로 먼저 말하고 뜻이 나타난 후에 모양을 지닌다. 모양을 지닌 후에 생각한다. 생각한 후에야 알 수 있다.[58]

그는 먼저 1)을 근거로 기는 육체에 갖추어져 있으면서 심을 규정하는 근원적 존재임이 분명하다고 주장한다. 그리고 2)를 근거로 의는 기를 맞이해서 묵게 하는 장소라고 생각된다고 말한다. 마지막으로 3)을 근거로 더하면서 위와 같이 해석한다.

이미 말했듯이 도의 생리적이고 지적인 특성을 말하는 『관자』 사편에서 도와 대등한 기에 특별한 인지 능력이 인정되는 것은 가능하다. 그러나 그 이유가 의를 거처로 하는 기에는 의의 특성이 있기 때문이라는 주장은 받아들이기 힘들다. 의와 기를 같은 것으로 보는 견해는 일반화시키기 어려울 것이다. 그러나 기가 사려와는 다른 특수한 인지를 가능하게 한다는 점

55) 鬼丸紀, 「管子四篇における養生說について」, 『日本中國學會報』 35(1983), 62.
56) 『管子』 「心術下」 : 意氣定, 然後反正. 氣者身之充也, 行者正之義也. 充不美則心不得, 行不正則民不服.
57) 『管子』 「內業」 : 是故此氣也, 不可止以力, 而可安以德 ; 不可呼以聲, 而可迎以意.
58) 『管子』 「心術下」 : 意以先言, 意然後形, 形然後思, 思然後知.

은 받아들이지 않을 수 없다. 그런데 기에는 이와 같은 인지적인 특성 외에도 물리적인 측면도 있다.

예를 들어, 「내업」편에서는 "무릇 사람의 생명이라는 것은 하늘이 정을 내고 땅이 형을 내어 이것을 더해서 사람이 된다"[59]라고 말하고 있다. "이곳의 정(精)도 … 정기(精氣)라고 볼 수 있을 것이다. 기는 본래 자연계에 갖추어져 있는 것으로 그것에 따라서 사람이 생겨난다. 바꿔 말하자면, 사람은 우주 전체를 움직이고 있는 큰 힘, 곧 정기로부터 생겨난 것으로 여기에서 사람과 우주가 결합되어 있는 것을 인정할 수 있다."[60] 기에 인지적이고 물리적인 특성이 있다는 것을 명확하게 보여주는 문장이 또 있다.

> ① 무릇 만물의 정은 곧 생명이 된다. 아래로 오곡을 낳고, 위로는 뭇 별들이 된다. ② 천지의 사이를 흘러 다니면 귀신이라고 한다. (그것을) 흉중에 보관하면 성인이라고 한다. 이런 까닭으로 ③ 민기는 밝아서 마치 하늘에 오른 듯하고 아득하여 마치 심연속으로 들어간 듯하다. 매끈한 것이 바다에 있는 듯하고 모이는 것이 나에게 있는 듯하다.[61]

①을 물리적인 측면, ②를 심리적이고 인지적인 측면으로 그리고 ③을 전일적 세계상으로 해석하고 싶다. 이런 해석이 타당하다면, 『관자』의 기는 심리와 생리 그리고 몸 밖의 우주를 아우르는 전일적 특성을 가진 실재라고 평가할 수 있을 것이다. 이와 같은 기의 특성은 『장자』에서 보다 분명하게 나타난다.

---

59) 『管子』「內業」: 凡人之生也, 天出其精, 地出其形, 合此以爲人.

60) 鬼丸紀(1983), 65.

61) 『管子』「內業」: 凡物之精, 此則爲生. 下生五谷, 上爲列星. 流于天地之間, 謂之鬼神. 藏于胸中, 謂之聖人. 是故民氣, 杲乎如登于天, 杳乎如入于淵, 淖乎如在于海, 卒乎如在于己.

전제5 : 『장자』의 기론은 샤머니즘의 영향을 받은 수양론과 밀접하게 관련되어 있다.

『한서』「예문지」에 나오는 『장자』는 유향의 손을 거치면서 52편으로 정리된 것이다. 여기서 19편을 제하고 33편을 산정한 서진(西晉)의 곽상(郭象, 252?-312)은 본래의 『장자』에서 주로 점성술과 같은 신비적인 내용을 지워낸 것으로 보인다.62) 추정컨대, 그 버려진 것 속에는 무속이나 양생술과 관련된 것이 많았을 것이다. 『도덕경』을 정리한 왕필도 그런 해석을 배제했을 가능성이 있다. 결국 노장은 위진 시기의 현학자들에 의해 재해석 및 정립되는 과정에 샤머니즘이나 양생과 같은 종교적이고 신비적인 체험들로부터 멀어졌다는 평가가 가능해진다.63) 따라서 『장자』에서 샤머니즘과 양생에 관한 논의를 발견하기 위해서는 조금 더 관대해야 한다. 샤머니즘의 흔적을 보여주는 명확한 자료로는 다음과 같은 것이 있다.

1) 이목을 따라 안으로 통하고 마음으로 아는 (분별의) 지를 멀리하면, 귀신이 장차 와서 머물 것이다.64)

2) 안성자유가 동곽자기에게 말했다. 내가 선생님의 말씀을 듣건대 일 년이면 허식을 버리고 질박하게 되고, 이 년이면 주위를 따르게 되며, 삼 년이면 통하게 되고, 사 년이면 물이 되며, 오 년이면 (자신에게) 오고, 육 년이면 귀가 들어오며, 칠 년이면 자연스럽게 이루고, 팔 년이면 생사를 알지 못하며, 구 년이면 크게 묘한 경지에 선다고 하였습니다.65)

---

62) 이 점에 관한 논의는 조윤래, 『장자사상과 그 정신세계』(장서원, 2000) 및 조윤래, 「장자 사상의 연원고」, 『동양철학연구』(1984)를 참조.

63) 정우진, 「양생과 한의학」, 『도교문화연구』 32(2010).

64) 『莊子』「人間世」: 夫徇耳目內通, 而外於心知, 鬼神將來舍.

65) 『莊子』「寓言」: 顏成子游謂東郭子綦曰, 自吾聞子之言, 一年而野, 二年而從, 三年而通, 四年而物, 五年而來, 六年而鬼入, 七年而天成, 八年而不知死・不知生, 九年而大妙.

귀신이 와서 머문다거나 들어온다는 것은 무속적인 강신의 다른 표현에 틀림없다. 물론 장자에서 강신의 표현은 찾기 힘들다. 그리고 2)의 인용문에서 알 수 있듯이 귀입(鬼入)의 단계는 깨달음의 전체 단계에서 하나로 취급되고 있을 뿐이다. 장자의 시선이 무속을 넘어서서 양생 일반으로 나아간 증거로 해석할 수 있다.[66] 다음으로 양생의 흔적이 분명한 구절을 검토하기로 한다. 「제물론」에는 남곽자기의 우화가 전한다.

남곽자기가 궤에 기대 앉아 있다가 하늘을 바라보고 숨을 내쉬었다. 놓여나서 짝을 잃은 듯하였다. 안성자유가 입시하고 있다가 말했다. 어째서입니까? 진정 몸을 마른 나무처럼 만들고 마음을 타버린 재처럼 만들 수 있습니까? 지금 궤에 기대어 있는 사람은 이전에 궤에 기대어 있던 사람이 아닙니다. 자기가 말했다. 언아 또한 좋지 아니한가? 너의 질문이. 지금 나는 나를 잃었다. 너는 그것을 아느냐?[67]

---

66) 이런 생각은 장자에는 오히려 종교적이고 신비적인 요소가 농후하다고 보고, 그래서 그런 토대 위에서 장자학파의 기원을 종교적인 집단이었다고 해석하는 마스페로(Henri Maspero)의 견해와는 다르다. 조윤래(2000) 62를 참조

'앙천이허(仰天而噓)'는 하늘을 바라보고 숨을 내쉰다는 뜻이다. 그런데 마왕퇴 도인도는 앙천이허(仰天而噓)가 단순한 일회적 행위가 아닌 일종의 호흡술임을 알려준다. 마왕퇴 발굴 도인도(導引圖)에는 44개의 도인을 행하는 이의 모습이 그려져 있다. 각각의 그림에는 명칭이 있다. 이 중 34번째의 복원도는 위와 같다.

두 손을 위쪽에서 뒤로 하고 기지개를 하는 듯한 모양이다. 이 그림에는 앙호(仰謼)라는 명칭이 쓰여 있다. 호(謼)는 호(呼)의 옛글자다. 결국 『장자』 인용의 앙천이허(仰天而噓)는 앙호(仰謼)와 부합한다. 그렇다면, 뒤의 "몸이 고목과 같게 되고 마음은 타버린 재와 같이 된다"는 글의 뜻을 이해할 수 있다. 이런 모양은 각성 단계에서 외부로 드러나는 현상과 부합한다.

> 수행에 들어가자 기대했던 것처럼 느린 호흡이 나타나고, 맥박이나 체온이 안정되었다. … 라자와 벤슨은 이 실험의 결과를 두고 각성이 일어나기 전 스트레스 해소와 같은 이완이 일어나는 동안에는 전반적으로 뇌는 안정되지만 주의집중을 담당하는 뇌는 흥분하는 안정 흥분의 역설(paradox of calm commotion)이라는 현상이 나타나는 것이 특징이라고 했다.[68]

위에 보이는 남곽자기의 모양은 장현갑이 말하는 이완과 안정 상태에 부합한다. 그러나 그것은 외적 모습일 뿐, 실은 위 단계에 들어 있는 이의 뇌는 굉장히 활발한 활동을 하고 있는 것이다. 그리고 그런 활동의 체험이 전일적이라는 것은 앞의 인용문을 통해서 확인할 수 있다. 즉 "짝을 잃은 듯하다"는 것이 그런 전일적 체험을 말하는 것이다. '오상아(吾喪我)'가 전

---

67) 『莊子』「齊物論」: 南郭子綦隱机而坐, 仰天而噓, 荅焉似喪其耦, 顔成子游立侍乎前, 曰, 何居乎? 形固可使如槁木, 而心固可使如死灰乎? 今之隱机者, 非昔之隱机者也. 子綦曰, 偃, 不亦善乎? 而問之也! 今者吾喪我, 汝知之乎?

68) 장현갑(2009), 192.

일적 체험임을 지지하는 근거는 「소요유」에서 찾을 수 있다.

「소요유」는 장자가 말하는 경지가 신화적 혹은 우화적으로 표현된 편이다. 그런 절대적 자유의 경지에 대한 묘사 중 한 구절은 다음과 같다. "한 편천지의 바름을 타고 육기의 나뉨을 부려서 무궁한 곳에 노니는 이에게 어찌 기다림이 있겠는가?"[69] 육기는 호흡술에서 말하는 '때에 따른 여섯 가지의 기'를 말한다. 기를 통한 양생술이 행해지고 있다는 증거다. 그런데 이곳의 양생술은 단순히 물리적 장생을 목표로 하는 것이 아니다. 그것은 인용문의 무대(無待)로 표현된 것으로 상대가 없는 지점 즉 절대를 지향한다. 대대(待對)의 상대 세계를 벗어난 지점을 향해가는 수단으로 양생술이 행해지고 있음을 이 구절은 보여준다.

「소요유」의 이 구절과 「제물론」의 인용문을 같은 맥락에서 보면, 짝을 잃었다고 하는 것은 바로 대대의 상대 세계를 벗어난 경지에 이르렀음을 뜻한다. 오상아의 아(我)는 상대 세계의 존재이고, 오(吾)는 절대적 경지에 이른 상태에서의 나인데, 당연히 수양의 주체는 오이고 대상은 아가 된다. 자의식이 없는 오가 상대 세계의 아를 절대적인 경지로 끌어올리는 것이 수양의 과정이다. 장자가 지향했던 것은 자의식을 완전히 소해(消解)하고 자연 속으로 미끄러져 들어가는 것이었을지도 모른다. 거기에는 나뉨이 없고 따라서 상대가 없다고 표현되어야 했을 것이다. 이 생각을 확인하고 전일적 인지와 기의 관계를 살펴보기 위해 심재(心齋)가 나오는 구절을 분석해보자. 다행히 이 구절도 신뢰성이 높은 「인간세」에 전한다.

회가 말했다. 감히 심재에 관해 여쭙겠습니다. 중니가 말했다. 너는 뜻을 한결같이 하고 귀로 듣지 말고 마음으로 들으며 마음으로 듣지 말고 기(氣)로 들어라. 귀는 들음에 그치고 심은 상징(符)에 멈추지만 기는 텅 비어서 외물을 마주한다. 아, 도가 빈 곳에 모이는 것이니 비움 그것이 심재다.[70]

---

69) 『莊子』「逍遙遊」: 若夫乘天地之正, 而御六氣之辯, 以遊無窮者, 彼且惡乎待哉.

'심재(心齋)'는 비운 상태인데, 앞의 '오상아'에서 아를 잃은 상태와 같다고 할 것이다. 『설문해자』에서는 '집(集)'자를 새가 나무 위에 모이는 모양이라고 하고 있다. "뭇 새들이 나무 위에 있다."[71] 『장자』의 이 구절은 새가 빈 새둥지에 깃드는 모양을 연상하면서 기술되었을 것이다. 그리고 그것은 『관자』의 '무속적 양생'에서 신이 내사(來舍)하는 장면의 묘사와 부합한다. "날개를 퍼덕이며 저절로 오니 신은 그 끝을 알 수 없다. 신은 밝게 천하를 비추고 사방의 끝까지 통한다."[72]

『관자』와 『장자』 등을 거치면서 토대가 마련된 기적 세계관은 동양과학의 세계관으로서, 무속으로부터 적잖은 영향을 받았다. 무속의 유산을 계승한 기의 세계상은 개체와 개체의 완전한 분절을 상상할 수 없고, 인식의 대상과 주체가 격절되지 않는 모습의 세계였다. 그런데 대상과 주체가 격절되지 않는다면 대상으로서의 세계를 어떻게 인식할 수 있다는 말인가?

2. 감응의 인지

내가 알기로 한의학의 망진이 뉘앙스의 포착과 관련 있음을 처음으로 말한 사람은 앞에서도 몇 차례 인용한 시계히사 구리야마다. 그는 본래의 망색은 색 자체가 아니라 색의 뉘앙스를 잡아내는 것이라고 말했다.

애틀란타에 살 때, 나의 이웃은 헌신적인 정원사였다. 그러나 나는 정원에 신경을 쓰지 않았다. 매년 봄, 그 차이는 분명했다. 이웃의 진달래는 기름진 토양에 살고 있음을 전하는 화려한 색으로 빛났다. 그러나 전 주인이 심은 내

---

70) 『莊子』 「人間世」 : 回曰, 敢問心齋. 仲尼曰, 若一志, 無聽之以耳而聽之以心, 無聽之以心, 而聽之以氣! 耳止於聽, 心止於符. 氣也者, 虛而待物者也. 唯道集虛. 虛者, 心齋也.

71) 『說文解字』 : 群鳥在木上也.

72) 『管子』 「心術下」 : 翼然自來, 神莫知其極, 昭知天下, 通于四極.

꽃은 척박한 토양을 알려주는 창백한 빛을 띠었다. 이웃집의 잎은 말 그대로 윤기 있는 생명으로 빛났으나 내 것은 생기가 없어 보였다. 중국의학의 얼굴 관찰도 같은 식이었다. 결국 생명의 차이는 색의 차이, 즉 보라색과 흰색의 차이가 아니다. 그것은 같은 색조의 윤기 있음과 없음 사이의 대조와 같은 것이다. 돼지의 지방과 닭의 벼슬 그리고 까마귀 깃의 윤기 나는 흰색과 붉은 색 그리고 검은 색은 모두 회복의 징후다. 그러나 마른 뼈의 생기 없는 흰색과 응고한 피의 붉은 색 그리고 그을음의 검은 색은 죽음을 상징했다.73)

구리야마는 이것이 무엇(what)보다는 어떻게(how)를 묻는 방식이며,74) 뉘앙스를 듣는 방식이라고 말한다. 앞의 주장은 좀 억지스럽지만, 뉘앙스를 듣는 방식이라는 생각은 받아들일 만하다. 맥진은 표현된 말과 같이 선명한 질병을 찾는 방식이 아니고, 말의 떨림처럼 보다 깊은 진실을 전하는 질병의 뉘앙스를 포착하는 방식이다.

진맥에서는 "나는 더 이상 신경 쓰지 않아"라고 말하지만, 그녀의 목소리 톤에서 고통스런 슬픔을 듣는 것과 같은 방식으로 사람을 진단한다. 즉 단어의 추상적이고 비인간적인 의미를 듣는 것이 아니라, 그 배후에 잠재되어 있는 정신(spirit)을 듣는 것이다.75)

정신을 듣는 혹은 그녀의 목소리에서 슬픔을 듣는 것은 어떻게 가능할까? 이런 인식이 성립할 수 있는 것일까?

나는 동양철학에는 인식론이 없으므로 철학이 아니라는 냉소적 비난에 익숙하다. 그러나 내가 보는 것이 진정 참인가라는 질문이야말로 이상하지

---

73) Shigehisa Kuriyama, 정우진·권상옥 역, 『몸의 노래』(이음, 2013), 188.

74) Shigehisa Kuriyama, (2013), 98-99.

75) Shigehisa Kuriyama, (2013), 110.

않은가? 동양에는 그런 문제에 대한 고민이 부재하다. 후기 묵가에서 비롯했다고 추정되는 순자의 소박한 인식론을 제하고는 인식론이라고 할 만한 것도 생각나지 않는다.

인식이 동양 사유에서 주도적 위치를 점하지 못한 까닭은 무엇일까? 앞에서 누누이 얘기해왔던 기의 특성과 관련이 있다. 모종의 태도인 기는 아주 선명하지만, 객관적으로 파악되지 않는다. 한 순간 전체적으로 느껴질 뿐, 부분으로 환원되지도 않는다. 그러므로 기의 객관적 인식은 불가능에 가깝다고 말해야 한다. 그럼에도 불구하고 한의학을 포괄하는 동양과학문화에서는 기의 파악을 적극적으로 권장했다. 그것은 객관적 인식이 아니라 '올바른' 인식이 중요하다고 말하는 듯한데, 단순히 세상을 받아들임이 아니라 올바로 받아들임에 관한 논의야말로 동양적이지 않은가? 그건 삶속에서 질문을 던졌던 동양인의 논의다운, 참으로 동양적이고 현실적이며 당장 유의미한 것이었다.

이 절에서는 동양의 인식론이 사태의 올바른 파지에 관한 이론이며 수양론에 기반하고 있다고 말할 것이다. 그런데 올바른 인식에 관한 논의라면, 인식론이라는 표현은 적절하지 않다. 종종 혼용되곤 하지만 '인식'과 '인지' 사이에는 몇 가지 차이점이 있다. 인식은 철학 용어이고 인지는 심리학 용어다. 인식은 진리 판단에 관한 것임에 반해, 인지는 단순히 사태를 받아들이고 반응하는 심리과정에 집중한다. 그런데 중국의 인식에 관한 논의는 인식의 심리과정 자체에 주목한다. 따라서 인식보다는 인지라는 표현이 적절해 보인다.

올바른 인지에 대한 논의의 단초는 『장자』「인간세」편에 보인다. 공자는 포악한 위군을 만나서 설득하겠다는 안회에게 위험을 알려준다. "그곳에 가면, 형벌을 받게 될 것이다."[76] 사랑하는 제자에게 이렇게 말한 까닭

---

76) 『莊子』「人間世」: 譆, 若殆往而刑耳.

은 무엇일까? 공자의 대답은 길지만, 요지는 다음과 같다. "무릇 너는 덕이 두텁고 믿음이 굳지만, 사람의 기분에는 도달하지 못했다. 명예를 다투지는 않지만 사람들의 마음에는 이르지 못했다."[77] 공자가 권하는 인지는 기를 듣는 것이다. 장자는 공자의 입을 빌려서 이상적인 인지에 관해 말한다.

중니가 말했다. 너는 뜻을 한결같이 하라. 귀로 듣지 말고 마음으로 들어라. 마음으로 듣지 말고, 기로 들어라. 귀는 듣는 것에 고착되고, 마음은 상징에 고착된다. 기라는 것은 텅 비어서 만물을 기다리는 것이다. 도가 빈 곳에 모여든다. 허라는 것이 심재다. 안회가 말했다. 제가 아직 가르침을 받지 못했을 때는 회로 가득 차 있었지만, 가르침을 받은 후에는 처음부터 회는 없었습니다. 이것을 허라고 할 수 있습니까? (공자가 말했다) … 저 아무것도 없는 곳을 보라. 빈방에서 흰 것이 생겨난다. 상서로운 것이 와서 거처한다. 무릇 그치지 않는 것을 일러 앉아 달린다고 한다. 눈과 귀를 따라 안으로 통하고 마음의 아는 바를 벗어나면 귀신도 와서 머물거늘 사람이야 어떻겠는가![78]

감관을 벗어나라는 것은 마음을 비우라는 말과 같다. 허(虛)는 그처럼 비워진 마음의 상태를 말한다. 인용문에서는 심재(心齋)를 통해 허정해진 마음에 도가 들어온다고 말하고 있다. 그런 경지에 이르러서야 기로 들을 수 있다. 그런데 기로 들으라는 말은 무슨 뜻일까? 기로 들으라는 것은 말이 아닌 소리를 들으라는 뜻이다. 말이 이성적으로 이해되어야 하는 것이라면 소리는 공명되는 것이다. 이 때문에 공자는 위의 생략한 구절 중 한 곳에서

---

77) 『莊子』「人間世」:且德厚信矼, 未達人氣, 名聞不爭, 未達人心

78) 『莊子』, 「人間世」:仲尼曰, 若一志, 無聽之以耳而聽之以心, 無聽之以心而聽之以氣! 耳止於聽, 心止於符. 氣也者, 虛而待物者也. 唯道集虛. 虛者, 心齋也. 顔回曰:回之未始得使, 實有回也. 得使之也, 未始有回也. 可謂虛乎? … 瞻彼闋者, 虛室生白, 吉祥止止. 夫且不止, 是之謂坐馳. 夫徇耳目內通而外於心知, 鬼神將來舍, 而況人乎!

이렇게 말하고 있다.

> 너는 위나라에 들어가 노닐되 그 이름에 구애받지 마라. 너희 말이 받아들
> 여지면 울고 받아들여지지 않으면 그만둬라.[79]

언(言)이나 설(說)이 아닌 운다는 뜻의 명(鳴)자를 쓰고 있음에 주목하지
않을 수 없다. 기로 들으라는 말은 결국 공명 즉 '함께 울어라'는 뜻이다.
『장자』는 이성적 마음으로 설득하지 말고 공명하라고 말하는 셈이다.[80]
기가 외부의 사물(사태나 사건도 포함)을 기다린다는 말은,『관자』에도 나온
다. "마음이 안정되고 기가 다스려져 있으면 도가 이에 머물 것이다."[81] 외
부 세계와의 공명 즉 감응은『관자』와『장자』수양론의 공통된 지향점이
었다. 기는 그런 공명을 가능하게 하는 감응의 생명력이다. 그런데 이런 인
지는 어떻게 가능한 것일까? 칼 융(Carl Gustav Jung, 1875-1961)은 동시성
에 관해 논하면서 동양적 사유를 언급한 바 있다. 동시성에 관한 그의 말을
인용해보자.

> 무의식은 정신적으로나 도덕적으로 뚜렷한 의식의 대낮의 밝음에서부터
> 예로부터 교감신경으로 불리는 저 신경계 아래쪽까지 미치는 그런 정신이
> 다. 대뇌척추계처럼 지각이나 근육활동을 유지하고 그럼으로써 둘러싸고 있
> 는 공간을 지배하는 것이 아니고, 감각기관 없이 삶의 균형을 얻고 매우 비밀
> 스러운 방법으로 동시에 흥분됨으로써 다른 생명의 가장 내면에 있는 존재
> 로부터 오는 기별을 전해줄 뿐 아니라, 이 내면의 작용에 영향을 끼친다. …
> 반면에 뇌척추 기능은 자아가 명확하게 분리하는 데서 절정에 달하고, 항상

---

79) 『莊子』「人間世」: 若能入遊其樊而無感其名, 入則鳴, 不入則止.
80) 정우진, 「곽점노자의 양생론 해석」, 『철학』119(2014), 15-16 참조.
81) 『管子』「內業」: 心靜氣理, 道乃可止.

공간 매체를 통해서 표면적인 것과 외형적 형식을 파악하려 한다. 후자는 모든 것을 외부적인 것으로 체험하나, 전자는 모든 것을 내면적인 것으로 체험한다.[82]

융에 따르면 서양의 시각중심주의와는 상반되게 무의식, 즉 신비적 융합을 가능하게 하는 감각기관은 바로 신경계 아래쪽까지 미치는 교감신경계이다. 그리고 그런 인식은 대상을 내화시키는 인식이다. 대상이 내화된다면 인식 주체와 대상은 격절되지 않는다. 그런데 감관을 통하지 않고 마음으로도 듣지 않고 기로 들으라고 말한 까닭은 무엇일까? 감관이라는 것은 정신이 드나드는 통로이다. 동양에서는 그런 통로를 통해 정신이 나가서 돌아오지 않는 상태를 경계한다. 정신이 떠나면 지력은 쇠퇴하고 끝내 우환이 닥친다고 보기 때문이다. 이런 구도는 『회남자』「정신훈(精神訓)」에 잘 그려져 있다.

> 이목이 성색의 즐거움에 빠져 있으면 오장은 요동쳐서 안정되지 않는다. 오장이 요동쳐서 안정되지 않으면 혈기가 넘쳐서 쉬지 않는다. 혈기가 넘쳐서 쉬지 않으면 정신은 밖으로 내달려 지켜지지 않는다. 정신이 밖으로 내달려 지켜지지 않으면 화복의 이름이 언덕이나 산과 같다고 해도 알 수 없다.[83]

---

82) Carl Gustav Jung, 한국융연구원 칼 융 저작 번역위원회 역, 『원형과 무의식』(솔, 2002), 126. 현대의 뇌과학에 따르면 공간 감각이 없어져서 자기의 물리적 한계를 인식하지 못하고 그럼으로써 외부와 나를 전일적으로 인식하게 되는 것은 측두엽에서 발생한다고 한다. 물론 이런 발견은 융의 그와 같은 정신이 교감신경이라고 불리는 저 신경계 아래쪽까지 미치는 정신이라는 견해와 양립 가능하다. 융은 그런 정신이 교감신경에 위치한다고 말한 것이 아니기 때문이다.

83) 『淮南子』「精神訓」: 耳目淫於聲色之樂, 則五藏搖動而不定矣. 五藏搖動而不定, 則血氣滔蕩而不休矣. 血氣滔蕩而不休, 則精神馳騁於外而不守矣. 精神馳騁於外而不守, 則禍福之至, 雖如丘山, 無由識之矣.

동양적 사유에서 "지의(志意)는 정신을 제어한다."[84] 그리고 아래의 두 구절에서 추론하자면, 정신은 마음 안의 마음이다. "안정된 마음이 속에 있으면 이목이 총명하고 사지가 견고하여 정의 집이 될 수 있다."[85] "마음속에는 또 마음이 있다."[86] 마음 안의 마음이 배라면 지(志)는 방향을 결정하는 키와 같다. 마음을 제어하는 지를 전일되게 하라는 것은 바로 마음의 행방을 놓치지 말라는 뜻이다. 지가 전일하지 못하면, 마음 즉 정신은 '이 자리'가 아닌 다른 곳으로 떠나게 된다. 다른 곳에 가서 돌아오지 않는 상태 —그것의 극단적인 경우는 쉽게 정신이 나갔다고 할 때와 같은 상태일 것이다—는 흔히 다음과 같이 묘사된다.

> 무릇 사람의 뜻이 각각 다른 곳에 있어, 신이 다른 곳에 매어 있으면 걷다가 넘어지고 구덩이에 빠지며 머리로 나무를 들이받아도 알지 못한다. 손짓해도 보지 못하고 불러도 듣지 못한다. 귀와 눈이 없기 때문이 아닌데도 응답하지 못하는 것은 왜인가. 신이 그 자리를 떠났기 때문이다.[87]

이런 상태는 대개 사태에 인위적으로 참여하고자 하는 '욕정 혹은 욕망'에 의해 초래된다. "기욕이 차 있으면 눈으로 보지 못하고 귀로 듣지 못한다."[88] 교감하는 정신이 작동을 멈춘다! 결국, 인식에 있어서 마음의 편중을 경계한 것이다. 그 의미를 확정하기는 어렵지만 자신의 생각을 가지고 사태를 접하는 태도에 대한 경계임은 분명하다. 사려하는 마음은 세상을

---

84) 『靈樞』「本臟」: 志意者, 所以御精神.
85) 『管子』「內業」: 定心在中, 耳目聰明, 四枝堅固, 可以爲精舍.
86) 『管子』「心術下」: 心之中又有心.
87) 『淮南子』「原道訓」: 凡人之志 各有所在 而神有所繫者 其行也 足蹟趎墆 頭抵植木 而不自知也 招之而不能見也 呼之而不能聞也 耳目非去之也 然而不能應者何也 神 失其守也.
88) 『管子』「心術上」: 嗜欲充益, 目不見色, 耳不聞聲.

대상화하는데, 대상화된 세상은 나의 생각으로 본 세상이고, 자연스럽게 드러난 세상이 아니다. 마음은 대상의 참모습에 대한 인식을 방해한다. 이 것이 마음을 통한 인지를 부정한 까닭이다. 그러나 "귀로도 마음으로도 듣 지 않는 것이 회의론은 아니다."[89] 그리고 물리적 세상은 이성으로서의 마 음에 정확하게 포착된다. 기(氣)로 듣는다는 것은 그것과는 다른 세상의 면 모를 받아들이는, 어떤 인위적 작용도 없이 받아들이는 그런 인지다. '허 (虛)'라고 표현된, 그 상태는 마치 고요한 호수처럼 사물을 여여(如如)하게 비춰낼 뿐 아무것도 선택하지 않는다.

> '군자의 처함이 무지와 같다'는 것은 지극한 허를 말한다. '그 물에 응함
> 이 우연인 듯하다'는 것은 때맞춰 만나는 것을 말한다. 그것은 마치 그림자
> 가 모양을 본뜨고 메아리가 소리에 응하는 것과 같다. 그러므로 물이 이르면
> 응하고 지나가면 버려둔다. 버려둔다는 것은 다시 허로 복귀한다는 뜻이
> 다.[90]

그것은 자신의 마음을 끌고나가서 능동적으로 대상을 포착하는 그런 인 식이 아니라, 다가오는 대상을 비춰내는 수동적 인식이다. 자신의 인위적 이고 개체적인 마음이 아니므로—자신의 생각이 없으므로 다른 것과 구분 되는 개체적 마음도 아니다—마음을 통한 인식도 아니다. "외물에 응함이 우연인 듯한 것, 이것이 고요히 따르는 도이다."[91] 그런데 역설적이게도 대

---

89) 石田秀實, 「擴充する精神」, 『東方學』 63(1982), 6-7.
90) 『管子』 「心術上」: 君子之處也若無知, 言至虛也. 其應物也若偶之, 言時適也, 若影之
   象形, 響之應聲也. 故物至則應, 過則舍矣. 舍矣者, 言復所于虛也. 이 글은 본문에 대한
   주석의 형태를 띠고 있다. 외따옴표 해둔 문장이 본문이다. 『管子』를 정리한 인물은 유
   향인데, 유향은 무슨 연유에서인지 본문 안에 주석에 해당하는 글을 함께 두었다. 어쨌
   든 『論語』에서도 흔히 보이는 이런 기술 방식은 그리 낯설지 않다.
91) 『管子』 「心術上」: 其應物也若偶之. 靜因之道也.

상을 제대로 받아들이기 위해 자신을 비워야 하는 동양의 인지는 단순히 받아들임에 관한 이야기가 될 수 없다.

동양의 인지는 오히려 반응이라고 불러야 할 것이다. 대상의 다가옴에 대한 반응, 이것이 동양의 인지를 이해하는 기본틀이다. 그리고 자신을 비우고 대상의 기가 자신에게로 들어와 노닐게 하는 것이 이상적 인지다. 올바른 인지라고 말하는 순간, 그것은 수동적 인지일 수 없다. 올바른 인지라는 표현에는 대응이나 반응이라고 말해야 하는 능동적 방향성이 있다. 그러므로 동양의 인지에 관한 두 번째 질문은 동양에서의 반응에 관한 논의이다. 그런데 반응 자체를 포괄하는 개념이 있었을까? 정(情)이 그런 단어일 수 있을까? 우선 이 문제에 대해서 생각해보자.

정을 반응으로 읽어낼 수 있는 글로 『장자』 「제물론」에 보이는 남곽자기와 그의 제자인 안성자유 사이의 대화가 있다. 남곽자기는 아마도 깊은 명상을 경험했을 것이다. 남곽자기를 묘사하는 고목사회(枯木死灰)라는 표현은 망아(忘我)의 상태에 이르렀을 때의 외형이기 때문이다. 남곽자기는 호흡을 통해 망아의 상태에 이르렀을 것이다.[92] 그러므로 그가 바람을 타고 들어온 기운이 촉발시키는 다양한 반응에 관해 말하는 것은 우연이 아니다. 제자인 안성자유의 질문에, 남곽자기는 다음과 같이 답한다.

기쁨과 노여움, 슬픔과 즐거움, 걱정과 한탄, 변덕과 굴복, 경거망동과 방종, 욕정을 펌과 꾸밈. 음악 소리가 텅 빈 대나무 피리 통 속에서 나오고 습한 증기로 버섯이 돋아나듯이 갖가지 변화는 밤낮으로 앞에서 번갈아 나타나는데, 그게 어디서 생겨나는지를 알지 못한다. 그만두자꾸나. 그만두자꾸나. (어쨌든) 아침저녁으로 나타나니, 그 말미암아 생겨나는 바가 있을 것이다. 저것(彼)이 아니면 내가 없고 내가 아니면 저것이 취할 바가 없다. 이것은 또한 우리 가까이에 있지만, 우리는 무엇이 이것을 일으키는지 알지 못한다.[93]

---

92) 정우진, 「도가의 숨 : 전한 이전 시기 호흡술에 관한 연구」, 『도교문화』 41(2014).

윗글에서 정서와 충동은 구분되지 않는다. 심지어 사고와 정서가 뒤섞여 있는 아첨과 방자함조차 같은 범주에서 다뤄지고 있다. 그러므로 원문의 '저것(彼)'을 감정이라고 번역하면 오해를 불러일으킬 수 있다. 안동림은 해당 구절을 "감정이 없으면 내가 있을 수 없고, 내가 없으면 감정이 나타날 데가 없다"고 번역했다.[94] 그러나 『장자』의 대표적 주석가들인 곽상(郭象)과 성현영(成玄英)은 모두 자연(自然)이라고 해석한다.[95] 그것은 아직 반응으로 드러나기 전의 상태 혹은 존재다. 물론 반응이라고 볼 수도 있지만, 그때도 위에 예시된 것들을 모두 감정으로 포괄하는 것은 무리다. 이곳의 반응은 감정보다 훨씬 넓은 외연을 지니고 있다. 『소문』 「거통론(擧痛論)」에서도 노함이나 놀람 같은 정서적 반응은 추위로 인해 몸이 움츠러드는 것과 함께 언급되고 있다.

황제가 말했다. 좋습니다. 나는 모든 병은 기에서 생긴다는 것을 알고 있습니다. 노하면 기는 오르고 기뻐하면 기는 이완되며 슬퍼하면 소모되고 두려워하면 내려갑니다. 추우면 수렴되고 뜨거우면 새나갑니다. 놀라면 어지러워지고 수고로우면 없어집니다. 사려가 지나치면 기가 맺힙니다. 구기는 각각 다르니 각각 어떤 병을 만들어냅니까? 기백이 답했다. 노하면 기가 역상하고 심하면 피를 토하고 설사합니다. 그러므로 기가 올라간다고 하는 것입니다.[96]

---

93) 『莊子』 「齊物論」: 喜怒哀樂, 慮嘆變慹, 姚佚啓態, 樂出虛, 蒸成菌. 日夜相代乎前, 而莫知其所萌, 已乎已乎, 旦暮得此, 其所由以生乎. 非彼無我, 非我無所取. 是亦近矣, 而不知所爲使.

94) 안동림, 『장자』(현암사, 2000), 53.

95) 『莊子集釋』(中華書局, 2004), 56.

96) 『素問』 「擧痛論」: 帝曰, 善. 余知百病生於氣也, 怒則氣上, 喜則氣緩, 悲則氣消, 恐則氣下, 寒則氣收, 炅則氣泄, 驚則氣亂, 勞則氣耗, 思則氣結. 九氣不同, 何病之生. 岐伯曰, 怒則氣逆, 甚則嘔血及飧泄, 故氣上矣.

『황제내경』에서 정(情)은 대개 병정(病情), 즉 병의 상태와 인정(人情)의 뜻으로 사용된다. 다만 후대에 첨입된 『소문』 「자법론(刺法論)」에서는 욕정의 뜻으로 쓰인다. "침자를 마친 후에는 속으로 크게 기뻐함과 욕정을 삼가야 합니다."[97] 그러나 인용문에서는 수고로움 등이 좁은 의미의 감정과 병렬적으로 언급되고 있다. 그런 병렬 처리의 배후에는 좁은 의미의 감정과 수고로움이 같은 범주에 포함될 수 있다는 생각이 있다. '기(氣)의 반응혹은 기를 통한 반응'이라는 점에서 같기 때문이다. 정은 모든 반응을 포괄하는 단어다. 그런데 정으로 외현(外現)하는 기의 반응은 어떤 과정을 거쳐서 드러나는 것일까?[98]

곽점출토 문헌인 『성자명출(性自命出)』에는 정의 반응 과정이 비교적 구체적으로 묘사되어 있다. "정은 성에서 나온다. … 성이 중심이다. 외물이성을 취한다. 그것은 악기를 두드리지 않으면 울지 않는 것과 같다. 비록 사람에게 성심이 있지만 취하지 않으면 나오지 않는다."[99] 외물이 성을 취한다고 한 것은 외물의 자극에 의해 성이 발로된다는 뜻이다. 예를 들어, 연인을 보고 연모의 정이 생긴 경우, 연인은 물(物)이고 연모하는 마음은 성의발로다. 성자명출의 구도는 약간 다르지만, 정을 반응으로 보는 관점은 동일하다. 그런데 이런 발로를 가능하게 하는 생리적 토대는 어떤 것이었을까?

물리적 실체관에 토대한 현대의학과는 달리, 동양의학에서는 감정이 병

---

97) 『素問』 「刺法論」 : 其刺如畢, 愼其大喜, 欲情於中.

98) 연구자의 독서범위 내에서 이런 시도를 한 이로는 이시다 히데미(石田秀實)가 유일하다. 그는 「擴充する精神」, 『東方學』(1982)에서 동양인의 마음을 유체로서 몸안으로 흘러다니는 것으로 보는 관점을 피력했다. 이 논의는 이동철에 의해 국내에 번역 소개된 『기 흐르는 신체』에 좀 변용되어 실려 있다. 이시다의 선구적 논의는 논자의 착상을 구체화시키는 데 도움이 되었다.

99) 情生於性, … 凡性爲主, 物取之也. 金石之有聲, 弗扣不鳴, 人之雖有性心, 弗取不出. (『性自命出』. 李零의 郭店楚簡校讀記 교감에 따름).

인으로서 중시된다. 감정의 병인론은 『황제내경』에서부터 보이지만, 아직
은 어수선했던 병인론을 체계화시킨 이는 남송대의 진무택(陳無擇)이다.
그는 병인을 내인(內因), 외인(外因), 불내외인(不內外因)으로 나누고 그 중
내인에 감정을 포함시켰다. 그가 말한 병인으로서의 감정은 기쁨(喜), 노여
움(怒), 우울(憂), 근심을 동반하는 지나친 사려(思), 슬픔(悲), 두려움(恐), 놀
람(驚)이다. "칠정은 즐거움, 분노, 우울, 근심과 사려, 슬픔, 두려움, 놀람이
다."100) 이것은 앞서 보았던 『황제내경』의 구기(九氣)에서 한(寒), 열(熱), 노
(勞)를 제하고 우(憂)를 추가한 것이다. 그런데 진무택의 『삼인극일병증방
론(三因極一病證方論)』에서는 다음과 같이 말한다.

신이 안정되면 편안하고 정이 움직이면 어지럽다. 그러므로 즐거움, 분노,
근심, 사려, 슬픔, 두려움, 놀람의 일곱 감정은 … 각각 그 소속된 장을 따라
발생하고 병이 된다.101)

결국 정은 특정한 장에서 유래한다. 그렇지만 오행의 도입에 의해 장, 즉
마음이 다섯으로 분기되기 전을 생각한다면 정은 마음에서 드러나는 것이
다. 그런데 그런 정을 실어 나르는 것은 온몸을 채우고 있으면서 또 몸을
운행하는 기다. "형은 생명의 집이고 기는 생명을 채운다."102) 그러므로 고
대 중국인의 사유 속에서 마음이 밖으로 드러나기 위해서는 어쨌든 기와
연결되어야 한다. 서둘러 말하자면 '기'의 드러남이 정이라고 해도 틀리지
않다. 결국 정은 마음의 기운이 드러난 것이다. 그런데 정을 심기라고 하는
배후에는 어떤 생각이 있을까?

---

100) 『三因極一病證方論』: 七情者, 喜怒憂思悲恐驚是也
101) 『三因極一病證方論』: 神靜則寧, 情動則亂, 故有喜怒憂思悲恐驚, … 各隨其本臟
所生所傷而爲病.
102) 『淮南子』「原道訓」: 形者, 生之舍也. 氣者, 生之充也.

심은 장으로서의 심에 있다. (그러므로) 마음 안에는 또 마음이 있는 셈이다. 저 마음속의 마음은 울림으로서 말에 앞선다. 울린 연후에 모습을 나타낸다. 그리고 모습을 드러낸 후에 말로 옮겨진다.103)

마음 안에 또 마음이 있다는 말이 중요하다. 그것은 진무택이 정이 오장에서부터 나온다고 한 말을 상기시킨다. 그렇다면, 정은 결국 마음 안의 마음이 드러난 것이다. 그리고 마음 안의 마음은 기를 타고 드러나기 때문에, 심기라는 표현이 등장하게 된 것이고, 정을 심기라고 표현한 것이다. 그런데 그런 심기는 말에 앞선다! 어떤 사태를 접했을 때, 움직이는 최초의 것을 이곳에서는 '음(音)'이라고 말하고 있다. 『여씨춘추』「음초(音初)」의 기술에서도 유사한 내용을 확인할 수 있다.

무릇 음이라는 것은 사람의 마음에서 생기는 것이다. 마음에 감하면 음이 울린다. 음은 밖에서 완성되지만, 안에서 화한다. 이런 까닭으로 그 소리를 들으면, 그 바람을 알 수 있다. 그리고 그 바람을 살피면, 그 뜻을 안다. 그 뜻을 알면, 그 덕을 알게 된다.104)

이곳에는 자연의 바람과 마음의 바람 그리고 자연의 울림과 마음의 울림 간에 유비적 관계가 전제되어 있다. 『장자』「제물론」의 바람에 관한 이야기를 상기해보라. 마음을 울림으로 보는 것은 유행하던 유비의 결과였다. 『관자찬고(管子纂詁)』에서는 이전의 주석을 따라 음(音)을 의(意)자로 보았지만,105) 오해를 일으킬 수 있는 교정이다. 그냥 음(音)으로 두고 해석

---

103) 『管子』「內業」: 心在藏心, 心之中又有心焉. 彼心之心, 音(意)以先言. 音(意)然後形, 形然後言.

104) 『呂氏春秋』「季夏紀」: 凡音者, 産乎人心者也. 感於心則蕩乎音, 音成於外而化乎內. 是故聞其聲而知其風, 察其風而知其志, 觀其志而知其德.

105) 安井衡, 『管子纂詁』(漢文大系本, 券十六) 5.

하는 것이 『관자』의 본의에 적합하다. 마음의 중층적 구조를 드러내기 때문에, 나는 의와 음이 구분되어야 한다고 생각한다.

『대학』에서는 "마음을 바로잡으려면 먼저 그 뜻을 진실 되게 하라"[106]고 말했다. 떨리는 마음은 대상이고 의는 그런 떨림을 조절할 수 있는 수단 혹은 수양 주체로서의 마음이었다. 이 문제에 더 깊이 들어가기 전에 의(意)와 지(志)의 관계를 정리해두자. 『영추』 「본신(本神)」 편에서는 "마음에 기억되어 있는 것이 의요, 의가 지속되는 것이 지라고 말했다."[107] 이시다 히데미(石田秀實)는 이 구절을 다음과 같이 해석했다. "(이 구절은) 명쾌한 규정은 아니다. 그러나 의는 마음이 존재 내지 방향을 사려하는 것이고, 지는 그런 것 내지 방향이 보다 명확하게 되어, 심이 그 방향으로 나아가는 것을 각각 실체화한 것이라고 해석해 둔다."[108] 불교의 개념을 차용해보자. 의를 이전의 행위와 마음 상태 등이 원인이 되어 만들어진 종자라고 하면, 지는 그런 의가 보다 고정된 방향성을 갖춘 상태라고 할 수 있다.

정도의 차이는 있지만 의와 지는 모두 마음의 방향성과 관련된 개념이다. 그렇지만 의지는 울려나오는 마음이 아니라, 그런 울림을 제어하는 마음이다. "지의는 정신을 제어한다."[109] 『관자』에서는 정신과 기를 구분하지 않았지만, 후대에는 이것을 구분하게 되었다. 『관자』의 영향을 받았던 맹자는 공손추(公孫丑)의 부동심(不動心)에 관한 질문에 다음과 같이 답했다. "무릇 지는 기의 장수요, 기는 몸을 채우는 것이다. 지가 이르면 기가 따른다."[110] 지가 조정하는 것은 기이다. 이런 구도는 다른 문헌에서도 확인된다. "기는 신에서 생기고 신은 의를 따라 나온다. 마음의 지향, 그것이 의이다."[111] 이곳의 의(意)는 마치 지(志)처럼 표현되어 있는데, 의지의 인접

---

106) 『大學』: 欲正其心者, 先誠其意.
107) 『靈樞』 「本神」: 心有所憶, 謂之意. 意之所存, 謂之志.
108) 石田秀實, 「擴充する精神」, 『東方學』 63(1982), 6-7.
109) 『靈樞』 「本臓」: 志意者, 所以御精神.
110) 『孟子』 「公孫丑上」: 夫志, 氣之帥也. 氣, 體之充也. 夫志至焉, 氣次焉.

성을 생각할 때 이해할 수 있는 혼용이다. 의지를 수양의 주체라고 할 수는 없지만, 수양의 직접적 수단이었다. 대상은 기였다. 기는 신의 상태를 나타내는, 신을 실어 나르는 수단이었다. 그런데 신이 드러나는 과정을 어떻게 묘사할 수 있을까?

그 구성과정에는 심리의 세밀한 관찰이 있었을 것이다. 그러나 일종의 관점 없이 무언가를 보는 것이 가능할까? 심지어는 너무나 명확한 것조차, 보고자 하는 의지가 없으면 보지 못한다. 몸에서 근육을 보았던 서양인들과, 경맥과 오장을 보았던 동양인들의 차이는 어떻게 설명할 것인가? 그러므로 우리는 심리의 관찰에 어떤 이미지가 전제되지 않았을까 하는 생각을 할 수 있다. 구리야마는 이곳에 식물의 유비가 있다고 하는데, 나는 그의 의견에 동의한다.

> 통제하는 내장과 통제를 받는 부분, 안에 있는 생명의 핵심과 밖으로 드러난 표면은 뿌리와 가지가 잎이나 꽃과 관련된 방식으로 연결되어 있다. 비장이 쇠약하면, 살이 연약해지고 혀가 시든다(萎). 신장이 쇠약해지면, 뼈가 마른다(枯). 마찬가지로 기와 맥 그리고 색과 맥의 관련성은 줄기와 나뭇가지 그리고 뿌리와 잎의 관계와 같다.[112]

앞에서 보았듯이 마음속의 마음은 정신(精神)이다. 한의학에서 '장(臟)'을 '장(藏)'이라고 하는 까닭은 정(精)을 품고 있기 때문이다. 그런데 장 속의 '정'은 마치 씨와 같다. 그리고 이 생명의 씨는 일정한 통로(경맥)를 통해서 몸 밖으로 드러난다. 그것은 마치 식물의 줄기가 뿌리의 양분을 날라 꽃을 피우는 것과 유사하다. 이런 이유로『황제내경』에서는 오장의 오신(五神)이 드러난 것을 꽃이라고 했을 것이다.

---

111)『春秋繁露』「順天之道」: 氣從神而成, 神從意而出, 心之所之謂意.

112) Shigehisa Kuriyama(2013), 187-188.

심장은 생명의 근본이다. 신의 변화는 얼굴 꽃으로 피어난다. … 폐는 기의 근본이요, 백이 머무는 곳이다. 폐의 꽃은 터럭에 핀다. … 신장은 동칩(冬蟄)과 봉장(封藏)의 뿌리요, 정의 처소다. 그 꽃은 머리카락에 피어난다. … 간은 피로를 덜어내는 근본으로 혼의 처소이다. 그 꽃은 손톱에 피어난다. … 비 … 는 창름의 뿌리로, 영기의 거처다. 그 꽃은 입술에서 핀다.113)

신은 오장이라는 뿌리에서 경맥이라는 가지를 지나 체표로 드러난다. '본(本)'과 '화(華)'라는 표현에는 그런 이미지가 암시되어 있다. 의지는 떨려나오는 신이 아니다. 그런 신을 제어하는 혹은 신이 타고 움직이는 기를 제어할 수 있는 마음이다. 신을 꽃피우기 위해서는 감정과 욕정 그리고 지나친 사려를 소거해야 한다. 마음의 혼란스러움은 신의 발화를 막는다. 얼굴은 검어지고 낯빛은 윤기를 잃는다. 신이 시들었기 때문이다.

신의 개화를 목표로 하는 동양 수양론의 마음은 중층적이다. 대상이 되는 마음속의 마음, 즉 신과 그런 마음의 성장을 도모해야 하는 의지로서의 마음이 그것이다. 의지를 전일하게 한다는 표현 때문에 주체로서의 마음을 다시 구분해야 한다는 견해를 제안할 수도 있다. 그러나 그것은 떨리는 마음의 문제는 아니다. 마음의 떨림이 의지와 구분된다는 것은 분명하다. 『관자』의 음을 의로 바꾼 것은 오교(誤校)다.

의지가 신의 바른 개화를 목표로 하지 않고, 반대 방향으로 움직이는 것을 공자는 경계했다. 공자는 말을 예쁘게 하고 낯빛을 꾸미는 사람 중에는 인자가 드물다고 했다.114) 그런데 왜 인위적인 마음의 노력을 경계했을까? 싫어하는 마음이 있다고 해서 그런 마음을 숨기지 않고 드러내야 한단 말

---

113) 『素問』「六節藏象論」: 心者, 生之本, 神之變也, 其華在面, … 肺者, 氣之本, 魄之處也, 其華在毛 … 腎者, 主蟄封藏之本, 精之處也, 其華在髮, … 肝者, 罷極之本, 魂之居也, 其華在爪, … 脾胃大腸小腸三焦膀胱者, 倉廩之本, 營之居也, … 其華在脣四白.
114) 『論語』「學而」: 子曰 巧言令色, 鮮矣仁!

인가? 공자는 노력 자체를 부정하지 않았다. 그러나 노력이 향해야 할 곳은 마음의 인위적 수식이 아니라 마음 그 자체의 변화였다. 즉 말이 아니라 말로 되기 전의 마음을 교정하기 위해서 노력해야 한다. 그러나 그것은 어려운 일이다. 마음이 피어나는 꽃 즉 낯빛의 교정이 어려운 것과 같다. 공자는 자하(子夏)가 효에 관해 묻자 "색이 어렵다"[115]고 답했다. 구리야마는 이 구절을 인용한 후, 다음과 같이 말했다.

이것은 쉽고, 마음만 먹으면 할 수 있는 일이다. 그러나 예의 정신이 나타나는 억양과 태도 그리고 얼굴 표정은 다르다. 걷고 절하는 것처럼 그것도 의지의 문제다. 그러나 이런 것들에 대한 통제는 지속하기 어렵고 힘들며 간접적이다. 그것은 참을성 있는 끈기 있는 수양(cultivation)과 반복된 연습 (practice)을 요구한다.[116]

말의 교정은 쉽지만 억양이나 말할 때의 낯빛을 교정하기는 어렵다. 그러나 그런 낯빛은 진실을 분명하게 그리고 빠르게 전한다. 이것이 이 책의 저 앞에서 인용한 『관자』「내업」편에서 "말하지 않는 말이 번개나 북보다도 시끄럽다"고 한 까닭이다. 마음의 울림은 당연히 말보다 앞선다. 예를 들어, 분노의 싹 즉 의가 먼저 울리고 기가 그런 노여움을 실어 나른다. 이어서 얼굴이 붉게 상기된다. 그런 후에 노기 섞인 말을 하게 된다. 그렇지만 그의 말은 본래의 노기를 다 담아내지 않았을 가능성이 있다. 분노에 차 있지만 꾹 참으면서 조용히 이야기 할 때, 말 자체에는 그런 노기가 보이지 않을 수 있다. 그렇지만 말의 뉘앙스조차 그런 마음의 떨림을 숨기기는 어렵다. 그 뉘앙스는 너무나 선명하다. 약간의 떨림 속에서 노기는 아주 뚜렷하게 자신을 증명한다. 그러나 객관적으로 포착할 수 있는 유형의 것은 아

---

115) 『論語』「爲政」: 色難.
116) Shigehisa Kuriyama(2013), 184-185.

니다. 『회남자』「남명훈(覽冥訓)」에는 이상의 논의를 압축적으로 보여주는 구절이 있다.

> 정신은 안에서 모양을 드러내어 밖으로 타인의 마음속에 슬픔을 알린다. 이는 배워서 알 수 있는 것이 아니다. 그 마음의 드러남을 알지 못한 채 (단순히) 모양을 본뜨기만 하면 반드시 사람들의 웃음거리가 되리라.117)

정(情)은 마음속의 마음인 정신이 드러난 것이다. 그렇게 드러난 정을 지성은 종종 포착하지 못한다. 그러나 형편없이 지력이 떨어지는 이일지라도 그것을 알 수 있는 능력이 있다. 이런 능력이 없다면, 어떻게 표현되지 않은 슬픔을, 그 깊은 진실을 알 수 있겠는가? 이처럼 마음을 비우고 그 빈 마음 안으로 대상의 기운을 받아들여 기운이 감응하게 하는 것, 그것이 이상적인 동양의 인지다. 수양은 이런 인지에 도달하기 위한 수단이었다. 앞에서 한의학의 진단이 그런 뉘앙스를 포착하는 것이라고 말했다. 그렇다면 한의학의 인지는 수양론을 경유해서야 성립하는 것이라고 말할 수 있다.

한의학은 물리적 형상의 이상을 찾아내는 것보다는, 고통 받는 정신의 소리를 들을 수 있는 수단을 구축했다. 맥박은 그런 이상을 알려주는 기운의 떨림을 전달했고, 맥진은 맥박의 속도와 크기가 아닌 떨림의 뉘앙스에서 진실을 포착했다. 한의학은 수양론이 아니었지만, 수양론의 마음에 관한 가르침을 충실히 계승했다. 기를 들을 수 있기 위해 기로 들어야 했다. 왕따를 당하는 아이의 손목 위에서 아이의 닫힌 마음이 전달하지 않았던 아이의 진실에 공명할 수 있다고 생각했다. 마음은 박동을 통해서 말했고, 고통 즉 질병의 존재를 암시했다. 기운에 공명하는 위로와 기운에 감응하는 처방이 따라야 했다.

---

117) 『淮南子』「覽冥訓」: 精神形於內, 而外諭哀於人心, 此不傳之道, 使俗人不得其君形者, 而效其容, 必爲人笑.

그것은 한의학에서 특수하게 발전했지만, 한의학만의 것이 아니었다. 동양 문명의 구석구석마다 이런 방식이 스며들었다. 서양의 인식론에 대응하는 무엇인가를 구성해낼 필요는 없고, 그것을 동양의 인식론이라고 명명할 필요도 없다. 그러나 단순히 부재한다고 말하는 것보다는 재구성해서 보여주는 것이 더 낫고, 굳이 말하자면 동양의 인식론이라고 명명해서 안 될 것도 없다. 떨림에 대한 떨림의 반응이야말로 동양의 기적 세계관에 대응하는 동양의 인식론이었다고 말할 수 있다.

참고문헌

1. 원전

『管子』,『九章算術』,『國語』,『論語』,『大學』,『孟子』,『墨子』,『備急千金要方』,『史記』,『傷寒論』,『素問』,『孫子兵法』,『荀子』,『書經』,『說文解字』,『說文解字注』,『神農本草經』,『呂氏春秋』,『與猶堂全書』,『吳普本草』,『類經附翼』,『禮記』,『莊子』,『戰國策』,『正蒙』,『周禮』,『周易』,『周易參同契』『朱子語類』,『春秋繁露』,『韓非子』,『後漢書』,『淮南子』

2. 연구서

김경수,『서양철학 도가에게 길을 묻다』(문사철, 2011)

김근,『한자는 중국을 어떻게 지배했는가』(민음사, 2004)

김왕직 외,『풍석 서유구 연구(下)』(사람의무늬, 2015)

김충렬,『김충열교수의 노장철학강의』(예문서원, 2001)

박상환,『라이프니츠와 동양사상』(미크로, 2005)

박석,『대교약졸』(들녘, 1987)

신성곤,『중국의 부곡, 잊혀진 역사 사라진 인간』(책세상, 2005)

안동림,『장자』(현암사, 2000)

양회석 외,『샤머니즘』(신성출판사, 2005)

이윤희 외 역,『태을금화종지』(여강출판사, 1992)

이성희,『빈 중신의 아름다움 : 장자의 심미적 실재관』(한국학술정보, 2008)

장현갑,『마음 vs 뇌』(불광출판사, 2009)

정우진,『한의학의 봄』(청홍, 2015)

조윤래,『장자 사상과 그 정신세계』(장서원, 2000)

최화 외,『동서양 문명과 과학적 사유』(문사철, 2015)

金觀濤 · 劉靑峯 저, 김수중 외 역,『중국문화의 시스템론적 해석』(천지, 1994)

廖名春 외, 심경호 역,『주역철학사』(예문서원, 2004)

山田慶兒, 김영식 역,『중국전통문화와 과학』(창작과 비평사, 1986)

山田慶兒 저, 박성환 역,『중국과학의 사상적 풍토』(전파과학사, 1994)

小野澤精一 外, 전경진 역,『기의 사상』(원광대학교출판국, 1993)

安藤治, 김재성 역,『명상의 정신의학』(민족사, 2009)

龍伯堅, 백정의 · 최일범 역,『황제내경개론』(논장, 1988)

劉長林, 조남호 외 역,『강설 1 황제내경』(청홍, 2009)

兪曉群, 임채우역,『술수와 수학 사이의 중국문화』(동과서, 2001)

殷南根, 이동철 역,『오행의 새로운 이해』(법인문화사, 2000)

張立文 主編, 김교빈 외 역,『기의 철학』(예문서원, 2004)

張法, 유중하 외 역,『동양과 서양 그리고 미학』(푸른숲, 1999)

井筒俊彦, 이종철 역,『의미의 깊이』(민음사, 2004)

井筒俊彦, 박석 역,『의식과 본질』(위즈덤하우스, 2013)

佐佐木宏幹, 김영민 역,『샤머니즘의 이해』(박이정, 1999)

陳鼓應, 최진석 외 역,『주역 유가의 사상인가 도가의 사상인가』(예문서원, 1996)

川原秀城, 김광래 역,『독약은 입에 쓰다』(성균관대학교 출판부, 2009)

馮友蘭, 박성규 역,『중국철학사(상권)』(까치, 1999)

A. C. Graham, 나성 역,『도의 논쟁자들』(새물결, 2003)

Benjamin Schwartz, 나성 역,『중국고대 사상의 세계』(살림, 2009)

Bernard Lown, 서정돈 · 이희원 역,『치유의 예술을 찾아서』(몸과마음, 2003)

Carl Gustav Jung, 한국융연구원 칼 융 저작 번역위원회 역,『원형과 무의식』(솔, 2002)

Carl Gustav Jung, 이창일 역,『자연의 해석과 정신』(청계, 2002)

Claude Levi Strauss, 안정남 역,『야생의 사고』(한길사, 2003)

David Charles Lindberg, 이종흡 역,『서양과학의 기원들』(나남, 2009)

David L. Hall, *Anticipating China*(University of New York Press, 1995)

Eircea Eliade, 이윤기 역,『샤마니즘』(까치, 1992)

Ernest Nagel, 전영삼 역,『과학의 구조 : 과학적 설명 논리의 문제들』(아카
넷, 2001)

Gary Edson, *Shamanism*(McFarland & Company, 2009)

G. E. R. Lloyd, 이광래 역,『그리스 과학사상사』(지성의 샘, 1996)

Henrik R. Wulff, Stig Andur Pedersen, Raben Rosenberg, 이종찬 역,『의철학
의 개념과 이해』(아르케, 1999)

Jacalyn Duffin, 신좌섭 역,『의학의 역사』(사이언스북스, 2006)

James George Frazer, 이용대 역,『황금 가지』(한겨레출판, 2001)

James George Frazer, 박규태 역,『황금 가지』(을유문화사, 2005)

Johannes Hirschberger, 강성위 역,『서양철학사(上)』(이문출판사, 1992)

John B. Henderson, 문중양 역,『중국의 우주론과 청대의 과학혁명』(소명출
판, 2004) .

Joseph Needham, 이석호 외 역,『중국의 과학과 문명 II』(을유문화사, 1985)

Joseph Needham, 이석호 외 역,『중국의 과학과 문명 III』(을유문화사, 1994)

Larry Rosenberg, 미산스님 · 권선아 역,『일상에서의 호흡명상 : 숨』(한언,
2006)

Lynn Margulis, 이한음 역,『공생자 행성』(사이언스 북스, 2007)

Ludwig von Bertalanffy, 현승일 역,『일반체계이론』(민음사, 1990)

Mircea Eliade, 이재실 역,『대장장이와 연금술사』(문학동네, 2011)

Marcel Granet, 신하령 외 역,『중국의 고대 축제와 가요』(살림, 2005)

Michel Foucault, 이광래 역,『말과 사물』(민음사, 1980)

Paul U. Unschuld, 홍세영 역, 『의학이란 무엇인가』(궁리, 2010)

Richard E. Nisbett, 최인철 역, 『생각의 지도』(김영사, 2004)

Shigehisa Kuriyama, 정우진·권상옥 역, 『몸의 노래』(이음, 2013)

根本誠, 『中國古典思想の硏究』(現代アジア出版社, 1967)

金關丈夫, 『日本民族の起源』(法政大學出版局, 1976)

唐雲, 『走近中醫』(廣西師範大學出版, 2004)

席澤宗 외 主編, 『中國道教科學技術史 漢魏兩晉卷』(科學技術出版社, 2002)

王蒙鷗, 『鄒衍遺說考』(臺灣商務印書館, 1966)

廖育群, 『岐黃醫道』(遼寧敎育出版社, 1997)

山田慶兒, 『中國醫學の起源』(岩波書店, 1999)

徐復觀, 『中國人性論史』先秦篇(臺灣商務印書館, 1990)

徐復觀, 『兩漢思想史』2卷(華東師範大學, 2001)

楊儒賓 主編, 『中國古代思想中的氣論及身體觀』(巨流印行, 1994)

劉長林, 『中國系統思維』(中國社會科學出版社, 1990)

張固也, 『管子硏究』(齊魯書社, 2006)

錢穆, 『先秦諸子繫年』(香港大學出版社, 2001)

Durkheim, Emile and Mauss, Marcel(Rodney Needham trans.), *Primitive Classification*(Chicago University Press, 1972)

Edelstein, Ludwig C.(Lilian Temkin trans.), *Ancient Medicine*(Johns Hopkins University Press, 1987)

Frazer, Robert, *The Making of the Golden Bough*(Palgrave, 2002)

Goldschmidt, Asaf, *The Evolution of Chinese Medicine*(Routledge, 2009)

Graham, A. C., *Chuang-tzu*(George Allen & Unwin, 1981)

Graham, A. C., *Studies in Chinese Philosophy and Philosophical Literature*(State University of New York Press, 1990)

Graham, A. C., *Yin-yang and the Nature of Correlative Thinking*(Singapore : Institute of East Asian Philosophies, 1986)

Hall, David L. & Ames, Roger T., *Anticipating China*(University of New York Press, 1995)

Hansen, Chad, *Language and Logic in Ancient China*(Michigan University, 1983)

Harper, Donald, *Early Chinese Medical Literature*(Kegan Paul International, 1998)

Hsu, Elisabeth, *Pulse Diagnosis in Early Chinese Medicine*(Cambridege University Press, 2010)

Keegan, David Joseph, *The Huang-ti nei-ching : The structure of the compilation ; the significance of the structure*, dissertation thesis, (University of California, 1988)

Lloyd, G. E. R., *Methods and problems in Greek science*(Cambridge University Press, 1991)

Needham, Joseph, *Science and Civilisation in China*, vol 2-2(Cambridge University Press, 1956)

Needham, Joseph, *Science and Civilisation in China*, vol 6-6(Cambridge University Press, 2000)

Nelson, Sarah Milledge, *Shamanism and the origin of states : spirit, power, and gender in East Asia*(Left Coast Press, 2008)

Porkert, Manfred, *The Theoretical Foundation of Chinese Medicine : Systems of Correspondence*(MIT Press, 1974)

Rickett, W. Allyn, *Guanzi* vol 2(Princeton, 1985)

Sivin, Nathan, *Traditional Medicine in Contemporary China*(University of Michigan, 1987)

Unschuld, Paul U., *HuangdiNeijing Su Wen*(University of California Press, 2003)

Unschuld, Paul U., *Medicine in China : A History of Ideas*(University of California Press, 1985)

Zito, A. & Barlow, T. E. eds., *Body, Subject, and Power in China*(Chicago University

Press, 1994)

3. 논문

김대기, 「명 후기 의학자의 신체관 : 이천의 의학 입문을 중심으로」, 『강원 사학』 20(2006)

김성우, 「공간과 천지」, 『건축역사연구』 14 : 4(2005)

김양진, 「일음양오행과 훈민정음」, 『국어학』 74(2015)

김이균, 「비트겐슈타인의 표현주의적 감정이해」, 『범한철학』 76(2015)

문재곤, 「음양오행론의 전개에 관한 연구(1)」, 『철학연구』 14(1989)

박동인, 「추연의 오행상승설과 상생설의 구조와 함의」, 『철학연구』 84(2009)

오창희, 「시스템이론의 철학적 기초」, 『과학사상』 8(1994)

윤천근, 「장자 철학에서 자아와 타자의 문제」, 『동서철학연구』 73(2014)

이기백, 「고대 헬라스에서의 철학과 의학의 관계」, 『의사학』 14(2005)

이승환, 「성리학의 수양론에 나타난 심-신 관계 연구」, 『중국학보』 52집 (2005)

이종희, 「구장산술에 포함된 증명의 유형과 역할」, 『한국수학사학회지』 16(2003)

이창일, 『소강절의 선천역학과 상관적 사유』(한국학대학원 박사학위논문, 2005)

정우진, 「치료와 병법의 유비」, 『한의학원전학회지』 19 : 2(2006)

정우진, 「『황제내경』 : 양신과 양형의 교차로 위에 건축된 의론」, 『인문학 연구』(2007)

정우진, 「양생과 한의학」, 『도교문화연구』 32(2010)

정우진, 「양생의 기원에 관한 연구」, 『범한철학』 62(2011)

정우진, 「연단술의 기초적 연구」, 『도교문화연구』 37(2012)

정우진, 「곽점노자의 양생론 해석」, 『철학』 119(2014)

정우진, 「도가의 숨 : 전한 이전 시기 호흡술에 관한 연구」, 『도교문화』 41(2014)

정재현, 「후기묵가의 유비논리와 장자의 직각논리에 나타난 비추상주의와 합리주의」, 『철학』 60(1999)

조윤래, 「장자사상의 연원고」, 『동양철학연구』(1984)

최진덕, 「몸의 자연학과 윤리학」, 『프랑스학 연구』 3(1998)

홍성기, 「분할과 조합 : 용수의 연기설과 분석철학」, 『인도철학』 9(1999)

홍성기, 「연기의 관계론적 해석에 기반한 음양오행론의 재구성」, 『한국불교학』 37(2004)

鬼丸紀, 「管子四篇における養生說について」, 『日本中國學會報』 35(1983)

石田秀實, 「擴充する精神」, 『東方學』 63(1982)

柴田淸繼, 「管子四篇における神と道」, 『日本中國學會報』 36(1984)

Bodde, Derk, "Evidence for Laws of Nature in Chinese Thought," *Harvard Journal of Asiatic Studies*, 20 : 3/4(1957)

Duperon, Matthew L., "The Role of Qing in the Huinanzi's Ethics," *Early China* 4(2015)

Ho Ping-Yü & Needham, Joseph, "Theories of Categories in Early Mediaeval Chinese Alchemy Author(s)," *Journal of the Warburg and Courtauld Institutes*, 22(1959)

Santoro, Giuseppe et al., "The Anatomic Location of the Soul from the Heart, Through the Brain, to the Whole Body, and Beyond : A Juouney through Western History, Science and Philosophy," *Neurosurgery* 65 : 4(2009)

Sellman, James, "Review of Yin-yang and the Nature of Correlative Thinking" *Philosophy East and West* 38 : 2(1988)

Shu, Elisabeth, "Tactility and Body in Early Chinese Medicine," *Science in Context*

18(2005)

Sivin, Nathan, "Chinese Alchemy and the Manipulation of Time," *History of Science Society* 67(1976)

Stalnaker, Aron, "*Aspect of Xunzi's Engagement of Early Daoism,*" *Philosophy East and West*, 53 : 1(2003)

Yu, Yingshih, "O Soul, Come Back! A Study in The Changing Conceptions of The Soul and Afterlife in Pre-Buddhist China," *Harvard Journal of Asiatic Studies*, 47 : 2(1987)

Yuan, Jinmei, "'Kinds, Lei' in Ancient Chinese Logic : A Comparison to 'Categories' in Aristotelian Logic," *History of Philosophy Quarterly* 22 : 3(2005)

The *Ganying*(感應) Philosophy

The World View of the East, Reestablished through East Asian medicine

and Chinese Alchemy

Resonance(*Ganying* 感應) represents the traditional Oriental view of the world. *Ganying* is based on *qi*(氣) that mediate ganying relation. Pattern(*li* 理) is the trace of *qi*. This book reestablishes the Eastern view of world by using East Asian science for instance alchemy and medicine. The basic logic of various East Asian sciences consists of *qi* ontology and resonance relation. Things of the same *qi* were interpreted to respond according to not causal relation but mysterious resonance. At the first, resonance was an attitude for life. Later, it became widened to a technique for govern, and finally it developed into a relation theory of nature phenomenon. There are two original types of resonance: One is in terms of time, the second type is resonance based on sympathy and antipathy. *Qi* is the basis for these resonances. *Qi*, that sometimes presented itself in the way of speaking not in the meaning, can be interpreted as pose. *Qi*, even though can't objectively apprehended, vividly presents itself. *Qi* is often interpreted to make up material body. However, the *qi* as a pose is not material. *Li* is the pattern of nature. The scholars who had to build a theory that was necessary to govern *Qin*(秦) and *Han*(漢) empire proposed a pattern, which can be applied to society and nature both. Ancient East Asian scientists applied this theory to various sciences such as Chinese alchemy and East Asian medicine. However, *li* is not the law of nature in the perspective of the West, rather than it is similar to a manual that directs action. Therefore, one can deviate from the pattern. However, he or she should face difficulties derived from deviation. The theoretical base that things can reply to pattern was nature(*xing* 性) that they are given from the birth. By reinterpreting the theory of nature, the founders of traditional East Asian science built a relatively complete theory that can be used as a basic theory for science. This theory itself presents the view of world in traditional East Asia.

찾아보기